HISTOIRE PARLEMENTAIRE

DE LA

RÉVOLUTION FRANÇAISE,

OU

JOURNAL DES ASSEMBLÉES NATIONALES,

DEPUIS 1789 JUSQU'EN 1815.

PARIS. — Imprimerie d'ADOLPHE EVERAT et C.
Rue du Cadran, n, 16.

HISTOIRE PARLEMENTAIRE

DE LA

RÉVOLUTION

FRANÇAISE,

ou

JOURNAL DES ASSEMBLÉES NATIONALES

DEPUIS 1789 JUSQU'EN 1815,

CONTENANT

La Narration des événemens; les Débats des Assemblées; les discussions des principales Sociétés populaires, et particulièrement de la Société des Jacobins: les Procès-Verbaux de la Commune de Paris, les Séances du Tribunal révolutionnaire; le Compte-Rendu des principaux procès politiques; le Détail des budgets annuels; le Tableau du mouvement moral, extrait des journaux de chaque époque, etc.; précédée d'une Introduction sur l'histoire de France jusqu'à la convocation des États-Généraux;

PAR P.-J.-B. BUCHEZ ET P.-C. ROUX.

TOME TRENTE ET UNIÈME.

PARIS.

PAULIN, LIBRAIRE,
RUE DE SEINE-SAINT-GERMAIN, N° 33.

—

M. DCCC. XXXVII.

PRÉFACE.

On a pu remarquer, dans nos volumes précédens, combien la voie suivie par Robespierre et ses amis différait de celle où s'étaient engagés et arrêtés les partis qui dominaient en France à l'époque où nous sommes parvenus. Nous insérons dans ce volume deux discours qui achèveront de prouver cette différence et en fixeront les termes. Dans le premier, prononcé à la Convention le 7 février 1794, Robespierre déclare que la Révolution a un but, et que ce but est de substituer la morale et la vertu à l'égoïsme et aux vices. Dans le second, également prononcé à la Convention le 26 février, Saint-Just, faisant application des principes développés précédemment par son collègue, laisse apercevoir qu'il commence à comprendre que le devoir est antérieur au droit, et qu'il en est l'unique générateur. Il semble, en suivant ces hommes et en étudiant le développement de leurs sentimens et de leurs pensées, qu'ils subissent une influence semblable à celle éprouvée par la société française de notre temps. Il semble que, révoltés des saturnales philosophiques, des orgies sanglantes de l'égoïsme, ils courent vers un refuge, et que chacun de leurs discours soit un acte public par lequel ils viennent protester, et constater les pas qu'ils font dans la carrière qu'ils ont choisie. Faut-il conclure de ce que nous avons vu et de ce que nous verrons qu'ils eussent atteint le dernier degré de la séparation établie entre le bien et le mal, et qu'ils eussent reconnu l'origine de cette morale dont ils apercevaient la souveraineté et dont ils proclamaient la nécessité? Nous l'ignorons, nous en doutons même. Ils appartenaient trop au dix-huitième siècle pour s'en séparer tout-à-fait.

En écrivant ces lignes, nous ne pouvons nous défendre de penser à l'étonnement qu'éprouverait en les lisant celui qui ne connaîtrait de notre ouvrage rien de plus que cette préface. Certainement, ce serait, à ses yeux chose monstrueuse de voir présenter presque comme des moralistes ce Robespierre et ce Saint-Just, qu'il a entendu partout nommer comme les auteurs des crimes qui ont souillé le sol de notre France. C'est qu'il ne saurait pas que ces hommes furent, autant qu'ils le purent, les ennemis du philosophisme athéiste qui dépouilla les églises, du philosophisme colère et exagérateur qui fit les massacres de Lyon, de Toulon, et de Nantes; c'est qu'il ne saurait pas que ceux par qui ils furent tués les chargèrent de leurs propres crimes.

Mais comment pouvaient être reçues à la Convention les déclarations de Robespierre? quelle valeur pouvaient-elles avoir, pouvaient-elles conserver, en supposant même qu'il eût triomphé de tous ses adversaires? lorsqu'il était simple membre du comité de salut public, pouvaient-elles être prises pour plus que pour des opinions individuelles? et eût-il possédé seul le pouvoir tout entier, eût-il été dictateur, ces déclarations auraient-elles acquis un seul degré de plus en autorité réelle et durable? Ce sont là des questions graves et qui méritent d'être examinées. Il s'agit de savoir en effet si en quelque lieu, en quelque siècle, il est possible que les hommes obéissent à une morale qui leur serait donnée comme humaine seulement.

En effet, l'une des premières conditions d'existence de la morale est qu'elle soit accordée comme souveraine, ou comme absolument obligatoire. Il lui faut plus que des sanctions pénales; car celles-ci n'obligent que les corps, et ne peuvent atteindre que les actions publiques. Il est nécessaire qu'elle atteigne jusqu'aux pensées, qu'elle les gouverne et les règle; en un mot, il lui faut une sanction qui soit de nature à régner sur les consciences. Or, il n'y a point de différence, quant à la morale, entre la question de sanction et celle d'origine. L'une émane de l'autre.

Le philosophisme est loin d'être d'accord avec lui-même sur la source d'où peut émaner la morale : il lui en assigne quatre différentes, parmi lesquelles on est libre de choisir. L'une est la nature; l'autre est la convenance humaine; l'autre est le sens humanitaire; l'autre est l'invention individuelle. Nous allons nous occuper de chacune de ces origines et voir à quel point elles constituent une sanction obligatoire.

La première de ces opinions appartient particulièrement au dix-huitième siècle, et c'est aussi celle qu'invoquent le plus souvent les orateurs de la Révolution, ainsi que nos lecteurs ont pu s'en assurer. Le mot de nature intervient à tout propos dans les théories philosophiques sur la législation. Or, le sens de ce mot n'était pas même fixé, on ne l'avait pas défini. Signifiait-il la nature en général? il est certainement pris quelquefois dans cette acception; mais, alors, qu'entendait-on par là? Était-ce ce *vis à Deo insita* que reconnaissait le moyen âge, cette *natura naturans* dont on avait tant discuté dans l'école? Au moins, il est évident qu'on la douait de volonté et de bienveillance, qu'on en faisait une cause spontanée, qu'on la faisait agissante. On supposait donc Dieu, ou bien on essayait de remplacer ce nom de Dieu par un nom nouveau qui n'avait d'autre mérite que d'être inintelligible pour le grand nombre, et de mettre la confusion dans la science générale. Dans les deux cas, l'emploi de ce terme était une puérilité. Évidemment tous ces penseurs profonds se payaient de mots. Croyaient-ils avoir chassé Dieu du monde, parce qu'ils en avaient changé le nom? comment ne voyaient-ils pas qu'accepter une cause initiale constamment agissante, douée de volonté et de bienveillance, c'était toujours reconnaître Dieu, c'était toujours admettre son influence sur les sociétés humaines, et même donner à celle-ci, dans les affaires de ce monde, une part bien plus grande que celle que lui avaient faite les catholiques, puisqu'entre cette volonté et nous ils ne mettaient aucun intermédiaire? En effet, selon le catholicisme, le monde où nous sommes est mu par des forces inintelligentes, mécaniques en quelque sorte, celles que l'on nomme naturelles; ce monde est notre domaine; l'homme y est appelé non pour lui obéir, mais pour être libre au milieu de lui, et y choisir de mériter ou de démériter devant Dieu et ses semblables, en acceptant ou en refusant la loi morale que Jésus-Christ nous a révélée afin qu'elle fût proposée et enseignée à tout enfant qui viendrait au monde. Le philosophisme, en supprimant tous ces intermédiaires, concluait évidemment à diminuer la liberté humaine. Mais ces philosophes se proposaient-ils, en employant le terme nature, d'indiquer seulement que la cause initiale n'avait pas de mémoire? Si telle était leur intention, que prétendaient-ils par là? Ils ravalaient l'homme en le plaçant sous la domination d'une force brute; ces grands partisans de la liberté enseignaient une doctrine dont la dernière conséquence était ce fanatisme qui, depuis tant de siècles, immobilise l'Orient, et contre lequel ils avaient eux-mêmes écrit tant d'éloquentes pages; ils donnaient enfin à la morale une singulière sanction, en assurant au méchant que tous ses crimes seraient oubliés, que ses mensonges auraient force de vérité, et à l'homme vertueux que ses bonnes œuvres ne seraient pas même récompensées par un souvenir. En vérité, on s'étonne de l'inconséquence de ces hommes qui venaient pour exalter les plus nobles puissances de l'esprit humain, l'oubli de soi-même, le dévouement aux autres, la résignation à la faim, à la soif, à la douleur physique et à la mort, et qui, en même temps, leur proposaient pour logique celle du fatalisme qui rend le peuple esclave en Orient; celle du matérialisme, que l'instinct aristocratique avait inventée pour tuer l'Évangile. On s'étonne encore plus lorsque l'on voit que de si grands raisonneurs se soient perdus dans les mots au point de ne pas apercevoir un bien simple argument qui eût ruiné le dernier but que nous leur supposons pour l'usage du terme nature. Nous voulons parler de celui-ci : il est impossible que la cause initiale soit inférieure en quelque chose aux produits qu'elle a engendrés et qu'elle conserve; or, cette cause a créé et conserve l'homme, c'est-à-dire, quant au cas particulier, un être doué de mémoire et d'intelligence. Il serait donc absurde de supposer qu'elle fût elle-même sans intelligence et sans mémoire, etc. Nous pourrions parler encore longtemps sur le sujet dont nous venons de nous occuper; mais, ce que nous avons dit paraîtra sans doute suffisant, ou du moins ouvrira une carrière facile à parcourir et où l'on trouvera sans peine tous les vices que nous n'avons pas le temps de relever. Nous avons maintenant à examiner un autre aspect de la philosophie de la nature : c'est celui où l'on voulait que la morale émanât de la nature, c'est-à-dire de l'organisation humaine.

Ce système n'est pas soutenable; de quelque manière qu'on le prenne, il n'y a pas de moyens pour le défendre. Les argumens de fait suffisent pour le ruiner. En effet, bien que nos philosophes ne se soient jamais occupés de définir la morale, ce mot cependant emporte un sens qui est le même pour eux et pour nous, il emporte le sens d'une loi une et commune à tous qui oblige uniformément tous les hommes. Il est donc évident qu'elle ne peut sortir d'une origine qui ne donnerait naissance qu'à des instincts et à des appétits contradictoires. Voyons si nos philosophes de a nature ont réussi à montrer que l'organisme humain peut engendrer quelque tendance d'où peut émaner une unité.

Nous avons vu, dans les préfaces précédentes, comment le matérialiste Hobbes a résolu le problème. Il n'admettait, dans les hommes, que des appétits animaux, et il prouvait que ces appétits les mettaient en guerre et les conduisaient à se détruire les uns les autres; d'où il concluait que, dans l'intérêt de leur conservation, il était nécessaire que l'un d'eux devînt maître afin de les discipliner. Dans cette doctrine, le roi est la loi, ou la morale vivante. Les libéraux du dix-huitième siècle ne pouvaient accepter cette conclusion ni les prémisses dont elle était la conséquence rigoureuse; ils décidèrent donc que l'homme était naturellement bon et moral. On leur objecta qu'il y avait des méchans en grand nombre, qu'il y avait des cannibales de par le monde, que les Gaulois nos ancêtres sacrifiaient des victimes humaines, et qu'ils étaient même fortement soupçonnés d'avoir mangé leurs semblables, etc.; enfin, qu'il y avait sur la terre plusieurs morales différentes, et que chaque peuple suivait celle qui lui était enseignée, etc. D'abord nos philosophes se bouchèrent les oreilles; mais enfin, à force d'être répétée, la vérité fut entendue, et la doctrine de la nature fut réduite au silence. Elle est cependant encore enseignée par quelques ignorans à d'autres ignorans; elle a subi quelques corrections, sans doute; mais aucune ne peut soutenir les raisons de fait dont nous avons cité quelques-unes. — Les Allemands de ce siècle ont essayé de perfectionner le système de la nature de la manière suivante. Ils ont donné à l'homme une âme, et c'est de la considération de cette âme qu'ils prétendent déduire toute une morale. Mais il ne faut pas croire que l'acceptation de l'âme humaine les conduise nécessairement à admettre l'existence de Dieu! Non, la croyance en ce dernier dogme n'est nullement obligatoire; et nous avons connu des gens qui se disaient spiritualistes, et cependant en même temps se proclamaient athées. Quoi qu'il en soit donc sur cette question, considérée comme secondaire ou sans intérêt, ces philosophes admettent que l'âme porte en elle un certain nombre de notions, telles que celle de beau, de vrai, de juste, etc., et ce sont, disent-ils, ces notions qui sont l'origine de la morale, comme celles d'unité, de temps, d'espace, etc., sont l'origine de la science. Mais ces profonds penseurs ne sont pas plus difficiles à combattre que les superficiels écrivains de la fin du dix-huitième siècle. Ils sont arrêtés par les mêmes objections : il faut, en effet, définir ce que l'on doit entendre par le beau, le vrai et le juste; or, si l'on consulte l'histoire des hommes ou seulement la géographie, l'on trouve que les idées sur ces sujets diffèrent de peuple à peuple, et que chacun d'eux croit et suit à cet égard ce qui lui a été enseigné. Ainsi, quelque voie que l'on prenne, on ne peut trouver dans la nature l'origine de la morale.

Nos lecteurs remarqueront, sans doute, que nous leur avons fait grâce de beaucoup d'absurdités et de beaucoup de réfutations échangées dans cette discussion ; nous terminerons par le raisonnement suivant : l'acte qui mérite d'être appelé moral se fait ordinairement à une condition, c'est que l'auteur d'un tel acte vainque sa propre nature; car il est plus naturel de jouir que de s'abstenir, de se reposer que de travailler, de mentir que de se faire persécuter pour la vérité, de manger que de faire diète, de fuir que de se faire tuer, etc., etc. La nature n'impose pas d'obligations, elle ne donne que des droits dont chacun est juge, parce que chacun sent ses instincts et ses appétits, etc. Nous avons eu tant de fois, dans nos préfaces, l'occasion d'agiter cette matière, que nous croyons superflu de nous y arrêter davantage. Il faut d'ailleurs nous hâter pour achever de parcourir la carrière que nous nous sommes donnée.

Les philosophes qui veulent que la morale soit le résultat d'une convenance sociale sont ceux qui ne voient en elle que cette loi qui limite la liberté de chacun par la liberté des autres; nous avons déjà, dans d'autres volumes, fait remarquer qu'après avoir résolu la difficulté de connaître quelles étaient les libertés humaines et leurs limites possibles, problèmes restés jusqu'à ce jour insolubles, il restait celle de faire considérer une telle loi autrement qu'un despotisme exercé par la majorité sur une minorité. Nous avons fait remarquer qu'elle n'était pas de nature à exercer la moindre souveraineté sur les consciences, et qu'elle n'aurait puissance d'empêcher que les fautes et les crimes qui ne pourraient être cachés; qu'enfin elle serait en contradiction manifeste avec le principe qui lui aurait donné origine, si elle imposait aux hommes d'autres obligations que celle de s'abstenir ; en sorte qu'elle ne pourrait en aucun cas inspirer ces volontés actives et dévouées qui sont l'effet direct et le plus social de la vraie morale. Il est enfin une objection que nous ne croyons pas encore avoir faite : c'est qu'il serait impossible, de ce point de départ, de constituer un droit des gens. En effet, que pourrait-il y avoir de commun entre des nations qui auraient réalisé, chacune dans leur propre sein, une loi semblable? Certes ce ne serait pas le principe qu'elles sont des libertés ; car il s'ensuivrait seulement comme conséquence qu'elles ont le droit de se faire tout le mal qui leur serait possible en raison de leurs forces. Ce ne serait pas non plus le principe que les libertés doivent être limitées les unes par les autres ; car il manquerait de sanction, ou au moins il n'en aurait pas d'autre que la guerre ou la peur. Or, de tels motifs ne peuvent servir de base à des contrats politiques, puisqu'il en résulterait toujours une inégalité quelconque entre les parties contractantes, soit sous le rapport militaire, soit sous le rapport de la crainte. Enfin, pour que des sociétés de ce genre pussent être durables, il faudrait que l'humanité devînt immobile. On n'ignore pas, en effet, que toute nouvelle découverte, toute nouvelle invention, même dans l'ordre physique, engendre la nécessité d'une liberté de plus, et par suite commanderait une modification dans le système. La doctrine dont nous nous occupons a été, au reste, enseignée avant qu'il fût reconnu que le progrès était la loi des révolutions sociales dans l'humanité; et elle est définitivement jugée depuis que cette dernière conception fait partie de la science historique.

Personne n'a encore positivement dit que la morale fut engendrée par le *sens humanitaire.* Nous faisons cependant mention de cette opinion, parce que nous prévoyons qu'elle sera bientôt mise en avant. Elle nous paraît en effet un corollaire assez direct de la doctrine panthéistique du *progrès continu.* Et nous pensons que lorsque les auteurs de celle-ci s'occuperont de morale, ils ne manqueront pas de décider à cet égard ce qu'ils ont enseigné quant à la science. Voici, en effet, comment ils expliquent les découvertes scientifiques : ils soutiennent qu'il n'existe point en réalité d'inventeurs, mais qu'il n'y a jamais rien de plus que des hommes qui résument, lorsque les temps sont venus, les résultats de l'intelligence générale, ou, en d'autres termes, qui réunissent en un seul faisceau les pensées éparses dans tous les hommes de l'époque où ils vivent. Ainsi, selon ces messieurs, tout s'engendre *à posteriori*, et certainement il doit en être de la morale, dans leur système, comme ils ont dit qu'il en était de la science. Il n'est pas difficile cependant de renverser une telle opinion : il n'est pas même besoin de longs raisonnements ; les arguments de fait suffisent. Quel est l'homme en effet un peu au courant de l'histoire qui ne sache que les inventions dans la science se font d'une manière précisément toute contraire ; de telle sorte que les inventeurs ont presque toujours beaucoup de peine à enseigner leurs découvertes, sont souvent longtemps méconnus, très-souvent persécutés, etc.? Qui croira, par exemple, que Kepler, en découvrant les lois du mouvement des astres; Harvey, celles de la circulation; Descartes, l'application de l'algèbre à la géométrie; Leibnitz, le calcul différentiel; Vanhelmont, les gaz, etc., n'aient été rien de plus que les *résumeurs*, qu'on nous passe ce mot, des connaissances éparses dans le peuple? Tout le monde trouvera, nous n'en doutons pas, le système ce qu'il est, c'est-à-dire insoutenable et absurde; il en serait, à plus forte raison, de même si on voulait l'appliquer à la morale. Qui ne sait en effet que le christianisme a été enseigné, qu'il a commencé par être la foi de quelques apôtres, puis de quelques églises, puis de quelques peuples? Qui ne sait enfin que les lois chrétiennes sont encore aujourd'hui bien loin d'être acceptées universellement et surtout pratiquées? D'ailleurs, si c'était au *sens humanitaire* que l'on dût s'en fier pour la morale, il faudrait, pour que l'unité, première condition de cette morale, existât, il faudrait que tous les hommes, tous les peuples, manifestassent le même sens. Or cela se voit-il? cela s'est-il jamais vu? Les hommes n'ont entre eux, vis-à-vis de la morale, qu'une seule chose commune et qui soit à eux, c'est leur corps, origine des mêmes instincts, des mêmes appétits. Nous avons vu ce qu'ils valaient; nous avons vu quels désordres ils produiraient, et de quelle unanimité de maux et de misères ils seraient l'origine. Laissons donc la doctrine sur le *sens humanitaire*, car il nous est prouvé qu'elle serait stérile dans tout ce qui se rapporte à la question que nous examinons.

Il nous reste maintenant à chercher ce que peut l'invention humaine en fait de morale. Disons, tout de suite, qu'elle ne peut engendrer rien de solide. En effet, si elle était reconnue comme venant d'un homme, elle cesserait d'être obligatoire. La violence pourrait en imposer la pratique publique; mais la conscience serait perpétuellement en révolte, et chacun serait incessamment occupé des moyens de s'y soustraire. En conséquence elle manquerait de sanction; elle serait sévère pour les petits, mais le joug en serait léger pour les grands. Ceux qui l'enseigneront n'y croiraient pas et ne s'y soumettraient pas. On aurait en haut tous les vices de l'incrédulité puissante, et en bas tous ceux de l'hypocrisie. Il faut, avant tout, pour que la morale soit, qu'elle soit une croyance devant laquelle tout le monde, depuis le premier jusqu'au dernier, se croie fermement obligé; il faut qu'on ait foi en ses préceptes à ce point de ne manifester ni hésitation ni doute; il faut enfin qu'on la croie souveraine, comme Dieu lui-même. S'il en était autrement, il n'y aurait plus ni vices ni vertus; personne n'aurait le droit de récompenser, ni de punir, ni de blâmer, ni de louer : tout serait ténèbres parmi nous. — Ce sont là, en quelque sorte, les conditions humaines de la morale; mais il en est d'autres qui sont, s'il est permis de parler ainsi, peut-être plus difficiles à remplir, ou, au moins, que notre imagination peut atteindre avec plus de peine. Nous savons tous que le progrès est une vérité; le clergé catholique lui-même vient de la proclamer, telle que nous l'avons formulée, par la bouche d'un prêtre prêchant à Notre-Dame, devant l'archevêque de Paris. (Voyez les Préfaces des tomes 17 et 18 de cette histoire.) Or, quel est le principe, le but, le fondement du progrès? C'est la morale elle-même. Il se trouve, et c'est un fait, qu'elle pose une série de termes à atteindre dont chacun n'est visible qu'au moment où celui qui le précède est accompli; ainsi, il se trouve que cette morale dépasse le siècle où elle est révélée de quelques milliers d'années. Combien n'y a-t-il pas en effet de paroles de la Bible qui étaient inexplicables hier, et qui le sont aujourd'hui? Combien n'y en a-t-il pas qui sont encore stériles pour nous en ce jour, et qui seront pleines de lumières au prochain soleil? L'avenir tout entier était donc dans cet enseignement. Les inventions des hommes sont bien différentes : comment ont-elles lieu en effet? Ils voient une lacune : le *desideratum* est présent à leurs yeux; et c'est déjà pour eux un trait de génie de l'apercevoir. Ils font une hypothèse pour combler le vide; ils la vérifient, et si leur vérification est conforme à leur attente, on annonce qu'il y a une découverte de faite dans le terrain de la science, et l'on proclame un grand homme de plus. Mais quelle clef nous ouvre la carrière scientifique? quelle clef nous ouvre le champ des hypothèses faisables? C'est encore la morale, car, nous l'avons répété ici bien des fois, elle constitue toute notre certitude, l'unique *criterium* qui nous ait été donné pour juger et pénétrer toutes choses.

Il y a eu des hommes qui ont signé des codes moraux de leur nom, et tel est Mahomet; mais il n'y en pas qui aient inventé de morale. Ceux qui ont essayé de rencontrer, en ce qui touche cette question, quelque chose de neuf, n'ont jamais trouvé rien de plus que d'appeler du mot bien ce que la loi humaine appelait du mot mal ; ainsi furent les panthéistes, selon M. Enfantin. Quant à Mahomet, qui a fondé une société, ou plutôt qui a créé un automate au lieu d'un homme, qu'a-t-il fait plus que de réunir quelques prescriptions judaïques et chrétiennes à des permissions païennes? Le monde qu'il a établi par la violence a duré tant qu'a brillé l'étincelle chrétienne qu'il y avait laissée allumée : ce monde a été stérile du côté de l'esprit et du côté de la chair ; il meurt aujourd'hui d'ignorance, de despotisme et de dépopulation.

Tous les hommes sérieux qui ont cherché à reconnaître par quels procédés on inventait même sur ce terrain si facile et si pratiqué de la science, même lorsqu'il s'agit de trouver l'une de ces hypothèses qui comblent une lacune vue de tout le monde, tous ces hommes graves ont été obligés de reconnaître qu'il y avait là quelque cause incompréhensible et qui échappait à l'investigation humaine. Les inventeurs eux-mêmes n'ont pu se rendre compte de ce qui se passait chez eux à ce moment où la vérité leur était apparue tout d'un coup et les avait illuminés. Les philosophes ont appelé génie cette supériorité d'esprit ; les chrétiens l'ont appelée grâce. Les maîtres de la science ont remercié Dieu de les avoir choisis pour organes de la vérité. L'ignorance de nos écrivains du jour est si grande, qu'ils ne savent pas même ces choses ; et peut-être donneraient-ils le nom de superstition à l'étonnement religieux qui faisait fléchir les genoux à Kepler, à Newton. Quoi qu'il en soit, si l'on a trouvé si inexplicables des œuvres aussi secondaires que celles de la science qu'on les ait attribuées à un don particulier, faut-il s'étonner que tous les hommes, dans tous les temps, aient attribué le don de la certitude à Dieu lui-même?

Dans le sentiment universel, l'idée de morale et celle de révélation divine sont une seule et même idée ; et nous le disons avec une conviction complète, le sentiment universel est la vérité ; ce que l'église a décidé à l'égard de la révélation chrétienne est non seulement ce qu'il y a de plus utile à la société, mais encore de plus raisonnable. On nous demandera peut-être de démontrer les affirmations catholiques sur ce sujet ; mais nous n'en aurions pas ici la place. D'ailleurs nous avons fait dans cette préface tout ce qui est nécessaire pour conduire les esprits droits à une conclusion juste. Nous avons prouvé que la morale n'était ni naturelle, ni d'invention humaine : il faut en induire qu'elle est un don de Dieu. Maintenant il nous reste à dire quelques mots sur l'importance de ces dernières conditions quant à la politique.

Lorsqu'un homme parle de morale, on se demande s'il y croit, et s'il la pratique ; s'il la pratique, il paraît y croire ; mais on se demande s'il y croira et la pratiquera toujours. Or, il ne sera jamais possible de se fier à un homme qui présentera la doctrine à laquelle il doit une obéissance souvent très-difficile, s'il donne cette doctrine en son nom, s'il s'en présente comme l'auteur. On supposera constamment qu'il s'en sert comme d'un moyen ; on pourra se tromper, mais on le supposera. Ainsi, quand Robespierre vint proclamer la morale comme le dernier but de la politique nationale, ses ennemis pensèrent qu'il voulait s'en faire un instrument de pouvoir.

HISTOIRE PARLEMENTAIRE

DE LA

RÉVOLUTION FRANÇAISE.

DU 1ᵉʳ NOVEMBRE 1793 AU 7 MAI 1794. (SUITE.)

Nous allons esquisser rapidement les opérations militaires des armées de la République en novembre et décembre 1793.

Armée du Nord. Nous avons laissé le général Jourdan au moment où vainqueur à Watignies, et n'osant pas suivre les ennemis sur la rive gauche de la Sambre, il prenait position sur la rive droite. Bientôt après il se trouva renforcé par des troupes tirées du centre, et par le corps qui occupait la Flandre maritime. Cependant les moyens de se porter en avant dont il disposait ne lui inspirèrent pas assez de confiance. Il rentra dans les lignes d'où il avait marché à Watignies, et établit son quartier-général à Guise. « Le 8 novembre (18 brumaire), le prince de Wirtemberg avec un corps de trente mille hommes détaché de la grande armée autrichienne, ayant tenté d'attaquer toute la ligne des poste en avant de Guise, fut repoussé partout après un combat long et douteux, que décidèrent plusieurs charges du cinquième régiment de hussards, arrivé vers la fin de la journée. Pour réparer cet échec, l'armée entière des alliés passa la Sambre à Charleroi, Thurin, Pont-sur-Sambre, campa à Beaumont, et s'avança ensuite sur le Castelet et Saint-Quentin, d'où ses partis firent contribuer les villages environnans ; mais ce grand mouvement avait uniquement pour objet d'assurer l'établissement des quartiers d'hiver en arrière. Le prince de Cobourg, après avoir muni Condé, Valenciennes et le Quesnoi de nombreuses garnisons, transféra son quartier-général à Mons, le prince Hoenlohe à Condé, le général Clairfait à Tournay. Les généraux Collorédo et Beaulieu occupaient les frontières du Luxembourg dans les Ardennes. L'armée anglaise et hanovrienne était dans la Flandre maritime, le quartier-général à Gand, et les Hollandais dans le pays de Liége. Le front de cette ligne de cantonnemens s'étendait de Namur à la mer. L'armée du général Jourdan fut divisée en trois corps : le premier, plus en force, vint occuper le camp de Cisoing en avant de Lille ; un autre corps fut placé entre Bouchain et Cambrai ; le troisième marcha vers Dunkerque pour y occuper les camps de Rosendael, en avant de la place, et de Hondtschoote, sur la droite. Tous ces corps furent tenus en activité. Le comité de salut public méditait une campagne d'hiver et l'invasion de la Belgique par la Flandre maritime. La rigueur de la saison ne ralentit donc pas beaucoup la guerre ; et tous les lieux déjà signalés pendant cette campagne par des succès et des revers, furent encore, pendant les mois de novembre et de décembre, le théâtre de combats indécis et sans résultats importants. » (*Tableau hist.*, t. 2, p. 318, 319.)

Armées combinées du Rhin et de la Moselle. Nous avons arrêté l'histoire des opérations de ces deux armées après l'essai de bombardement, tenté par les Prussiens contre la place de Landau. Pichegru venait de prendre le commandement de l'armée du Rhin, et Hoche celui de l'armée de la Moselle. Ni l'incendie de l'arsenal, ni les désastres causés par l'explosion du magasin de poudre, n'avaient pu déterminer le général Laubadère à rendre Landau aux Prussiens. Il leur avait renvoyé leur sommation. Ceux-ci ne songeaient maintenant qu'à renforcer les postes de communication entre l'Alsace et la ci-devant Lorraine allemande.

Le fort Vauban (fort Louis), ne fut pas aussi heureux que Landau. La tranchée y ayant été ouverte le 10 novembre (20 brumaire), l'hôpital militaire situé dans le fort d'Alsace devint la proie des flammes; les 12 et 13 (22 et 23); une partie de la ville fut incendiée; le 14 (24), la capitulation fut dressée, et le 16 novembre (26 brumaire), la garnison française sortit du fort avec les honneurs de la guerre, mais prisonnière. Ce fut là le seul échec que la France éprouva sur ce point. La reprise des lignes de Weissembourg, et le déblocus de Landau signalèrent la fin de cette campagne. Nous en empruntons le récit à l'ouvrage plus haut cité, t. 2, p. 283 et suivantes.

« La nuit du 16 au 17 novembre (26 au 27 brumaire), seize cents hommes, commandés par le colonel prussien de Wartensleben, après s'être emparés de la ville de Bitsche, tentèrent d'escalader le château, furent vigoureusement repoussés par le général Barba, et se retirèrent avec perte de cinq cents hommes tués ou blessés, et d'une cinquantaine de prisonniers. Dès-lors le général Hoche s'était décidé à marcher sur Bitsche et à attaquer le général Kalckreuth sur la Saare. Son plan était de repasser cette rivière en présence des Prussiens, de suivre la crête des montagnes des Vosges, pour aller attaquer l'ennemi retranché sur les hauteurs de Kayserlautern, et descendre ensuite directement sur Landau. Dans le cas où l'attaque de Kayserlautern échouerait, il projetait de replier son centre sur sa droite, de traverser au nord-est de Bitsche la chaîne prolongée de montagnes qui n'auraient pu être prises à revers à Kayserlautern, pendant que sur ce dernier point son aile gauche, partie de Saare-Louis ou Saare-Libre, tiendrait quelque temps en échec la masse principale des forces ennemies, qui y aurait été attirée.

» Le 17 novembre (27 brumaire), l'armée de la Moselle se mit en marche sur trois colonnes : celle de droite déboucha du côté de Saaralbe ; celle de gauche par Saare-Louis ; la troisième se dirigea sur Freudenberg. Le général français avait eu la sage précaution de retarder la marche de son centre jusqu'au moment où ses deux ailes purent le seconder. L'ennemi, étonné d'une entreprise aussi prompte et aussi vigoureuse, avait quitté son camp de Bischmisheim, devant Saarbruck, et s'était retiré sur les hauteurs de Bliescastel. Mais déjà le général Hoche avait passé la Blies, déjà il s'était emparé de Biesiegen et de Bliescastel, après avoir mis sept cents ennemis hors de combat. Dès-lors les Prussiens s'étaient décidés à se retirer, pendant la nuit, au camp de Schwartznacher, entre Hombourg et les Deux-Ponts, dans l'intention de prendre des quartiers d'hiver dans cette partie.

» Le mouvement rétrograde des Prussiens ayant laissé la droite des Autrichiens à découvert, les obligea bientôt à s'éloigner de Strasbourg. C'était indiquer au général Pichegru le moment d'entreprendre de son côté : il ne le laissa pas échapper. Le 18 novembre (28 brumaire), l'armée du Rhin attaqua sur tous les points; le général Desaix sur Wantzenau, et le général Ferino sur Hochfelden. Ces deux attaques avaient pour but d'occuper l'ennemi et de le contenir, pour favoriser les opérations de la gauche. Le général Burci avait fait partir dès le matin deux colonnes, l'une de Saverne, l'autre de la Petite-Pierre. La première avait marché sur les hauteurs de Bouxweiller, où l'ennemi avait fortifié son camp avec deux redoutes; la seconde, en marchant sur Ingweiller, en avait repoussé un corps de cavalerie, qui, repoussé encore d'une seconde position, avait été obligé de se replier sur Bouxweiller. Ce camp ayant été abandonné dans la nuit du 19 au 20 (29 au 30), les Français y étaient entrés le 20 novembre (30 brumaire) le matin, et y avaient pris une position intermédiaire entre ce lieu et Haguenau. Le 22 novembre (2 frimaire), Brumpt ayant été pris après un combat très-opiniâtre, les Français occupèrent Hoerdt et Wayersheim sur leur droite, Brumpt et Hochfelden, à leur centre; à leur gauche Bouxweiller et Ingweiller. Les alliés étaient derrière la Motter et la Zintzel, la droite à Guntershoffen, le centre à Schweickhausen et à la Maladrerie, en avant d'Haguenau; la gauche à Druzenheim, et l'avant-garde à Dowendorff. Tout le front était bien fortifié.

» Le 24 novembre (4 frimaire), deux colonnes françaises s'emparèrent de Uttenhoffen, sur la droite des coalisés, et de Zutzendorff, un peu plus près de leur centre, ce qui obligea les ennemis de se retirer dans leurs lignes, en arrière de la route de Haguenau à Bitsche.

» Le 26 novembre (6 frimaire) ne fut pas un jour aussi heureux pour les Français. Après avoir repoussé les ennemis, le général Burci avait traversé le village de Guntershoffen. En en sortant, il fut écrasé par l'artillerie d'une redoute, y perdit la vie, et ses troupes furent obligées de se replier sur Uttenhoffen; celles postées à Mittersheim repoussèrent les Allemands et se maintinrent dans leur position du 24 novembre (4 frimaire).

» L'armée de la Moselle n'avait pas soutenu ses premiers succès. Après avoir attaqué inutilement les ennemis vers Hombourg, Deux-Ponts et Pirmasens, elle était ensuite parvenue à pénétrer jusqu'à Landstuhl et à marcher sur Kayserslautern, l'objet principal des désirs du général Hoche; la possession de ce point important assurait la défaite de l'ennemi dans le Palatinat, où, renfermé dans un espace très-étroit, il pouvait se trouver exposé aux attaques de deux armées, et dans l'impossibilité de passer le Rhin; mais en vain les soldats et les officiers déployèrent-ils, les 28 et 29 novembre (8 et 9 frimaire), une valeur et une obstination inconcevables, les attaques échouèrent et les Français furent obligés de se retirer derrière la rive gauche de la Lauter et dans les bois.

» Nouvelles tentatives le 30 novembre (10 frimaire), sur plusieurs points qui, n'ayant pas eu un meilleur succès, obligèrent le général Hoche de se replier vers Hombourg et les Deux-Ponts.

» Les dernières attaques de l'armée de la Moselle avaient nécessité des mouvemens dans celle du Rhin. Le 1er décembre (11 frimaire), le général Pichegru voulant tâter toute la ligne ennemie, fit d'abord attaquer, sans succès, vers le centre le village de Berttheim, en avant d'Haguenau, occupé par les émigrés. Le lendemain, l'artillerie ayant recommencé l'action, l'infanterie, d'abord entièrement en tirailleurs, s'étant réunie en colonne au signal convenu, avait forcé le village où se trouvait le régiment des émigrés de Mirabeau et celui de Hohenlohe, autrichien, lorsque le prince de Condé, qui était posté en arrière avec son infanterie, entra dans le village sur quatre colonnes, et le reprit l'épée à la main; en même temps sa cavalerie qui l'avait dépassé sur la droite, ayant rencontré la cavalerie républicaine, la battit, s'empara de sept canons, et mit hors de combat environ deux cents hommes.

» A la droite, le général Desaix avait culbuté d'abord les ennemis retranchés derrière un landgraben ou fossé. Ceux-ci ayant voulu résister dans une seconde position, avaient été chargés et obligés de se retirer dans les bois et sur Offendorf.

» A la gauche, les Français, qui avaient chassé l'ennemi de Pfaffenhoffen, en avaient été repoussés bientôt après par la cavalerie prussienne. Le général Hatri avait aussi éprouvé un échec vers Mittersheim.

» Le 9 décembre (19 frimaire), les Français recommencèrent leurs attaques; elles portèrent contre le village de Dawendorf, auquel s'appuyait le poste de Bertzheim, et, malgré les renforts envoyés de ce dernier village, malgré la diversion faite sur la gauche des assaillans par la cavalerie du corps de Condé, toute la ligne ennemie fut repliée, et obligée de se retirer derrière les retranchemens et les redoutes en avant de Haguenau.

» Afin de secourir Landau, bloqué depuis plusieurs mois, les généraux des armées de la Moselle et du Rhin étaient convenus d'une attaque combinée. D'après cet arrangement, du côté de l'armée de la Moselle, le général Grangeret avait repoussé, le 13 décembre (23 frimaire), le général Lichtemberg de Dahnbruck.

» Le 14 (24), le général Blondeau s'était emparé de la hauteur de Kralhenberg qui domine Lembach, et le général Tapounier des hauteurs près de Werdt; enfin l'armée du Rhin avait chassé les ennemis des bois de Mergenthal, proche de Haguenau.

» Le 15 (25), les Français, pour suivre leurs projets du déblocquement de Landau, voulurent attaquer en même temps Lembach, Werdt, Reichshoffen et Haguenau ; ils obtinrent d'abord quelques succès, mais finirent par être repoussés sur tous les points, dans l'une et l'autre armée.

» Le 18 (28), nouvelles tentatives aussi infructueuses que la précédente.

» Enfin, le 22 décembre (2 nivôse), le général Hoche, dont l'ardeur et le courage égalaient ceux de ses soldats, fit attaquer de nouveau les redoutes des ennemis en avant de Freschweiller et de Werdt : elles furent emportées ainsi que les deux villages et celui de Reichshoffen. L'attaque de Lembach n'eut pas le même succès ; mais les Autrichiens obligés d'abandonner le poste de Notre-Dame, les Prussiens ne purent plus tenir à Lembach, et se retirèrent sur le Pigeonier, à côté de Weissembourg. Pressé alors encore davantage sur sa gauche, l'ennemi passa la Sarbach, et la nuit du 22 au 23 décembre (2 au 3 nivôse), il se porta sur les hauteurs entre Sarbourg et Sultz. Dès cet instant, les Autrichiens évacuèrent Druzenheim, Bischeweiller, Haguenau et Guntershoffen, en abandonnant une assez grande quantité de prisonniers, de canons, de caissons, etc. Les divisions du centre et de la droite de l'armée du Rhin marchèrent en avant, pour se mettre à la hauteur de l'armée de la Moselle.

» Le 24 décembre (4 nivôse), l'ennemi fit encore un mouvement rétrograde sur Weissembourg, dont il garnit les hauteurs de troupes et d'artillerie. Les Autrichiens et les émigrés avaient leur droite sur les hauteurs de Geisberg, et la gauche en avant de Lauterbourg à Ober-Lauterbach.

» On ne sait trop pourquoi le même jour les représentans du peuple, commissaires de la Convention nationale, nommèrent le général Hoche commandant en chef des deux armées, en lui subordonnant le général Pichegru qui resta à la tête de l'armée du Rhin. Quoi qu'il en soit, d'après les ordres du nouveau général en chef, les armées se mirent en marche. Les divisions des généraux Hatri et Férino, qui s'étaient réunies à Sultz, arrivèrent à une heure après midi sur les hauteurs de Steinfels. La droite de l'armée du Rhin avait suivi le fleuve, en s'approchant de Lauterbourg ; l'armée de la Moselle avait pris la route de Lembach et de Weissembourg, pour se porter sur Kleinbach, d'où elle chassa les Prussiens qui occupaient ce poste, sur celui du Pigeonier.

» Après avoir été repoussé à Anweiller et au poste du Pigeonier, et avoir enlevé Ober-Seebach, Lauterbourg et Weissembourg, le général Hoche ordonna, le 26 (6 nivôse), une attaque générale sur tout le front des deux armées. Après un feu très-vif de part et d'autre, qui cessa vers une heure après midi, l'ennemi fit quelques manœuvres pour couvrir sa retraite, et abandonna les hauteurs de Geisberg. Le général Hatri poursuivit alors les Allemands, dont il repoussa six fois les charges de cavalerie avec le seul secours de sa brave infanterie. A la gauche, un bataillon français arrivant par le vallon de Ritsels, gravit la montagne, malgré le feu de trois bataillons autrichiens ; renforcé par un autre bataillon, tous deux continuent leur marche ; la fatigue les oblige bientôt de s'arrêter un instant à mi-côte. Les dragons de Toscane veulent profiter de cette circonstance pour les charger ; mais après les avoir repoussés, les deux bataillons continuent de gravir la hauteur, emportent le château à la baïonnette, et se mettent en bataille sur le plateau.

» Cependant la ligne ennemie continuait sa retraite ; en vain le duc de Brunswick avait-il voulu la retarder, en se mettant à la tête de quatre bataillons autrichiens ; son mouvement en avant n'avait pas été soutenu ; au contraire, l'armée impériale avait précipité la retraite de son artillerie, en prenant la précaution inutile de laisser un corps de Hessois en bataille pour la soutenir. A la première attaque, ces troupes se replièrent, et les Autrichiens, après avoir traversé les lignes de la Lauter, vinrent prendre position, du 26 au 27 décembre (6 au 7 nivôse), entre Durenbach et Freckenfeld.

» Tandis que le corps de l'armée repoussait l'ennemi des lignes de la Lauter, le général Donadieu refusait, sous le prétexte de son peu de forces, de charger la cavalerie ennemie, et la laissait se retirer tranquillement ; en même temps, une division de l'armée de la Moselle s'était portée de Pirmasens en deux corps, l'un dans la vallée d'Anweiller et de Bodenthal, l'autre sur le poste du Pigeonier ; mais la retraite de l'armée impériale avait obligé les Prussiens d'évacuer ce poste pour se porter entre Bergzabern et Barbelroth. Dans ces différens combats, les Français s'emparèrent d'une immense quantité de subsistances, de munitions de guerre, d'armes et d'autres objets. On compta trente mille quintaux de fourrage, soixante-dix tonneaux de farine, six mille sacs d'avoine, autant de légumes secs, plus de dix mille fusils, beaucoup de poudre, trente mille couvertures et environ soixante voitures attelées et chargées d'effets précieux.

» Dans l'après-midi du 27 décembre (7 nivôse), l'armée autrichienne, toujours suivie et serrée de près par les Français, marcha sur Germersheim, où elle arriva le lendemain.

» Le 28 (8), l'armée prussienne se rassembla sur les hauteurs entre Landau et Albertsweiller, derrière la Queich ; ses postes avancés, placés sur la droite de cette rivière, furent tous repoussés avec perte par les Français qui arrivèrent en même temps sous Landau.

» Le 29 décembre (9 nivôse), les Prussiens se retirèrent sur Burweiller, et les Autrichiens passèrent le Rhin devant Philisbourg, où ils appuyèrent leur gauche, et portèrent leur droite au Necker, se liant au corps du général Spleni, qui, pendant toute la campagne, avait couvert le Haut-Rhin et le Brisgau. Le même jour, les Français s'emparèrent de Germersheim et de Spire.

» Le 30 décembre (10 nivôse), les Prussiens se retirèrent sur Edickhoffen, Neustadt et Worms, d'où après avoir été rejoints par le corps posté à Kayserlautern, ils s'établirent de Bingen à Oppenheim, afin de couvrir Mayence. Les coalisés furent donc repoussés du territoire français, où ils ne conservèrent plus que pour quelques jours seulement le fort Louis ou de Vauban, tandis que les Français, en terminant honorablement cette campagne, réoccupaient déjà une partie du Palatinat. »

Armées des Alpes et d'Italie. Les rapports établis de ce côté, entre la guerre civile et la guerre étrangère, doivent faire considérer la prise de Lyon et celle de Toulon comme les deux événemens qui y décidèrent le sort de nos armes. Ce furent deux victoires remportées plus encore sur les Piémontais, sur les Anglais et sur les Espagnols, que sur les fédéralistes. Lorsque Toulon eut été reconquis, l'armée des Alpes resta entièrement maîtresse du Mont-Blanc; celle d'Italie (Alpes maritimes) avait terminé la campagne, le 24 novembre (4 frimaire), en battant les Autrichiens à Castel-Gineste, et en leur enlevant trois camps et le poste de Figaretto. Le général de brigade Masséna commença sa réputation au combat de Castel-Gineste.

Armée des Pyrénées occidentales. Cette armée, commandée tour à tour par Servan, d'Elbecq, Desprès-Crassier et Muller, s'était bornée à la défensive pendant toute la campagne. Les renforts considérables arrivés en novembre sur cette frontière permirent de suivre l'idée émise par Servan, et qui consistait à poster l'armée le plus près possible de la Bidassoa, afin de resserrer l'espace livré aux incursions des Espagnols. Dans la nuit du 10 au 11 novembre (20 au 21 brumaire), trois bataillons se retranchèrent sur la colline de l'ermitage de Sainte-Anne, à seize cents toises de la Bidassoa. Cette position domine par la droite tout le terrain qui s'étend jusqu'à la mer; la gauche en est défendue par un profond ravin; ses derrières communiquent avec Saint-Jean-de-Luz. Ces travaux ne furent point interrompus par les Espagnols. En peu de temps des redoutes formidables protégèrent le camp français, où les troupes hivernèrent dans des baraques en bois.

Armée des Pyrénées orientales. Successivement confiée aux généraux Deflers, Pujet-Barbantane, Dagobert, Daoust, Thureau et Doppet, cette armée avait eu à soutenir une campagne plus rude et plus disputée que celle dont nous venons de parler. Le commandement de Deflers avait été marqué par la capitulation de Bellegarde (26 juin), et par la prise de Ville-Franche tombée aux mains des Espagnols, le 4 août. Après quelques succès, mêlés de revers, Barbantane se laisse battre le 17 septembre près de Rivesaltes, qui demeura au pouvoir de l'ennemi. Dagobert et Daoust conduisirent cette guerre avec plus de bonheur. Vainqueur à Peirestortes, le 18 septembre, Daoust fut promu au grade de général en chef, le 22 du même mois. Dagobert resta général divisionnaire, et ses progrès, dans les deux Cerdagnes et en Catalogne, alarmèrent les Espagnols. Huit mille hommes furent détachés par eux de leur armée devant Bayonne, et réunis à celle des Pyrénées orientales. Thureau obtint alors le commandement des troupes françaises, fortes de quarante mille hommes environ. Il résolut immédiatement une attaque sur Montesquiou, tentée inutilement le 3, et le 4 octobre elle fut stérile comme la première. Les auteurs du *Tableau historique* terminent ainsi le récit de la campagne :

« Les Français, repoussés à Montesquiou, furent plus heureux sur leur droite, à Maureillas, d'où ils s'avancèrent vers Céret, et livrèrent à Palanda, près du Fort-des-Bains, un combat à un corps d'émigrés qui fut mis en fuite.

» Les commissaires de la Convention nationale voulurent qu'on tentât une expédition sur Roses. On n'avait cependant rien à opposer à la flotte espagnole qui croisait dans ces parages, et le pays était entièrement soulevé contre les républicains. Le 28 octobre (7 brumaire), les colonnes se mirent en mouvement. La première, marchant par la droite, s'empara d'abord de Canteloupe et de Vilotori; le lendemain elle marcha sur Espolla, et fut repoussée à moitié chemin. La seconde colonne marchant par la gauche, sous les ordres du général de Latre, se dirigea sur douze ou quinze cents Espagnols qui occupaient les hauteurs et le col de Bagnols-sur-Mer. Le 5 novembre (15 brumaire), il les joignit, les attaqua, les débusqua de tous les postes avancés, et les poursuivit jusqu'à leurs derniers retranchemens, d'où ils sortirent pendant la nuit, pour se retirer dans leur camp d'Espolla, après avoir abandonné leur artillerie, leurs munitions de guerre et de bouche et leurs effets de campement aux Français, qui vinrent prendre poste à la Sera, à demi-lieue des limites de France.

» Le 9 (19 brumaire), on voulut tenter l'attaque du camp d'Espolla; mais n'ayant pu réussir à l'entamer, l'expédition de Roses se trouva manquée, et l'armée se concentra sur les hauteurs, depuis Céret jusqu'à Ville-Longue.

» Le général Doppet vint alors remplacer le général Thureau. Quelques jours après, les Espagnols s'emparèrent de Saint-Féréol et s'y retranchèrent; ils furent repoussés le 1er décembre (11 frimaire) à Ville-Longue.

» Le 3, à cinq heures du matin, ils se portèrent sur les deux camps des Alberas, s'emparèrent, vers la droite des Français, des postes de Saint-Pedro et de Fourques; ils furent repoussés vers le centre, et le lendemain les Français reprirent Fourques et Saint-Pedro.

» Le 6, les Espagnols attaquèrent le col de Bagnols, Notre-Dame-des-Abeilles et un autre camp en avant de ce poste: ils furent repoussés partout avec perte, et marchèrent néanmoins contre le camp de Ville-Longue, l'attaquèrent sur tous les points, en chassèrent les Français, qui furent mis dans une entière déroute par un corps de cavalerie qui s'était porté entre le camp et le Tec, et ne leur permit de se rallier qu'entre Elne et Argelès; ce qui laissa aux Espagnols la liberté de camper derrière la Roque et Saint-Genis.

» Le 12 décembre (22 frimaire), le général espagnol Courten avait rassemblé à Ilança un corps assez considérable pour forcer le col de Bagnols et les autres, qui pouvaient donner aux Espagnols la faculté de marcher sur Port-Vendre et Colioure. Ce corps, divisé en six colonnes, franchit tous les obstacles le 14 décembre (24 frimaire), et se rendit maître du col de Bagnols et des autres qui l'avoisinent.

» Le 19 décembre (29 frimaire), deux colonnes françaises

passèrent le Tec à Bruilla, au-dessous de Boulou; celle de droite, aux ordres du général Fauvel, laissant Saint-Genis sur sa gauche, se dirigea sur Ville-Longue; celle de la gauche, aux ordres du général la Terrade, marcha droit à l'ennemi, qui fut forcé dans son camp de la Roque, d'où les Français se retirèrent après en avoir détruit les retranchemens et emporté beaucoup d'effets.

» La fin de cette campagne ne fut plus qu'une suite de revers pour la France. Le 22 décembre (2 nivôse), le fort Saint-Elme, Colioure et Port-Vendre furent rendus au corps ennemi qui les resserrait.

» Six mille Portugais étaient venus augmenter l'armée espagnole, qui, dès les cinq heures du matin, le 24 décembre (4 nivôse), attaqua l'armée française : le choc commença par le centre. Une colonne de cavalerie espagnole se porta par Ortaffa à la rive gauche du Tec, sur les hauteurs de la petite rivière de Reart, où elle fut repoussée; mais la droite de l'armée française, qui venait d'être forcée, s'étant jetée sur le centre, la gauche du t céder au grand nombre; l'armée républicaine fut alors dans une déroute complète, quelque effort que pût faire pour la rallier et la ramener au combat le commissaire de la Convention, Fabre, qui trouva une mort glorieuse dans les rangs de l'ennemi. Les Français furent obligés de rentrer dans leur camp de l'Union, occupant une ligne qui passait par Cabestani, Perpignan, Toulouges et Thuir. Les Espagnols s'établirent dans la direction de Colioure à Pratz-de-Mollo, occupant Saint-Luc et Saint-Féréol, en avant de Boulou. » (*Tableau historique*, t. II, p. 379-381.)

(*Vendée*. Après leur passage sur la rive droite de la Loire 19 octobre), les Vendéens semblaient dans une situation désespérée. Ils entraient dans un pays étranger pour eux; ils n'avaient ni vivres, ni munitions, ni place. Laroche-Jacquelin était le seul chef qui leur restât; la plupart des autres, mis hors de combat dans les dernières défaites, ne pouvaient ni commander, ni agir. Cependant ils devaient obtenir encore de nombreux succès, et disputer quelque temps le dénoûment fatal de cette guerre. Ils commencèrent par s'emparer de vive force de Varades, près d'Ancenis. Ingrande, Segré, Candé, Château-Gontier tombèrent ensuite entre leurs mains. Cinq à six mille gardes nationaux, que le tocsin avait réunis, entreprirent en vain de défendre les approches de Laval (22 octobre). Trente mille royalistes, conduits par Laroche-Jacquelin, culbutèrent en un instant cette faible poignée de républicains, et pénétrèrent dans la ville qui resta en leur pouvoir. Ils firent fusiller immédiatement tous les patriotes qu'ils purent saisir. La prise de cette place détermina l'insurrection de tous les mécontens des environs, et les Vendéens furent joints par cinq ou six mille Bretons, troupe qui porta depuis le nom de *La petite Vendée*. Le 2 novembre (12 brumaire), Laroche-Jacquelin, vainqueur à Ernée, marcha aussitôt sur Fougères qu'il emporta le 3 (13). Dol et Avranches lui ouvrirent leurs portes. Ce fut à la suite de ces revers que le général républicain Lechelle mourut à Nantes d'empoisonnement volontaire, selon la croyance générale de l'époque. Ce suicide fut démenti par Carrier, devant la Convention, le 21 février (1er ventôse) 1794; il déclara que Léchelle était mort de chagrin « presque entre ses bras. »

Lorsque les Vendéens se furent relevés du désastre de Saint-Florent, par l'heureuse issue de quatre batailles consécutives, ils songèrent à s'assurer une place maritime, afin de pouvoir ouvrir le territoire aux Anglais. Un grand armement était préparé dans les ports d'Angleterre; on avait formé en corps les Français émigrés; on annonçait enfin des efforts et des secours, promesses dont le résultat ne put être apprécié que plus tard à Quiberon. Si les Anglais, encore maîtres de Toulon, avaient réussi à occuper un point quelconque de nos côtes occidentales, comment calculer les conséquences d'un pareil événement! On sait que le pouvoir conventionnel était à la veille de changer de mains, si la prise de Toulon eût tardé de quelques jours. Nul doute que la perte d'un port sur l'Océan n'eût entraîné à l'instant même la ruine des dictateurs, c'est-à-dire l'anarchie, la contre-révolution et l'invasion. Ce malheur ne fut évité que par la découverte d'une conspiration à Rochefort, et par la résistance qu'opposèrent aux Vendéens les habitans de Granville. Dix officiers de marine, du nombre de ceux qui avaient livré Toulon aux Anglais, abordèrent en novembre à Rochefort sur le vaisseau l'*Apollon*, afin d'y machiner une trahison. Dénoncés à Laignelot et à Lequinio, représentans en mission dans cette ville, ils furent saisis à temps et livrés au tribunal révolutionnaire. Les Vendéens avaient choisi le moment (14 novembre — 24 brumaire) où les conspirateurs, venus de Toulon, pratiquaient des intelligences dans Rochefort, pour tenter le siége de Granville. Les habitans unis à la garnison se défendirent vaillamment : ils mirent eux-mêmes le feu aux maisons des faubourgs ; et après trois jours d'attaque, les royalistes furent forcés de se retirer. La flotte anglaise qui croisait, pendant cette expédition, à la vue des îles de Jersey, rentra aussitôt dans ses ports. Les Vendéens obtinrent encore quelques succès à Dol, mais leurs affaires allèrent toujours en déclinant depuis la levée du siége de Granville. Décidés à repasser la Loire, ils attaquèrent Angers le 5 décembre (15 frimaire). Le général Beaupui, qui y commandait, se fit porter blessé sur les remparts. Laroche-Jacquelin et Stofflet se bornèrent à une démonstration, et se jetèrent d'Angers sur le Mans dont ils se rendirent maîtres. Là, suivis par les généraux républicains, attaqués au dehors et dans la ville, pressés par Westermann, à qui on avait de nouveau confié un commandement, les Vendéens furent taillés en pièces. Dix-huit mille soldats, femmes, enfans, vieillards, furent massacrés pendant et après le combat. Laroche-Jacquelin, échappé au carnage avec quelques cavaliers, recueillit les débris de l'armée, et essaya de passer la Loire à Ancenis, sur des radeaux. A peine touchait-il le bord opposé avec son avant-garde, le reste attaqué, fuit à Savenay ; là (22 décembre — 2 nivôse) cette troupe, sans chef, fut atteinte et détruite. L'île de Noirmoutier, où s'étaient réfugiés Charrette et d'Elbée mourant, fut prise le 3 janvier (14 nivôse). D'Elbée fut porté au lieu du supplice et fusillé dans son fauteuil. On put croire la guerre de l'Ouest éteinte ; mais les colonnes dites *infernales* et Carrier devaient susciter encore long-temps dans ce pays les colères et les convulsions du désespoir.

— Pendant les derniers jours de décembre 1793, les séances de la Convention furent presque entièrement consacrées à la lecture des dépêches qui annonçaient les événemens sur lesquels nous venons de réunir de courtes narrations. En outre de cette lecture, la Convention s'occupa d'un petit nombre d'autres objets, dont voici les principaux.

Le 25 décembre (5 nivôse), le comité de salut public adressa aux départemens la circulaire suivante, sur le génie des lois révolutionnaires et sur les réformes de l'ancienne organisation.

Le comité de salut public aux départemens.

« Les législateurs ont refondu la statue de la loi, pour lui imprimer les formes révolutionnaires.

» Les défectuosités qui tenaient aux erreurs, ou plutôt aux crimes des premiers ouvriers, sont effacées ; mais tout ce qu'il y avait de traits purs est conservé ; la matière n'a pas été brisée, elle n'a été que remaniée. En portant une main ferme sur les vices de l'administration, la Convention s'est proposé aussi de remettre en valeur, pour la République, toutes les vertus des administrateurs.

» Ils ne pouvaient les développer entières : telle avait été la tactique astucieuse de ceux qui conspirent contre les lois dans leur sanctuaire même, que les ressorts de la machine politique avaient été combinés de manière à en paralyser ou à en briser le jeu.

» Les premiers législateurs avaient jeté, dans un ordre apparent, les germes d'un désordre futur ; ils avaient infusé, pour ainsi dire, les principes du fédéralisme dans l'organisation même des autorités destinées à le combattre un jour.

» Les grandes masses d'administration, placées de distance en distance, devaient pencher par leur composition vers un système d'isolement, de résistance ou d'inertie ; n'ayant qu'une communication faible, interrompue, avec les extrémités et le centre, elles en étaient détachées moins par l'effort des hommes que par celui de la chose qui les pressait et les attirait en sens contraire.

» Ce n'est pas assez : l'exécution de la loi se trouvait ralentie et neutralisée en passant et en s'arrêtant successivement sur chaque anneau de la chaîne hiérarchique des administrations. Le câble révolutionnaire, aminci en quelque sorte dans cette longue filière, n'avait plus de consistance; tandis qu'il doit être lancé avec violence, et, touchant en un instant les extrémités au moindre signe du législateur, lier, rattacher tout fortement au centre du gouvernement.

» Telles ont été les causes qui ont appelé sur la viciosité de l'ancienne organisation, la main réformatrice.

» L'intensité révolutionnaire ne peut s'exercer que dans un libre espace, voilà pourquoi le législateur écarte sur la route tout ce qui n'est point guide, tout ce qui est obstacle.

» Vous ferez donc un sacrifice utile à la chose publique et à vous-mêmes, en rejetant de vos fonctions tout ce qui ne pouvait s'exercer qu'au détriment de la patrie, contre elle, et par conséquent contre vous.

» Jusqu'ici on a épuré les hommes, il restait à épurer les choses.

» Vous devez vous honorer d'avoir à donner à la mère-patrie. Que des hommes vulgaires, que des ames rétrécies, plus occupées de la sphère étroite où rampent leurs pensées, que des vastes intérêts du salut public, ne voient là qu'une perte de pouvoir; que ces enfans de l'ambition ne se dessaisissent qu'en pleurant du hochet qu'ils caressaient; mais vous, républicains, ne voyez dans le pouvoir qu'un instrument d'être utile; ne l'est-il plus, il faut le poser ou le changer. Malheur à celui qui, dans un poste élevé, n'a pas l'ame plus élevée encore, et qui descendu, se trouve moins grand qu'auparavant !

» Vous l'avez appris d'ailleurs, et vos ames pénétrées de cette vérité sauront la pratiquer. Les hommes ne sont rien, la patrie seule est tout; elle commande, obéissez. Quel homme, pour un objet idolâtré, n'est point prêt à tout entreprendre à son moindre signe!....., Hommes libres, si la République a toutes vos affections; si vous la portez dans votre cœur, ce jour sera pour vous le plus beau de votre vie, puisque vous éléverez l'intérêt public sur les débris de vos propres intérêts et de vos faiblesses même, supposé que vos esprits généreux puissent en concevoir.

» Mesurez d'ailleurs la carrière nouvelle qui s'ouvre devant vous ; elle offre à ceux qui ne peuvent déposer le besoin de travailler au bonheur de leurs concitoyens, un champ bien large encore.

» Les liens de la société, tout ce qui la soutient, tout ce qui l'enrichit et l'embellit, sont confiés à vos soins. Votre essence première tendait à vous séparer les autres membres du corps politique; vous y êtes ramenés et plus fortement attachés que jamais par vos fonctions nouvelles. Rappeler, sous la surveillance et d'après l'impulsion des autorités supérieures, aux sources publiques la dette du citoyen envers l'état qui lui confère ce titre et lui en assure les glorieuses prérogatives; affermir ainsi le nerf national; porter un œil indicateur sur tous les moyens d'amélioration ; tracer au commerce des routes nouvelles, lui donner un caractère national en lui imprimant de la grandeur, et en le tirant de la fange mercantile dans laquelle s'agitent les vices les plus dégradans et les plus ennemis de la liberté; fertiliser le sol, augmenter ses produits; faciliter ses débouchés; ajouter aux présens de la nature les bienfaits de l'industrie ; doubler en quelque sorte cette dernière, et augmenter alors la somme du bonheur; faire sortir du travail les mœurs et l'extirpation de la mendicité, qui est une espèce de dénonciation vivante contre le gouvernement; être, en un mot, les ouvriers de la prospérité publique; telle est la masse imposante de vos devoirs.

» Ces fonctions d'édilité, en quelque sorte, d'ordre, d'administration toute paternelle et de paix, auraient été troublées et entravées, si la surveillance des lois révolutionnaires vous eût été confiée.

» Ces deux attributions se repoussent, s'écartent et sont incompatibles par essence.

» Le génie des lois révolutionnaires est de planer sans être retardé dans son essor : il eût été moins rapide, en multipliant les cercles autour de lui.

» Ces considérations ont dicté les articles V et VI de la troisième section du décret en date du 14 frimaire (4 décembre).

» La loi doit être promulguée dans les vingt-quatre heures qui suivent la réception.

» Elle doit être exécutée dans le délai de trois jours, à compter de la publication du décret.

» Ici se montre l'intention du législateur : ce n'est pas assez d'avoir trouvé le topique, il faut l'appliquer sur-le-champ ; il veut réaliser dans sa plus énergique précision cette pensée : « Le peuple a dit, que la loi existe, et la loi exista. » Il veut enfin que la nouvelle création sociale sorte en un clin d'œil du chaos : que lui faut-il pour cela ? sa volonté toute puissante.

» Votre sphère est déterminée, parcourez-la religieusement ; hors de là un abîme est ouvert, où tombent ceux qui reculent ou qui se précipitent.

» Les articles XVI, XVII, XXI de la troisième section, les articles XI et XIII de la seconde section, marquent vos limites.

» Votre amour pour le bien public suffirait pour vous courber sous ces obligations impérieuses.

» Pour nous, citoyens, nous aimons à croire que de vrais républicains se déterminent moins par la vue de la peine qui suit l'infraction, que par celle du bien public qui résulte de l'obéissance aux lois destinées à l'assurer.

» Salut et fraternité.

» *Signé* ROBESPIERRE, BILLAUD-VARENNES, CARNOT, C.-A. PRIEUR, B. BARRÈRE, L. LINDET et COUTHON. »

Le 26 décembre (6 nivôse), Barrère, au nom du comité de salut public, fit un rapport suivi d'un projet de décret, par lequel une commission, prise dans ce comité et dans celui de sûreté générale, serait chargée exclusivement de l'examen et du jugement des motifs d'arrestation des citoyens incarcérés par les comités de surveillance. Le rapporteur traça les caractères auxquels l'on avait dû et l'on devait encore reconnaître les gens suspects. Nous allons rapprocher ce morceau des catégories dressées par Chaumette et adoptées par le conseil-général de la Commune dans sa séance du 10 octobre. Selon Chaumette, et selon le conseil-général, étaient suspects :

« 1° Ceux qui, dans les assemblées du peuple, arrêtent son énergie par des discours astucieux, des cris turbulens et des menaces ;

» 2° Ceux qui, plus prudens, parlent mystérieusement des malheurs de la République, s'apitoient sur le sort du peuple, et sont toujours prêts à répandre de mauvaises nouvelles avec une douleur affectée ;

» 3° Ceux qui ont changé de conduite et de langage selon les événemens ; qui, muets sur les crimes des royalistes, des fédéralistes, déclament avec emphase contre les fautes légères des patriotes, et affectent, pour paraître républicains, une austérité, une sévérité étudiées, et qui cèdent aussitôt qu'il s'agit d'un modéré ou d'un aristocrate ;

» 4° Ceux qui plaignent les fermiers et marchands avides contre lesquels la loi est obligée de prendre des mesures ;

» 5° Ceux qui ayant toujours les mots de liberté, République et patrie sur les lèvres, fréquentent les ci-devant nobles, les prêtres contre-révolutionnaires, les aristocrates, les feuillans, les modérés, et s'intéressent à leur sort ;

» 6° Ceux qui n'ont pris aucune part active dans tout ce qui intéresse la révolution, et qui pour s'en disculper font valoir le paiement des contributions, leurs dons patriotiques, leur service dans la garde nationale par remplacement ou autrement, etc.

» 7° Ceux qui ont reçu avec indifférence la constitution républicaine, et ont fait part de fausses craintes sur son établissement et sa durée ;

» 8° Ceux qui, n'ayant rien fait contre la liberté, n'ont aussi rien fait pour elle ;

» 9° Ceux qui ne fréquentent pas leurs sections, et qui donnent pour excuse qu'ils ne savent pas parler ou que leurs affaires les en empêchent ;

» 10° Ceux qui parlent avec mépris des autorités constituées, des signes de la loi, des sociétés populaires et des défenseurs de la liberté ;

» 11° Ceux qui ont signé des pétitions contre-révolutionnaires, ou fréquenté des sociétés ou clubs anti-civiques ;

» 12° Les partisans de La Fayette et les assassins qui se sont transportés au Champ-de-Mars. »

Barrère s'exprima ainsi sur le même sujet.

« Une institution terrible, mais nécessaire, une institution qui a sauvé la France, malgré quelques abus (Quelle institution en a jamais été exempte?) a été disséminée dans toutes les sections, dans toutes les communes.

» La loi qui fait arrêter les personnes suspectes a été et a dû être portée. L'aristocratie a frémi en voyant perdre ses soutiens et incarcérer ses émissaires. L'œil perçant et scrutateur de la liberté jalouse s'est reposé sur chaque citoyen, a pénétré dans chaque famille, a percé chaque domicile.

» L'opinion publique, qui se compose de faits de tout genre passés à diverses époques de la révolution ; l'opinion a désigné la majeure partie des suspects ; la loi a dû les frapper.

» La naissance, des préjugés orgueilleux, des habitudes aristocratiques ont désigné les uns.

» Des professions inutiles, dangereuses, ou accoutumées à des gains illicites, à des manipulations criminelles de capitaux étrangers, ont dû faire arrêter les autres.

» Les spéculateurs barbares sur les subsistances du peuple, les avilisseurs de la monnaie républicaine, les marchands, par leur sordide intérêt, étrangers à leurs concitoyens, ont dû former une autre classe de personnes suspectes.

» Les parens des émigrés, les fauteurs de leur fuite, les complices naturels de leur haine contre la patrie, sont dans une hypothèse aussi suspecte.

» Les prêtres insermentés qui croient tout perdu, parce que leur métier est devenu inutile ; les anciens magistrats ou robins, qui ne croient pas à une République stable dans laquelle il n'y a ni parlemens ni bailliages ; les hommes de loi, qui ne voient dans les codes que les bénéfices de la chicane, et dans la justice que le droit de ruiner les familles avec des feuilles noircies de sophismes et d'injures, devaient peupler les maisons d'arrêt.

» Ainsi je dirai avec plus de raison et de politique que les écrivains périodiques, qui, sans le savoir et sans le vouloir peut-être, ravivent les contre-révolutionnaires, et réchauffent les cendres de l'aristocratie ; je dirai : Noble, suspect ; prêtre, homme de cour, homme de loi, suspects ; banquier, étranger, agioteur connu, citoyen déguisé d'état et de forme extérieure, suspects ; homme plaintif de tout ce qui se fait en révolution, suspect ; homme affligé de nos succès à Maubeuge, à Dunkerque et dans la Vendée, suspect. Oh! la belle loi que celle qui eût déclaré suspects tous ceux qui, à la nouvelle de la prise de Toulon, n'ont pas senti battre leur cœur pour la patrie, et n'ont pas eu une joie prononcée! Que n'a-t-on pu pénétrer ce jour-là dans les sallons dorés, dans ce que la vanité appelle des hôtels, dans les clubs aristocratiques, dans les cafés inciviques, dans les groupes salariés, dans les confidences des complices du despotisme! c'est là que les comités de surveillance eussent frappé sans erreur, et incarcéré sans remords. »

Barrère dit ensuite que de telles arrestations n'eussent pas motivé une *nouvelle traduction de Tacite*, et il désigne ainsi clairement le troisième numéro du *Vieux Cordelier*, journal auquel il fait seulement allusion dans le passage que nous venons de transcrire. Le projet de décret qu'il présentait était un moyen d'écarter celui qui avait été adopté le 20 décembre (30 frimaire) sur la proposition de Robespierre. En prenant dans le comité de salut public et dans celui de sûreté générale, la commission chargée de juger les motifs d'arrestation à l'égard des citoyens incarcérés, on tombait dans des inconvéniens tellement évidens que la mesure ne pouvait être défendue. D'abord le nombre des membres dont les deux comités étaient composés se trouvait à peine suffisant pour remplir les attributions actuelles : comment ajouter une nouvelle fonction, et espérer qu'on y vaquerait? N'était-ce pas, en outre, donner à ce comité de révision une importance disproportionnée, que de le placer au centre même du gouvernement? Ne témoignerait-on pas par-là que l'intérêt de la France et celui des citoyens suspects seraient désormais sur la même ligne? Vouloir d'ailleurs que les mêmes hommes chargés d'exercer le pouvoir révolutionnaire fussent appelés à mettre en question les résultats de la police révolutionnaire, c'était séparer le gouvernement de cette administration; c'était placer sur le terrain de la discussion tous les points de contact entre le principe d'action et son instrumentalité. Il n'y avait donc autre chose à faire pour prouver que l'on n'attentait pas sans quelque sollicitude à la liberté des individus, que de faire vérifier par une commission d'enquête les dossiers d'après lesquels les comités révolutionnaires décernaient leurs mandats. Or, c'était là la proposition de Robespierre. Il combattit le projet de Barrère, et demanda qu'on s'en tînt au premier décret. Barrère insista en disant que les mesures qu'il venait de soumettre étaient le vœu des deux comités réunis. Alors Billaud-Varennes prit la parole :

Billaud-Varennes. « Si dans ce décret il y a des inconvéniens, ils viennent du premier qui a été rendu. Si la Convention eût conservé son énergie et sa fermeté, elle aurait passé à l'ordre du jour sur les réclamations des contre-révolutionnaires qu'on vous présenta à la barre. Il est certain que le comité de sûreté générale ne peut répondre à toutes les sollicitations de l'aristocratie, qui ne mérite que notre animadversion. Je demande donc le rapport du premier décret. »

Goupilleau. « La matière que nous discutons est assez importante, je demande l'ajournement de la discussion. »

Billaud-Varennes. « Ce serait abuser la France entière que de maintenir un décret inexécutable ; j'insiste sur le rapport du premier décret. »

La Convention rapporta son premier décret, et passa à l'ordre du jour sur le second. Billaud-Varennes, que nous trouvons ici en opposition contre Robespierre, donnait par cette démarche un gage aux hébertistes. Il suivait Collot-d'Herbois comme nous le lui verrons suivre en thermidor ; ou pour mieux dire il manifestait le caractère qu'il avait montré dans les journées de septembre, cette dureté froide et sans pitié pour personne, cet égoïsme bilieux et implacable qui marqua jusqu'au bout de sa carrière les actes de ce conventionnel, toutes les fois que les circonstances le firent sortir de la taciturnité qui lui était habituelle. Il est cependant une explication de la conduite politique qu'il a tenue que nous ne devons pas omettre. On l'accuse d'avoir été du nombre de ceux qui poussaient à la contre-révolution par les excès révolutionnaires. On nous a communiqué à cet égard une note provenant de la diplomatie étrangère. Nous avons toute confiance dans la personne qui nous a fourni ce renseignement ; elle le doit elle-même à feu M. Gravenreuth, président de la régence d'Augsbourg, sous l'Empire. Nous transcrivons cette note, sans commentaires.

« Billaud-Varennes trahissait. — Ses lettres passaient par Venise et Toulon pour aller en Espagne avec laquelle il s'entendait. A la prise de Toulon on saisit, sur des officiers espagnols chargés de porter ses messages, une correspondance non signée, contenant des renseignemens qu'un membre du comité pouvait seul fournir. Elle fut remise à Robespierre, qui se rendit au milieu de ses collègues et leur dit qu'il se doutait bien qu'il y avait un traître parmi eux, etc., qu'il en avait des preuves. Là-dessus il les leur montra. Alors Billaud, pour détourner le coup qui le menaçait, s'écria qu'il n'y avait que Hérault de Séchelles capable d'une pareille conduite. Cela donna lieu au procès de ce dernier, dont l'issue est connue. »

Le 28 décembre (8 nivôse), la Convention reçut une adresse de la Société populaire d'Amiens, entièrement livrée à l'influence d'André Dumont. Elle demandait la clôture de toutes les églises. Levasseur fit observer que ce serait violer évidemment la liberté des cultes ; il invoqua l'ordre du jour. Adopté. — Après cette manifestation hébertiste, ce fut le tour des dantonistes. Un des secrétaires donna lecture d'une lettre écrite par Chabot au président de la Convention nationale, pour se plaindre de ce qu'on avait arrêté sa sœur et un de ses amis : « Les hébertistes, disait-il, sont donc plus audacieux que les brissotins ! Ceux-ci n'ont pas fait arrêter mes parens dans leur triomphe à l'Aveyron. » Merlin de Thionville demanda, comme représentant du peuple et comme ami, que Chabot et Bazire fussent enfin arrachés au soupçon et à l'intrigue qui les attaquaient. — Cette lettre fut renvoyée au comité de sûreté générale. — Robespierre fit ensuite la motion suivante :

Robespierre. « Parmi les belles actions qui se sont passées dans la Vendée, et qui ont honoré la guerre de la liberté contre la tyrannie, la nation entière doit distinguer celle d'un jeune homme dont la mère a déjà occupé la Convention. Je veux parler de Barra : ce jeune homme âgé de treize ans a fait des prodiges de valeur dans la Vendée. Entouré de brigands qui, d'un côté, lui présentaient la mort, et de l'autre lui demandaient de crier *vive le Roi !* il est mort en criant *vive la République !* Ce jeune enfant nourrissait sa mère avec sa paie ; il partageait ses soins entre l'amour filial et l'amour de la patrie. Il n'est pas possible de choisir un plus bel exemple, un plus parfait modèle pour exciter dans les jeunes cœurs l'amour de la gloire, de la patrie et de la vertu et pour préparer les prodiges qu'opérera la génération naissante. En décernant des honneurs au jeune Barra, vous les décernez à toutes les vertus, à l'héroïsme, au courage, à l'amour filial, à l'amour de la patrie.

» Les Français seuls ont des héros de treize ans : c'est la liberté qui produit des hommes d'un si grand caractère. Vous devez présenter ce modèle de magnanimité, de morale, à tous les Français et à tous les peuples : aux Français, afin qu'ils ambitionnent d'acquérir de semblables vertus, et qu'ils attachent un grand prix au titre de citoyens français ; aux autres peuples, afin qu'ils désespèrent de soumettre un peuple qui compte des héros dans un âge si tendre.

» Je demande que les honneurs du Panthéon soient décernés à Barra, que cette fête soit promptement célébrée et avec une pompe analogue à son objet et digne du héros à qui nous la destinons. Je demande que le génie des arts caractérise dignement cette cérémonie, qui doit présenter toutes les vertus ; que David soit spécialement chargé de prêter ses talens à l'embellissement de cette fête. » (Vifs applaudissemens..)

David. « Ce sont de telles actions que j'aime à retracer. Je remercie la nature de m'avoir donné quelques talens pour célébrer la gloire des héros de la République, c'est en les consacrant à cet usage que j'en sens surtout le prix. » (On applaudit.)

Barrère. « Citoyens, il ne peut y avoir ici qu'un suffrage, ou plutôt des acclamations unanimes pour l'adoption de la belle motion que Robespierre vient de faire. Je demande que l'assemblée décrète que la gravure qui représentera l'action héroïque et la piété filiale de Joseph Barra, de Palaiseaux, sera faite aux frais de la République, et envoyée par la Convention nationale dans toutes les écoles primaires, pour y retracer sans cesse à la jeunesse française l'exemple le plus pur de l'amour de la patrie et de la tendresse filiale. »

Les propositions de Robespierre et de Barrère furent adoptées au milieu des plus vifs applaudissemens.

Le 29 décembre (9 nivôse) Hérault rendit un compte succinct de ses opérations dans le Haut-Rhin : il repoussa ensuite l'imputation qui lui avait été faite d'avoir des liaisons intimes et suspectes avec Proly, Pereyra et Dubuisson : il déclara qu'il connaissait à peine les deux derniers, et que le premier, qu'il avait rencontré plus souvent, n'avait jamais proféré en sa présence une seule parole qui l'eût mis à portée de le dénoncer. Hérault fait cette profession de foi : Si d'avoir été jeté par le hasard de la naissance dans une caste que Lepelletier et lui n'ont cessé de combattre et de mépriser, est un crime qui lui reste à expier ; s'il doit encore à la liberté de nouveaux sacrifices, il prie la Convention d'accepter sa démission de membre du comité de salut public. La Convention décréta l'impression du discours d'Hérault, et passa à l'ordre du jour sur sa démission. — Mallarmé informa ensuite la Convention que Saint-Just et Lebas, commissaires dans le Bas-Rhin, avaient envoyé à la maison de la Force, à Paris, les administrateurs du directoire de la Meurthe, qui avaient été choisis et nommés par Soubrany et Milhaud : il protesta de leur innocence, de leur patriotisme, et demanda un prompt rapport. Simon déclara aussi que des dénonciations mensongères avaient surpris Saint-Just et Lebas sur les administrateurs de Strasbourg, qui avaient été incarcérés. L'assemblée renvoya ces deux objets aux comités de salut public et de sûreté générale.

Les plaintes portées contre Saint-Just et Lebas nous donnent occasion de faire l'historique de leur mission en Alsace. Nous commencerons par dire quelques mots de celle de Hérault dans le Haut-Rhin. M. Monet, alors maire de Strasbourg, a bien voulu nous communiquer de vive voix tous les élémens de notre récit et de nos explications.

Les actes de Hérault-Séchelles dans le Haut-Rhin se bornèrent à une promenade sans but et sans résultat. Il cherchait à ne rien faire, et il ne fit rien. Hérault était un homme à belles manières et un homme de plaisir. A Paris, il portait la perruque jacobine ; dans les départemens il se coiffait en ailes de pigeon. Il ne résidait pas dans une ville sans y commencer aussitôt des intrigues amoureuses. Celle qui fit le plus de bruit en Alsace, parce qu'elle était scandaleuse, fut sa liaison avec la sœur d'un général autrichien. Les patriotes de ce pays regardaient Hérault comme un *arlequin*. Lorsqu'il repassa par Strasbourg pour revenir à Paris, le maire lui parla de la dénonciation dont il venait d'être l'objet devant la Convention, et lui demanda comment il espérait s'en tirer. Hérault répondit avec beaucoup d'aisance qu'il n'aurait pour cela qu'à dire un mot « à son ami Couthon. »

Lorsque Saint-Just et Lebas furent envoyés en Alsace, cette frontière était dans un état déplorable. La perte des lignes de Wissembourg avait été suivie d'une retraite précipitée de l'armée française ; les Autrichiens l'avaient ramenée jusque sous le canon de Strasbourg. Les revers qui s'étaient succédé de ce côté depuis les tentatives de Beauharnais pour délivrer Mayence, avaient eu pour conséquence de réduire nos troupes à un complet dénûment. Les soldats manquaient de tout, et il fallait refaire le matériel de l'armée, en même temps qu'il en fallait remonter l'état moral.

Il y avait à Strasbourg un assez grand nombre de représentans du peuple au moment où Saint-Just et Lebas y arrivèrent. C'étaient J.-B. Lacoste, Baudot, Ruamps, Soubrany et quelques autres. Saint-Just et Lebas prirent le titre de commissaires extraordinaires. Ils ne rendirent pas aux autorités constituées la visite qu'ils en avaient reçue, et ce changement au cérémonial en usage annonça quel pouvoir ils venaient exercer. Ils se distinguèrent aussitôt de leurs collègues, en évitant de se produire dans les lieux publics. Le laconisme était le caractère de leurs arrêtés, aussi bien que de leurs discours dans les conférences où les engageaient les affaires du département et de l'armée. Jacobins rigides, mais sans affectation, on voyait en eux des hommes habitués à régler leur conduite privée sur les principes moraux qui servaient de base à leurs convictions politiques. Vouloir et agir pour le salut de la France, telle était leur occupation de tous les instans. Aussi leur accueil toujours grave, leur manière d'aller droit au but sans paroles inutiles, leur sentiment de justice et la fermeté qui y répondait, en imposaient-ils à ce point, que nul n'osait les aborder sans trembler. C'est là du moins ce que M. Monet déclare avoir vu éprouver par les autres, et avoir éprouvé lui-même.

Pendant tout le temps que Saint-Just et Lebas gouvernèrent à Strasbourg, il n'y fut pas versé une goutte de sang. Il n'y avait eu dans cette ville que deux exécutions à mort avant leur arrivée : ce furent les seules. L'accusateur du tribunal révolutionnaire, ce Schneider à qui l'imagination et le style de M. C. Nodier ont acquis de nos jours une si odieuse renommée, n'est point un personnage romanesque quant aux mœurs ignobles dans lesquelles cet écrivain nous l'a montré; mais il faut beaucoup diminuer du sang dont il l'a couvert. Le tribunal qu'il promenait à sa suite dans le département du Bas-Rhin n'y frappa tout au plus que douze individus. Il ne se passa de remarquable dans les tournées de Schneider que la particularité suivante. Il entra un jour dans un village, avec son fatal cortége, au moment où le prêtre constitutionnel de l'endroit se mariait. Prêtre lui-même, il voulut que sa présence profitât à un confrère. En conséquence il fit dresser la guillotine, et ordonna aux habitans de doter les époux par une quête publique et immédiate. Le parti qui lui résistait à Strasbourg, et qui avait réussi à le paralyser, travailla bientôt à l'écarter entièrement. Ce n'était pas Schneider seulement, c'étaient la plupart des membres du tribunal révolutionnaire qu'il fallait remplacer. Ce tribunal, présidé par Taffin, autre prêtre défroqué, était composé d'hommes sans principes, sans probité, sans tenue. On commença la réforme par l'accusateur public, parce qu'il était le plus vicieux et le plus à craindre. Adonné aux femmes et à des excès continuels de boisson, il était tombé dans l'espèce de stupidité ordinaire à ceux qui s'enivrent fréquemment avec de la bière. Cependant il n'était pas facile d'opérer sa ruine. Deux partis divisaient Strasbourg; l'un, le parti français, qui avait d'abord adopté Diétrick pour maire, et ensuite M. Monet. Ce parti, national avant tout, avait suivi la société des Jacobins dans la ligne de ses oppositions, se séparant comme elle de tous les pouvoirs qui avaient successivement entrepris de gouverner la France depuis 1789 jusqu'au 31 mai. L'autre était le parti alsacien, dont Turkem fut long-temps le chef. Plus démocratique en apparence, ce parti était foncièrement fédéraliste. Il tendait à faire prévaloir l'esprit allemand, et à spéculer dans la révolution les intérêts et les franchises de la province. Schneider était l'un des plus chauds partisans de ce projet de république alsacienne, auquel on avait su rallier une portion considérable de la classe dont l'Allemand était encore la seule langue. A cause de cela, malgré les plaintes de la municipalité, et malgré l'urgence, les représentans du peuple qui avaient précédé Saint-Just et Lebas n'avaient pas osé arracher Schneider à ses fonctions. Lorsque les patriotes se décidèrent à demander sa destitution, au lieu de s'adresser directement aux commissaires extraordinaires, ils allèrent trouver d'abord les représentans J.-B. Lacoste et Baudot, afin de tenter par ce préliminaire l'issue d'une démarche définitive. Ceux-ci partagèrent leur opinion sur Schneider, mais ils ne voulurent pas se charger de parler de cette affaire à Saint-Just et à Lebas, et ils leur conseillèrent d'attendre. Un Jacobin dont quelques lettres ont été imprimées dans les papiers de Robespierre, Gatteau, employé aux subsistances près l'armée du Rhin, était présent à cette entrevue. Il garda le silence, mais il se rendit sur-le-champ auprès de Saint-Just et Lebas pour les informer de ce qui se passait. Schneider, alors en expédition dans le département, était attendu à Strasbourg dans la journée. Les commissaires extraordinaires donnèrent immédiatement des ordres pour qu'il fût saisi à son retour, attaché pendant une heure à l'un des poteaux de la guillotine, et envoyé le lendemain à Paris. Ces ordres furent exécutés. Quelques jours après on renouvela le tribunal révolutionnaire, qui cette fois ne fut composé que d'honnêtes gens. Il ne condamnait guère qu'à des amendes, et le plus souvent il acquitta. Il n'y eut qu'une seule exposition. Le cas le plus grave sur lequel le nouveau tribunal eut à prononcer fut une correspondance entretenue par Brulebaut, fils du directeur des postes, avec une émigrée. Les juges ne virent en cela qu'une correspondance amoureuse, et ils renvoyèrent le prévenu absous.

L'une des mesures les plus graves prises par Lebas et Saint-Just fut l'arrestation et l'envoi à Paris des administrateurs du département du Bas-Rhin. D'après certains rapports qu'on leur avait faits, la plupart des membres du département étaient en correspondance avec les émigrés, et conspiraient pour livrer la ville à Wurmser. Plusieurs lettres venant de l'armée ennemie, et où plusieurs administrateurs, entre autres Édelmann, étaient fortement compromis, furent saisies aux avant-postes. Ce sont là toutes les preuves de la trahison machinée à Strasbourg, laquelle cependant est demeurée un fait à peu près avéré, parce qu'elle n'a jamais été ni expliquée, ni contredite autrement que par des négations.

Voici les éclaircissemens que M. Monet nous a fournis à ce sujet. Édelmann était un musicien-compositeur, chaud patriote, mais d'un esprit chagrin et d'une humeur difficile. Il était rarement content des hommes et des choses. A l'époque de la constitution civile du clergé, il exprima hautement le vœu que les ministres protestans fussent soumis à l'élection aussi bien que les prêtres catholiques. Cette motion fit du bruit en Alsace, et les pasteurs de ce pays la combattirent vivement. Celui de Gries se fit remarquer dans cette querelle; il devint l'ennemi juré d'Édelmann. Il ne tarda pas à se venger, ce qui arriva de la manière suivante. Ayant pris un emploi d'espion dans l'armée, ce ministre, fortement soupçonné d'espionner en même temps pour le compte des deux rives du Rhin, répandit dans nos avant-postes des lettres fabriquées par lui, et arrangées de façon à ce que l'on ne pût douter qu'elles ne vinssent des quartiers autrichiens. D'après ces lettres, il était manifeste que l'étranger avait pratiqué des intelligences parmi les administrateurs de Strasbourg; on y parlait d'Édelmann comme du chef de cette intrigue. Ces lettres furent envoyées à Milhau et à Soubrany, alors seuls députés en mission dans le département. Ils mandèrent aussitôt le maire de Strasbourg et Édelmann, et ils entrèrent en explication en accusant ce dernier de trahir. Édelmann qui était bègue, et dont la surprise acheva de nouer la langue, ne put répondre que par des exclamations. Alors le maire qui le connaissait pour un très-honnête homme prit sa défense, demanda les motifs de l'accusation, et lorsque les lettres furent produites, la fraude fut démontrée; les représentans se contentèrent de faire remarquer à Édelmann, dont le défaut était de soupçonner tout le monde, combien il était dangereux de juger sur les apparences. L'affaire en resta là.

On profita de l'arrivée de Saint-Just et de Lebas pour renouveler les mêmes manœuvres. Au nom seul de trahison, dans des circonstances surtout où celle de Toulon et celle qu'on avait tentée à Rochefort invitaient à une extrême prudence, les commissaires extraordinaires se déterminèrent brusquement. Ils transmirent au maire l'ordre de faire arrêter à l'heure même tous les administrateurs, et de les mettre en route pour Paris le lendemain à sept heures du matin. Leur arrêté fut apporté à la Commune fort avant dans la soirée. Cette mesure parut très-fâcheuse au conseil municipal. Dix jours plus tôt elle aurait été bonne, car elle aurait frappé un corps dont les membres étaient en général, sinon des traîtres, au moins de mauvais patriotes. Maintenant que le directoire avait été renouvelé, et qu'il ne comptait guère que de bons citoyens, leur arrestation en masse était une énigme vraiment inexplicable; néanmoins la municipalité s'empressa d'obéir. C'était la loi qu'elle s'était faite dès les premiers arrêtés de Saint-Just et Lebas ; elle exécutait d'abord leurs décisions, puis elle allait faire ses observations, s'il y avait lieu. Cette fois le maire, suivi de quelques conseillers municipaux, se rendit auprès des deux représentans pour leur annoncer que tout était prêt, et que les prisonniers pourraient partir à quatre heures du matin. Ensuite il discuta la mesure ; mais comme il en ignorait les motifs, parce que Saint-Just et Lebas gardèrent là-dessus un silence absolu, il se contenta de leur répéter les réflexions qui avaient été faites en conseil. Saint-Just était couché; il se tourna vers le maire et lui répondit : « Vous pouvez avoir raison sur quelques individus ; mais il existe un grand danger, et nous ne savons où frapper. Eh bien ! un aveugle qui cherche une épingle dans un tas de poussière, saisit le tas de poussière. » Toutefois, sur les instances réitérées de M. Monet, douze administrateurs, sur quarante, furent rendus à la liberté ; l'arrêté fut exécuté à l'égard des autres. Si le maire eût pu se douter que des lettres saisies aux avant-postes étaient la cause de cette mesure, il est très-probable qu'il en eût obtenu le rapport ; mais il n'en fut instruit que plus tard.

M. Lebas fils nous a confié une collection à peu près complète des arrêtés pris par son père et par Saint-Just pendant leur mission à Strasbourg. Nous tenons de la même source la correspondance inédite de Lebas avec son père et avec sa femme. Ce conventionnel n'est guère connu que par l'acte de dévouement qu'il fit le 9 thermidor, et qui suffirait sans doute à immortaliser sa mémoire. Mais l'homme qui déposa alors sa vie pour les principes jacobins, et dont le sacrifice fut si pur et si complet, mérite qu'on soulève le voile de modestie dont il enveloppa sa carrière politique. Il est bon que l'on sache d'ailleurs quelle était sa probité, et quel droit il avait à flétrir les thermidoriens par ces paroles célèbres : « Je ne veux point partager l'opprobre de ce décret! je demande aussi l'arrestation. » Lebas n'avait jamais parlé dans la Convention ; ce cri d'une conscience indignée est la seule phrase qu'il y ait fait entendre. Ce n'est pas qu'il n'eût pu occuper avec distinction la tribune nationale et se faire une réputation d'orateur, car il avait obtenu de brillans succès dans le barreau d'Arras, et il y avait été porté en triomphe à la suite d'une plaidoirie politique, à laquelle il dut en partie d'être envoyé à la Convention. Lui-même explique dans sa correspondance pourquoi il avait préféré servir sa patrie dans les travaux obscurs des comités, et dans ceux plus pénibles encore des missions près des armées, aux gloires parlementaires. Comme nous nous proposons de faire une notice sur Lebas à l'époque de sa mort, et d'imprimer les manuscrits que son fils nous a communiqués, nous n'anticiperons pas. Indépendamment de ses lettres, sa famille conserve encore plusieurs feuilles arrachées par lui dans le registre de la Commune d'Arras, où étaient recueillies les dénonciations. Par cet acte, il sauva la vie à plusieurs prêtres insermentés ; il n'y a guère, en effet, que des noms de prêtres sur les feuilles arrachées ; nous les possédons et nous en ferons usage plus tard. Ce sont là les seules reliques qui furent rendues à la veuve du conventionnel Lebas par la commission qui s'empara des papiers de son mari. Membre du comité de sûreté générale, Lebas avait chez lui des dossiers du plus haut intérêt entre autres toute la correspondance où étaient établies les concussions de Danton et de Lacroix en Belgique. Ces documens ont été retenus par Courtois, et sans doute anéantis; malheureusement ils ne sont pas les seuls que les thermidoriens aient volés à l'histoire.

Voici la collection des arrêtés de Saint-Just et Lebas, qui nous a été confiée par M. Lebas fils.

Arrêtés des représentans du peuple Saint-Just et Lebas, envoyés près l'armée du Rhin.

« Les représentans du peuple, envoyés près l'armée du Rhin, après s'être assurés du civisme des citoyens *Prost*, procureur, syndic du district d'Haguenau ; *Vilvot*, capitaine surnuméraire du sixième bataillon du Bas-Rhin ; les ont adjoints aux membres composans le comité de surveillance de Strasbourg.

» A Strasbourg, 7 du deuxième mois de l'an 2.

» Saint-Just. — Lebas. »

« Les représentans, etc., informés qu'il s'est introduit des étrangers et des personnes suspectes dans Strasbourg, arrêtent ce qui suit : « Le comité de surveillance de Strasbourg est autorisé à requérir le nombre d'hommes armés nécessaire, pour faire faire cette nuit des visites domiciliaires dans toute la ville de Strasbourg ; il se concertera avec le commandant de la place, et prendra toutes les mesures nécessaires pour arrêter les personnes suspectes, sans troubler la tranquillité publique.

» A Strasbourg, le 9 du deuxième mois de l'an 2.

» Saint-Just. — Lebas. »

« Depuis plusieurs jours, citoyens, nous vous avons recommandé de rechercher et de faire arrêter les gens suspects dans le district de Strasbourg. Nous savons que dans cette seule ville il en existe des milliers, et cependant vous êtes encore à nous fournir le premier nom de cette liste des ennemis de la République. Il devient plus instant de jour en jour de les arrêter.

Hâtez-vous donc de les reconnaître. Nous désirons savoir dans le jour le nom de tous les gens suspects dans Strasbourg.

» A Strasbourg, jour et an *idem.*

» Saint-Just. — Lebas. »

« Les représentans, etc., informés de la bonne volonté des citoyens du Bas-Rhin pour la patrie, convaincus par les démarches et les sollicitations faites auprès d'eux pour provoquer les moyens de repousser l'ennemi commun, que la patrie n'a point fait d'ingrats dans ces contrées ; touchés de la sensibilité avec laquelle les citoyens fortunés de Strasbourg ont exprimé la haine des ennemis de la France et le désir de concourir à les subjuguer ; frappés des derniers malheurs de l'armée que les riches de cette ville se sont offerts de réparer, plus touchés encore de l'énergie de ces riches qui, en sollicitant un emprunt sur les personnes oppulentes, ont demandé des mesures de sévérité contre ceux qui refuseraient de les imiter;

» Voulant en même temps soulager le peuple et l'armée, arrêtent ce qui suit : Il sera levé un emprunt de neuf millions sur les citoyens de Strasbourg, dont la liste est ci-jointe.

» Les contributions seront fournies dans les vingt-quatre heures.

» Deux millions seront prélevés sur cette contribution pour être employés au besoin des patriotes indigens de Strasbourg. Un million sera employé à fortifier la place. Six millions seront versés dans la caisse de l'armée.

» Le comité de surveillance est chargé de l'exécution du présent arrêté.

» A Strasbourg, le 10 du deuxième mois de l'an 2.

» Saint-Just. — Lebas. »

« Les représentans du peuple, envoyés extraordinairement près l'armée du Rhin, informés que les ennemis ont pratiqué des intelligences dans Strasbourg parmi les autorités constituées, considérant l'imminence du danger, arrêtent ce qui suit :

» Art. 1. L'administration du département du Bas-Rhin est

cassée ; les membres seront arrêtés sur-le-champ, à l'exception des citoyens Neuman, Didier, Mougeat, Berger, Telerel, et seront conduits de suite en arrestation à Metz.

» 2. Les citoyens Neuman, Mougeat et Telerel, formeront une commission provisoire pour l'expédition des affaires.

» 3. La municipalité de Strasbourg est également cassée, à l'exception du citoyen Monet, maire. La société populaire remplacera la municipalité par une commission provisoire de douze membres pris dans son sein, dont le plus âgé remplira les fonctions de procureur de la Commune. Les membres de la municipalité seront conduits en arrestation à Châlons.

» 4. L'administration du district de Strasbourg est également cassée ; cinq membres élus par le comité de surveillance de ladite ville en rempliront provisoirement les fonctions. Les membres du district de Strasbourg seront conduits en arrestation à Besançon.

» 5. Le commandant de Strasbourg et le comité de surveillance de ladite ville, sont chargés d'exécuter le présent arrêté, de manière à ce que les membres des autorités cassées soient hors de la ville demain à huit heures du matin.

» A Strasbourg, le 12 du deuxième mois de l'an 2.

» SAINT-JUST. — LEBAS. »

« Les représentans, etc., arrêtent que le maire de Strasbourg fera délivrer, dans le jour, cent mille livres provenant de l'emprunt sur les riches, entre les sections de ladite ville, pour être employés à soulager les patriotes indigens, les veuves et les enfans orphelins des soldats morts pour la cause de la liberté.

» A Strasbourg, le 15 du deuxième mois de l'an 2.

» SAINT-JUST. — LEBAS. »

« Les représentans, etc., arrêtent ce qui suit : La municipalité de Strasbourg fera arrêter, sous vingt-quatre heures, tous les présidens et secrétaires des sections lors du 31 mai, et tous ceux qui ont manifesté quelques connivences avec les fédéralistes.

» À Strasbourg, le 16 du deuxième mois de l'an 2.

» SAINT-JUST. — LEBAS. »

« L'emprunt fait par les représentans du peuple étant destiné au soulagement des patriotes et de l'armée, ne peut être rempli par les assignats démonétisés, avec lesquels on ne peut traiter dans le commerce. En conséquence, les représentans du peuple arrêtent que ceux qui ont payé en assignats démonayés, seront tenus de les reprendre, et d'acquitter, dans le jour, leur contingent en monnaie ayant cours.

» À Strasbourg, le 16 du deuxième mois de l'an 2.

» SAINT-JUST. — LEBAS. »

« Le maire de Strasbourg excitera le zèle de tous les citoyens, pour faire fournir à l'armée des souliers, des habits et des chapeaux. Il rendra compte demain par écrit des mesures qu'il aura prises et de leurs effets.

» À Strasbourg, 17 du deuxième mois de l'an 2.

» SAINT-JUST. — LEBAS. »

« Les représentans, etc., arrêtent que les biens de ceux qui auront acheté des effets d'un soldat, seront confisqués au profit de la République.

» À Strasbourg, idem.

» SAINT-JUST. — LEBAS. »

« Les représentans, etc., arrêtent que le particulier le plus riche imposé dans l'emprunt de neuf millions, qui n'a point satisfait dans les vingt-quatre heures à son imposition, sera exposé demain, 18 du deuxième mois, depuis dix heures du matin jusqu'à une heure sur l'échafaud de la guillotine. Ceux qui n'auront point acquitté leur imposition dans le jour de demain, subiront un mois de prison par chaque jour de délai, attendu le salut impérieux de la patrie.

« À Strasbourg, 17 du deuxième mois de l'an 2.

» SAINT-JUST. — LEBAS. »

« *Les représentans*, etc., *à la municipalité de Strasbourg.*

» Dix mille hommes sont nu-pieds dans l'armée, il faut que vous déchaussiez tous les aristocrates de Strasbourg, et que demain, à dix heures du matin, les dix mille paires de souliers soient en marche pour le quartier-général.

» A Strasbourg, 25 brumaire, an 2.

» SAINT-JUST. — LEBAS. »

« Les représentans, etc., arrêtent que le citoyen chargé de recevoir le montant de l'emprunt imposé aux riches de Strasbourg tiendra registre des espèces dans lesquelles les contribuables ont fait ou feront leurs paiemens.

» 21 brumaire, an 2.

» SAINT-JUST. — LEBAS. »

« Les représentans, etc., arrêtent que le payeur de cette armée tiendra à la disposition de la municipalité de Strasbourg, sur les fonds provenant de l'emprunt de neuf millions, la somme de cinq cent mille livres pour être employée sur-le-champ au soulagement des familles indigentes de Strasbourg.

» 21 brumaire, an 2.

» SAINT-JUST. — LEBAS. »

« Sur le compte-rendu de la malpropreté des hôpitaux, les représentans du peuple arrêtent que la municipalité de Strasbourg tiendra deux mille lits prêts dans vingt-quatre heures, chez les riches de Strasbourg, pour être délivrés aux soldats; ils y seront soignés avec le respect dû à la vertu et aux défenseurs de la liberté. Il sera fourni des chevaux aux chirurgiens pour faire leurs visites.

» 24 brumaire, an 2.

» SAINT-JUST. — LEBAS. »

» Tous les manteaux des citoyens de la ville de Strasbourg sont en réquisition; ils devront être rendus demain soir dans les magasins de la République. La municipalité est chargée de l'exécution du présent arrêté.

» 27 Brumaire, an 2.

» SAINT-JUST. — LEBAS. »

« *Proclamation des représentans du peuple*, etc.

» Les citoyennes de Strasbourg sont invitées de quitter les modes allemandes puisque leurs cœurs sont français.
» 25 brumaire, an 2.
» Saint-Just. — Lebas. »

« Les représentans, etc., chargent la municipalité de faire abattre dans la huitaine toutes les statues de pierre qui sont autour du temple de la Raison, et d'entretenir un drapeau tricolore sur la Tour du Temple (1).
« 4 frimaire. an 2,
» Saint-Just. — Lebas. »

« Les représentans, etc., arrêtent que tous les vases des temples de Strasbourg et les dons patriotiques des citoyens seront transférés à Paris. Ils invitent la municipalité à choisir deux de ses membres pour présenter lesdits vases et dons à la Convention.
» 4 frimaire, an 2.
» Saint-Just. — Lebas. »

« Il est défendu à toutes personnes qui n'exercent point de fonctions militaires de se promener dans les fortifications et sur les remparts de Strasbourg. — Les représentans, etc.
» 4 frimaire, an 2.
» Saint-Just. — Lebas. »

« Le comité de surveillance de la ville de Strasbourg nommera sur l'heure un de ses membres pour remplir provisoirement les fonctions d'accusateur près le tribunal révolutionnaire. — Les représentans, etc.
» 26 frimaire, an 2.
» Saint-Just. — Lebas. »

(1) Ces statues ne furent pas brisées : M. Monet, pour les conserver, les fit couvrir de planches, dont il se servit pour afficher les actes de l'autorité publique. Les représentans du peuple le laissèrent faire, et renoncèrent tacitement à un décret qui n'était qu'une concession faite aux exigences de l'hébertisme.
(*Note des auteurs.*)

« *Au comité de surveillance.*

« Nous vous invitons à nous proposer sur-le-champ un citoyen propre à remplir les fonctions d'accusateur public près le tribunal révolutionnaire. — Les représentans, etc.

» 26 frimaire, an 2.
» Saint-Just. — Lebas. »

« Les représentans, etc., arrêtent que le comité de surveillance de Strasbourg présentera une liste de huit patriotes pour compléter le nombre des membres du directoire du département du Bas-Rhin.

» 26 frimaire, an 2.
» Saint-Just. — Lebas. »

« Il est ordonné au tribunal du département du Bas-Rhin de faire raser la maison de quiconque sera convaincu d'agiotage ou d'avoir vendu à un prix au-dessus du maximum. — Les représentans, etc.

» 5 nivôse, deuxième année.
» Saint-Just. — Lebas. »

« Provisoirement et jusqu'à l'établissement de l'instruction publique, il sera formé dans chaque commune ou canton du département du Bas-Rhin une école gratuite de langue française. Le département du Bas-Rhin prendra, sur les fonds provenant de l'emprunt sur les riches, une somme de six cent mille livres pour organiser promptement cet établissement, et en rendra compte à la Convention.

» 9 nivose, deuxième année.
» Saint-Just. — Lebas. »

Il nous reste encore deux faits à exposer et à éclaircir pour compléter l'historique de la mission de Saint-Just et Lebas. On leur a reproché dans certaines biographies d'avoir occasionné de nombreuses émigrations dans le département du Bas-Rhin. Il est vrai que les habitans de cette partie de l'Alsace, qu'avaient longtemps occupée les Autrichiens, quittèrent le pays en assez grand nombre lorsque l'armée étrangère battit en retraite; en cela ils firent simplement acte de prudence, car la manière dont ils avaient accueilli les émigrés et les coalisés, ne permettait point à des troupes françaises de les regarder ni de les traiter autrement que comme des ennemis. Pendant l'occupation, les patriotes qui n'avaient pu quitter leur domicile, ceux même que leur modération ou leur indifférence connue semblaient devoir préserver, subirent d'indignes traitemens. Les émigrés restituèrent partout l'ancien régime; ils firent renouveler tous les mariages et tous les baptêmes, etc. Comment ceux des habitans qui avaient applaudi aux succès de l'étranger, et qui avaient quitté la cocarde nationale pour arborer la cocarde blanche, auraient-ils attendu notre armée? Nous ne pensons pas que de plus longues réflexions soient nécessaires pour faire comprendre que Saint-Just et Lebas sont entièrement étrangers à cette émigration.

Hoche, mis en prison après avoir opéré dans une expédition de quelques jours le déblocus de Landau, la prise de Guemersheim et de Spire, et celle de Worms, voilà encore un de ces faits signalés par les historiens militaires comme la preuve éclatante de l'injustice, de l'ingratitude et de la stupidité des terroristes. La disgrace de Hoche provint de la cause qui perdit Houchard et fit suspendre Jourdan. Hoche était un général qui prenait plutôt conseil de sa propre spontanéité que des plans imposés par le comité de salut public. Il préférait ouvertement sa propre sagesse à celle des dictateurs, de sorte que s'étant créé une sphère d'activité toute personnelle, non-seulement on ne pouvait compter de sa part sur un concours déterminé dans une opération combinée, mais encore on était exposé à le voir agir de son propre mouvement, sans prévenir personne, et compromettre les plus beaux résultats. Ainsi, Saint-Just et Lebas avaient calculé une attaque qui devait entraîner la ruine des Autrichiens. Menacé aux deux ailes, d'un côté par Pichegru, à la tête de l'armée du Rhin; de l'autre par Hoche, à la tête de l'armée de le Moselle, Wurmser eût été forcé en effet de mettre bas les armes, si, comme la chose était facile, ses deux ailes avaient été débordées à la fois, manœuvre qui le séparait entièrement de sa base. Tout était prêt pour cette tentative; Pichegru, qui s'était fait le docile instrument de la pensée des commissaires extraordinaires, avait été consulté; Hoche allait recevoir les ordres de marcher, lorsqu'on apprit son initiative aventureuse. Le succès qu'il obtint fut de beaucoup inférieur à celui que l'on était en droit d'attendre d'un mouvement concerté; et, dans tous les cas, la victoire ne pouvait l'absoudre aux yeux d'hommes pour qui la question du devoir dominait et décidait toutes les autres. Hoche fut donc puni. — Après le 9 thermidor, il fut nommé commandant de l'armée des côtes de Brest.

Telle est l'histoire du proconsulat exercé en Alsace par Saint-Just et Lebas. On peut voir par là ce qu'eût été le régime de la terreur en France, si des Jacobins, et non pas des hébertistes ou des dantonistes, eussent gouverné à Lyon, à Nantes, à Bordeaux, à Troyes, à Amiens, etc. On ne saurait trop le répéter : Saint-Just et Lebas sauvèrent révolutionnairement l'Alsace sans qu'il en coûtât une seule goutte de sang versé par la guillotine ; et, chose inouïe, pendant qu'on réclamait dans la Convention contre la mesure préventive dans laquelle la crainte d'une trahison leur avait fait envelopper les administrateurs de Strasbourg, personne ne se plaignait ni de Carrier, ni d'André Dumont, ni de Fouché, ni de Collot-d'Herbois. Il y a plus, on entendait paisiblement, et sans la moindre contradiction, les Lyonnais, qui avaient accompagné les reliques de Chalier, traiter de contre-révolutionnaires, « indignes de grace » les auteurs de la pétition déchirante que nous avons transcrite dans le précédent volume. La Convention termina ainsi la séance du 31 décembre (11 nivôse.)

Nous analyserons maintenant les séances des Jacobins de la fin de 1793. Nous nous sommes arrêtés après celle du 23 décembre (3 nivôse) où éclata si violemment la querelle entre les dantonistes et les hébertistes, et où une commission fut nommée pour entendre Bourdon (de l'Oise), Philippeaux, Camille Desmoulins et leurs accusateurs. A la séance suivante (26 décembre — 6 nivôse), on s'occupa longuement des sociétés populaires formées depuis le 31 mai. Le club décida que toute affiliation accordée à des sociétés de cette catégorie serait regardée comme non avenue. Hébert vint ensuite dénoncer une manœuvre des dantonistes dont le but était, disait-il, d'insurger le faubourg Saint-Antoine. Le fait est que l'on y avait répandu à profusion les brochures de Philippeaux, et une apologie du général Tuncq. Mais ces écrits avaient eu pour résultat de faire sortir une pétition violente en faveur de Ronsin, si bien que l'intrigue était plus vraisemblable encore de la part des hébertistes que de la part des dantonistes. Une députation de la section des Quinze-Vingts fut entendue après Hébert. L'orateur donna lecture d'une adresse par laquelle la section informait le club de ce qui s'était passé. Robespierre prit la parole :

Robespierre. « On vous a dit à cette tribune des vérités qui seront toujours un préservatif contre le poison de l'intrigue ; vous venez d'entendre la voix des patriotes dont l'énergie est connue de toute la France ; vous venez d'entendre une adresse de la part d'une partie intéressante de cette commune où naquit la liberté, qui fut toujours la terreur de l'intrigue et de la tyrannie. C'est là, c'est parmi les vertueux sans-culottes du faubourg Saint-Antoine que les ennemis de la liberté cherchent à se glisser pour égarer le patriotisme sans défiance.

» Je suis plus en état que qui que ce soit de juger et de prononcer sur les personnes ; je crois connaître les véritables causes de cet imbroglio politique. Je connais toutes les intrigues, et je vois que si les citoyens sont suspects les uns aux autres, s'ils craignent d'être trompés les uns par les autres, c'est parce qu'il se trouve des politiques adroits qui font naître des inimitiés entre des hommes qui devraient naturellement agir ensemble d'une manière amicale. Lorsque nous devrions nous réjouir de nos victoires, toute notre attention est absorbée dans des querelles particulières. A Londres, à Vienne et à Berlin, on s'imagine que la société des Jacobins s'occupe de préparer des triomphes à nos guerriers vainqueurs de la tyrannie sous les murs de Toulon ; et, pendant ce temps, elle s'occupe à des altercations qui se sont élevées entre quelques-uns de ses membres. Les papiers publics vont apprendre à l'Europe que les grands succès qui devraient vous enivrer, ont fait si peu d'impression sur vous que vous n'avez fait que continuer les vils débats des séances précédentes. Pitt, dans sa frayeur, a pensé que c'en était fait de la ligue abominable des rois, que les Jacobins allaient triompher, et mettre à profit leurs victoires, en achevant d'exterminer tous les tyrans échappés à la vengeance du peuple français ; il devra se réjouir quand il apprendra que s'il est un lieu où les succès de nos armes n'ont produit aucun effet, c'est dans la société des Jacobins.

» Il s'en faut bien que je sois un modéré, un feuillant, comme on le débite dans les cafés ; mais voilà mes sentimens, et puisque mon ame est tout entière absorbée dans les grands événemens qui se passent, je ne puis m'empêcher de dire que cette séance fera un grand plaisir à M. Pitt. S'il était à craindre qu'un patriote fût opprimé, si je ne savais pas que la Convention défend tous les patriotes, alors je quitterais ces grands objets pour vous entretenir des opprimés parce que je sais que la cause d'un opprimé intéresse le peuple entier.

» Une dénonciation avait été faite contre Ronsin. La Convention avait décrété que le rapport lui en serait fait : pourquoi le lendemain de ce décret vient-on présenter une pétition pour demander ce qu'elle avait décrété? Ne voyez-vous pas que cette conduite a été dictée par les agens de nos ennemis. Pitt, l'infâme Pitt, dont nous devons faire et dont nous avons fait justice, a l'insolence de se jouer de nòtre patriotisme ! Il doit bien s'applaudir des petites trames qui engagent les patriotes faits pour porter la foudre contre les tyrans, et dont le cœur brûlant de patriotisme est le foyer d'où doivent partir les traits destinés à frapper tous les ennemis de l'humanité; il doit, dis-je, s'applaudir des trames qui engagent les patriotes à oublier les grands objets de salut public pour nous entretenir des principes qui sont déjà gravés dans nos cœurs.

» Je suis convaincu qu'il y a des hommes qui se regardent mutuellement comme des conspirateurs et des contre-révolutionnaires, et qui ont pris cette idée des coquins qui les environnent, et qui cherchent à exciter des défiances entre nous. Ce sont les étrangers qui entraînent les patriotes dans des malheurs inconsidérés et qui les poussent dans des excès contraires. C'est de cette source que viennent ces accusations précipitées, ces pétitions imprudentes, ces querelles où l'on prend le ton de la menace. Dans ce système, suivi par les puissances étrangères, on veut faire croire à l'Europe que la représentation nationale n'est pas respectée, que pas un patriote n'est en sûreté, et que tous sont exposés aux mêmes dangers que les contre-révolutionnaires. Qu'est-ce qu'il nous importe de faire, à nous patriotes et républicains? C'est d'être au but que nous nous sommes proposés, c'est d'écraser les factions, les étrangers, les modérés, mais non de perdre des patriotes, et bien moins de nous égarer dans les routes où les passions les ont jetés. Pour cela, il faut éloigner l'aigreur et les passions, en écoutant les réflexions de chacun ; il faut que ceux qui les feront, en agissent de même. N'oublions pas les grands principes qui ont toujours germé dans nos cœurs ; l'amour de la patrie, l'enthousiasme des grandes mesures, le respect de la représentation nationale. S'il est des crises où le peuple soit obligé de s'armer contre quelqu'un de ses mandataires infidèles, la représentation nationale n'en est pas moins sacrée lorsqu'elle marche d'un pas ferme et assuré ; elle a droit d'exiger et le respect et l'amour de tous les individus.

» Si je voulais entrer dans des détails, je vous prouverais que la pétition faite pour Ronsin, ou qui paraît avoir été faite pour lui, l'a été au contraire pour le perdre. Le but de nos ennemis est de rendre Ronsin suspect, en faisant croire que le faubourg Saint-Antoine est disposé à le défendre et à s'armer pour lui. A-t-on oublié que des patriotes ont été incarcérés, mais qu'ils n'ont excité aucun trouble pour leur procurer la liberté? Pourquoi ne serait-on pas calme? pourquoi ne se reposerait-on pas comme eux sur leur innocence? La Convention veut attendre que la vérité soit connue tout entière; elle le sera, n'en doutez pas, et alors on distinguera le crime de la vertu; et les patriotes qui se trouveront purs pourront se réunir contre les ennemis communs. » (Vifs applaudissemens.)

Les séances des 28 et 31 décembre (8 et 11 nivose) furent entièrement consacrées à l'épuration. Nous extrairons de celle du 28 (8) un passage dont quelques historiens ont abusé pour avancer qu'on avait sérieusement demandé aux Jacobins que chaque membre fût obligé de dire quel crime il avait commis, qui le rendît digne d'appartenir au club. Voici la motion :

Dubois-Crancé. « De la manière dont se fait le scrutin, il n'y a véritablement d'épuré que les anciens membres. Les hommes inconnus passent sans difficulté, et il ne faut que n'être connu de personne pour n'éprouver aucune réclamation.

» Je voudrais que la société autorisât son président à faire cette question à l'homme qui se présente pour être épuré : *Qu'as-tu fait pour être pendu, si la contre-révolution arrivait ?*....... (On applaudit.)

» Je demande aussi qu'on imprime la liste des membres de la société, afin que chacun puisse connaître les noms de ceux qui sont épurés, et ce qu'il y a à dire sur leur compte. »

Dufourny. « Je crains que relativement à ces listes où les noms des épurés et de ceux qui ne le sont pas seront confondus, les derniers ne se targuent dans les départemens de la propriété de ces listes, pour se faire passer pour épurés et se donner un brevet de patriotisme. »

Romme demanda que chaque candidat fût appuyé par des patriotes connus. — Un membre fit observer que ces mesures étaient insuffisantes et qu'elles tendaient à faire recommencer le scrutin épuratoire. « La Fayette et Mirabeau auraient pu dire aussi, s'écria-t-il, ce qu'ils avaient fait pour être pendus. — La société passa à l'ordre du jour sur ces différentes propositions.

— Les dernières opérations de la Commune de Paris, en 1793, concernent presque exclusivement les subsistances. La mise en exécution dans la capitale de l'arrêté pris dans le département de Rhône-et-Loire par Collot-d'Herbois et Fouché, pour qu'il n'y eût qu'une espèce de pain, le *pain de l'égalité*, avait entraîné de graves inconvéniens. A Paris, les boulangers séparaient la fleur de farine qu'ils vendaient aux pâtissiers, et fabriquaient un pain d'une qualité très-inférieure à cause de la trop grande proportion de son. Il fallut remédier à cet abus. D'un autre côté, pour parer aux désordres de la distribution, il fut fait un recensement général des sections, et des cartes donnant droit à une provision de pain déterminée furent délivrées aux citoyens. — Nous ne rapporterons des séances du conseil-général de la Commune que celle du 25 décembre (5 nivôse), où Chaumette se justifia des accusations répandues contre lui. Nous empruntons le compte-rendu de cette séance au *Journal de Paris*, n. du 27 décembre (7 nivôse) 1793.

« On présente au conseil une lettre de la société populaire de Nevers. Elle porte que Chaumette n'a rien acheté et ne possède rien dans le département de la Nièvre, et que le peuple de Nevers, avant l'arrivée de Chaumette dans cette ville, avait déjà profité de la liberté des cultes décrétée par la Convention pour adopter celui de la Raison, autrement dit celui de l'Être Suprême dégagé de tout mystère.

» Après cette lecture, Chaumette dit : « J'ai été vexé, traité
» d'intrigant, de contre-révolutionnaire ; moi intrigant ! moi qui
» du temps des élections n'ai paru ni aux sections, ni aux sociétés
» populaires. Moi contre-révolutionnaire ! Je vous avoue que
» cela ma causé des chagrins ; à qui devais-je m'en plaindre, où
» devais-je les déposer, si ce n'est dans le sein de mon père ? Je
» déclare que je n'ai écrit qu'à lui ; j'ignorais la démarche fra-
» ternelle des citoyens de mon pays, je les ai vus ce soir chargés
» de paquets pour la Commune, pour les Cordeliers et les Ja-
» cobins. Je les ai priés de s'expliquer sur mon compte. Des mé-
» chans cherchent à me perdre pour s'élever sur mes ruines.
» Je sais qu'on ne manquera pas de dire que j'ai mandié la dé-
» marche que je viens de faire ; il n'en résultera rien pour les

» méchans; tout tournera encore au profit de la République.

» Brissot, Gorsas, Villette, m'avaient peint comme un vaga-
» bond, comme un fédéraliste; mais les sans-culottes de Paris
» ne les ont pas crus. J'ai répondu à leurs calomnies ; je leur ai
» déclaré que j'étais fils d'un artisan honnête.

» A l'âge de treize ans j'allai en mer ; je commençai par être
» mousse, je devins pilotin. La guerre d'Amérique finie, j'espé-
» rais voir s'établir la liberté dans mon pays. Persécuté par les
» prêtres et par les nobles, et surtout par un évêque, je me
» transportai à Avignon ; je travaillai au *Courrier* de ce nom.

» J'ai couru tantôt à Brest, tantôt à Calais, à Marseille..... J'ai
» fourni partout des articles marqués au coin de la philo-
» sophie.

» De retour dans mon département, à l'époque de la révolu-
» tion, j'ai tenu au parti sans-culotte. J'ai fait la guerre à des
» généraux de la garde nationale, qui ont fini par émigrer. Je
» fus chargé par mes concitoyens de faire l'éloge funèbre des
» patriotes morts à Nancy ; j'y peignis et démasquai Bouillé ;
» j'osai lancer quelques pamphlets contre La Fayette. Je vins à
» Paris. Loustalau vivait encore. Prudhomme m'accueillit : je tra-
» vaillai pour lui jusqu'aux environs du 10 août : voilà de quoi
» j'ai vécu.

» A cette époque je fus nommé à la Commune, et depuis ce
» moment, je n'ai pas cessé de faire mon devoir, et j'ai toujours
» été exact à assister au conseil (oui, s'écrie-t-on de toute part) ;
» et l'on dit que je suis un intrigant : j'ai été dénoncé par un ou
» deux journalistes. J'avoue que j'ai fait un réquisitoire que je
» ne devais pas faire, j'avoue que j'ai eu tort. Erreur n'est pas
» un crime. Celui qui ne fait rien ne se trompe jamais. Ceux
» qui m'ont dénoncé auraient dû apprécier ma vie privée et pu-
» blique, et les circonstances qui ont amené ce réquisitoire.

» Le piége était tendu : depuis huit jours des femmes rem-
» plissaient les salles du parquet et réclamaient la liberté de
» leurs époux. Jusque dans le sein du conseil ces plaintes ont
» été portées. Tout cela s'est accumulé. Le coup avait été porté.

» La verge maternelle nous a frappés, nous nous y sommes sou-
» mis ; mais les ennemis de la liberté sont allés plus loin, il fallait
» faire égorger la première sentinelle : qu'ont-ils fait ? Ils m'ont
» chargé de crimes. Ils ont voulu faire croire que j'avais un
» parti. On m'a dénoncé aux Cordeliers. Un citoyen a dit qu'a-
» vant le 10 août je lui avais promis pour son fils 40,000 liv. de
» rentes, que j'avais de riches ameublemens, que mon apparte-
» ment était orné de baguettes dorées, que j'avais des bronzes
» pour plus de 20,000 livres, que j'avais été payé par *Pitt*, et
» que je faisais bâtir des châteaux dans la Nièvre. J'ai pour tout
» bronze les bustes en plâtre bronzé de Brutus, de Franklin et de
» Rousseau.

» Un journaliste a dit : C'est un grand homme ; il ne répondra
» pas ; il avait raison, je ne devais pas répondre. Il m'a attaqué
» par derrière, il devait me dénoncer au conseil, et me dire : Tu
» n'es pas digne de siéger là. Citoyens, voici une épreuve à la-
» quelle je ne m'attendais pas. J'invite la députation à borner là
» ses démarches. Il faut s'occuper des choses et non des indivi-
» dus : qu'importe un homme ? cela empêche-t-il l'ordre éternel
» des choses de marcher ? cela empêche-t-il les progrès de la
» révolution ? Occupons-nous de la victoire de Toulon, de la dé-
» faite prochaine de la Vendée et du grand coup qui doit être
» porté dans le Nord, et de l'affermissement de la liberté et de
» l'égalité. » (Vifs applaudissemens.)

L'orateur de la députation. « Non, Chaumette, nous ne bor-
» nerons pas là nos démarches. N'a-t-on pas calomnié les meil-
» leurs patriotes ? N'a-t-on pas dit que Danton, malade chez lui,
» était émigré ? D'après cela, il n'est pas surprenant qu'on te dé-
» nonce. Si nous t'avions cru coupable, nous serions venus de
» même te dénoncer. »

« Gadau propose et le conseil arrête que la lettre des membres
du tribunal et l'arrêté de la société populaire de Nevers seront
insérés en entier aux affiches, envoyés aux sections et aux sociétés populaires, et que les journalistes seront invités à en faire
mention dans leurs journaux. »

— Le lundi 30 décembre (20 nivôse), jour de décade, fut célébrée une fête en mémoire des victoires des armées de la République, et notamment à l'occasion de la prise de Toulon ; David en fut l'ordonnateur. Nous transcrivons le programme de cette solennité.

Fête pour la reprise de Toulon et pour les autres victoires des armées de la République obtenues en décembre 1793.

» A sept heures précises du matin, une salve générale du parc d'artillerie, placée à l'extrémité occidentale de l'île de Paris, donnera le signal du commencement de la fête.

» Les députations armées des quarante-huit sections, invitées à se trouver prêtes pour cet instant, partiront simultanément pour se réunir dans le jardin du Palais national. Là, elles se disposeront selon l'ordre ci-après indiqué. Chaque section fournira cent hommes armés.

» Les quarante-huit sections conduiront au Jardin national les blessés qu'elles renferment dans leur sein ; elles les placeront avec respect dans quatorze chars préparés à cet effet. Ces chars sont consacrés aux quatorze armées de la République.

Ordre de la marche.

» Elle s'ouvrira par un détachement de cavalerie précédé de ses trompettes, et suivi de tous les sapeurs.

» Quarante-huit canons sur deux files, traînés et environnés par des détachemens de canonniers de chaque section.

» Groupe de tambours.

» Groupe de citoyens composé des sociétés populaires, des comités révolutionnaires, des tribunaux, de la Commune et du département de Paris, des communes environnantes et du conseil exécutif provisoire, avec leurs bannières respectives.

» Tambours.

» Vainqueurs de la Bastille.

» Quatorze chars. Ces chars sont consacrés aux quatorze armées de la République ; ils seront séparés par les détachemens armés des quarante-huit sections de Paris, trois détachemens de section pour chaque char, formant bataillon carré, et drapeaux en tête : ces détachemens chanteront des hymnes à la Victoire.

» De jeunes filles vêtues de blanc, ornées de ceintures tricolores, environneront chacun des chars ; elles porteront à la main une branche de laurier, symbole de la victoire.

Ordre des chars.

» Premier char, armée du Haut-Rhin.
» Deuxième, armée du Bas-Rhin.
» Troisième, armée de la Moselle.
» Quatrième, armée des Ardennes.
» Cinquième, armée du Nord.
» Sixième, armée des côtes de Cherbourg.
» Septième, armée des côtes de Brest.
» Huitième, armée de l'Ouest.
» Neuvième, armée des Pyrénées occidentales.
» Dixième, armée des Pyrénées orientales.
» Onzième, armée de Toulon.
» Douzième, armée du Var.
» Treizième, armée des Alpes.
» Quatorzième, armée révolutionnaire.

» La Convention nationale en masse, entourée par un ruban tricolore que tiendront les vétérans et les enfans de la patrie entremêlés.

» Groupe nombreux de tambours ; toute la musique de la garde nationale.

» Char de la Victoire. Ce char portera le faisceau national surmonté de la statue de la Victoire. Au faisceau seront attachées quatorze couronnes. Un guerrier choisi dans chacun des chars tiendra une guirlande de lauriers entrelacée de rubans tricolores, qui partira de chaque couronne. Du sein même du faisceau national sortent des bras armés pour le défendre. Ce char est rempli des drapeaux enlevés à l'ennemi.

» Détachement de cavalerie avec ses trompettes.

» Le cortége partira du Jardin National. Il se rendra au temple de l'Humanité pour y prendre les invalides. Le président de la Convention nationale leur exprimera la reconnaissance du peuple. On exécutera des airs belliqueux. Arrivé dans le Champ-de-Mars, on chantera un hymne dans le temple de l'Immortalité; autour du temple seront rangés les quatorze chars remplis des défenseurs de la liberté ; les jeunes filles en passant devant les chars y déposeront les branches de laurier.

» Au bruit d'une musique guerrière et des chants de triomphe, le conseil-général de la Commune de Paris reconduira les guerriers blessés dans un lieu où ils trouveront un banquet civique et fraternel. »   (*Moniteur.*)

— Pour terminer l'histoire de l'année 1793, il ne nous reste plus maintenant qu'à donner un aperçu du régime des prisons pendant la terreur, le chiffre des exécutions à Paris depuis le 31 octobre jusqu'au 1er janvier 1794, et une notice sur les principales condamnations à mort.

Régime des prisons. Les prisons politiques de Paris sous le gouvernement révolutionnaire étaient la maison d'arrêt de la Mairie (le dépôt), la Force, les Magdelonnettes, la Bourbe (Port-Libre), Saint-Lazare, la maison d'arrêt de la rue de Sèvres, la maison d'arrêt des Carmes, le collége du Plessis, l'hôtel Talaru, Picpus, l'abbaye Sainte-Pélagie, le Luxembourg et la Conciergerie. Le dépôt de l'Hôtel-de-Ville était la première prison où passaient tous ceux que frappait un mandat d'arrêt, et la Conciergerie était la dernière. De celle-là on allait comparaître devant le tribunal révolutionnaire pour y être condamné ou absous. Nous allons extraire des mémoires réunis en quatre volumes par Nougaret, sous le titre d'*Histoire des prisons de Paris et des départemens*, les détails les plus intéressans sur chacune des maisons d'arrêt plus haut énumérées.

Dépôt de l'Hôtel-de-Ville. « La Mairie, dit un mémoire anonyme de la collection citée (t. III, p. 28), était l'entrepôt général des personnes arrêtées sans motifs énoncés. On les laissait dans la gêne la plus dure, sans lit, sans chaise, sur de vieux matelas couverts de vermine. On les oubliait là huit jours; on les transférait ensuite dans une maison d'arrêt. Tous les vagabonds arrêtés pendant la nuit augmentaient chaque jour notre société; ils n'y demeuraient pas long-temps. Ceux qui avaient des ressources obtenaient quelques douceurs en payant largement un concierge ivide. On avait établi une police fraternelle; les matelas étaient roulés le jour, la nuit chacun s'y jetait quand il y avait place pour tous; dans le cas contraire, à de certaines heures, on se relevait pour faire reposer ceux qui avaient veillé, et qui attendaient sur des bancs une surface pour étendre leur corps. » Le dépôt dit de la préfecture de police est aujourd'hui l'analogue de ce lieu de détention. Un mémoire intitulé l'*Agonie de dix mois, ou les souffrances des soixante-treize députés pendant leur incarcération* (t. I, p. 155, de la collection citée), renferme sur l'état des lieux une variante que nous allons recueillir. Selon Blanqui, l'un des députés détenus, et l'auteur du mémoire, il n'y aurait pas eu de matelas dans le dépôt, mais « un parquet situé le long du mur, couvert d'un peu de paille, quelques bancs et quelques tables. »

La Force. C'est là que furent long-temps renfermés les soixante-treize députés girondins condamnés à la détention jusqu'à la paix. Blanqui, historien de leur agonie, raconte ainsi leur première nuit passée au *Bâtiment-Neuf*. « Nous fûmes placés au sixième étage avec une trentaine de malheureux qui y étaient déjà. Nous étions sans lit, et il fallut bien nous accommoder de sacs de paille, qui ressemblaient bien plus à des tronçons de bois, si mieux n'aimions passer une seconde nuit debout. Le salon ne reçoit d'air que par de petites lucarnes, le méphitisme était effrayant, et par surcroît d'horreur, un gros baquet, destiné aux besoins naturels de la nuit, était placé à la tête du salon. Notre collègue Mercier, ce précurseur de la révolution, l'immortel auteur de l'An 2,440, et de plusieurs drames touchans et philosophiques, mal jeté dans sa crèche (caisse le long du mur où étaient placés les sacs de paille), eut à flairer toute la nuit ce baquet pestilentiel placé justement sous son nez. » — Blanqui raconte ensuite la manière dont ils furent définitivement distribués. Sa critique est celle que l'on pourrait faire encore aujourd'hui de la Force et de toute autre prison de notre temps, de sorte qu'il serait oiseux de transcrire ici des détails que tout le monde connaît. Voici ce qu'il dit de la nourriture. « Qu'on se figure tout ce qui doit être jeté au rebut en fait de subsistance. Morue pourrie, harengs infects, viande en putréfaction, légumes absolument gâtés, le tout accompagné d'une demi-chopine d'eau de la Seine, teinte en rouge au moyen de quelques drogues, et l'on aura une idée de nos tristes repas. Nous n'en prenions qu'un par jour; car l'introduction particulière de toute espèce d'alimens et boisson était sévèrement interdite. » — Rapprochons de ce tableau la note que l'éditeur met au bas de la page : « Il nous est tombé entre les mains, dit Nougaret, des lettres d'un des députés détenus à la Force, qui prouvent que du moins celui-ci recevait furtivement des vivres à son choix, ainsi que du vin et même des liqueurs. » — Il n'y avait point de femmes à la Force.

Magdelonnettes. « Les suspects qui étrennèrent cette maison, dit un mémoire de la collection citée (t. II, p. 156), furent les citoyens des sections de la Montagne, du Contrat-Social, des Marchés, etc., au nombre de quinze ou vingt par contingent de chaque section. Le concierge de cette maison, Vaubertrand fils, homme exact, mais sensible, dont le caractère ne s'est jamais démenti pendant cent jours que j'ai resté dans cette maison, cherchait toutes les occasions d'adoucir le sort des citoyens qui n'étaient que suspects. » Au nombre des détenus se trouvaient plusieurs artistes de la Comédie-Française, des prêtres, des nobles de robe et des nobles d'épée. Boulainvilliers, de Crosne, le général Lanoue, Fleurieux, étaient les grands noms de l'endroit. Les prisonniers communiquèrent librement avec les personnes du dehors jusqu'au 8 octobre. Ici l'auteur du mémoire que nous analysons, s'écrie : « Il fallut donc nous séparer de vous, maîtresses adorées, épouses vertueuses, amis trop chers! On ne connut plus dans notre prison les douces étreintes de l'amour, les délicieuses émotions de la piété filiale, les tendres épanchemens de l'amitié; toutes les consolations nous furent enlevées. La farouche tyrannie avait prononcé ses arrêts, il ne restait à ses victimes qu'à obéir; cet ordre rigoureux paralysa en nous toute espèce de sentiment, nous en fûmes anéantis! Le temps et la philosophie cicatrisèrent nos blessures, et nous reprîmes l'attitude d'hommes qui savaient supporter le malheur. » — Nous ne suivrons pas l'auteur dans les citations de bons mots et dans le récit des scènes amusantes qui « faisaient diversion à l'ennui des détenus » nous aurons donné une idée complète du régime de cette prison en transcrivant le passage suivant :

« Pour nous distraire, nous faisions de la musique. On exécutait tant bien que mal des quatuors de Pleyel. Notre charmante concierge ne nous abandonnait pas, et assistait assez régulièrement à ces petits concerts. C'était la seule femme que nous voyions. Voici un couplet qui fera connaître cette aimable famille; il n'a pas été chanté.

AIR : *Jeunes amans, cueillez des fleurs.*

On voit l'amour et la beauté
En voyant le fils et la mère;
De même on voit l'humanité
En voyant le fils et le père.
Ah, mes amis! qu'on est heureux
De trouver en lui le bon frère,
L'ami sincère et généreux,
Qui souffre de notre misère.

» Ce couplet donna l'idée de faire des bouts rimés sur les mêmes rimes; voici ceux qui remportèrent le prix; ils sont de Reynal, de la section de la Montagne.

A LA CITOYENNE VAUBERTRAND.—*Même air.*

Dans ton sourire la bonté
Nous peint la plus tendre des *mères*;
De ton époux *l'humanité*
Peint aussi le meilleur des *pères*;

> Chacun de nous serait *heureux*
> Si la loi qui nous fit ses *frères*
> Voulait que ses soins *généreux*
> Pussent adoucir nos *misères*.

Port-Libre (*la Bourbe*). « Cette maison, agréablement située et en bon air, comprenait plusieurs bâtimens, et contenait, le 26 frimaire, deux cents et quelques détenus, dont vingt-sept fermiers-généraux et vingt-sept receveurs-généraux de finances, qui y avaient été envoyés par un décret pour être à portée de se communiquer et de se concerter pour la reddition de leurs comptes.

» On remarquait dans cette maison trois classes bien distinctes : celle de ceux qui payaient pour les indigens; celle de ceux qui se nourrissaient eux-mêmes, et celle des payés.

» Le soir on se réunissait au salon (espèce de grand foyer au fond du corridor du premier étage du grand bâtiment), au milieu duquel on dressait une grande table ; chacun apportait sa lumière, hommes et femmes. Les hommes se mettaient autour de la grande table; les uns lisaient, les autres écrivaient ; c'était un véritable cabinet de littérature. On observait le plus grand silence, ceux qui se chauffaient ayant l'attention de parler bas. Les femmes se rangeaient autour d'une petite table, et y travaillaient aux ouvrages de leur sexe, les unes à broder, les autres à tricoter. Ensuite venait un petit souper ambigu ; chacun s'empressait de mettre le couvert, et la gaîté, remplaçant le silence, faisait oublier qu'on était en prison. Effectivement, rien n'y ressemblait moins que cette maison. Point de grilles, point de verroux ; les portes n'étaient fermées que par un loquet. De la bonne société, excellente compagnie, des égards, des attentions pour les femmes ; on aurait dit qu'on n'était tous qu'une seule et même famille réunie dans un vaste château. La famille augmentant, par les nombreuses arrestations, désorganisa le régime de la prison. On envoyait par masses des riches et des sans-culottes. On couchait sur la liste les arrivans pour les faire contribuer. On établit des collecteurs par corridor, et on faisait des efforts pour subvenir aux frais de la dépense qui excédaient toujours la recette. Cependant on vint à bout de se trouver au pair.

» Le nombre des citoyennes ayant augmenté en raison des arrestations, elles venaient au salon à sept heures du soir : alors les lecteurs levaient le siége ; les femmes prenaient la place, y faisaient de petits ouvrages, surtout de la charpie, et les hommes conversaient avec elles ; puis, à des jours déterminés, on variait les loisirs par de la musique ou par la lecture de différens ouvrages. Vigée ne contribua pas peu à nous rendre le séjour de la prison moins horrible. Enfin, d'autres fois, on proposait des bouts rimés ; les amateurs se faisaient un plaisir de les remplir. C'est ainsi que nous dévorions nos peines, nos tourments, et que nous cherchions à nous tromper nous-mêmes sur notre pénible situation.

» Le ci-devant baron de Wirback, la première viole d'amour que nous ayons jamais entendue, était d'une grande ressource pour les prisonniers ; il se prêtait de la meilleure grâce du monde à adoucir notre sort.

» A neuf heures il fallait se rendre à l'appel. Chacun se retirait dans les cellules, mais toujours avec l'espérance de se revoir le lendemain. Après avoir assisté à l'appel, on pouvait cependant se réunir, soit au foyer, soit dans les chambres. Les hommes ou les femmes qui avaient des connaissances, logées dans les bâtimens extérieurs de la maison, avaient la faculté d'aller y passer le reste de la soirée, munis toutefois de cartes signées du concierge. L'argent fait tout, en prison plus que partout ailleurs.

» Il y avait trois promenades, celle dite des Palissades, dont on parlera dans la suite, et dont on n'eut la jouissance qu'en prairial ; celle de la cour du Cloître, et celle de la cour de l'Acacia..... Celle de l'Acacia tirait son nom d'un grand et bel acacia, autour duquel on avait fait un banc de gazon. Cette promenade ne fut donnée aux prisonniers qu'en mai (prairial) 1794. C'était le rendez-vous de la gaîté. On s'y retirait après l'appel, et on y prenait le frais jusqu'à onze heures du soir. Ceux qui occupaient les bâtimens environnans pouvaient y passer la nuit, car on ne la fermait pas. Cependant tout s'y passait avec la plus grande décence, et jamais aucune anecdote scandaleuse n'a exercé la critique, ni flatté la méchanceté. » Si nous nous en rapportons aux poètes de cette prison, les choses ne se passaient pas tout-à-fait ainsi. Vigée commence de la sorte une pièce de vers intitulé *A l'Acacia*.

     Arbre dont la feuille légère
Aux amans réunis sous les rameaux nombreux
     Prête ton ombre tutélaire,
  Arbre chéri, que ton sort est heureux !
Dès que la nuit, suivant la route obscure,
Couvre de son rideau l'azur brillant des cieux
L'amour, pour préparer ses larcins et ses jeux,
     Choisit le tronc de verdure
    Dont s'entourent tes pieds noueux.
  De la pudeur en secret tourmentée,
  Discret témoin, tu vois tous les combats,
Et sa langueur modeste, et son chaste embarras;
Tu vois la main que presse une main agitée,
  Le bras que mollement enlace un joli bras,
  L'innocence confuse et jamais irritée,
Le baiser qui s'approche et qu'on n'évite pas.
     Toi seul es dans la confidence
Des soupirs hasardés, de ces mots suspendus,
Toujours mal prononcés, toujours bien entendus ;
  De ces aveux craintifs, la timide éloquence
Provoque le désir et prévient le refus.
. . . .

L'auteur du mémoire nous apprend que cette pièce de Vigée fut lue « au salon, et fort applaudie. » Plusieurs autres poëtes, tels que Laval Montmorency, Coittant, Aymerie et Chéron, de l'assemblée législative, étaient les émules de Vigée. On jouait ordinairement aux bouts-rimés ; les femmes proposaient les rimes, et elles donnaient un prix à celui qui les remplissait le mieux. Le madrigal, l'élégie et la romance étaient surtout en honneur. On pourrait faire un recueil assez considérable des poésies légères des détenus de Port-Libre. Tout cela est en général fort médiocre et fort plat, et n'offre d'autre intérêt que celui de montrer, dans la société mise en suspicion par les Jacobins, les mêmes sentimens qui inspirèrent les Parny, les chevaliers Bertin, et tous les versificateurs érotiques qui chantèrent les boudoirs et les orgies des thermidoriens. Nous emprunterons encore quelques citations aux *muses* de Port-Libre. Voici l'allocution adressée aux mères par Coittant dans le dernier couplet d'une romance intitulée *le Salon de Port-Libre*, et où il dit que *le fils aîné de Cythérée est prisonnier*.

> Mères sages autant qu'affables,
> Cela ne peut vous alarmer :
> On donne l'exemple d'aimer
> Quand on est comme vous aimables.

» Les bouts rimés sont de Vigée :

> C'est à tort que dans la *constance*
> On croit trouver le vrai *bonheur* :
> Mêmes soins, même *prévenance*,
> Mêmes penchans, sont une *erreur*.
> Détestons cet avis donné par la *prudence*,
> L'amour a quelquefois un moment de *sommeil*,
> Il s'endort dans la *jouissance*,
> Et l'on n'est pas toujours bien sûr de son *réveil*.
> Il faut pour être heureux risquer une *caresse*,
> Laisser surprendre une *faveur*,
> Varier ses plaisirs, laisser à la *tendresse*
> Gagner en volupté ce que perd la *pudeur*.

Parmi les pièces du *citoyen Aimerie*, nous distinguons *la Promenade du matin*, et *le Désarmement inutile*. La première commence ainsi :

> Ma muse, éveille-toi ; comment, tu dors encore !
> Sous ta fenêtre, au lever de l'aurore,
> Arrivent de tous les côtés
> Des groupes de divinités.

Puis, sous des dénominations et des attributs mythologiques, Diane, les Grâces, les Nymphes, etc., vient l'énumération de toutes les détenues de Port-Libre, chaque portrait de divinité ayant une note qui vous renvoie au bas de la page où se trouve le nom de la personne en question. Ce sont la citoyenne Châteaugiron, dite le Prestre; sa sœur, les citoyennes Fougeret, la citoyenne Sombreuil, les citoyennes Minière, sa fille, les citoyennes Rosambeau, la citoyenne Gasville. — La seconde pièce, faite à l'occasion du désarmement général des prisonniers, a pour but de prouver qu'il est impossible de désarmer le beau sexe de Port-Libre, parce qu'il faudrait pour cela « enlever tous ses charmes. » Ce morceau tout entier n'est autre chose que la justification de ce madrigal à l'égard de chaque prisonnière. La comtesse de Beaufort, maîtresse de Julien de Toulouse, y est appelée une seconde Sapho. (*Histoire des prisons*, t. II, p. 192 *et suivantes.*)

Saint-Lazare. La courte notice renfermée sur cette prison dans la collection de Nougaret renferme infiniment plus de vers que de prose. Nous n'y trouvons digne de remarque que le nom du poëte Boucher, dont nous avons recueilli la polémique dans l'histoire de l'assemblée législative. Il attendit dans cette maison le jugement où il lui fut demandé compte de son influence sur les clubistes de la Sainte-Chapelle. Avant d'aller à l'échafaud, il se fit peindre par Savée, et envoya son portrait à sa femme et à ses enfans, avec un quatrain. Le général Beysser fit aussi un couplet après sa condamnation. Voilà tout ce que nous fournit l'histoire de Saint-Lazare. (*Histoire des prisons*, t. II, p. 131.)

Maison d'arrêt de la rue de Sèvres. « Cette prison était en apparence moins prison que beaucoup d'autres ; sa position à l'encoignure du boulevard, le jardin dans lequel on se promenait alors, donnait à la malheureuse société qui y était détenue une apparence de liberté, et annonçait que cette maison renfermait plus de gens voués à la haine qu'à la mortelle vengeance du parti opprimant. » — Le 7 thermidor, pour la première fois, on vint y prendre des détenus pour les conduire à la Conciergerie. (*Histoire des prisons*, t. II, p. 140.)

Maison d'arrêt des Carmes. Ce mémoire est de la même main que celui sur la maison du Port-Libre. L'auteur avait été transféré de cette dernière prison dans celle des Carmes, en compagnie de Coittant, Laroche, Quoinal et Vigée, le 7 messidor

(25 juin) 1794. Le régime habituel du lieu est ainsi raconté par notre auteur :

« Ici les corridors ne sont point éclairés; on n'a pas toujours la jouissance du jardin ; l'on n'a pu long-temps entrevoir les femmes que par leurs fenêtres, qui sont détenues au nombre de vingt, et ne mangent au réfectoire qu'après les hommes (1). Les corridors sont vernis; quoique spacieux, ils sont peu aérés et infectés par le méphitisme des latrines. Les fenêtres sont bouchées aux trois quarts, de sorte qu'on ne reçoit le jour que d'en haut. C'est directement une prison de force dans toute son horreur. Les détenus ne soignent pas leur personne comme à Port-Libre; ils sont décolletés, pour la plupart sans cravate, en chemise, en pantalon, malpropres, les jambes nues, un mouchoir autour de la tête, point peignés, la barbe longue. Les femmes, nos tristes compagnes d'infortune, sombres, rêveuses, sont vêtues d'une petite robe, ou d'un pierrot, tantôt d'une couleur, tantôt d'une autre. Du reste, on est assez bien nourri ; à l'unique repas du réfectoire, nous avons le pain à discrétion, et chacun une demi-bouteille de vin. Mais notre concierge est dur, rébarbatif. » (*Livre cité*, t. II, p. 351.)

Maison d'arrêt Duplessis. Cet ancien collége recevait tous les détenus qui ne pouvaient trouver place à la Conciergerie. Comme on y enfermait aussi les accusés qui arrivaient des départemens, bientôt on fut obligé de percer les murs qui touchaient au collége Louis-le-Grand, et ces deux édifices ne formaient plus qu'une seule et même prison. Ce n'étaient plus ici de simples suspects, c'étaient des prévenus de conspirations, voués pour la plupart à une mort certaine. Aussi le régime était-il plus sévère que chez les suspects. Les prisonniers étaient fouillés en entrant; toute communication avec le dehors leur était interdite, et ils avaient pour geôlier un certain Haly, homme dur et intraitable, qui les rançonnait ordinairement. Cependant, « ceux qui sor-

---

(1) On pourrait croire que ce sont les fenêtres qui sont détenues au nombre de vingt, et qui ne mangent au réfectoire qu'après les hommes; mais nous transcrivons fidèlement. (*Note des auteurs.*)

taient de la Conciergerie bénissaient presque leur destinée, puisqu'au moins ils trouvaient dans leur nouvelle demeure un lit pour se reposer, et ils n'étaient pas entassés, comme dans l'autre maison, sur une paille pourrie que l'on renouvelait fort rarement. » L'auteur du mémoire d'où ces lignes sont extraites paraît grave et sérieux. (*Liv. cit.*, t. III, p. 65.) Aussi ses plaintes ne sont nullement exagérées, et il ne fait pas de vers. Il n'en est pas de même de l'auteur d'un autre mémoire sur le même sujet; celui-ci est un vrai littérateur, digne de la société du Port-Libre. Il voit en noir le plus souvent, mais il lui échappe des réflexions comme celle-ci : « Malgré la vigilance des guichetiers, les assignats passaient dans les paquets de linge, dans les semelles des souliers, et je n'ose dire où, quand mademoiselle Beaulieu voulait bien s'en charger. » (*Liv. cit.*, t. III, p. 62.)

Maison d'arrêt Talaru. L'hôtel du marquis de Talaru, situé rue de Richelieu, avait été converti en prison par la section Lepelletier. Le propriétaire de la maison, ex-premier maître d'hôtel de Marie-Antoinette, y occupait une chambre à part au prix de 18 liv. de location par jour. L'auteur du mémoire que nous suivons ici, logeait, lui huitième, dans un beau salon au rez-de-chaussée; la part de chacun revenait à 4 liv. par jour, ce qui faisait un total annuel de 10,520 liv. Les autres pièces de l'hôtel étaient louées dans la même proportion. « Que devenaient, s'écrie notre auteur, ces loyers concussionnaires » et entre qui se partageait le gâteau? Je n'ai jamais été du secret, et je ne puis vous en rien dire. » Voici ce qu'il dit du régime de la prison :

« Je trouvai en y entrant un tout autre ordre de choses que celui auquel je m'étais attendu. Je croyais toutes les maisons d'arrêt, à cette époque, à peu près également resserrées et traitées avec la même rigueur. Je me figurais l'isolement et la gamelle partout. Ici je trouvai, non-seulement les communications des prisonniers entre eux parfaitement libres : tous se visitaient, circulaient de chambre en chambre, sans aucune difficulté; mais même les communications assez faciles avec le dehors. Je vis les uns recevoir leurs femmes, leurs enfants; les autres, leurs amis, leurs maîtresses. La société me parut agréable dans les deux sexes. On jouait sa partie, on faisait bonne chère. Si ce n'était pas l'image de la liberté, c'était celle du moins de l'égalité et de la fraternité. » (*Liv. cit.*, t. III, p. 92.).

Picpus. — « Tous les détenus renfermés à Picpus, dans la maison d'arrêt de Blanchard ont eu à se louer de cet honnête concierge. Doux, serviable, humain, il ne pouvait convenir au régime de la tyrannie. » (*Liv. cit.*, t. III, p. 205.) — Cette courte notice nous apprend que dans le printemps les communications avec l'extérieur étaient parfaitement libres, mais qu'un prisonnier s'étant évadé, les autres furent un peu plus resserrés.

L'Abbaye. — La collection de Nougaret ne renferme sur cette prison qu'un mémoire fait par un anonyme qui y était gardé au secret, et qui ne nous apprend rien de général, si ce n'est que le gouvernement accordait cinquante sous par jour à chaque détenu.

Sainte-Pélagie. — Cette prison était en grande partie consacrée aux détenus républicains. C'est là que furent réunis dans les six premiers mois de 1794 trois cent cinquante prisonniers, environ, hébertistes ou dantonistes, ou bien coupables de quelques malversations personnelles dans des emplois publics. L'administrateur de police Marino y fut renfermé. Il parvint à organiser un club dans son corridor, quoique tout le monde y fût au secret et dans sa cellule. Malgré l'épaisseur des portes, en élevant un peu la voix, on était entendu d'un bout du corridor à l'autre. Pour être reçu membre de ce club, il suffisait de n'être ni faux témoin, ni fabricateur d'assignats. « A l'aide de cette invention, on s'instruisait réciproquement et avec ordre de tout ce qu'on avait appris des porte-clefs dans le courant de la journée; et pour n'être compris ni des gardiens, ni des gendarmes, au lieu de dire : *j'ai appris telle chose*, on disait : *j'ai rêvé telle chose.* » — Il paraît cependant qu'il y avait à Sainte-Pélagie des prisonniers d'une autre espèce. Nous lisons en effet, dans le même mémoire : (*Liv. cit.*, t. II, p. 127) « Un jour

Cortey, l'épicier, qui se trouvait de complicité avec le ci-devant comte Laval-Montmorency, l'ex-marquis de Pons, Sombrueil, tous prévenus de conspiration et guillotinés depuis, faisait des signaux à travers la fenêtre du corridor, à la ci-devant princesse de Monaco, et lui envoyait des baisers. Le marquis de Pons, qui était présent, lui dit avec hauteur : « Il faut que vous soyez
» bien mal élevé, monsieur Cortey, pour vous familiariser avec
» une personne de ce rang-là; il n'est pas étonnant qu'on veuille
» vous guillotiner avec nous, parce que vous nous traitez en
» égal. »

Luxembourg. — « Le Luxembourg, où l'on renferma d'abord les députés prévenus de fédéralisme, ne devint prison pour les autres citoyens qu'au 20 vendémiaire, époque à laquelle on y conduisit des Anglais et des Anglaises. C'est par ces étrangers que fut reçu le brillant contingent des suspects de la section de Grenelle. Des enfans, des adolescens, quelques ci-devant dames du haut parage, traînant à leur suite de fringantes femmes-de-chambre ; des nobles avec leurs domestiques, et quelques plébéiens honnêtes et pauvres arrivèrent au nombre de près de cinquante, sur les dix heures du soir, à la lueur d'une quantité prodigieuse de flambeaux, escortés par un bataillon entier, après avoir traversé à pied les rues de Paris processionnellement.

» Le concierge, nommé Benoît, septuagénaire, plus respectable encore par ses vertus que par son âge, les reçut avec humanité; il n'avait pas de lits à leur offrir, mais on voyait qu'il souffrait plus encore que ceux auxquels il ne pouvait présenter que les quatre murailles.

» Chacun se prête un mutuel secours; les blouses, les redingotes et manteaux servent de matelas pour reposer la chair délicate des dames, et le gentilhomme se trouve fort heureux de bivouaquer sur une chaise à côté du sans-culotte.

» Dès le lendemain chacun reçut son lit de sangle, son matelas, de l'épaisseur d'une omelette soufflée, et le traversin économique.

» A mesure qu'il arrivait de nouveaux pensionnaires, le sensible Benoît les conduisait vers ceux qui par leur profession, leur pays, leur caractère, leur section ou leur âge, semblaient promettre au détenu une société plus agréable. Déjà se formaient les connaissances, déjà les petits comités se resserraient dans un cercle plus étroit : l'amour avait le plus de part dans le choix des sociétés.

» Les Anglaises, moins vives, mais aussi tendres que les Françaises, se rangèrent à leur tour sous les drapeaux de la galanterie ; les petits vers, les couplets, le jeu, la médisance et la musique remplissaient les journées. Parfois cependant on était interrompu par la visite des municipaux, qui n'étaient rien moins que damoiseaux. Marino, administrateur de police, ensuite juge à Commune-Affranchie, et depuis guillotiné à Paris, ne se permit-il pas un jour de dire au cercle assemblé : « Savez-vous ce qu'on répand dans le public ?.........Que le Luxembourg est le premier B........ de Paris ; que vous êtes ici un tas de P......... qui......... et que c'est nous qui vous servons de M..... »

» Des oreilles délicates devaient être déchirées par des reproches aussi grossiers, mais il fallait se faire à tout. Cet administrateur était moins dur envers les citoyens peu fortunés ; il y en avait une douzaine d'engouffrés dans une espèce d'entresol qui jadis avait servi de grenier à foin ; quelques égrillards voulurent se donner le plaisir de s'amuser aux dépens de Marino : comme l'on sut qu'il allait entrer, on ferma la fenêtre ; la plupart se mettant à fumer, le cuisinier de semaine, un torchon sale devant lui, est chargé de recevoir l'administrateur, qui fait trois pas en arrière, tout saisi par l'odeur combinée du charbon, de la fumée des pipes et des haleines exhalant l'ail ; on l'introduit, on offre à ses yeux une méchante table fabriquée à la diable, sur laquelle était une cruche ébréchée, plus une bouteille qui servait de chandelier ; il veut sauter à la fenêtre pour ne pas étouffer, il s'embarrasse dans des matelas étendus par terre ; il chancelle, il tombe ; on l'invite à prendre sa part de pommes de terre qu'on faisait frire au suif; il remercie, il s'attendrit, et finit par faire cadeau à la chambrée d'une cuiller à pot en bois, et presque neuve, qui avait écumé le pot du vieux Sillery : les petits présens entretiennent l'amitié.

» La publicité de certaines aventures galantes, la luxure de quelques dames, parmi lesquelles il faut compter la citoyenne d'Orm..... qui se payait avec usure de quelques années d'une abstinence forcée, fit prendre à l'administration de police le parti de séparer les deux sexes. Un jeune homme du dehors s'était, à prix d'argent, ouvert les portes de la prison; et caché derrière un paravent, seule barrière à la curiosité indiscrète, il goûtait tranquillement en plein jour, dans les bras de sa maîtresse, les plaisirs de l'amour. La dame, surprise en flagrant délit, feint de se fâcher, jette les hauts cris, se dit frappée, crie au viol et s'évanouit. Pendant cette scène l'Adonis s'échappe avec la légèreté d'un trait, et se fait ouvrir le guichet à la faveur d'argumens que le bon Bazile appelait jadis irrésistibles.

» Cependant le Luxembourg se peuplait; tous les jours on voyait arriver des légions de citoyens de Paris arrachés à leur commerce et à leur famille : on les traînait à travers les rues, on les peignait au peuple sous les traits les plus noirs; et c'était pour la plupart des malheureuses victimes de la vengeance ou de la scélératesse. Ils entendaient retentir autour d'eux les cris funèbres ! « à la guillotine », et arrivaient à demi morts au Luxembourg, où ils étaient tout étonnés de trouver un concierge humain et sensible, qui prévenait leurs besoins et cherchait à deviner où il pourrait les placer pour qu'ils fussent plus avantageusement. Chaque arrivant était d'ordinaire conduit dans la chambre de ses co-sectionnaires. Il trouvait en eux des camarades, des amis et des frères. L'on vivait ensemble dans la plus étroite union; chacun à son tour balayait la chambre, allait à l'eau, faisait la cuisine; les frais étaient tous en commun, et chacun payait son écot, qui, tout compris, n'excédait pas 40 sous par jour.

» Un citoyen était-il trop pauvre pour subvenir à sa subsistance, le bon concierge prévenait presque toujours une demande qui pouvait l'humilier, et chargeait un ci-devant d'y pourvoir. Une chose assez plaisante, c'est que ces messieurs estimaient leur fortune réciproque dans la maison par le nombre des sans-culottes qu'ils nourrissaient, comme ils faisaient jadis dans le monde par le nombre de leurs chevaux, de leurs maîtresses, de leurs chiens et de leurs laquais. En général, la noblesse faisait bande à part; elle se familiarisait peu avec les citoyens des sections de Paris; les rues de l'Université, de Grenelle, Saint-Dominique, qui étaient en masse au Luxembourg, conservaient l'étiquette la plus rigoureuse; on se traitait de « M. le prince, M. le duc, M. le comte, M. le marquis »; on faisait salon avec gravité, et on disputait méthodiquement sur les pas et les visites.

» Les républicains s'amusaient entre eux de ces ridicules grimaces, se moquaient de leurs préjugés, mais n'ajoutaient pas par l'insulte aux maux de leur détention.

» Ce n'est pas ainsi qu'en agissait Vincent. Ce petit homme violent et emporté les injuriait tous de but-en-blanc. Quand on amena le général O'Hara et plusieurs autres prisonniers de marque, tant Anglais, qu'Espagnols, il entra en fureur contre eux, et, après les avoir accablés d'injures, il les aurait frappés, sans la contenance ferme des gendarmes. Son épouse avait la permission d'entrer et de le voir. Un jour qu'assise sur son lit, elle l'entretenait tout bas de ses affaires, il saute à terre en écumant de rage, prend un couteau, et courant à un gigot cru et saignant qui était suspendu à la fenêtre, il en coupe une tranche et la dévore, en disant : « Que ne puis-je ainsi manger la chair de mes ennemis ! » Hébert venait souvent le voir, et tous les jours de nouvelles députations, tant des sociétés populaires que des comités révolutionnaires, venaient le consoler et s'enivrer avec lui. Enfin il partit au bruit des instrumens et des chants de victoire d'une députation nombreuse qui le porta en triomphe chez lui. (*Hist. des Prisons*, t. II, p. 42-48).

Conciergerie. « Les maisons d'arrêt nouvellement instituées, le Luxembourg, le Port-Libre, les Carmes, les Bénédictins anglais, Saint-Lazare, les Anglaises du faubourg Saint-Antoine, où d'heureux détenus n'ont connu long-temps de chaînes que celles de l'amour, où ils coulaient des jours délicieux dans les bras des belles prisonnières, leurs compagnes, au milieu des jardins, des vergers, des berceaux et des présens de la nature, etc., toutes ces maisons ne sont que des prisons *muscadines*; les guichetiers y sont polis, ils parlent un langage intelligible, et quand on y est transféré de la Conciergerie, de Pélagie, des Magdelonnettes ou de la Force, on serait tenté de les prendre pour des académiciens. O vous, qui n'avez vécu que dans ces maisons, si vous voulez savoir ce que c'est que d'être en prison, tâchez de vous faire mettre à la Conciergerie !

» La première entrée est fermée de deux guichets (1). Ces deux guichets sont à peu près à trois pieds l'un de l'autre. Ils sont tenus chacun par un porte-clef. Tous les porte-clefs ne sont pas admis indistinctement à l'honneur de ces premiers guichets : on choisit les plus vigoureux et ceux qui ont le coup-d'œil le plus subtil. Il faut, disent-ils, avoir de la tête pour de pareilles fonctions. Aussi les postulans attendent-ils quelquefois long-temps. Un bouquet placé au-dessus de la porte annonce une nouvelle promotion. Le promu se fait coiffer ce jour-là par un perruquier, met ses plus beaux habits. Son air satisfait et capable annonce qu'il sent sa dignité, et qu'il n'est pas au-dessous du choix dont on l'a honoré. Le soir, les flots de vin redoublent et terminent un aussi beau jour.

» Dans la première pièce, appelée guichet, comme je l'ai dit, au bout d'une grande table, sur un fauteuil, est le gouverneur de la maison, ou bien la respectable moitié de lui-même, ou bien

« (1) On apppelle guichet une petite porte haute d'environ trois pieds et demi, pratiquée dans une porte plus grande. Lorsqu'on entre, il faut hausser le pied et baisser considérablement la tê e ; de manière que si on ne se casse pas le nez sur son genou, on court risque de se fendre le crâne contre la pièce de traverse de la grande porte, ce qui arriva plus d'une fois. On appelle aussi guichet la première pièce d'entrée. »

le plus ancien des porte-clefs, qui les représente en ce cas. Ces gouverneurs-là sont devenus, dans le temps où nous sommes, des personnages très-considérables. Les parens, amis ou amies des prisonniers font ordinairement une cour très-assidue au concierge Richard pour se faire entr'ouvrir un guichet. On le salue profondément : quand il est de bonne humeur, il sourit ; quand au contraire il est morose, il fronce le sourcil ; c'est Jupiter qui fait trembler l'Olympe d'un coup-d'œil. Aussi les prisonniers ont-ils toujours l'attention d'épier ses bons momens, et alors on s'évertue à présenter humblement le placet.

» C'est de ce fauteuil qu'émanent les ordres pour la police de la maison. C'est à ce fauteuil que sont évoquées les querelles des guichetiers entre eux et des guichetiers avec les prisonniers ; c'est à ce fauteuil que les malheureux prisonniers portent leurs humbles réclamations quand ils obtiennent la faveur d'y être admis ; c'est de ce fauteuil que part quelquefois un regard de protection qui console, et souvent un coup-d'œil qui foudroie.

» Du reste la femme *Richard* tient sa maison d'une manière étonnante : on n'a ni plus de mémoire, ni plus de présence d'esprit, ni une connaissance plus exacte des détails les plus minutieux (1).

» Outre le concierge, ou son représentant, il y a dans le guichet un ancien porte-clefs qui divague. C'est, sans qu'il y paraisse, l'inspecteur des personnes qui entrent ou qui sortent. Quand il a des distractions, on entend sortir du fauteuil ces vigilantes paroles : *Allumez le miston* (*allume*, mot d'argot, qui veut dire : regarde sous le nez ; *miston*, de l'individu).

» Le guichetier les répète à ses camarades qui sont de service aux portes. Lorsqu'il entre un nouveau prisonnier, on recommande

(1) « La citoyenne Richard, dont les prisonniers se louaient généralement, vient d'être assassinée par un détenu au désespoir d'un jugement qui le condamnait à vingt ans de fers : au moment que cette femme bienfaisante lui présentait un bouillon, il lui enfonça un couteau dans le cœur ; elle expira au bout de quelques minutes, en messidor 1796 (an VI). »

aux guichetiers d'*allumer le miston*, afin qu'il soit généralement connu et ne puisse se donner pour étranger.

» A main gauche, en entrant dans le guichet, est le greffe. Cette pièce est partagée en deux par des barreaux. Une moitié est destinée aux écritures, l'autre moitié est le lieu où l'on dépose les condamnés; c'est là qu'ils ont quelquefois attendu trente-six heures le moment fatal où l'exécuteur des jugemens (que les guichetiers appellent dans leur langage *tole*) leur fait subir les redoutables apprêts de leur supplice.

» Du greffe, on entre de plein pied, en ouvrant toutefois d'énormes portes, dans des cachots appelés *la Souricière*. Il faudrait plutôt les nommer *la Ratière*. Un citoyen nommé *Beauregard*, homme aussi honnête qu'aimable, acquitté par le tribunal révolutionnaire, graces soient rendues à son heureuse étoile! fut mis à son arrivée dans ce cachot; les rats lui mangèrent, à différens endroits, sa culotte, sans respect pour son derrière; nombre de prisonniers ont vu les trous; et il fut obligé de se couvrir toute la nuit la figure de ses mains, pour sauver son nez, ses oreilles, etc.

» Le jour pénètre à peine dans ces cachots; les pailles dont se compose la litière des prisonniers, bientôt corrompues par le défaut d'air et par la puanteur des sceaux, en termes de prisons, *griaches*, où les prisonniers font leurs besoins, exhalent une infection telle que, dans le greffe même, on est empoisonné lorsqu'on ouvre les portes. Il en est ainsi des autres cachots; et c'est dans ces affreuses demeures que des hommes reconnus ensuite innocens ont passé des mois entiers!

» O vous qui êtes chargés de gouverner vos semblables..... Je m'arrête, il faut être avare de réflexions.

» En face de la porte d'entrée, est le guichet qui conduit à la cour des femmes, à l'infirmerie, et en général à ce qu'on appelle, je ne sais pourquoi, *le côté des douze*. Nous y reviendrons.

» A droite, sur deux angles, sont des fenêtres qui éclairent fort imparfaitement deux cabinets où couchent les guichetiers de garde pendant la nuit : c'est aussi dans ces cabinets qu'on dépose les femmes qui ont été condamnées à mort. Entre ces deux angles est un troisième qui conduit au *préau*, c'est le côté le plus recommandable de cette prison, et le mieux fait pour fixer les regards de l'observateur. Il faut, pour y arriver, franchir quatre guichets. On laisse à gauche la chapelle et la chambre du conseil, deux pièces également remplies de lits dans ces derniers temps ; la seconde était occupée par la veuve de Louis XVI.

» Je n'entreprendrai point de décrire tous les lieux de cette vaste et dégoûtante enceinte. Je remarquerai seulement qu'à droite en entrant dans la cour, à l'extrémité d'une espèce de galerie, est une double porte, dont l'une entièrement de fer, que ces portes ferment le cachot surnommé *de la Bûche nationale* depuis les massacres du mois de septembre 1792 (vieux style), et que l'on traverse ce cachot pour arriver dans les salles du palais, au moyen d'un obscur escalier dérobé et verrouillé dans deux ou trois endroits différens.

» Après avoir franchi la première grille (j'ai déjà dit qu'il y en a quatre), vous vous trouvez dans une enceinte formée toute de barreaux de fer. Lorsque les communications avec l'extérieur subsistaient, c'est là que les prisonniers de ce côté voyaient leurs connaissances. Les femmes, dont la sensibilité est plus grande, le courage plus résolu, l'ame plus compatissante, plus portée à secourir, à partager le malheur, les femmes étaient presque les seules qui osassent y pénétrer, et, il faut le dire, c'était surtout elles qu'on aimait à y recevoir. Là, les maris redevenaient amans, et les amans redoublaient de tendresse ; il semblait qu'on fût convenu de se dépouiller de cette pudeur grimacière, très-bonne quand on peut attendre des momens plus favorables ou des lieux plus commodes. Les plus tendres baisers étaient sans cesse pris et rendus sans résistance, comme sans scrupule ; à la faveur même d'un peu d'obscurité et des vêtemens larges, l'amour a vu couronner ses plus ardens désirs. Il y avait de quoi faire enrager ces figures blêmes qui, toujours jalouses du bonheur des autres, ne jouissent que par les tourmens dont ils sont les auteurs ou complices; il est vrai que ces plaisirs étaient quelquefois troublés par l'aspect des malheureux condamnés à mort qu'on descendait du tribunal, et qui traversaient l'enceinte dont je parle. Alors il se faisait un moment de silence, on se regardait avec crainte, puis on s'embrassait avec un tendre intérêt, et les choses reprenaient insensiblement leur cours.

» Le guichet d'entrée, occupé de même par les prisonniers du côté des douze, n'offrait pas un spectacle moins pittoresque. En effet, quoi de plus singulier pour l'œil de l'observateur ? des femmes et leurs maris, des maîtresses et leurs amans, rangés sur des bancs contre les murs; les uns se caressent avec autant de sécurité et de gaîté que s'ils étaient sous des berceaux de roses ; les autres s'attendrissent, versent des larmes. Dans le greffe sont des hommes condamnés à mort qui quelquefois chantent. Par une fenêtre de ces cabinets dont j'ai parlé, on aperçoit sur un lit de douleur une malheureuse femme, veillée par un gendarme, qui attend, la pâleur sur le front, l'instant de son supplice. Des gendarmes remplissent les guichets ; ceux-ci conduisent des prisonniers dont on délie les mains, et que l'on précipite dans des cachots ; ceux-là demandent d'autres prisonniers pour les transférer, les lient et les emmènent, tandis qu'un huissier à l'œil hagard, à la voix insolente, donne des ordres, se fâche, et il se croit un héros parce qu'il insulte impunément à des malheureux qui ne peuvent lui répondre par des coups de bâton.

» Il n'y a rien d'exagéré dans ce que je viens de dire, et plusieurs personnes qui sont venues, ou qui ont vécu dans les prisons, se rappelleront d'avoir vu tout cela dans le même moment.

» De tous les députés que j'ai vus à la Conciergerie, le petit Ducos est un de ceux qui montrèrent le plus d'hilarité. Voici un pot-pourri qu'il fit quelques jours avant sa mort :

LE VOYAGE DE PROVINS.

Air : *Un jour de cette automne.*

Un soir de cette automne
De Provins revenant.....
Quoi, sur l'air de la none,
Chanter mon accident !
Non, mon honneur m'ordonne
D'être grave et touchant.

Air : *Des folies d'Espagne.*

Peuple français, écoutez-moi sans rire,
Je vais narrer un grand événement.
Comme je fus toujours de mal en pire :
De point en point, de Provins revenant.

Air : *Je ne saurais Danser.*

L'exorde est fini,
Je vais entrer en matière,
L'exorde est fini,
J'en suis quitte, Dieu merci.
Cicéron cadet,
Je me pique d'éloquence ;
Cicéron cadet,
Mieux que lui je vais au fait.

Air : *Des guillotinés, ci-devant des pendus.*

Un comité de section
Fit mettre en arrestation
Ma personne sans dire gare ;
Pour me sauver de la bagarre
Je résolus fort à propos
De prendre mon sac sur le dos.

Air : *Du haut en bas.*

Clopin, clopant,
Je cheminais dans la campagne,
Clopin, clopant,
D'horreur et d'effroi palpitant ;
Gravissant rochers et montagnes,
Je m'enfonçai dans la Champagne,
Clopin, clopant.

Air : *Aussitôt que je t'aperçois.*

Un mal auquel je suis sujet
M'attaqua sur la route ;
Car la peur changeait chaque objet
Et je n'y voyais goutte..... (1)

« (1) On n'a pu se procurer la suite de ce couplet. »

Air : *Malbrough s'en va-t-en guerre.*

Enfin sans perdre haleine,
  Mironton, etc.
La fortune inhumaine
Me conduit à Provins. (*bis.*)
O honte ! affreux destin !
C'est là que dans l'auberge,
Portant mon sac et ma flamberge,
En paix je me goberge.
Vient un municipal,
Lequel d'un ton brutal

Air *de la Carmagnole.*

Dit : citoyen, vous avez tort   (*bis.*)
De voyager sans passeport; (*bis.*)
Pour punir cet oubli,
Il vous faut aujourd'hui
Coucher dans notre geole,
  Comme un laron (*bis.*)
Coucher dans notre geole,
  Comme un laron
    Bien fripon.

Air *du vaudeville de Figaro.*

Ah ! je suis un misérable,
Repris-je avec dignité;
Si j'ai l'air d'un pauvre diable,
C'est que je suis dérouté;
Citoyen, daignez à table
Vous asseoir à mon côté,
Buvons à la liberté.

Air *des Marseillais.*

Malgré votre habit sans-culotte,
Vous êtes, dit-il, un suspect;
Vous irez siffler la linote
Dans le violon, sauf respect.
Entendez-vous dans la cuisine
Le bruit qu'y fait maint citoyen,
Criant haro sur ce vaurien ?
On vous a jugé sur la mine.
Aux armes, citoyens, saisissez ce grimaud;
Marchez (*bis*), les fers aux mains,
Qu'on le mène au cachot.

Air : *Que ne suis-je la fougère ?*

Hélas ! pourrait-on le croire,
Il le fit comme il le dit;
Je voulus faire une histoire,
Mais je fus tout interdit;

De frayeur perdant la tête,
Durant ce conflit soudain,
Je passai pour une bête;
Et c'est mon plus vif chagrin.

Air : *On doit soixante mille francs.*

Dans un mauvais cabriolet
On me jette comme un paquet,
   Sans pitié pour mes larmes; (*bis.*)
Vers les lieux d'où j'étais venu
   On me ramène confondu,
Entre mes deux gendarmes. (*bis.*)

Air : *Je suis Lindor.*

De mes malheurs telle fut l'Illiade,
Et les railleurs, pour aigrir mes chagrins,
Vingt fois le jour me parlent de Provins.
Hélas! j'ai fait une belle ambassade.

» Lorsque Manuel arriva à la Conciergerie, tous les prisonniers le virent avec horreur et le regardèrent comme un des auteurs des journées du mois de septembre. Lorsqu'il monta au tribunal pour être interrogé, un groupe de prisonniers s'approcha de lui et le poussa, malgré les gendarmes qui l'escortaient, vers un pilier encore teint du sang des victimes égorgées lors de ces terribles événemens. Un des prisonniers, élevant la voix avec force, lui dit : « Vois le sang que tu as fait répandre. » Manuel condamné à la mort, et repassant par la même cour, au lieu de plaintes sur son sort, n'entendit que des *bravo* et des applaudissemens réitérés.

» Lorsque Biron descendit du tribunal, il salua les prisonniers avec cette dignité chevaleresque qui n'appartenait qu'à l'ancienne cour des rois de France, et leur dit : « Ma foi, mes amis, c'est fini, je m'en vais. »

» Bailly venait de paraître au tribunal pour la première fois; son jugement avait été remis à une autre séance; ceux qui s'intéressaient à son sort lui demandèrent s'il avait été jugé, Bailly répondit en se frottant les mains : « Petit bonhomme vit encore. »

» Lorsque Lamourette fut condamné, il soupa avec ses camarades de chambre, il soutint presque à lui seul la conversation ; il parla avec enthousiasme de la Divinité et de l'immortalité de l'ame. Quelqu'un s'attendrissait sur sa destinée : « Eh! quoi, lui dit-il, qu'est-ce donc que la mort? Un accident auquel il faut se préparer. Qu'est-ce que la guillotine? Une chiquenaude sur le cou. »

» En général, la vie des prisonniers était très-peu active. Les seuls amusemens auxquels ils se livraient étaient les cartes, les dames et le trictrac. Toute espèce d'instrument était prohibée. On y fumait, on chantait, on se faisait des niches ; on lisait et l'on passait le temps. Les bourdonnemens continuels de la prison étourdissaient singulièrement.

» J'ai resté six mois à la Conciergerie en proie aux plus horribles anxiétés ; j'y ai vu le tableau mouvant des nobles, des prêtres, des marchands, des banquiers, d'hommes de lettres, d'artisans, de cultivateurs et de sans-culottes. La faux du tribunal sanguinaire en a moissonné les quatre-vingt-dix-neuf centièmes. C'est dans la classe des nobles que j'ai vu plus de contre-révolutionnaires, partisans de la royauté, pleurant sur la tombe de Capet, et appelant l'ancien régime à grands cris. J'ai vu des prêtres fanatiques et ignorans, je les ai plaints ; j'en ai vu de contre-révolutionnaires, cette engeance est horrible. J'ai vu des curés respectables qui disaient leur bréviaire en se couchant, qui ont exercé dans leurs villages des actes de vertu et de bienfaisance ; ils me parlaient des miracles du Christ, et je souriais. J'ai vu des marchands et des banquiers qui avaient reçu leur acte d'accusation, et qui, avant de se mettre au lit, faisaient le relevé de leurs capitaux, compulsaient Barême, et faisaient des règles de compagnie. J'ai vu des sans-culottes, excellens patriotes, chauds révolutionnaires, sacrifiés à des haines obscures : leur mort m'a arraché des larmes de sang. J'ai vu des cultivateurs dire leurs prières matin et soir, se recommander à la bonne Vierge Marie, faire le signe de la croix lorsqu'il tonnait, détester les brigandages de leur seigneur émigré, bénir la révolution, mais ne vouloir pas entendre parler du curé *intrus*, regrettant les messes, les sermons et les prônes du *réfractaire*.

» J'ai vu des jeunes gens bien étourdis, bien écervelés, pirouetter avec grace entre deux guichets, chanter avec goût l'ariette du jour, et faire des épigrammes sur le gouvernement actuel.

» Je m'arrête..... Ici finit mon travail. Cœurs sensibles, n'approchez pas de la Conciergerie. Magistrats du peuple, parcourez ces lugubres enceintes: ce ne sont pas des animaux qui les habitent, ce sont des hommes. » (*Histoire des prisons*, t. II., p. 241).

Condamnations à mort prononcées par le tribunal révolutionnaire de Paris, depuis le 1er novembre 1793 jusqu'au 31 décembre de la même année.

Pendant les mois de novembre et de décembre 1793, cent vingt-six personnes furent guillotinées à Paris, cinquante-quatre en novembre, et soixante-douze en décembre. Ce nombre, ajouté à celui des quatre-vingt-dix-huit sentences capitales prononcées par le tribunal révolutionnaire du 31 mai au 31 octobre, et aux quarante-et-un du tribunal criminel institué le 17 août 1792, donne un total de deux cent soixante-cinq individus suppliciés à Paris dans l'espace de seize mois et demi. Nous continuons de prendre ces relevés dans le journal intitulé : *Liste générale et très-exacte*, etc., *de tous les conspirateurs qui ont été condamnés à mort*, etc.

Nous allons consacrer quelques pages à de courtes notices sur le jugement et sur la mort des principaux personnages guillotinés en novembre et en décembre. En voici les noms :

Olympe de Gouges; Adam Lux; Égalité, ci-devant duc d'Orléans; Coustard; madame Roland; Bailly; Cussy; Manuel; Houchard; Brunel; Boisguyon; Girey-Dupré; Lamarlière; Barnave; Duport du Tertre; Kersaint; Rabaud-Saint-Étienne; la Dubary; Lebrun; Diétrich; Biron.

Les détails donnés par le petit nombre d'historiens de la révolution française sur les derniers momens des Girondins et sur la mort de quelques-uns des personnages dont nous venons de transcrire les noms sont empruntés aux *Mémoires d'un détenu, pour servir à l'histoire de la tyrannie de Robespierre*, ouvrage composé par Honoré Riouffe. Un article de Trouvé, dans le *Moniteur* du 11 avril 1795 (22 germinal de l'an III), nous apprend que les mémoires de Riouffe, publiés à cette epoque, avaient eu deux éditions consécutives. Arrêté à Bordeaux, à cause de ses liaisons avec les Girondins, l'auteur fut conduit à Paris, où il passa quatorze mois à la Conciergerie. Son livre contient des récits circonstanciés, non-seulement de ce que faisaient et disaient les prisonniers dans l'intérieur de cette prison, mais encore de leurs actes et de leurs paroles, soit en allant à l'échafaud, soit au moment de leur exécution. « Si l'on demande d'où nous étions si bien instruits, dit Riouffe, qu'on sache que c'était par le moyen du bourreau, qui, pendant une année entière, n'a cessé un seul jour d'être appelé dans cette horrible demeure, et qui racontait aux geôliers ces abominables et admirables circonstances. » — Voilà les sources de Riouffe. Il n'a écrit son livre qu'après être sorti de prison, de telle sorte que le seul témoignage direct qui sert de thème à ses compositions littéraires, celui du bourreau, ne lui est venu qu'à travers les rapports des geôliers, et que ces rapports eux-mêmes ont été long-temps confiés à son souvenir avant d'aboutir à sa plume.

Riouffe peint ainsi la dernière nuit des Girondins :

« Ils étaient tous, dit l'auteur, calmes, sans ostentation, quoiqu'aucun ne se laissât abuser par l'espérance. Leurs ames étaient à une telle hauteur, qu'il était impossible de les aborder avec les lieux communs des consolations ordinaires...... Ils furent condamnés à mort dans la nuit du 30 octobre, vieux style, vers les onze heures. Le signal qu'ils nous avaient promis nous fut donné ; ce furent des chants patriotiques qui éclatèrent simultanément, et toutes leurs voix se mêlèrent pour adresser les dernières hymnes à la liberté ; ils parodiaient la chanson des Marseillais de cette sorte :

Contre nous de la tyrannie
Le couteau sanglant est levé.

» Toute cette nuit affreuse retentit de leurs chants, et s'ils les interrompaient, c'était pour s'entretenir de leur patrie, et quelquefois aussi pour une saillie de Ducos.

» C'est la première fois qu'on a massacré en masse tant d'hommes extraordinaires. Jeunesse, beauté, génie, vertus, talens, tout ce qu'il y a d'intéressant parmi les hommes fut englouti d'un seul coup. Si des cannibales avaient des représentans, ils ne commettraient point un pareil attentat.....

» Nous marchions à grands pas, l'ame triomphante de voir qu'une belle mort ne manquait pas à de si belles vies...... Mais quand ce courage, emprunté du leur, se fut refroidi, alors nous sentîmes quelle perte nous venions de faire; le désespoir devint notre partage; les places qu'ils occupaient devinrent l'objet d'une vénération religieuse, et l'aristocratie même se faisait montrer avec empressement et respect les lits où avaient couché ces grands hommes. »

Trouvé a transcrit ce passage dans l'article dont nous parlions tout à l'heure; seulement il a jugé à propos de supprimer la circonstance de la parodie de la Marseillaise. M. Thiers, qui a évidemment puisé dans Riouffe les faits qui suivirent le jugement des Girondins, dit que ceux-ci ont chanté *l'hymne des Marseillais*, cite les deux mêmes vers qui se trouvent dans le précédent extrait; mais il restitue le texte du second, *L'étendard sanglant est levé*, et il ne parle point de parodie. M. Thiers ajoute que les Girondins « firent en commun un dernier repas, où ils furent tour à tour gais, sérieux, éloquens. Brissot, Gensonné, étaient graves et réfléchis; Vergniaud parla de la liberté expirante avec les plus nobles regrets, et de la destinée humaine avec une éloquence entraînante. Ducos répéta des vers qu'il avait faits en prison, et tous ensemble chantèrent des hymnes à la France et à la liberté. » — L'historien a choisi la fiction d'un dernier repas, afin de grouper dans le même cadre, et de mettre en scène les divers caractères que Riouffe prête aux Girondins dans divers endroits de ses Mémoires. Ce sont des deux parts le même sens et presque les mêmes expressions. Ainsi, d'après Riouffe, Brissot était habituellement *grave et réfléchi* (p. 210 du premier volume de la *collection de Nougaret*) ; Gensonné était *recueilli en lui-même* (ibid) ; Vergniaud « tantôt grave et tantôt moins sérieux » faisait quelquefois jouir les prisonniers « des derniers accens de cette éloquence sublime qui étaient déjà perdus pour l'univers, puisque les barbares l'empêchaient de parler. » Voilà les couleurs et les traits épars du tableau de M. Thiers. Quant à Ducos, les vers que l'historien lui fait chanter sont le *pot-pourri* que nous avons plus haut rapporté. Riouffe ne mentionne pas plus cette circonstance que celle d'un repas commun. A la vérité, il parle des *saillies* de Ducos qui interrompirent, de fois à autre, les chants des Girondins pendant leur dernière nuit, et ce sera là probablement ce qui aura donné à M. Thiers l'occasion de placer les vers de Ducos, vers sur la nature desquels il est permis au lecteur de conjecturer tout ce qu'il veut, attendu que ce point n'est nullement expliqué. Mais si la chanson dont il s'agit eût été désignée par son titre, par le premier venu de ses couplets, c'eût été se condamner à ne pouvoir écrire : « Leur dernière nuit fut sublime, » qualification, qui eût paru, en effet, fort singulière, si l'on eût cité immédiatement le *pot-pourri* de Ducos parmi les chants de cette nuit. — Tout ce qui a été dit sur la manière dont les Girondins passèrent la nuit du 31 octobre au 1er novembre est un commentaire de Riouffe. Le commentaire tout-à-fait fabuleux est celui intitulé : *Dernier Banquet des Girondins*.

Les Girondins moururent avec courage. J. Boileau montra seul quelque faiblesse ; au reste, cette exception fut aperçue et notée à peine. On ne fut pas plus attentif à la ferme contenance de ses compagnons, à une époque où tous les condamnés pour cause politique marchaient à la mort avec une égale assurance, ou ne remarquait que ceux auxquels la guillotine inspirait une grande terreur. La mort de Custine fit sensation entre toutes celles du même genre. On ne comprenait pas qu'un soldat pût défaillir à tel point à l'aspect de l'échafaud. Certains hébertistes et certains dantonistes firent oublier la honte de Custine.

Nous passons aux notices sur les principales condamnations qui suivirent celles des Girondins.

MARIE-OLYMPE DE GOUGES, veuve Aubry, âgée de 28 ans, native de Montauban, fut condamnée à la peine de mort, le 2 novembre (12 brumaire). Une brochure ayant pour titre : *Les trois Urnes, ou le Salut de la patrie* ; deux placards intitulés, l'un *Olympe de Gouges, défenseur de Louis Capet*, l'autre, *Olympe de Gouges au Tribunal révolutionnaire*, et quelques manuscrits au nombre desquels *La France sauvée, ou le Tyran détrôné*, furent les pièces produites contre elle par l'accusation. Dans la brochure *Les trois Urnes*, etc., publiée après la révolution du 31 mai, Olympe de Gouges invitait le peuple à se réunir en assemblées primaires, et à émettre son vœu, soit sur le gouvernement monarchique, soit sur le gouvernement fédéraliste, soit sur la République une et indivisible. Cet appel mettait en question toutes les révolutions accomplies depuis 1789. Mais on n'eût point recherché cet écrit, si l'auteur n'eût visé à se donner une grande importance politique, et ne fût revenue à la charge par des affiches et par des placards, c'est-à-dire par le genre de publicité qui tombait directement sous les yeux du peuple, et qui excitait par conséquent toute la sollicitude des comités révolutionnaires de la capitale. Olympe de Gouges fut dénoncée par son propre afficheur. Cette femme, qui avait fondé des clubs, qui avait voulu défendre Louis XVI, et qui convoquait les assemblées primaires après le 31 mai, avoua tous ses écrits et tous ses actes ; mais elle ne put les expliquer que « par des phrases oratoires, et persista à dire qu'elle était et avait toujours été bonne citoyenne, qu'elle n'avait jamais intrigué. » Ainsi parle le bulletin du tribunal révolutionnaire, et il ajoute : « Pour sa défense, l'accusée a dit qu'elle s'était ruinée pour propager les principes de la révolution, qu'elle était la fondatrice des sociétés populaires de son sexe, etc. Pendant le résumé des charges fait par l'accusateur public, l'accusée, sur les faits qu'elle entendait articuler contre elle, faisait sans cesse des minauderies ; tantôt elle haussait les épaules, puis elle joignait les mains, et levait les yeux vers le plafond de la salle ; puis elle passait tout d'un coup dans un geste expressif, manifestant l'étonnement, puis regardant ensuite l'auditoire, elle souriait aux spectateurs, etc. » On déplore, en lisant ce procès, de voir qu'il a suffi à une femme, qui ne manquait pas d'ailleurs de sentimens généreux, de se montrer imprudente et vaine, pour encourir une sentence capitale. Malheureusement il fallait alors prendre les gens, non pas selon la valeur contre-révolutionnaire qu'ils avaient, mais selon celle qu'ils se donnaient, et les juger comme ils se posaient eux-mêmes. — Avant le prononcé du jugement, Olympe-de-Gouges, interpellée de déclarer si elle avait quelques observations à faire sur l'application de la loi, répondit au tribunal : « Mes ennemis n'auront pas la gloire de voir couler mon sang ; je suis enceinte, et je donnerai à la République un citoyen ou une citoyenne. » — Le même jour elle fut visitée, et sa déclaration ayant été reconnue inexacte, elle fut conduite à l'échafaud. (*Bulletin du trib. révol.*, n°. 66 et 67, deuxième partie.)

ADAM-LUX, âgé de 27 ans dix mois, député extraordinaire de la Convention germanique, séant à Mayence, natif d'Opinbourg, pays de l'électorat de Mayence, demeurant à Ostenk, vis-à-vis Mayence, logé à Paris, rue des Moulins, hôtel des Patriotes-Hollandais, fut condamné à mort le 4 novembre (14 brumaire). — Envoyé à Paris, où il arriva le 30 mars 1793, pour demander la réunion de Mayence à la France, Adam Lux se lia avec Guadet et Pétion. Après l'insurrection du 31 mai, il conçut le projet d'aller se suicider à la barre de la Convention, où il devait préalablement déposer un discours dans lequel il présentait son suicide comme un acte de désespoir politique. Cette pièce, saisie dans ses papiers, et produite au procès, était une diatribe sanglante contre la Montagne ; Adam Lux y disait que la dictature de Roland était le seul moyen de salut pour la République. Il avait écrit, le 6 juin, à Guadet et à Pétion, pour les informer de ce projet. Ils l'en détournèrent ; mais il leur écrivit une seconde lettre dans laquelle il leur déclarait persister, se promettant que son action aurait un immense résultat. Il terminait en les priant « de vouloir bien, après sa mort, se rappeler qu'il laissait sans pain sa femme et ses enfans. » — Lorsque Marat eut été assassiné, Adam-Lux publia un placard en l'honneur de Charlotte Corday ; il fut arrêté aussitôt. — S'appuyant sur la dernière phrase de la lettre de l'accusé à Guadet et à Pétion, le président du tribunal dirigea les débats de manière à prouver que le suicide projeté par Adam-Lux annonçait, de sa part, « l'intention de soutirer de l'argent à la section, par la manifestation de son dévouement à son parti. » Interrogé sur ses moyens d'existence, Adam-Lux répondit que la Convention lui avait accordé une indemnité. On lui demanda alors « comment lui, qui disait dans une de ses lettres ne pas avoir de pain, non plus que sa famille, avait pu prodiguer 60 ou 80 francs » pour faire imprimer les placards qu'on lui représentait. Il affirma néanmoins en avoir payé les frais. Le président compara ensuite les premiers écrits de l'accusé, ses lettres à Guadet et à Pétion, et son projet de discours à la Convention, avec le placard sur Charlotte Corday ; et ayant constaté que les premiers étaient rédigés en un français barbare, tandis que le dernier était parfaitement correct, il en inféra que celui-ci n'était pas de la composition d'Adam-Lux. De plus, il signala une identité complète entre certaines expressions des pamphlets venus de Caen et celle-ci du placard : *L'assassinat est un crime, mais celle qui a assassiné Marat ne peut qu'occuper une place distinguée dans l'histoire, à côté de Brutus. — La guillotine est un autel.* Adam-Lux, interpellé de déclarer « si depuis le 6 juin dernier, jusqu'au 19 juillet suivant, il s'était occupé de faire une étude de la langue française, et si cette affiche ne lui aurait pas été envoyée de Caen pour être placardée dans Paris, » répondit « qu'il avait lu des livres, et qu'il était l'unique rédacteur du placard. » Lorsqu'on en vint à sa proposition de confier la dictature à Roland, le président lui demanda s'il connaissait la loi qui défendait de proposer la dictature; l'accusé répondit qu'il la connaissait. — « Comment connaissiez-vous Roland? — R. Je ne le connaissais que par ses écrits. — Comment avez-vous pu donner le titre de vertueux à un homme qui, après avoir enlevé les papiers de l'armoire de fer, vint à la Convention apporter ces mêmes papiers, et dit qu'il ne les avait pas examinés, et puis après dit qu'il y avait dans ces papiers de quoi confondre les anarchistes, ce qui alors prouvait qu'il les avait examinés? — R. Je n'ai suivi en cela que l'impulsion de ma conscience et de mon opinion. » — La déclaration du jury fut unanime; Adam-Lux, condamné à la peine de mort, fut exécuté le même jour, à 5 heures du soir. (*Bulletin du tribunal révolution.*, n. 69 et 70, deuxième partie.)

Affaire d'Égalité, ci-devant duc d'Orléans, et de Coustard.
— Nos lecteurs se rappellent qu'après la trahison de Dumourier, partagée par Égalité fils (le duc de Chartres, Égalité père, répondant à Barbaroux, qui imputait cette conspiration au parti d'Orléans, s'écria : « Si mon fils l'est (un traître), je vois d'ici l'image de Brutus. » Plus tard, ses liaisons avec la Montagne ayant été dénoncées par Vergniaud, Robespierre demanda sa traduction au tribunal révolutionnaire avec sa famille. Bientôt on décréta sa translation à Marseille. Là, interrogé à diverses reprises, il fut gardé en prison jusqu'après le rapport d'Amar sur les Girondins. Compris dans cet acte d'accusation, de nouveaux ordres le ramenèrent à Paris. Il comparut devant le tribunal révolutionnaire le 6 novembre (16 brumaire), avec Coustard. Quoique le procès de ces deux accusés ne présente pas un grand intérêt, comme le compte-rendu n'en existe ni dans le *Moniteur*, ni dans le *Républicain français*, les deux grands journaux de l'époque; et comme cette dernière page de la vie du duc d'Orléans ne peut pas rester sans document historique, nous transcrivons littéralement la courte notice du *Bulletin du tribunal révolutionnaire*, n. 73, et 74 de la deuxième partie.

« Interrogés de leurs noms, surnoms, âges, qualités, lieux de naissance et demeures,

» Le premier a répondu se nommer Louis-Philippe-Joseph Égalité, âgé de 46 ans, amiral et député à la Convention nationale, demeurant ordinairement à Paris.

» Le second a déclaré se nommer Anne-Pierre Coustard, âgé de 52 ans, ci-devant commandant de la garde nationale de Nantes, ci-devant lieutenant des ci-devant maréchaux de France, et greffier du Point-d'Honneur, et actuellement député à la Convention nationale, demeurant ordinairement à Nantes.

» Le greffier donne lecture de l'acte d'accusation. (Voyez celui des Girondins.)

» *Le président aux accusés.* Voilà ce dont le peuple français vous accuse par l'organe de ses représentans ; prêtez une oreille attentive, les débats vont commencer.

» *L'accusateur public à l'accusé Égalité.* Avez-vous connu Brissot ?

» R. Je l'ai connu, mais je ne me rappelle pas lui avoir parlé depuis qu'il est à la Convention.

» Quel était le poste que remplissait Sillery-Genlis ?

» R. Il m'était attaché en qualité de capitaine des chasses du ci-devant Dauphiné.

» N'avez-vous point eu, chez Sillery, des entrevues particulières avec Laclos, Brissot et autres conspirateurs ?

» R. Non.

» Depuis quel temps avez-vous cessé de fréquenter Pétion ?

» R. Depuis qu'il m'avait conseillé de donner ma démission de représentant du peuple.

» N'avez-vous pas assisté à des conciliabules tenus chez Pétion ?

» R. Non.

» Comment avez-vous pu consentir à livrer votre fille entre les mains de ce traître et de la Genlis, femme adroite et perfide, qui depuis a émigré ?

» R. J'ai à la vérité consenti à livrer ma fille à la femme Sillery qui ne méritait pas ma confiance : elle s'est associé Pétion ; je lui ai donné, sans dessein, mon approbation pour qu'il l'accompagnât en Angleterre.

» Mais vous ne deviez pas ignorer que la Sillery était une intrigante?

» R. Je l'ignorais absolument.

» Quel était le motif du voyage de votre fille en Angleterre?

» R. Le besoin de voyager pour rétablir sa santé.

» N'est-ce pas par suite d'une combinaison que vous, accusé, avez voté la mort du tyran ; tandis que Sillery, qui vous était attaché, a voté contre?

» R. Non; j'ai voté en mon ame et conscience.

» Avez-vous connaissance que Pétion ait été lié avec quelqu'un de votre famille?

» R. Non.

» Vous n'avez sans doute pas ignoré qu'il entretenait une correspondance très-suivie avec votre fils, qui était à l'armée de Dumourier?

» R. Je sais qu'il a reçu de lui plusieurs lettres.

» Avez-vous connaissance que Sillery était très-lié avec Buzot et Louvet?

» R. Non.

» Avez-vous connaissance que Louvet devait proposer l'expulsion des Bourbons hors du territoire de la République.

» R. Non.

» N'avez-vous pas un jour dîné avec Ducos et plusieurs autres députés conspirateurs?

» R. Je n'ai jamais eu de liaisons avec eux.

» N'est-ce point par suite des liaisons qui existaient entre vou et la faction que toutes vos créatures ont été nommées à la têt de nos armées?

» R. Non certainement.

» Mais, par exemple, vous ne devez pas ignorer que Serva

n'était qu'un ministre de nom, et que c'était Laclos, votre affidé, qui dirigeait le ministère?

» R. Je n'ai aucune connaissance de ce fait.

N'avez-vous pas dit un jour à un député que vous rencontrâtes : *Que me demanderas-tu quand je serai roi?*

» R. Jamais je n'ai tenu ce propos.

» Ne serait-ce point à Poultier à qui vous l'auriez tenu? et celui-ci ne vous a-t-il pas répondu : *Je te demanderai un pistolet pour te brûler la cervelle?*

» R. Non.

» N'avez-vous pas été envoyé à Marseille par la faction, à l'effet d'écarter les traces de la conspiration dont vous étiez le principal chef?

» R. Non.

» Comment se fait-il que vous, qui étiez à Marseille au milieu des fédéralistes qui firent emprisonner et supplicier les patriotes, ils vous ont laissé tranquille?

» R. Je parus devant un tribunal qui, après m'avoir donné un défenseur, m'interrogea et ne me trouva pas coupable.

» A quelle époque ont cessé vos correspondances avec l'Angleterre?

» R. Depuis 1790, que j'y ai été pour y vendre une maison et des effets que j'y avais.

» Connaissez-vous le nommé Dumont?

» R. Non.

» N'avez-vous pas eu connaissance de courriers qui allaient et venaient de Paris à Londres à cette époque?

» R. Non.

» Pendant votre séjour à Londres, n'avez-vous pas été lié avec des créatures de Pitt?

» R. Non, j'ai vu Pitt, parce que j'avais des lettres à lui remettre.

» N'avez-vous pas eu des liaisons avec des Anglais résidans en France, depuis 1790?

» R. Je ne le crois pas.

» Les raisons du voyage de votre fille n'avaient-elles pas pour but de la marier à quelque prince de la maison d'Angleterre?

» R. Non.

» Quels ont été les motifs de votre prétendue mission en Angleterre?

» R. C'est que l'on savait que j'étais très-lié avec le parti de l'opposition ; et il s'agissait d'entretenir la paix avec l'Angleterre, à cette époque.

» Avez-vous eu connaissance des manœuvres de Dumourier avant que sa trahison eut éclaté?

» R. Non.

» Comment pensez-vous faire croire aux citoyens jurés que vous ignoriez les manœuvres de ce scélérat, lui qui était votre créature, vous dont le fils commandait sous ses ordres, et qui a fui avec lui en partageant sa trahison envers le peuple français ; vous qui aviez votre fille près de lui, et qui entreteniez des correspondances avec lui?

» R. Je n'ai jamais reçu de lui que deux ou trois lettres, qui ne roulaient que sur des choses très-indifférentes.

» Pourquoi, dans la République, souffriez-vous que l'on vous appelât prince?

» R. J'ai fait ce qui dependait de moi pour l'empêcher ; je l'avais même fait afficher à la porte de ma chambre, en observant que ceux qui me traiteraient ainsi, seraient condamnés à l'amende en faveur des pauvres.

» Quelles étaient les vues des grandes largesses que vous avez faites pendant la révolution?

» R. Je n'ai point fait de grandes largesses ; j'ai été assez heureux pour soulager mes concitoyens indigens au milieu d'un hiver rigoureux, en vendant une petite portion de mes propriétés.

» *L'accusateur public à l'accusé Coustard.* Qu'alliez-vous faire à Nantes?

» R. J'y ai été envoyé par la Convention nationale.

» Pourquoi, au lieu de remplir votre mission, vous-êtes-vous occupé, au contraire, à provoquer la force départementale?

» R. Je ne l'ai point provoquée, j'ai combattu les rebelles à la tête des armées de la République.

» N'avez-vous pas tenu, à Nantes, des propos tendant au rétablissement du fédéralisme?

» R. Non, c'est une calomnie atroce qui a été écrite sur moi à cet égard; j'ai communiqué mes idées à Gillet et à Merlin, mes collègues; ils m'ont répondu qu'ils pensaient comme moi qu'il fallait mépriser cette lettre qui n'était point signée.

» Pourquoi, lorsque le terme de votre mission fut rempli, n'êtes-vous pas revenu prendre votre place à la Convention?

» R. J'étais dans l'alternative d'opter entre le poste de représentant du peuple et celui de servir dans l'armée de la République; je n'ai pas voulu revenir, parce qu'il aurait semblé qu'il y avait lâcheté de ma part, d'autant plus que les rebelles, à cette époque, menaçaient Nantes.

» Un homme de plus ou de moins n'était pas dans le cas d'empêcher les rebelles de marcher sur Nantes.

» R. Un homme fait beaucoup, lorsqu'il a la confiance de ses concitoyens, pour les mener aux combats.

» N'êtes-vous pas, au contraire, resté à Nantes dans l'intention de favoriser les projets hostiles des brigands de la Vendée, et ne leur avez-vous pas fait passer des munitions de guerre et de bouche?

» R. Je ne suis resté à Nantes que pour les combattre.

» Quel genre de conduite y teniez-vous?

» R. Ma conduite y était publique, les généraux Canclaux et Merlin pourront le certifier.

» Est-ce vous qui avez envoyé le maire de Nantes invectiver la Convention?

» R. Non, c'était la commune.

» Connaissiez-vous ce maire?

» R. Oui, je le connais, parce qu'il est mon concitoyen.

» Dans quel endroit de la Convention siégez-vous?

» R. Je n'avais point de côté fixe.

» N'étiez-vous pas de la faction brissotine?

» R. Je n'étais d'aucun parti; lorsque j'ai vu la conjuration découverte, cela m'a engagé à me méfier des hommes.

» Quelle a été votre opinion dans la Convention nationale, lors du jugement du dernier tyran?

» R. J'ai voté contre la mort et l'appel au peuple, parce que je croyais que c'était le meilleur parti à prendre dans les circonstances.

» Avez-vous voté pour la formation de la commission des douze?

» R. Je n'étais point alors à Paris.

» Voidel, défenseur de l'accusé Égalité, demande que le tribunal veuille bien entendre, en faveur de son client, un témoin qui se présente pour donner des éclaircissemens aux citoyens jurés.

» On entend le témoin.

» Claude Agoust, officier de paix, dépose que quelques jours avant l'assassinat de Pelletier, il fut chargé d'une mission à..... Une femme lui fit part qu'un particulier, qu'elle désigna, était porteur d'une épée empoisonnée pour assassiner le citoyen Égalité; qu'ayant pris le signalement de ce particulier lui, déposant, le communiqua à l'administration de police, puis à l'accusé, auquel il recommanda de se plastronner, crainte d'événemens; celui-ci lui fit réponse qu'il se tranquillisât sur son compte, attendu qu'il lui brûlerait la cervelle s'il se présentait; quelque temps après, ayant été instruit que le particulier en question était parti pour Gênes, il en instruisit l'accusé : observe avoir entendu dire à celui-ci qu'il ne voulait pas être roi, qu'il n'en fallait pas. Ajoute le déposant qu'il a fait, dans le temps, la déclaration des faits ci-dessus au comité de sûreté générale de la Convention.

» *Le président à l'accusé Égalité.* Avez-vous quelques observations à faire sur ce que vient de déposer le témoin?

» R. Non, il est venu effectivement dans le temps me faire part de ce qu'il vient de déclarer.

» Le défenseur de Coustard annonce au tribunal que son client avait aussi fait assigner plusieurs témoins justificatifs, mais qu'ils ne sont pas encore arrivés; il demande qu'après que le citoyen Voidel aura été entendu, il puisse les faire entendre.

» *L'accusateur public.* Je ne vois pas d'inconvénient à ce que cette demande soit accordée.

» Le tribunal, faisant droit sur la demande de l'accusé Coustard faite à l'audience, par l'organe de son défenseur, ordonne qu'après que le défenseur d'Égalité aura terminé sa plaidoirie, les témoins que Coustard a fait assigner seront entendus.

» Charles Voidel est entendu, en la défense de l'accusé Égalité; il entre dans les détails de sa vie politique; il expose que le voyage de la fille Égalité n'a eu lieu que sur la fin d'octobre 1792, à l'effet de rétablir sa santé et se perfectionner dans la langue anglaise; la femme Sillery ne voulut point partir, à moins que d'être accompagnée par une couple de patriotes. Pétion, qui jouissait alors de cette qualification, fut choisi ainsi que lui pour l'accompagner. Il entre ensuite dans les détails de ce qui s'est passé en Angleterre, ainsi que de la trahison de Dumourier; il reproche à celui-ci d'être l'auteur de tous les malheurs arrivés à la famille de son client; il a, dit-il, égaré l'esprit du jeune Égalité, et l'a engagé à s'expatrier avec lui, tandis que la femme Sillery, d'un autre côté, pervertissait l'opinion de sa sœur, qui est à errer avec elle; l'accusé ici présent a été longtemps sans savoir ce que sa fille était devenue; ce n'est que depuis peu de jours qu'il a appris qu'elle était dans un hôpital en Suisse. Il passe ensuite à l'état de la fortune de l'accusé, et termine par observer qu'il a toujours été ami de la liberté, que c'était d'ailleurs son seul élément; il observe, en outre, que les royalistes ne pouvaient pas le souffrir, qu'il était leur plus mortel ennemi; que si la contre-révolution avait pu avoir lieu, ils n'auraient point manqué de le faire périr; que ce fait est constaté par les papiers trouvés sur le scélérat Pâris, assassin de Michel Pelletier, dans lesquels ce monstre déclara que son seul regret est de ne pas en avoir fait autant à l'accusé, pendant le règne de la faction ; on sait qu'il criait toujours qu'il était chef de parti, etc.

» Les témoins assignés par Coustard n'ayant point paru, il a été passé outre.

» Après que le défenseur de Coustard a été entendu, Hermann, président, a posé la question contenue dans le jugement suivant :

» Le tribunal, d'après la déclaration unanime du jury, portant que Louis-Philippe-Joseph Égalité, ci-devant duc d'Orléans, et Anne-Pierre Coustard, ex-députés à la Convention nationale, sont convaincus d'être les auteurs ou complices de la conspiration qui a existé contre l'unité et l'indivisibilité de la République, contre la liberté et la sûreté du peuple français ;

» Faisant droit sur le réquisitoire de l'accusateur public, condamne lesdits Égalité et Coustard à la peine de mort, conformément à la loi du 16 décembre 1792, dont il a été donné lecture ; déclare leurs biens confisqués au profit de la République : ordonne que le présent jugement sera exécuté, imprimé et affiché dans toute l'étendue de la République.

» Le même jour, vers quatre heures de relevée, lesdits condamnés ont été conduits au lieu de leur exécution, avec les nommés Gondier, Labrousse et Laroque, condamnés les jours précédens : arrivé devant son ancien domicile, Égalité a jeté dessus un regard sec, qu'il a prolongé jusqu'à la rue de la Loi ; au demeurant, on n'apercevait sur sa figure aucune altération. Il a été exécuté le premier, sur la place de la Révolution. »

— La fin de cette notice a été évidemment le récit original commenté d'abord par Toulongeon, t. II, p. 347, et plus tard par M. Thiers, t. III, p. 408. La narration de l'un et celle de l'autre sont composées et ordonnées selon les convenances de style indiquées par ce *regard sec* que d'Orléans jeta sur son palais. Ces expressions du *Bulletin* dominent la paraphrase des deux historiens. — Toulongeon dit : « La voiture s'arrêta devant le pa-

lais d'Orléans; Philippe le regarda d'*un œil sec,* etc.; »
M. Thiers, plus emphatiquement : « Traîné le long de la rue
Saint-Honoré, il vit son palais d'*un œil sec,* etc. »

Madame Roland. Nous transcrivons aussi du même journal,
n. 75 et 76, l'analyse du procès de cette femme célèbre. Son
jugement eut lieu le 8 novembre (18 brumaire), et son exécution le lendemain.

« Interrogée de ses nom, surnoms, âge, qualité, lieu de naissance et demeure :

» A répondu se nommer Marie-Jeanne Phelippon, femme de
Jean-Marie Roland, ex-ministre de l'intérieur, âgée de 39 ans,
native de Paris, et y demeurant, rue de la Harpe.

» Le greffier donne lecture de l'acte d'accusation dont la teneur suit :

» Antoine-Quentin Fouquier, accusateur public près le tribunal révolutionnaire, etc.,

» Expose, que le glaive de la loi vient de frapper plusieurs
des principaux chefs de la conspiration qui a existé contre l'unité et l'indivisibilité de la République, contre la liberté et la
sûreté du peuple français; mais un grand nombre d'auteurs et
complices de cette conjuration existent encore, et ont su jusqu'à
présent, par une lâche fuite, se soustraire à la juste punition
que méritent leurs forfaits. De ce nombre est *Roland,* ex-ministre de l'intérieur, principal agent des conspirateurs ; la fuite
des uns n'a point rompu la correspondance entre tous ceux
qui étaient restés à Paris, tant libres, qu'en état d'arrestation,
correspondance avec ceux qui s'étaient réfugiés, tant à Caen
que dans les autres villes de la République, Roland en fuite
avait laissé sa femme à Paris, laquelle, quoique mise en état
d'arrestation dans une maison d'arrêt, correspondait avec les
conspirateurs retirés à Caen, par l'intermédiaire d'un de ceux
restés à Paris ; cette femme intrigante, connue pour avoir reçu
et réuni chez elle, en conciliabules, les principaux chefs de la
conspiration ; conciliabules dont elle était l'âme; quoiqu'en prison, recevait des lettres de Barbaroux et autres réfugiés à

Caen, et y répondait, et toujours dans le sens de favoriser la conspiration; que la preuve de cette correspondance résulte 1° d'une lettre datée d'Évreux, le 13 juin dernier, écrite par Barbaroux à Lauze Duperret, dans laquelle on lit : « N'oubliez pas » l'estimable citoyenne Roland, et tâchez de lui donner quelque » consolation dans la prison, en lui transmettant les bonnes nou- » velles, etc. ; 2° d'une autre lettre datée de Caen, le 15 dudit » mois de juin, du même au même, dans laquelle on lit : « Tu auras » sans doute encore rempli ma commission à l'égard de madame » Roland, en tâchant de lui faire passer quelques consolations, etc. » Ah! fais des efforts pour la voir, et pour lui dire que les vingt- » deux proscrits, que tous les hommes de bien partagent ses » maux, etc. Je te remets ci-joint une lettre que nous écrivons » à cette aimable citoyenne; je n'ai pas besoin de te dire » que toi seul peux remplir cette importante commission; il » faut, à tout prix, qu'elle tente de sortir de prison et de se » mettre en sûreté, etc. » 3° D'une lettre écrite par Lauze Duperret à ladite femme Roland, dans laquelle on lit : « J'ai gardé » plusieurs jours trois lettres que Bar...... et Bu... m'avaient » adressées pour vous, sans qu'il m'ait été possible de vous les » faire parvenir ; et ce qu'il y a de plus fâcheux, c'est qu'au mo- » ment où je pouvais le faire, en profitant de la voie que vous » me fournissez, la chose est devenue impossible, attendu qu'el- » les se trouvent entre les mains de Pét....,, à qui j'avais cru de- » voir les remettre, le croyant mieux à même que tout autre de » vous les faire passer, et qui est parti sans avoir pu y réussir ; » j'en avertirai dès aujourd'hui les citoyens à qui j'ai écrit par » une voie sûre, et les préviendrai du moyen que j'ai maintenant » de pouvoir mieux remplir leurs commissions, etc. » 4° D'un billet daté du 24 juin, écrit par cette femme Roland à Duperret, par lequel elle lui annonce qu'on l'a fait sortir de l'Abbaye; qu'elle croyait revenir chez elle, mais qu'avant d'y entrer on l'a arrêtée pour la conduire à Sainte-Pélagie; et l'engage de ne pas l'oublier ; 5° et enfin, de trois autres lettres par elle pareillement écrites à Lauze Duperret; la première en date du 6 juin, la seconde sans date, et la troisième en date du 24 juin : dans la seconde on lit : « Les nouvelles de mes amis sont le seul bien » qui me touche; vous avez contribué à me le faire goûter ; di- » tes-leur que la connaissance de leur courage, et de tout ce » qu'ils sont capables de faire pour la liberté, me tient lieu et me » console de tout ; dites-leur que mon estime, mon attache- » ment et mes vœux les suivront partout. L'affiche de B.... m'a » fait grand plaisir, etc. »

» D'après le contenu desdites lettres, on ne peut douter que ladite femme Roland ne fût un des principaux agens et complices de la conspiration.

» Ce considéré, l'accusateur public a dressé la présente accusation contre Marie-Jeanne Phelippon, femme Roland, ci-devant ministre de l'intérieur, pour avoir, méchamment et à dessein, participé à la conspiration qui a existé contre l'unité et l'indivisibilité de la République, contre la liberté et la sûreté du peuple français, en réunissant chez elle, en conciliabules, les principaux chefs de cette conspiration, et entretenant avec eux des correspondances tendantes à faciliter leurs projets liberticides.

» Pourquoi l'accusateur public requiert qu'il lui soit donné acte, etc., etc.

» Pendant le cours des débats, il a été entendu plusieurs témoins, lesquels ont déposé avoir vu à la table de l'accusée, Brissot et consorts, ridiculiser les opinions des membres les plus éclairés de la Montagne; qu'elle entretenait sur le pavé de Paris des affidés, qui rendaient compte à Roland de ce qui se passait dans les groupes et autres lieux; qu'elle entretenait des correspondances et intelligences avec les principaux chefs des conjurés dont elle était l'ame.

» L'accusateur public a donné successivement lecture de plusieurs lettres écrites par l'accusée à Duperret, et de Barbaroux à Duperret, lesquelles pièces annonçaient formellement le projet d'appeler sur Paris une force départementale, et transférer ensuite le siége de la Convention à Bourges.

» L'accusée a dit, pour sa défense, qu'elle n'avait jamais entretenu de correspondances avec Buzot, Pétion, Gorsas; qu'elle avait à la vérité écrit à Duperret, le 26 juin dernier; qu'au reste elle avait toujours estimé Brissot et ses dignes amis, parce qu'elle connaissait en eux des talens et de la bonne foi; elle a de plus fait lecture d'un aperçu sommaire de sa conduite politique depuis le commencement de la Révolution : comme cet écrit respirait le fédéralisme d'un bout à l'autre, le président en a interrompu la lecture, en observant à l'accusée qu'elle ne pouvait abuser de la parole pour faire l'éloge du crime, c'est-à-dire, de Brissot et consorts.

» L'accusée s'est emportée en invectives contre les membres du tribunal; se tournant vers l'auditoire, elle a dit: Je vous demande acte de la violence que l'on me fait, à quoi le peuple a répondu : *Vive la République, à bas les traîtres!*

» Voici le jugement rendu contre elle :

» Le tribunal, d'après la déclaration unanime du jury, portant : 1° qu'il est constant qu'il a existé une conspiration horrible contre l'unité et l'indivisibilité de la République, la liberté et la sûreté du peuple français;

» 2° Que Marie-Jeanne Phelippon, femme de Jean-Marie Roland, est convaincue d'être l'un des auteurs ou complices de cette conspiration :

» Faisant droit sur le réquisitoire de l'accusateur public, condamne ladite Phelippon à la peine de mort, conformément à la loi du 16 décembre 1792, dont il a été donné lecture; déclare ses biens acquis et confisqués au profit de la République; ordonne que le présent jugement sera exécuté, dans les vingt-quatre heures, sur la place de la Révolution, imprimé et affiché dans toute l'étendue de la république.

» Après le prononcé, l'accusée a remercié le tribunal du jugement qu'il venait de rendre contre elle.

» L'exécution a eu lieu le lendemain vers trois heures de relevée. Le long de la route elle s'entretenait et semblait plaisanter avec Lamarche, son camarade de voyage, qui paraissait beaucoup plus défait qu'elle. »

— Voici le passage que Riouffe a consacré à madame Roland dans ses *Mémoires d'un Détenu* :

« Le sang des vingt-trois fumait encore lorsque la citoyenne Roland arriva (à la Conciergerie); bien éclairée sur le sort qui l'attendait, sa fermeté n'en était point altérée ; sans être dans la fleur de l'âge, elle était encore pleine d'agrémens ; elle était grande et d'une taille élégante. Sa physionomie était très-spirituelle; mais ses malheurs et une longue détention avaient laissé sur son visage des traces de mélancolie qui tempéraient sa vivacité naturelle. Elle avait l'ame d'une républicaine dans un corps pétri de graces, et façonné par une certaine politesse de cour. Quelque chose de plus que ce qui se trouve ordinairement dans les yeux des femmes se peignait dans ses grands yeux noirs, pleins d'expression et de douceur ; elle parlait souvent à la grille avec la liberté et le courage d'un grand homme. Ce langage républicain, sortant de la bouche d'une jolie femme française dont on préparait l'échafaud, était un des miracles de la révolution auquel on n'était pas accoutumé. Nous étions très-attentifs autour d'elle dans une espèce d'admiration et de stupeur. Sa conversation était sérieuse sans être froide ; elle s'exprimait avec une pureté, un nombre et une prosodie qui faisaient de son langage une espèce de musique dont l'oreille n'était jamais rassasiée : elle ne parlait jamais des députés qui venaient de périr qu'avec respect, mais sans pitié efféminée, et leur reprochant même de n'avoir pas pris des mesures assez fortes. Elle les désignait le plus ordinairement sous le nom de *nos amis*; elle faisait souvent appeler Clavières pour s'entretenir avec lui. Quelquefois aussi son sexe reprenait le dessus, et on voyait qu'elle avait pleuré au souvenir de sa fille et de son époux. Ce mélange d'amollissement naturel et de force la rendait plus intéressante. La femme qui la servait me dit un jour : « Devant vous elle rassemble toutes ses forces, mais dans la chambre elle reste quelquefois trois heures appuyée sur sa fenêtre à pleurer. » — Le jour où elle monta à l'interrogatoire, nous la vîmes passer avec son assurance ordinaire ; quand elle revint ses yeux étaient humides; on l'avait traitée avec une telle dureté, jusqu'à lui faire des questions outrageantes pour son honneur, qu'elle n'avait pu retenir ses larmes, tout en exprimant son indignation. Elle resta huit jours à la Conciergerie, et sa douceur l'avait déjà rendue chère à tout ce qu'il y avait de prisonniers, qui la pleurèrent sincèrement.

» Le jour où elle fut condamnée, elle s'était habillée en blanc et avec soin ; ses longs cheveux noirs tombaient épars jusqu'à sa ceinture ; elle eût attendri les cœurs les plus féroces ; mais ces monstres en avaient-ils un ? D'ailleurs elle n'y prétendait pas ; elle avait choisi cet habit comme symbole de la pureté de son ame. Après sa condamnation, elle repassa dans le guichet avec une vitesse qui tenait de la joie. Elle indiqua par un signe démonstratif qu'elle était condamnée à mort. Associée à un homme que le même sort attendait, mais dont le courage n'égalait pas le sien, elle parvint à lui en donner, avec une gaîté si douce et si vraie, qu'elle fit naître le rire sur ses lèvres à plusieurs reprises. Parvenue sur la place de l'exécution, elle s'inclina devant la statue de la Liberté, et prononça ces paroles mémorables : « O liberté ! que de crimes on commet en ton nom ! » (*Histoire des prisons*, t. I, p. 216 et suivantes.)

M. Thiers abrège Riouffe tout en en conservant les traits principaux. Il termine son récit de la même manière. Toulongeon ne mentionne pas l'apostrophe de madame Roland à la Liberté ; il lui prête ces dernières paroles, adressées à son compagnon Lamarche, ex-directeur-général de la fabrication des assignats, condamné à mort pour s'être porté en armes aux Tuileries le 9 août 1792 : « Passez le premier ; vous n'auriez pas le courage de me voir mourir. »

Les Mémoires de madame Roland parurent un peu après ceux de Riouffe (avril 1794). Neuf mois s'étaient écoulés depuis la réaction thermidorienne, et chacun avait eu le temps de préparer les œuvres posthumes des siens. Celles de madame Roland furent éditées par un de ses amis. Nous lisons dans le *Moniteur*, numéro du 27 avril (8 floréal) 1795, un article de Trouvé qui commence ainsi : « Nous avons annoncé, il y a quelques jours, un ouvrage intitulé : *Appel à l'impartiale postérité, par la citoyenne Roland, femme du ministre de l'intérieur*. L'éditeur, le citoyen Bose, annonce, dans un avertissement, que ce recueil formera quatre parties, et que c'est la seule propriété d'Eudora, fille de Roland, fille unique et chérie, dont la figure touchante possède déjà toutes les graces de sa mère, et dont le cœur en promet toutes les vertus. »

L'authenticité fort douteuse de cette première partie n'a d'autre fondement que la mention faite par le *Bulletin du tribunal révolutionnaire*, d'un mémoire justificatif dont madame Roland entreprit la lecture devant ses juges. Il est possible que ce manuscrit ait été conservé, et c'est sur cette possibilité fort précaire que repose en ce cas toute la créance que l'on devrait à l'éditeur. — Quant aux trois autres parties, les deux dernières surtout, où madame Roland raconte son enfance, sa puberté, etc., elles sont plus que suspectes d'être apocryphes; ce livre est trop bien calculé pour les goûts connus de la société thermidorienne, ou, si l'on veut, écrit par quelqu'un trop naïvement inspiré par les sentimens de cette société, pour que l'on en puisse douter un instant. Tous les ouvrages de la même époque présentent une telle uniformité, qu'on les croirait sortis de la même plume. Le cachet qui les distingue, et qui était, en effet, la condition de la vogue au sein d'une dépravation aussi effrénée que celle dont le directoire donna l'exemple, c'est l'obscénité. Les hommes qui prennent la plume pour réhabiliter ou pour venger les victimes de la terreur, cherchent presque toujours à rendre leurs héros intéressans, en les montrant avides de plaisirs et de jouissances, et enclins à tous les vices aimables ; et comment ne pas exécrer les hommes féroces qui, sous le chimérique et vain prétexte du salut public, ont troublé, ou torturé, ou brisé des existences vouées au bonheur et à la volupté? Les Mémoires de madame Roland sont un livre de cette espèce ; ils sont un mauvais livre dans toute la rigueur du mot. Ils ne lui seraient donc imputables que si elle les avait publiés elle-même.

Bailly. — Le procès de Bailly est un document indispensable pour servir à l'histoire de la journée du 17 juillet 1791. Il s'y trouve deux pièces dont nous avons bien signalé l'existence lorsque nous avons composé nous-mêmes la narration de cet événement (*Histoire parlementaire*, t. XI, p. 70), mais dont nous n'avions pu découvrir le texte, parce que nous les avions cherchées seulement dans les journaux du temps et dans les archives manuscrites de la Commune. La première est le procès-verbal de la déclaration que les pétitionnaires du Champ-de-Mars firent, le 16 juillet, à Desmousseaux, procureur-syndic de la Commune, de l'intention où ils étaient de signer une pétition le lendemain sur l'autel de la Patrie. Comme cette déclaration était la condition légale de la démarche du 17, comme il ne fallait point d'autre preuve pour établir que l'assemblée constituante, La Fayette et Bailly avaient agi contre une disposition formelle de la loi, en déployant le drapeau rouge et en proclamant la loi martiale, nous avons hésité de croire à cette déclaration, et nous nous sommes contentés d'enregistrer à cet égard le témoignage de Camille Desmoulins. Maintenant la déclaration est un fait incontestable. On verra plus bas qu'elle avait été déposée au parquet du procureur-syndic, ce qui nous explique pourquoi nous avons vainement compulsé à ce sujet les procès-verbaux du corps municipal, ceux du conseil-général de la Commune et ceux du bureau de ville. Mais rien ne nous indiquait à quelle division de l'administration municipale s'était présentée la députation des pétitionnaires, et les archives de l'Hôtel-de-Ville ne conservent en outre rien de relatif au parquet. Le *Bulletin du tribunal révolutionnaire* a donc été le seul instrument de conservation d'une pièce aussi importante. La seconde n'est pas moins importante que la première. C'est le procès-verbal des trois officiers municipaux envoyés au Gros-Caillou pendant la journée du 17, et qui, à leur retour à l'Hôtel-de-Ville, firent tous leurs efforts pour empêcher la proclamation de la loi martiale. Cette pièce existait au greffe du tribunal du sixième arrondissement, devant lequel furent traduits les pétitionnaires qu'on avait pu saisir. L'expédition qu'en produisit Naulin, faisant les fonctions d'accusateur public dans le procès de Bailly, est probablement la seule trace qui en reste. Les débats de ce procès renferment encore des renseignemens précieux sur un grand nombre de faits que nous avons rapportés à leur date, tels que le projet de voyage à Saint-Cloud, la fuite à Varennes, etc. — Dans la critique que nous avons faite (XIe volume de notre histoire) des divers récits contemporains de la journée du 17 juillet, nous avons constaté que celle du journal de Prudhomme était de beaucoup la plus exacte. Une note du *Bulletin du tribunal révolutionnaire* ajoute une dernière cause à toutes les raisons que nous avons données de cette exactitude ; l'article était de Chaumette, témoin oculaire de ce qui s'était passé.

PROCÈS DE BAILLY. — *Audience du 10 novembre (20 brumaire).*
— *Acte d'accusation.* — « Antoine-Quentin Fouquier, accusateur public près le tribunal criminel révolutionnaire, etc.,

» Expose qu'en vertu du mandat d'arrêt par lui décerné le quatrième jour de la deuxième décade de brumaire, de l'an II de la République française une et indivisible, il aurait fait extraire de la maison d'arrêt de la Force, et traduire en celle de la Conciergerie, le nommé Jean-Silvain Bailly, ex-maire de la municipalité de Paris, arrêté par mesure de sûreté générale dans l'étendue du district de Melun, et contre lequel diverses pièces avaient été remises à l'accusateur public dès le 25 vendémiaire dernier ;

» Que dès le même jour, 14 du présent mois, ledit Bailly a été interrogé par l'un des juges du tribunal ;

» Que de l'examen des pièces, il résulte qu'abusant de la confiance du peuple, Bailly, de concert avec La Fayette, a employé tous les moyens qui étaient en sa puissance pour favoriser l'évasion de Capet, de la femme et de la famille du tyran ; qu'il paraît même qu'il se proposait de le suivre ou de se soustraire par la fuite, si le projet manquait, d'après les préparatifs qui se sont faits dans l'intérieur de sa maison à cette époque ;

» Que Capet, arrêté à Varennes, ayant été ramené à Paris, l'assemblée constituante, de laquelle Bailly était membre, ayant laissé prévoir la mollesse et la partialité qu'elle se proposait de mettre dans son jugement ; que le peuple *et surtout ceux qui voulaient la liberté générale, qui ne voulaient pas, qu'une portion, connue sous le nom de bourgeoisie, s'emparât du crédit des deux ordres anéantis; qui désiraient enfin que la masse générale participât aux avantages de la Révolution qu'elle avait faite* (1), manifesta hautement son opinion sur cet événement important ; que Bailly, servilement vendu au tyran, n'a pas rougi d'employer les moyens les plus odieux pour étouffer la voix des patriotes qu'il traitait hautement, et à l'assemblée et à la municipalité, d'anarchistes et de rebelles aux lois : secondant de tous ses efforts le traître La Fayette, il servait, ainsi que lui, le complot perfide ourdi aux Tuileries contre la liberté et la souveraineté du peuple ;

» Que plusieurs citoyens ayant, conformément à la loi, dont Bailly avait toujours le nom à la bouche, déclaré à la municipalité qu'ils entendaient s'assembler au Champ-de-Mars pour y rédiger une pétition à présenter à l'assemblée nationale, celui-ci feignit d'ignorer cette déclaration légale, et au mépris d'icelle osa mettre en vigueur l'odieuse loi martiale contre ce même peuple, qui l'avait investi de sa confiance et porté à la première législature ;

« Que, pour parvenir à son but, qui était d'armer les citoyens les uns contre les autres, et de profiter de son ascendant, ainsi que de celui de son complice La Fayette, sur une portion des habitans de Paris, pour faire massacrer les patriotes qui oseraient dire la vérité sur le compte du tyran, il se permit les plus odieuses manœuvres ;

(1) Le *Moniteur*, qui ne renferme que l'acte d'accusation et le jugement de Bailly (n° du 14 novembre - 24 brumaire), a retranché de l'acte d'accusation toute la portion que nous avons mise en italique, et beaucoup modifié le reste Nous faisons cette remarque, parce qu'à la manière dont le *Moniteur* présente ces pièces on pourrait les croire entières. *(Note des auteurs.)*

» Qu'il supposa, entre autres choses, qu'il venait d'éclater une émeute violente au Champ-de-Mars, et ce contre l'attestation de trois officiers municipaux envoyés sur les lieux en qualité de commissaires, et dont le procès-verbal établit sans réplique la fausseté des assertions alléguées par Bailly; qu'il fit décider alors, contre la réclamation des commissaires *et de quelques membres de la commune*, la proclamation de la loi martiale, et qu'il se mit à la tête de la municipalité et d'une force armée considérable, *dont partie avait été enivrée à* DESSEIN (1), pour aller jouir du plaisir barbare de faire égorger ses frères;

» Que ce qui prouve la scélératesse de sa conduite, et statue qu'elle était la suite d'un complot, c'est que, loin de se conformer à la loi qui exige trois proclamations avant d'en venir à l'extrême rigueur, il n'en a été fait aucune, à moins que Bailly ne veuille compter celle qu'il a fait faire sur la place de la Maison-Commune, et que tout porte à croire n'avoir été que le signal aux malveillans et aux affidés pour se rendre au Champ-de-Mars, y provoquer la force armée par des injures, des menaces et quelques pierres, dans le desseins sans doute de couvrir l'action infâme d'avoir fait feu avant les trois proclamations prescrites par la loi;

» Que ce qui convertit ce soupçon en certitude, c'est qu'il paraît constant qu'au lieu de diriger le feu sur les assaillans placés sur les banquettes ou gradins environnans le Champ-de-Mars, l'on a tiré sur les citoyens paisibles et sans armes, étant sur les gradins ou bien à l'entour de l'autel de la Patrie, qui avaient à peine vu arriver la municipalité et sa force armée, qui n'ont été avertis qu'en recevant la mort, et que l'on a inhumainement massacrés, soit avant qu'ils pussent se croire punissables, soit qu'ils cherchassent à échapper par la fuite à la fureur de leur premier magistrat, du commandant Lafayette, des deux hommes enfin qui ont quitté l'honorable fonction de défenseurs des citoyens, pour en devenir les bourreaux;

(1) Les mots mis en italique ne sont pas dans le *Moniteur*. (*Note des auteurs.*)

» Qu'une nouvelle preuve matérielle de la perfidie, de la profonde scélératesse de Bailly, résulte du soin qu'il avait mis à rendre le signal de la mort le moins apparent possible; que l'on ne peut, sans frémir d'horreur et d'indignation, voir l'espèce de luxe apporté dans la fabrication du funeste drapeau, dont nul homme ne pouvait se charger sans trembler; considérer surtout le petit volume auquel on l'avait réduit, lorsque l'humanité commandait qu'il fût assez grand pour être aperçu bien au-delà de l'espace que peut parcourir le plomb meurtrier;

» Qu'il résulte encore de l'examen des pièces d'autres preuves de l'impopularité de Bailly, et de sa soif du sang du peuple, dont on ne peut douter, en examinant sa conduite envers les membres du comité de la section de la Fontaine-de-Grenelle; lors de l'affaire des Théatins, on entendit, lui maire, lors de l'observation des commissaires de cette section, sur ce que l'exécution de sa volonté à force ouverte aurait peut-être fait périr cinq cents hommes, répondre: *C'est un malheur, mais il faut obéir.*

» D'après l'exposé ci-dessus, l'accusateur public a dressé la présente accusation contre Jean-Sylvain Bailly, ex-maire de la municipalité de Paris, pour avoir méchamment et à dessein, et de complicité avec Louis Capet, Marie-Antoinette et Mottié La Fayette, tramé la fuite de Capet et sa famille; ce qui tendait à allumer la guerre civile en France; avoir, de complicité avec les mêmes, tramé des complots contre la sûreté intérieure de la France et cherché à allumer la guerre civile et à armer les citoyens les uns contre les autres, notamment lors de l'affaire des Théatins, et plus particulièrement lors de l'affaire du Champ-de-Mars, où il a fait massacrer un nombre incalculable de citoyens, en supposant faussement une émeute, un rassemblement contraire à la loi rigoureusement observée par les pétitionnaires, et en violant au contraire, de sa part, les dispositions impérieuses de celles dont il voulait voiler son crime, ce qui est contraire aux dispositions de l'article II du titre premier de la seconde partie du Code pénal, et encore aux dispositions de l'article V du titre premier de la cinquième section du même code, même partie.

» En conséquence, l'accusateur public requiert qu'il lui soit donné acte par le tribunal assemblé de la présente accusation; qu'il soit ordonné qu'à sa diligence, et par un huissier du tribunal, Jean-Sylvain Bailly, détenu à la Conciergerie, soit écroué sur les registres de ladite maison de justice; comme aussi que l'ordonnance à intervenir sera notifiée à la municipalité de Paris.

» Fait au cabinet de l'accusateur public, le 14 brumaire, l'an deuxième de la République française une et indivisible.

» L'on procède à l'audition des témoins; plusieurs déposent des faits relatifs à l'arrestation faite à l'époque du massacre de Nancy, de l'arrestation arbitraire faite de concert avec Lafayette et l'accusé et la ci-devant cour; des huit soldats députés par leurs camarades, composant alors le régiment appelé du ci-devant roi, à l'effet de reclamer l'apurement des comptes du ci-devant duc de Châtelet, inspecteur et administrateur dudit régiment.

» L'accusé répond que si ces soldats ont été arrêtés, ce n'a point été de son fait, mais bien d'après les ordres du commandant-général Lafayette.

» Pierre Dubois, membre du directoire du département de Paris, dépose que, dans le courant de la malheureuse journée du 17 juillet 1791, s'étant transporté près de l'hôtel des Invalides, et là, ayant rencontré le nommé Régnier, celui-ci lui demanda s'il connaissait Vaucher, horloger et membre de l'état-major; lui ajoutant qu'il était depuis le matin sous les arbres avec sa compagnie et ses canons; lui, deposant, ayant demandé ce qu'il faisait là, et quelles pouvaient être ses intentions, Régnier lui répondit qu'il était instruit que c'était pour tirer sur le peuple, qui devait se rendre au Champ de la Fédération pour signer la pétition. A quoi lui témoin observa, avec émotion, à Régnier : « Mais comment, tirer sur le peuple ? mais il est tranquille ! — C'est tout de même, répondit Régnier; je sais qui en a l'ordre. Étant entré chez une de ses parentes qui demeure près de là, lui déposant, vers les six heures et demie du soir, fut instruit que le drapeau rouge arrivait; il se mit à la fenêtre et vit, peu de temps après, passer le cortége fatal, lequel n'avait point cette marche imposante que doit avoir la force armée d'un peuple libre; les yeux étaient hagards, étincelans, et l'on marchait au pas de charge; lui déposant observe à cet égard que, se trouvant troublé en ce moment par la circonstance, il n'a pu, dans le désordre où l'on marchait, fixer individuellement ni l'accusé, ni aucun des municipaux; dix minutes après il entendit deux décharges, et vit, peu de temps après, passer sur des échelles et brancards différens blessés.

» *Le président à l'accusé.* Qu'avez-vous à répondre à la déposition du témoin?

» R. J'ai à dire que je connais très-bien le citoyen Régnier dont vient de parler le témoin ; mais que je ne connais pas Vaucher; je désirerais que ce dernier fût entendu, afin de savoir qui lui avait donné les ordres de tirer sur le peuple.

» *Le président.* Il ne peut être entendu, car il n'est plus sur le territoire de la République.

» *L'accusé.* Je n'ai été au Champ-de-Mars que d'après les ordres de l'assemblée constituante, qui, dans le jour et même avant, avait fait des reproches au conseil général de ne pas surveiller avec assez de soin les mouvemens des agens des puissances étrangères, que l'on disait abonder dans Paris : ce jour-là le corps municipal était assemblé depuis huit heures du matin; et ce fut sur les nouvelles qui se succédaient, et qui toutes étaient plus alarmantes d'heure en heure, qu'il prit l'arrêté de marcher avec la force armée au Champ-de-Mars; j'observe, d'ailleurs, que je n'avais au conseil général, ainsi qu'au corps municipal, que ma voix; il fallait que j'obéisse au vœu de la majorité.

» Quelle a été votre opinion individuelle lorsque le projet d'arrêté a été mis en discussion?

» R. Qu'il fallait obéir à l'assemblée nationale, marcher vers ceux qui, disait-on, allaient exciter la guerre civile dans Paris.

» Quelle pouvait être la raison qui vous a engagé à voter pour que l'on se rendît au Champ de la Fédération?

» R. J'ignorais absolument ce qui s'y passait ; j'étais seulement instruit qu'il y existait un rassemblement d'hommes et de femmes inconnus, disait-on, à la ville de Paris, et que l'on ajoutait même qu'il y en avait une grande partie qui étaient soldés par les cours étrangères, pour exciter un soulèvement; j'ai donc été d'avis, avec la majorité du conseil, qu'il fallait s'y transporter avant la nuit, qui alors approchait; qu'il a encore été d'autant plus déterminé à suivre ce parti, que personne n'ignore que c'est au maire de Paris à qui la loi commande impérativement de dissiper ces sortes de rassemblemens.

» N'est-il pas venu à la Maison-Commune, avec les commissaires qui avaient été chargés, de la part de la municipalité, d'aller examiner l'état de ce rassemblement, des citoyens qui vous ont rendu compte de l'état des choses ; et d'après le témoignage avantageux qu'ils vous rendaient des citoyens rassemblés, qui se trouvaient être les meilleurs patriotes, ne leur aviez-vous pas répondu que l'arrêté était pris, et qu'il aurait son exécution?

» R. Je ne me rappelle pas avoir fait une pareille réponse.

» Avez-vous eu connaissance que ces citoyens avaient fait, conformément à la loi, leur déclaration, à l'avance, au parquet de la commune, entre les mains de Desmousseaux ?

» R. Je crois effectivement, autant que je peux m'en rappeler, que Desmousseaux m'en parla le jour même ou le lendemain.

» Avez-vous eu connaissance du rapport des commissaires qui arrivaient du Champ de la Fédération ?

» R. Les époques sont déjà éloignées, et j'avoue que je crois n'en avoir eu connaissance que le lendemain.

» S'il est vrai que vous avez eu connaissance que la déclaration de ce rassemblement avait été faite à l'avance ; qu'il n'était composé que des meilleurs patriotes, qu'ils y étaient sans armes; s'il est vrai que vous avez eu connaissance du rapport des commissaires, vous avouerez que vous n'aviez guère d'occasion de déployer le drapeau rouge?

» R. Il fallait bien obéir à l'assemblée nationale.

» Vous auriez dû, au contraire, vous transporter auprès de l'assemblée constituante, pour lui rendre compte que c'étaient des citoyens paisibles qui y étaient, et qu'ils avaient obéi à la loi en faisant une déclaration formelle à la municipalité.

» R. Je n'y pas été; mais personne n'ignore ce que j'ai fait pour le peuple dans les journées des 17 et 20 juin 1789.

» C'était une raison de plus pour ne pas discontinuer à servir la cause du peuple; vous qu'il avait élu son premier magistrat, vous ne deviez pas ignorer que toutes les fois qu'il se rassemble, c'est pour délibérer sur ses intérêts les plus chers.

» J'étais très-embarrassé dans ce moment-là, attendu surtout le massacre des deux hommes arrivé le matin.

» Avez-vous eu connaissance qu'il existait alors un complot pour massacrer les patriotes?

» R. Je n'en ai pas eu connaissance; mais l'expérience m'a donné lieu depuis de penser qu'il en existait un à cette époque.

» Vous ne deviez pas ignorer la cause du rassemblement, puisqu'il existait depuis trois jours?

» R. Je peux affirmer que je l'ignorais absolument.

» N'avez-vous pas eu une conférence avec Lafayette dans la matinée de ce même jour 17 juillet?

» R. Non.

» Est-ce vous qui avez donné les ordres pour le rassemblement des troupes?

» R. Non.

» Vous ne deviez pas ignorer que les troupes chargeaient leurs fusils, sur la place de Grève, avant de partir, avec un air de satisfaction?

» R. Ce sont des faits qui se savent le lendemain, mais non le jour.

» Vous avez dit et écrit que l'autel de la Patrie avait été évacué avant que les troupes y fussent arrivées ; cela est faux, le complot était si bien formé, que les troupes sont entrées par toutes les issues à la fois ; ce qui empêcha les citoyens de pouvoir fuir ; ceux qui se retirèrent du côté de la rivière furent poursuivis par la cavalerie, et il y en eut un grand nombre de tués, de noyés ; il est aussi prouvé que le particulier qui a tiré le coup de pistolet était un affidé de La Fayette.

« R. Je n'ai aucune connaissance d'une partie de ces faits.

» *L'accusateur public*. L'accusé a dit tout à l'heure, pour sa défense, qu'il fallait bien obéir à l'assemblée nationale ; mais j'observe que la lettre de Treilhard, président, en date dudit jour 17 juillet, par laquelle l'assemblée invite la municipalité à prendre les informations nécessaires sur les causes du rassemblement, et sur les noms des chefs, n'était qu'une mesure de police qu'elle indiquait devoir être suivie, et qu'il n'y avait pas l'ordre de déployer le drapeau rouge et faire tirer sur les citoyens ; d'ailleurs citoyens jurés, je vais vous donner lecture de cette lettre, ainsi que du rapport fait le même jour par les commissaires de la municipalité, qui revenaient du Champ de la Fédération ; et certainement l'accusé ne dira pas qu'il n'en a pas eu connaissance.

» La deuxième de ces pièces a été envoyée à l'accusateur public par arrêté du conseil-général de la Commune du vingt-troisième jour du premier mois de l'an second de la République française une et indivisible.

Lettre de Treilhard.

Paris, 17 juillet 1791.

» Le bruit s'étant répandu, monsieur, que les ennemis du
» bien public, dont l'audace augmente chaque jour, fomentaient
» sans cesse de nouveaux troubles, et qu'au Champ-de-Mars des
» excès coupables avaient été la suite de leurs perfides sugges-
» tions, l'assemblée nationale m'a chargé de vous en prévenir,
» afin que vous prissiez, sans délai, les mesures les plus sûres

« et les plus vigoureuses pour arrêter ces désordres et en con-
» naître les auteurs. Je ne doute pas que vous ne vous empressiez
» de vous conformer aux intentions de l'assemblée, et de l'in-
» struire exactement du résultat de vos recherches et de vos
» précautions pour le rétablissement de l'ordre et de la tranquil-
» lité publique. Je suis, etc. *Signé*, TREILHARD, ex-président,
» tenant la séance. »

Déclaration à la municipalité par les pétitionnaires du Champ-de-Mars. — Municipalité de Paris. — Procureur de la Commune.

« J'ai reçu une notification de plusieurs citoyens qui désirent se rassembler au Champ-de-Mars, sans armes, pour y rédiger et signer une pétition.

» Cette notification est signée de MM. Terrasson, Damas, Julien, Billaud-de-Varennes, Fréron, Chépi fils, Camille Desmoulins, Maubach, Gerbac et Marchand.

» Au parquet, ce 16 juillet 1791. *Signé*, DESMOUSSEAUX.

» Au dos est écrit : Je certifie que le présent certificat a été délivré le 16 juillet dernier sur les onze heures à midi, et que la signature y apposée est celle de M. Desmousseaux. A Paris, ce premier septembre 1791. *Signé* JULIAN.

» *Procès-verbal des citoyens Leroux, Hardy et Regnault, commissaires de la municipalité.*

Du 17 juillet 1791.

» Les commissaires rendent compte de ce qui s'est passé au Gros-Caillou. Ils déclarent que, voulant se porter au Champ-de-Mars, pour s'assurer de l'état dans lequel était l'autel de la Patrie, ils en furent empêchés par le commissaire de police de la section, qui venait de faire cette visite. Ils dirent qu'ils allaient revenir à la Maison-Commune après s'être assurés, par des soldats envoyés au Champ-de-Mars, que tout y était tranquille, lorsqu'on vint les avertir qu'un aide-de-camp du général et un cavalier avaient été menacés et maltraités ; qu'ils y volèrent à l'instant ; qu'a l'entrée ils y trouvèrent des groupes, mais sans foule décidée ; qu'un d'eux monta à cheval, et publia les arrêtés du corps municipal et du conseil-général ; qu'il y a eu des propos contre la cavalerie et les soldats de Bonne-Nouvelle, qui reçurent des coups de pierre. Ici je ne me permets plus d'extraire, et je copie le procès-verbal.

» Nous nous préparions, disent les commissaires, à ordonner à M. le commandant-général de donner les ordres les plus sévères à la garde nationale, lorsqu'on nous annonça une députation des citoyens composant le club des Cordeliers, rassemblés sur l'autel de la Patrie.

» A la tête de la députation, était un chevalier de Saint-Louis, qui portait la parole. M. Leroux lui lut les arrêts dont nous étions porteurs ; il nous assura que les membres du club étaient assemblés paisiblement et sans armes, aux termes de la loi ; qu'ils avaient donné avis hier de leur intention à la municipalité, et qu'ils avaient reçu reconnaissance de leur avis ; qu'ils venaient de faire une pétition à l'assemblée nationale, et ne demandaient que le temps de la signer pour se retirer ensuite. Les députés nous ont engagés à les accompagner sur l'autel de la Patrie ; nous avons cédé à leurs instances ; ils nous ont accompagnés, en nous témoignant tous les égards imaginables, et ne nous ont donné que des marques de soumission à la loi et à ses organes. Nous sommes montés avec eux sur l'autel de la Patrie ; ils nous ont demandé la liberté d'un particulier arrêté, nous ont-ils dit, la nuit dernière, et de deux particuliers que l'on venait d'arrêter à l'entrée du Champ de la Fédération ; nous leur avons observé que nous n'étions pas juges ; que les hommes arrêtés étaient sous la garde de la loi, et qu'ils ne dépendaient plus de nous. Ils offrirent d'envoyer une députation au corps municipal, ce que nous acceptons, en prenant d'eux la parole qu'ils se sépareraient à mesure qu'ils auraient signé leur pétition ; et nous, nous promîmes d'attendre leur députation pour la conduire nous-mêmes au corps municipal. Nous nous retirâmes chez M. Larive, avec

M. La Fayette; de chez M. Larive, nous envoyâmes une seconde lettre à la Maison-Commune, qui donnait avis de l'incident qui nous retenait plus long-temps que nous n'avions pensé, et que nous nous rendrions au corps municipal aussitôt que nous serions libres. La pluie survint ; une personne, qu'on nous a dit être attachée à la municipalité, est arrivée avec un carrosse de place ; nous en avons profité pour nous rendre au Champ de la Fédération ; nous y avons été accueillis avec le même empressement et les mêmes égards ; la députation a été nommée, elle est revenue avec nous à l'Hôtel-de-Ville. Nous observerons que quand nous sommes retournés à l'autel de la Patrie, le nombre de citoyens qui l'occupait, était de beaucoup augmenté. Dans toutes nos démarches, nous nous sommes concertés avec le général, qui a, en tout, applaudi à nos mesures de douceur, et a constamment donné des ordres en conséquence.

» Quelle a été notre surprise, en arrivant sur la place de l'Hôtel-de-Ville, d'apprendre qu'on y proclamait la loi martiale! M. le Roux était resté sur la place ; il a prié deux officiers municipaux de suspendre la proclamation jusqu'à ce qu'ils aient été entendus au corps municipal : comme il entrait dans la salle du conseil, M. Hardy achevait son récit ; un membre demanda la parole ensuite ; lorsque M. le Roux voulut la prendre, on lui représenta que l'arrêté était pris; il observa que la malheureuse affaire qui avait fini par l'assassinat de deux hommes était tout-à-fait distincte de celle du rassemblement des citoyens du club des Cordeliers, qui n'avaient en rien, à leurs yeux, manqué à la loi ; il demanda que les députés fussent entendus ; on sortit du conseil; il pria ses collègues de rentrer dans la salle ; il acheva le récit qu'il avait commencé ; il fit remarquer que les députés qui avaient sa parole, et celle de ses collègues, les regarderaient comme des traîtres et des gens sans foi ; le drapeau rouge était déployé, la loi était proclamée dans la place, le corps municipal leva la séance, et alla achever la proclamation dans le reste de la ville.

» Tel est le récit fidèle de ce que nous avons fait. Nous demandons que le corps municipal veuille bien prendre un arrêté qui constate que celui qui avait été pris relativement à la loi martiale est antérieur à notre retour. Signé J. J. le Roux. J. J. Hardy et Regnault.

» Pour copie conforme à l'original déposé au greffe du tribunal du sixième arrondissement du département de Paris : Le Breton, greffier dudit tribunal.

» *L'accusé.* Il se peut que ce rapport ait été fait ; ce qu'il y a de sûr, c'est que le second arrêté qui maintenait le premier aura été pris à la pluralité des voix.

» On entend un autre témoin.

» Anaxagoras Chaumette, homme de lettres et procureur de la commune de Paris, dépose qu'il est à sa connaissance que le 16 juillet 1791, le club des Cordeliers, dont il était membre, prit un arrêté par lequel on décida d'avertir la municipalité que l'on se rassemblerait le lendemain au Champ de la Fédération. (Ici le témoin entre dans les détails de ce qui s'est passé pendant le cours de cette malheureuse journée : ce sont les mêmes faits que ceux par lui publiés quelques jours après ce malheureux événement, dans un journal connu, à la rédaction duquel il travaillait alors). Il ajoute que ce qui prouve que l'on avait égaré la garde nationale sur le compte du peuple, c'est que, revenant du Champ de la Fédération, lui déposant rencontra un grenadier du bataillon de l'Abbaye, qui l'ayant reconnu, lui dit : Quoi, tu es ici, ce ne sont donc pas les brigands ? Par sa réponse négative le grenadier instruisit les camarades, qui n'ont pas ensuite brûlé seulement une amorce. Le témoin observe en outre qu'il sait que l'accusé était très-lié avec La Fayette et que Cahier de Gerville s'était opposé à la mesure de rigueur, dont l'exécution fut pressée par Bailly avec opiniâtreté. Il termine par déposer de la déclaration du jeune Capet, qui a dit à différentes époques, au maire et à lui déposant, que l'accusé et La Fayette avaient favorisé la fuite de son père lors du voyage de Varennes.

» *Le président à l'accusé.* Avez-vous quelques observations à faire sur la déposition du témoin ?

» J'ai à dire que la veille du départ du ci-devant roi, ayant été instruit qu'il y avait un projet d'évasion de la famille dite alors royale, je mandai le commandant général; il vint chez moi; je lui fis part des bruits qui couraient; il me dit qu'il y allait avoir l'œil. Je fis plus; je fis assembler chez moi Canuel, Dacier et Hardy, officiers municipaux, afin de me consulter avec eux en cas d'événemens; j'étais attaqué d'une esquinancie, et ne sortis point de chez moi de la nuit, ainsi que je peux le prouver par l'audition de plusieurs témoins qui seraient entendus en faits justificatifs; j'observe en outre que Cochon-Lapparent, qui était membre du comité des recherches, vint également chez moi dans la nuit.

» Avez-vous connaissance que dans la nuit du 17 au 18 juillet il y ait eu un rassemblement de troupes dans les fossés de l'Arsenal, à l'effet de tomber sur les patriotes, s'ils s'étaient présentés sur les ruines de la Bastille après le massacre que vous veniez de faire exécuter au Champ de la Fédération?

» R. Je n'ai aucune connaissance de ce fait, attendu que ce n'est pas toujours le maire qui donne les ordres.

» Avez-vous connaissance que pendant la nuit du 17 au 18 juillet on fusillait, dans les rues de Paris, les citoyens?

» Non, et je ne crois pas même que cela fût.

» *Un juré.* Il y a eu un citoyen de tué le lendemain, dans la cour du Palais.

» Avez-vous connaissance qu'un citoyen (Provant, lieutenant des canonniers du bataillon de Saint-Nicolas, et membre du club des Cordeliers), ne pouvant survivre à la liberté, s'est tué de désespoir?

» R. Non.

» N'avez-vous pas eu, dans la matinée du lendemain, 18 juillet, une entrevue avec les Lameth, Regnaut de Saint-Jean d'Angely et Bernard?

» Non, ou, pour mieux dire, je ne me rappelle pas les avoir vus ce jour-là.

» Avez-vous eu souvent des relations avec les Lameth, Barnave et Mirabeau?

» R. Celle de se voir comme étant mes collègues à l'assemblée nationale.

» Mais ils étaient, comme vous, membres du fameux club de 1789?

» R. J'ai déjà répondu à cette question, lorsque j'ai paru comme témoin dans le procès de la ci-devant reine.

» N'étiez-vous pas dans l'intention, lors du prétendu voyage de Saint-Cloud, de concert avec La Fayette, de déployer le drapeau rouge pour faire passer le char du tyran sur les corps des meilleurs patriotes, et favoriser sa fuite, dont ce prétendu voyage n'était que le prétexte?

» R. Non, je voulais seulement détruire le bruit qui courait dans toute l'Europe que la sanction que le roi donnait aux décrets émanés de l'assemblée nationale était forcée, parce qu'il n'était pas libre ; tout le monde sait que toutes les cours étrangères, à cette époque, regardaient le ci-devant roi comme prisonnier, ainsi que sa famille, au château des Tuileries ; et je pensai, moi, qu'il était de la gloire du peuple que ce bruit fût détruit; voilà quels ont été mes motifs.

» On entend un autre témoin.

» Louis-Marie Lullier, procureur-général syndic du département, dépose, que le jour d'exécrable mémoire, il dînait dans la ci-devant rue de Bourbon ; on lui vint dire qu'il arrivait une colonne du peuple qui précédait le drapeau rouge; étant descendu, il vit passer la municipalité; il remarqua l'accusé, qui avait un air calme et tranquille, comme s'il avait été à une fête ; lui déposant courut sur le champ aux Jacobins, raconter ce qu'il venait de voir ; ceux-ci l'envoyèrent, avec un autre citoyen, en députation pour observer quels seraient les résultats de cet appareil militaire déployé contre des citoyens paisibles et sans armes : arrivé près de la Pompe à Feu, ils trouvèrent un citoyen qui les avertit de ne pas aller plus loin ; effectivement, à peine eurent-ils fait quelques pas, qu'ils virent venir la force armée qui poursuivait de toutes parts les citoyens; ils entrèrent dans un marais : à peine y étaient-ils, qu'ils virent venir des cavaliers tirant des coups de pistolet ; le vieux citoyen qui les avait avertis étant tombé dans un fossé, ils s'empressèrent d'abord de lui donner tous les soins possibles; mais forcés bientôt de pourvoir à leur propre sûreté, ils furent forcés de l'abandonner et de se retirer plus loin; ils virent passer sur des civières plusieurs citoyens tués, entre autres un jeune homme de dix-sept ans; que lui déposant, ayant vu revenir une colonne de gardes nationaux, il s'approcha et longea avec elle jusqu'auprès du pont appelé alors de Louis XVI ; il entendit une partie de cette force armée tenir des propos qui prouvaient qu'ils étaient des esclaves vendus, et que le massacre qui venait d'être exécuté était le résultat d'un complot qui avait été médité.

» *Le président à l'accusé*. Avez-vous quelques observations à faire sur la déposition du témoin?

» R. Je dirai que je n'avais pas ce jour-là cet air calme dont parle le citoyen qui vient d'être entendu ; j'étais au contraire très-agité.

» *Le témoin*. J'observe que l'accusé avait un air radieux, l'air d'un homme qui triomphe du peuple.

» *Un juré*. Il paraît, selon ce que dit l'accusé, que ce jour-là le maire de Paris n'était qu'un être de représentation.

» *Le président*. Pourquoi, dans le rapport que vous fîtes le lendemain à l'assemblée nationale, vous êtes-vous servi du mot *factieux?*

» *L'accusé*. On s'est servi des mêmes termes que l'assemblée avait employés.

» Un autre témoin est entendu.

» Jacques Collin déclare n'avoir aucune connaissance des faits portés en l'acte d'accusation, sinon qu'il a été chargé d'apporter le drapeau rouge trouvé dans la maison commune, avec son étui; drapeau dont est question au procès.

» *L'accusateur public*. Huissiers, représentez ce drapeau à l'accusé, et demandez-lui s'il le reconnaît.

» Représentation faite dudit drapeau.

» *L'accusé.* Je crois le reconnaître, autant que je peux m'en rappeler, pour avoir été fait par les ordres du conseil général.

» *L'accusateur public.* Vous étiez donc un être nul dans le conseil, tout s'y faisait sans que vous en ayez connaissance? quel était l'usage auquel on destinait ce drapeau?

» R. Je crois que l'usage que l'on voulait en faire était, en cas d'événemens dans quelque endroit de Paris, d'y envoyer un officier municipal avec ce petit drapeau qu'il aurait mis dans sa poche, et qu'il aurait ensuite déployé à son arrivée, pour dissiper les attroupemens.

» Lorsque La Fayette fit semblant de donner sa démission, ce qui n'était qu'une comédie concertée entre lui et vous, quelle conduite avez-vous tenue?

» R. Je pensais alors comme beaucoup de citoyens de Paris, sur le compte du commandant-général, lorsque je le vis donner sa démission; je croyais utile au peuple qu'il restât à son poste, et je fis tout ce qui dépendait de moi pour l'engager à y rester.

» On continue l'audition des témoins.

» Pierre-André Coffinhal, juge du tribunal révolutionnaire, dépose des faits antérieurs à l'affaire du massacre du 17, dans lesquels il reproche à l'accusé des abus de pouvoir, et d'avoir été constamment le complice de La Fayette et de la ci-devant cour, notamment lors des malheureuses affaires de La Chapelle; de Vincennes, du prétendu voyage de Saint-Cloud, etc., etc. Quelques jours avant le massacre, il fut averti par un citoyen, dont il ne se rappelle pas le nom en ce moment, qu'il devait y avoir du grabuge pour le 17, et qu'il fallait surveiller Bailly. Le 17 au matin, s'étant rendu à la Commune, il y vit beaucoup d'agitation dans les esprits, un grand nombre de membres du conseil chuchotaient entre eux et se parlaient bas; il sortit, et y retourna l'après-midi. La fermentation y était à son comble; il entendit une foule d'hommes à face sinistre crier, dans les couloirs, que ceux qui étaient au Champs-de-Mars étaient des *brigands, des scélérats.* Etant parvenu près de la salle des séances, il entendit que l'on discutait sur les pétitionnaires du Champ de la Fédération. Les opinions étaient partagées : les uns voulaient, et c'étaient les bons citoyens, que l'on attendît le retour des commissaires qui y avaient été envoyés, avant de rien statuer; d'autres, ceux du parti de la cour, voulaient qu'on y marchât sur le champ avec le drapeau rouge et la force armée; ils motivaient leurs opinions en disant : *Entendez-vous le vœu du peuple* (parlant de ceux qui étaient dans les couloirs), *qui vous demande justice des scélérats qui sont rassemblés au Champ-de-Mars, de ces brigands qui veulent allumer la guerre civile dans Paris, et y exciter la contre-révolution, et piller ensuite les propriétés* (et ceux des couloirs de crier : *C'est vrai, c'est vrai !*)? puis un autre orateur, reprenant la parole, dire avec véhémence : *Il vous accompagnera ce peuple, et ne souffrira pas impunément qu'on lui ravisse le plus précieux des biens, la liberté; si vous craignez qu'il y ait du danger, eh bien! ce bon peuple le partagera avec vous* (et ceux des couloirs de répondre en chorus : Oui, oui)!

» Le déposant étant descendu sur la place de la Maison-Commune, après s'être promené dans les rangs de la force armée pendant environ trois minutes, il vit descendre une foule immense, dans laquelle il reconnut un grand nombre d'individus qu'il savait attachés à l'état-major de l'armée parisienne, et servir La Fayette en qualité d'espions, se répandant tous les jours dans les groupes pour y semer du trouble, et ensuite arrêter ceux qui disaient du mal de leurs dignes chefs ou de l'accusé. Il vit aussi descendre la municipalité, et de suite faire les dispositions nécessaires pour publier la loi martiale; il part pour le Champ de la Fédération, afin d'avertir les patriotes de ce qui se passait; ceux-ci ne peuvent croire un pareil trait de perfidie; ils représentent à lui déposant qu'ils sont rassemblés au terme de la loi, qu'ils ont fait la déclaration la veille à la municipalité; il retourne sur ses pas, et voit arriver les mêmes hommes qu'il avait vus et entendus dans les couloirs et sur la place de la Maison-Commune; il les vit se placer sur les glacis dominant le côté par où est arrivée la force armée et la municipalité, au milieu des citoyens qui y étaient ; peu de minutes après, arriva la force armée, qui précédait la force civile ; sitôt que la première fut parvenue près des glacis, on jeta sur elle des pierres ; elle y répondit par une décharge en l'air qui ne blessa personne, et doubla le pas pour arriver à l'autel de la Patrie ; plusieurs décharges se firent entendre successivement ; en peu de minutes il vit passer une foule immense de citoyens et citoyennes, lesquels annonçaient que l'on massacrait les citoyens qui étaient sur l'autel de la Patrie. L'épouvante glaça les cœurs, qui fut encore augmentée lorsque l'on vit passer d'autres citoyens blessés qui s'arrachaient les cheveux de douleur d'avoir vu tomber à côté leurs parens, leurs amis ; mais ce fut bien pis, lorsqu'un instant après on vit venir, à course de chevaux, la cavalerie poursuivant les citoyens qui fuyaient, et les hachant à coups de sabre ; lui déposant se cacha, avec un autre citoyen, dans un marais, derrière un puits ; là, il vit tuer près de lui plusieurs femmes, et eut le bonheur de ne pas être vu (attendu qu'il était déjà pour ainsi dire nuit) ; voyant que la force armée s'en retournait, il prit le parti de revenir en ville avec elle ; s'étant placé près des rangs, il entendit les coupe-jarrets dire : « La Fayette est tué, mais nous ferons tomber autant de têtes qu'il avait de cheveux. » De retour dans sa section, il entendit dire aux uns : Moi, j'en ai tué deux ; d'autres : et moi trois ; et aujourd'hui, observe le déposant, ils ne veulent avoir tué personne. Il ajoute que s'étant transporté, dans la nuit, entre minuit et une heure, au Champ de la Fédération, avec le capitaine Ferrat, de sa section, ils ont compté 54 morts; et il est à remarquer que tous ceux qui avaient été tués du côté de la rivière avaient disparu.

Le président à l'accusé. Qu'avez-vous à répondre sur la déposition du témoin ?

R. J'ai à dire que c'est à tort que le témoin dépose que j'étais le complice de La Fayette ; je n'ai jamais eu d'autres liaisons avec lui que celles nécessitées par la correspondance que le maire doit avoir avec le commandant-général pour le service public. (Ici l'accusé entre dans les détails des affaires de La Chapelle, de Vincennes, et du prétendu voyage de Saint-Cloud ; il termine par dire que dans toutes il a agi avec cette bonne foi et cette sincérité qui doivent caractériser le premier magistrat du peuple.)

» Ces derniers mots excitèrent un mouvement d'indignation dans l'auditoire.

» *Le président.* Pourquoi, en votre qualité de premier magistrat du peuple, avez-vous souffert que La Fayette entretînt sur le pavé de Paris des mouchards à ses ordres?

» R. Je lui en ai parlé plusieurs fois ; il m'a dit que c'était une calomnie.

» Lors de l'affaire du Champ de la Fédération, était-ce vous qui portiez le drapeau rouge?

» R. Non.

» Vous deviez étudier la loi infernale que vous alliez mettre à exécution ; vous auriez su qu'il faut qu'avant elle soit proclamée par trois fois.

» R. La proclamation en a été faite en la place de Grève.

» Vous deviez la répéter au Champ de la Fédération ; le peuple, qui la connaissait mieux que vous, cette loi, attendait avec calme qu'elle fût proclamée pour se retirer ; si vous l'aviez fait, le sang qui s'élève aujourd'hui contre vous n'aurait pas coulé.

» R. C'était bien mon intention de faire faire la proclamation ; mais ayant été assaillie par des pierres, la garde nationale fit feu.

» L'avez-vous fait proclamer en route?

» R. Non.

» Cela semblait indiquer qu'il y avait un plan formé de la part de la municipalité pour massacrer les patriotes. Pourquoi, au mépris de la loi qui veut que la municipalité marche la première, vous êtez-vous, au contraire, fait précéder par la force armée? Si, à cet égard, vous eussiez observé la loi, c'est sur la municipalité que les pierres seraient tombées, et la garde nationale n'aurait pas été peut-être assaillie; mais par la conduite que vous avez tenue, ainsi que dans tout ce qui s'est passé ce jour-là, il n'y a pas lieu de douter que tout avait été préparé pour seconder les projets sanguinaires de la ci-devant cour, qui voulait se venger du peuple qui l'avait ramenée de Varennes.

» R. Les pierres ont été jetées sur la garde nationale et sur la municipalité.

» Ce qui tend encore à prouver l'existence de ce complot, c'est que le lendemain, lorsque la municipalité se rendit à l'assemblée nationale, Charles Lameth, qui présidait, tira de dessous son bureau le discours écrit qu'il prononça après votre rapport; or, il est de fait que s'il n'avait pas existé une coalition entre le parti des Lameth, Duport, Barnave et autres membres vendus à la cour, qui ne s'étaient d'abord rangés du côté de la liberté que pour mieux l'étouffer dans son berceau, et ceux des membres de cette municipalité criminelle et coupable d'avoir fait verser le sang de ses concitoyens pour servir le tyran, le président n'aurait pas eu entre ses mains un discours tout préparé pour répondre à des faits qu'il aurait dû ne pas connaître; car, enfin, il ne pouvait prévoir les détails que vous alliez donner dans votre rapport.

» R. Le président savait d'avance ce qui nous amenait, ainsi il était aisé d'y répondre.

» On entend un autre témoin.

» Pierre-Nicolas Chrétien, limonadier, et l'un des citoyens jurés du tribunal, dépose que le 17 juillet 1791, se trouvant lui et son père au champ de la Fédération, il fut obligé, pour garantir la vie de l'auteur de ses jours, de l'engager, après les décharges redoublées de la part de la force armée, de se sauver du côté de la rivière; la cavalerie les ayant poursuivis, ils furent obligés de se jeter dans la rivière; s'étant cachés derrière un train de bois, il virent tuer sous leurs yeux dix-neuf personnes.

» On entend un autre témoin.

» Charles-Robert Patris, imprimeur, dépose que le 17 juillet, revenant du champ de la Fédération, où il avait signé, avec tous ses concitoyens, l'adresse énergique à nos frères des départemens, il vit venir, dans la rue Saint-Dominique, une foule de monde, les uns armés, les autres ne l'étant pas;

» Que cette foule précédait la force armée; que l'intérêt que lui déposant prenait à ce qu'il n'arrivât aucun malheur aux citoyens paisibles qu'il venait de quitter l'engagea à retourner sur ses pas avec la force armée, et même à la précéder; il la vit entrer dans le champ de la Fédération au pas de charge, et l'on fit feu, non du côté d'où partirent quelques pierres lancées à dessein sur la garde nationale, mais bien de l'autre côté opposé; lui déposant, qui se trouvait avec son fils, l'emmena vers la rivière; il eut le bonheur d'y trouver un batelet qui le transporta à l'autre bord; il a su depuis que beaucoup de citoyens, qui n'avaient pu s'embarquer, avaient été indignement assassinés.

» Sur l'interpellation faite par le président à l'accusé, ce dernier déclare n'avoir aucune observation à faire sur la déposition du témoin.

» Un autre témoin est entendu.

» Jean-Baptiste-Léonard Durand, ci-devant officier municipal, dépose qu'il fut instruit trois ou quatre jours d'avance que, si le rassemblement avait lieu, on déploierait le drapeau rouge; il s'opposa, de tout son pouvoir, à l'exécution de cette mesure; mais voyant que les patriotes étaient en minorité, il partit pour la campagne, à l'effet de ne pas se trouver à l'exécution d'une pareille mesure, en supposant qu'elle dût avoir lieu; il prévint d'avance les patriotes de ce qui se tramait; étant de retour, l'accusé lui fit cette observation : Nous nous sommes aperçus que vous n'étiez pas au Champ-de-Mars; à quoi lui déposant répliqua : Vous ne deviez pas vous attendre à m'y voir, d'après l'opposition que j'avais mise à l'exécution de cette mesure.

» *Le président à l'accusé.* Avez-vous quelques observations à aire sur la déposition?

» *L'accusé.* Je conviens lui avoir fait l'observation dont il vient de parler (le témoin), mais je la lui ai faite par ordre du corps municipal, attendu que ce jour-là nous avions besoin de toutes les lumières des membres du conseil.

» *Le témoin.* J'observe que les mesures de la loi martiale avaient été discutées d'avance et arrêtées dans le conseil municipal; l'accusé ici présent fut de l'avis de la publier si le rassemblement avait lieu. Je lui observai, ainsi qu'à ceux qui étaient de son avis, que c'était une mesure de rigueur, et qu'il fallait, au contraire, employer les voies de conciliation pour ramener le peuple si on le croyait égaré.

» *L'accusé.* Les circonstances peuvent tromper le témoin, il confond les faits et les dates.

» On continue l'audition des témoins.

» Le citoyen Coffinhal demande la parole. Il déclare reconnaître, dans la personne du citoyen Durand, l'ami généreux qui l'avait averti du danger qui menaçait les amis de la patrie, quelques jours avant le 17 juillet 1791.

» Durand ne se rappelle pas avoir fait à Coffinhal la confidence dont il vient de parler; attendu que les événemens dont est question sont déjà éloignés; mais il déclare que, ne sachant point son nom, il le reconnaît pour un ami chaud de la liberté; il se rappelle l'avoir vu plusieurs fois à la Commune défendre avec chaleur les droits du peuple.

» On entend un autre témoin.

» Louis-Pierre Dufourni, régisseur des poudres et administrateur du département, dépose que, le 15 juillet, une foule de monde se rendit aux Jacobins, où lui déposant se trouvait; qu'il reconnut le ci-devant duc de la Rochefoucault; que le même soir on fit courir, dans Paris, une addition à une adresse remplie de faux principes, tendant à donner les moyens aux ennemis de la chose publique de calomnier le peuple de Paris; s'étant rendu dans le jardin du ci-devant Palais-Royal, il entendit lire cette prétendue adresse dans un groupe près duquel il s'approcha; ayant démontré l'absurdité de cet écrit à ses concitoyens, il passa dans un autre groupe où étaient des ci-devant gardes-françaises; il entendit ceux-ci dire : Nous défendrons les Parisiens jusqu'à la mort; mais il ne faut pas que l'on jette des pierres; ce qui prouve, observe le déposant, que le projet était formé d'avance, afin de motiver le massacre. Le témoin ajoute qu'après la malheureuse journée du 17 juillet 1791, il fut rédigé un récit imposteur de ce qui s'était passé au champ de la Fédération; la lecture en ayant été faite au conseil-général de la Commune de Paris, où présidait l'accusé, on applaudit à outrance; un seul homme (Garant-de-Coulon), le blâma; eh bien, il fut rappelé à l'ordre par l'accusé.

» Sur l'interpellation faite à l'accusé, il déclare n'avoir aucune observation à faire sur la déposition du témoin.

« Un autre témoin est entendu.

» Antoine Roussillon, chirurgien-major, naturaliste, dépose avoir été l'une des victimes du Champ-d-Mars; mais que toute haine, à cet égard, a cessé dès que l'accusé a été dans les fers. Il s'est trouvé aux Cordeliers lorsqu'un citoyen y vint dénoncer une fabrication de poignards; la société s'en plaignit à la municipalité; l'accusé et Cahier de Gerville répondirent qu'il ne fallait pas gêner le commerce, attendu que ces poignards étaient destinés pour des nègres, tandis que ces pauvres infortunés ne se servent que de couteaux dits de Flandres.

» Le déposant observe qu'il s'est trouvé sur l'autel de la Patrie au moment de l'arrivée des commissaires de la municipalité. (Il entre dans les détails de la réception que le peuple leur fit.)

» Le témoin ajoute qu'il est à sa connaissance que, le 28 février, lors de l'affaire de Vincennes et des chevaliers du Poignard, on en arrêta dix-huit, qui furent mis en liberté trois jours après, par les ordres de l'accusé.

» *Le président à l'accusé.* Pourquoi avez-vous fait sortir de prison les chevaliers du Poignard au bout de trois jours?

» R. J'en ai fait arrêter un; mais je n'en ai fait sortir aucun; et d'ailleurs cela regardait les administrateurs de police.

» Pourquoi avez-vous envoyé la force armée à Vincennes,

contre les patriotes occupés à détruire ce monument du despotisme ? N'était-ce pas pour distraire la force armée, faire massacrer la troisième division par la cinquième, et allumer de suite la guerre civile dans Paris ; ce qui aurait été sans doute une bonne occasion pour faciliter la fuite de Capet ?

» R. J'avais donné des ordres pour faire porter la force armée à Vincennes, d'après l'invitation formelle du maire dudit lieu.

» Pourquoi, à l'occasion de l'affaire des Théatins, avez-vous maltraité le président de la section de la Fontaine-de-Grenelle, à qui vous avez dit : Monsieur, taisez-vous !

» R. Je n'ai fait en cela que manifester le vœu du corps municipal, qui était dans l'usage de me dicter d'avance ses volontés. Néanmoins je ne crois pas avoir tenu ce propos.

» Le témoin observe qu'un citoyen, dont le nom ne lui revient pas pour le moment, lui a dit que c'était l'accusé qui avait donné l'ordre de faire feu sur le peuple le jour de l'affaire du Champ-de-Mars ; ce à quoi il serait autorisé à croire ; que si l'on avait voulu, on pouvait, attendu la quantité de force armée, envelopper les glacis d'où étaient parties les pierres, au lieu de tirer sur des citoyens paisibles, qui n'avaient, directement ou indirectement, participé à l'agression ni à la provocation. Il observe aussi qu'il lui a été rendu compte que l'accusé se trouvant à Nantes, il y rédigeait un journal dans le genre de ceux de Gorsas, Brissot et autres.

» L'accusé. Il est vrai que l'année dernière j'étais à Nantes, où je m'étais rendu pour y rétablir ma santé ; mais il est faux que j'y aie rédigé aucuns journaux.

» On entend un autre témoin.

» Antoine-François Momoro, imprimeur, dépose avoir passé la journée du 17 au Champ de la Fédération, sur l'autel de la Patrie. Il a vu arriver le drapeau rouge et la force armée. Il observe que l'autel de la Patrie fut tellement entouré par la force armée qu'à peine il put s'en échapper quelques-uns. Il ajoute que quelques heures avant l'arrivée du drapeau rouge il vit venir, près l'autel de la Patrie, un cavalier, lequel lui parut porteur d'ordres. Lui ayant demandé si c'était contre les patriotes qu'il portait des ordres, il répondit que non ; qu'il n'y avait pas de danger ; que l'on n'avait pas de vues hostiles. Cette réponse concourut à tromper le peuple.

» Le témoin entre dans les détails de l'arrestation de plusieurs patriotes qui avaient échappé au massacre, et dont il fut du nombre. Il observe que, d'après les ordres de l'accusé, il était impossible à ceux qui étaient en arrestation, de voir leurs amis.

» *L'accusé.* C'est le tribunal qui était chargé de poursuivre, d'après le décret de l'assemblée constituante, qui fit arrêter les citoyens dont parle le témoin, et dont il était du nombre ; pour les voir, cela regardait l'accusateur public, et non pas moi.

» *L'accusateur public.* Vous avez dit que vous n'aviez pas donné d'ordre pour faire le procès à ceux qui avaient été arrêtés ; voici une lettre de vous, adressée à Cahier de Gerville, en date du 19 juillet, dans laquelle vous lui dites que vous croyez que l'assemblée nationale va prendre un parti définitif sur le sort des brigands arrêtés au Champ-de-Mars.

» On entend un autre témoin.

» François Desfieux, négociant, tenant entrepôt de vins de Bordeaux, dépose des faits relatifs à l'arrestation des huit grenadiers du régiment du roi, et des intrigues employées par Labarthe pour se faire nommer, dans les premiers momens de la révolution, commandant de la garde nationale parisienne. Lui déposant, qui l'avait connu à Bordeaux comme un des plus fameux partisans du royalisme, épia ses démarches, et reconnut qu'il n'était venu à Paris que pour paralyser le mouvement énergique du peuple. L'ayant fait arrêter, l'accusé et La Fayette n'eurent rien de plus pressé que de le faire mettre en liberté.

» *L'accusé.* J'observe aux citoyens jurés que je n'ai jamais connu Labarthe ; mais que j'en ai entendu parler. Les faits dont parle le témoin se sont passés en mon absence.

» *Le témoin.* J'observe que ce Labarthe était, à Paris, l'agent de Breteuil et de Beaumarchais, et qu'il y fit placarder une affiche contenant les principes du plus dégoûtant royalisme ; laquelle était signée : *Bailly* et *La Fayette ;* ce qui tend à prouver que ce Labarthe était l'affidé de La Fayette et de l'accusé.

» *L'accusé.* Je n'ai jamais eu de liaison avec cet homme-là.

» *Le président.* Après l'affaire de Nancy, n'avez-vous pas reçu un courrier qui vous a apporté la nouvelle que les patriotes avaient massacré les autres citoyens, tandis que c'était le contraire? et n'avez-vous pas de suite envoyé, dans toutes les sections, une lettre circulaire, par laquelle vous engagiez les citoyens de Paris à voter des remerciemens à Bouillé?

» *L'accusé.* Je n'ai pas reçu de courrier; et si j'ai envoyé la lettre dont vous parlez, je n'ai pu le faire que d'après les ordres du corps municipal.

Plusieurs autres témoins sont entendus ; ils déposent des faits peu intéressans.

» L'un d'eux (Athanase-Jean Boucher), ci-devant chef des bureaux de la mairie, dépose que, la veille du départ de Capet pour Varennes, il vit venir, vers minuit, à la mairie, plusieurs officiers municipaux et La Fayette ; ce dernier lui dit : « Tout » dort au château, comme un sabot ; je vais tâcher d'en faire » autant; bon soir ! » Il ajoute qu'il est à sa connaissance que jamais l'accusé n'a eu confiance en La Fayette, et que, dans la nuit du 20 au 21 juin, l'accusé, attaqué alors d'une esquinancie, n'a pas sorti.

» *Le président à l'accusé.* Pourquoi, puisque vous n'aviez pas confiance en La Fayette, ainsi que le déclare le témoin, l'avez-vous chargé seul de la surveillance de la famille Capet.

» R. Je n'avais pas de confiance, à la vérité, en lui ; mais je n'en avais pas tellement que je ne lui confiasse la garde des Tuileries.

» On passe à l'audition du dernier témoin (Nicolas Tavernier, officier de garde nationale). Il dépose que le 16 juillet 1791 il entendit Raphaël Carles, alors commandant du bataillon d'Henri IV, dire à Lajarre, adjudant général de la garde nationale parisienne : *A demain, nous exterminerons tous ces bougres-là!*

» Le témoin observe que, se trouvant, peu d'heures avant le départ de la force armée pour le Champ de la Fédération, dans le cabinet de l'accusé, à la Commune, il entendit Cahier de Gerville s'opposer fortement à ce que le drapeau rouge fût déployé ; et entendit l'accusé répliquer : *l'arrêté est pris; il aura son exécution; marchons!*....

» L'accusé prend la parole pour sa défense, et dit : Il est vrai que dans la journée du 17 juillet le sang du peuple a coulé ; mais, s'il a coulé, ce n'est que d'après les ordres de l'assemblée constituante.

» L'accusateur public donne lecture du discours du président de l'assemblée nationale, et observe que, sous aucun rapport, on n'y trouve l'ordre de faire fusiller le peuple.

» Il lit de suite le discours prononcé par l'accusé à l'assemblée nationale le 18 juillet.

» Le président annonce que les débats sont terminés.

» Le citoyen *Naulin*, faisant les fonctions d'accusateur public, analyse le résultat des charges ; il dépeint avec des traits énergiques les détails de la malheureuse journée du 17 juillet 1791, et le tableau de ce funeste récit a fait verser des larmes à la majeure partie des citoyens composant l'auditoire.

» Le président pose les questions contenues dans le jugement suivant :

» Le tribunal, d'après la déclaration unanime du jury, portant qu'il est constant qu'il a existé entre Louis Capet, sa femme et autres, un complot tendant à troubler la tranquillité intérieure de l'état, à exciter la guerre civile en armant les citoyens les uns contre les autres, en portant atteinte à la liberté du peuple, et dont la suite a été le massacre d'un nombre considérable de citoyens au Champ-de-Mars le 17 juillet 1791.

2° Que Jean-Silvain Bailly est convaincu d'être auteur ou complice de ce complot et de son exécution;

» Faisant droit sur le réquisitoire de l'accusateur public, condamne ledit *Bailly* à la peine de mort, conformément à l'article II du titre premier de la deuxième section du Code pénal, dont il a été donné lecture; déclare ses biens acquis et confisqués au profit de la République, conformément à l'article II de la loi du 10 mars dernier, dont il a été pareillement donné lecture;

» Ordonne qu'à la diligence de l'accusateur public, le présent jugement sera exécuté sur l'Esplanade entre le Champ-de-Mars et la rivière de Seine dans les vingt-quatre heures; que le drapeau rouge dont il est question au procès sera attaché derrière la voiture et traîné jusqu'au lieu de l'exécution, où il sera brûlé par l'exécuteur des jugemens.

» L'accusé, interpellé de déclarer s'il avait quelques réclamations à faire contre l'application de la loi invoquée par l'accusateur public, a dit :

» J'ai toujours fait exécuter la loi, je saurai m'y soumettre, » puisque vous en êtes l'organe. »

» Le lendemain, 21 brumaire, vers midi, le condamné est sorti des prisons de la Conciergerie et est arrivé à une heure un quart vers le Champ-de-la-Fédération; le peuple, ne voulant point que cette terre sacrée fût souillée par la présence de ce grand criminel, s'opposa à ce qu'il y fût exécuté, et en conséquence, chacun s'empressa à démonter la guillotine pour la transporter dans un des fossés qui se trouvent sur le bord de la Seine, au dehors du Champ-de-Mars, sur la chaussée duquel était arrêté Bailly, qui vit remonter l'instrument fatal. On le fit descendre dans le fossé, où il vit brûler devant lui le drapeau rouge dont nous avons parlé dans le cours de la procédure. Il monta ensuite sur l'échafaud, où sa tête tomba aux grands applaudissemens des spectateurs et aux cris mille fois répétés de *vive la République.*» (*Bulletin du tribunal révolutionnaire*, n. LXXVII, LXXVIII LXXIX, LXXX, LXXXI.)

Riouffe raconte ainsi la mort de Bailly : « Vers la même époque on amena Bailly, l'homme de la révolution le plus heureux en honneurs, et celui dont l'agonie fut la plus douloureuse. Il épuisa la férocité de la populace, dont il avait été l'idole, et fut lâchement abandonné par le peuple, qui n'avait jamais cessé de l'estimer. Il est mort comme le juste de Platon, ou comme Jésus-Christ, au milieu de l'ignominie; on cracha sur lui; on brûla un drapeau sous sa figure; des hommes furieux s'approchaient pour le frapper, malgré les bourreaux, indignés eux-mêmes de tant de fureur. On le couvrit de boue. Il fut trois heures à la place de son supplice, et son échafaud, dont on lui fit porter des pièces, fut dressé dans un tas d'ordures. Une pluie froide qui tombait à verse ajoutait encore à l'horreur de sa situation; les mains liées derrière le dos, obligé de ravaler l'humeur qui s'écoulait de son nez, il demandait quelquefois le terme de tant de maux; mais ces paroles étaient proférées avec le calme digne d'un des premiers philosophes de l'Europe. Il répondit à un homme qui lui disait : « Tu trembles, Bailly : — Mon ami, c'est de froid. » (*Histoire des Prisons*, t. 1, p. 224.)

C'est après cette narration que Riouffe s'écrie : « Quelqu'un demandera peut-être d'où nous étions si bien instruit ! » Il faut convenir, en effet, qu'à la lecture d'un récit si nettement circonstancié, et qui n'a pu être fait que par un témoin oculaire, la question se présente d'elle-même, lorsque l'on réfléchit surtout que l'auteur était alors en prison. Nos lecteurs connaissent sa réponse ; il tenait ces détails des geôliers, qui les tenaient du bourreau, et, aurait-il dû ajouter, il les redemandait à sa mémoire après plus de dix mois.

M. Thiers a trouvé le moyen d'assombrir ce tableau déjà trop repoussant pour être vrai. Il faudrait une longue dissertation pour relever toutes les inexactitudes de fait et tous les sophismes dont est chargée cette page de son livre. Il affirme que Bailly a été conduit à pied à l'échafaud, tandis que rien ne prouve qu'on ait dérogé en cela aux formes ordinaires. La lettre d'exécution adressée par Fouquier-Tinville au bourreau nous a été communiquée; elle ne diffère d'un grand nombre d'autres qui existent dans la même collection que par la désignation toute spéciale de l'esplanade du Champ-de-Mars, comme théâtre du supplice. Du reste, le cortége devait prendre par la rue Saint-Honoré et par la place de la Révolution, c'est-à-dire, ainsi qu'il est marqué dans la lettre, *suivre la route ordinaire.* M. Thiers dit que la guillotine fut dressée « sur le bord de la Seine, sur un tas d'ordures, vis-à-vis le quartier de Chaillot, où Bailly avait passé sa vie et composé ses ouvrages. » Ce rapprochement nous rappelle ce citoyen romain mis en croix par Verrès, en face de l'Italie. Mais cette imitation d'un célèbre narrateur est un jeu littéraire qui n'a pas même de fondement dans le thème fourni par Riouffe. Quant au *Bulletin du tribunal révolutionnaire*, seul document contemporain, il y est dit très-positivement que Bailly fut guillotiné dans le fossé, et par conséquent entre deux murs. Au lieu de faire garder le patient auprès de l'échafaud, pendant qu'on le dressait sous ses yeux, circonstance conforme à la version de Riouffe, et littéralement témoignée par le *Bulletin du Tribunal révolutionnaire*, M. Thiers suppose qu'on lui fit parcourir plusieurs fois le Champ-de-Mars, recevant de la boue, des coups de pied et des coups de bâton. Enfin il parle du drapeau rouge retrouvé à la mairie, *enfermé dans un étui d'acajou*, et « brûlé sous le nez de Bailly, » comme du drapeau qui était arboré à l'Hôtel-de-Ville pour la proclamation de la loi martiale, tandis que celui dont il s'agit était un drapeau de poche d'une exiguité remarquable, dont l'usage est indiqué dans le procès.

A Dieu ne plaise que nous nous arrêtions à ces exagérations dans le but de diminuer l'horreur que doivent inspirer les mauvais traitemens réels que Bailly eut à subir. Mais l'historien exagère les faits au profit d'un enseignement qu'il nous répugnerait de qualifier, s'il n'était de la part de l'auteur chose littéraire aussi bien que tout le reste. M. Thiers impute les tortures auxquelles Bailly fut en proie « à une populace barbare qu'il avait nourrie pendant qu'il était maire. » Il termine son récit par les réflexions suivantes :

« Depuis ces temps où Tacite la vit applaudir aux crimes des empereurs, la vile populace n'a pas changé. Toujours brusque en ses mouvemens, tantôt elle élève l'autel de la patrie, tantôt elle dresse des échafauds, et n'est belle et noble à voir que lorsque, entraînée dans les armées, elle se précipite sur les bataillons ennemis. Que le despotisme n'impute pas ses crimes à la liberté, car, sous le despotisme, elle fut toujours aussi coupable que sous la République; mais invoquons sans cesse les lumières et l'instruction pour ces barbares pullulant au fond des sociétés, et toujours prêts à les souiller de tous les crimes, à l'appel de tous les pouvoirs, et pour le déshonneur de toutes les causes. »

Les déclamations contre la populace, si familières aux écrivains de la Gironde, ont le grave inconvénient de rapporter à une cause imaginaire des effets dont il importe au plus haut degré de signaler la cause véritable, tant pour les apprécier sainement que pour en déduire les leçons de pratique sociale qu'ils peuvent renfermer.

La populace, *plebs*, *plebecula*, est un mot qui a tout-à-fait changé de sens depuis Tacite. Ceux-là étaient la populace dans la société romaine qui n'étaient point admis par la fatalité de leur naissance à recevoir l'éducation qui apprenait aux enfans des citoyens sur quel devoir commun la cité était fondée, en même temps que l'hérédité leur en conférait le droit. Cette classe, n'ayant point de principe moral pour choisir entre le bien et le mal, suivait en général l'impulsion du pouvoir qui apportait un semblant d'amélioration à sa condition matérielle, seul *criterium* de sa conduite; et lorsqu'elle était appelée par cet attrait à donner son concours à des révolutions politiques, ses plus grands excès n'étaient que la manifestation franche et brutale des sentimens que les exemples des classes supérieures avaient développés en elle. Pour qu'une pareille société tombât en dissolution, il fallait simplement que les citoyens cessassent de croire au devoir. Alors, en effet, l'incrédulité des aristocrates et l'ignorance fatale de la plèbe livraient la cité au matérialisme absolu. Alors la république entière, les riches et les forts qui gouvernaient, aussi bien que les pauvres et les faibles qui obéissaient, étaient, sans distinction aucune, une vile populace; et la moitié la plus vile était certainement celle des incrédules.

Le remède à ce mal était, ou une réforme qui eût ramené la cité à son institution primitive, en rappelant l'aristocratie, la race des dieux mortels, à sa fonction traditionnelle, et en ployant de nouveau le bétail humain sous une verge de fer, ou dans une révélation nouvelle qui vînt enseigner à cette multitude un devoir social nouveau.

Les patriciens qui égorgèrent César ; Caton d'Utique, le dernier des Brutus, et tous ceux qui furent immolés plus tard comme un obstacle à ce qu'il n'y eût dans l'empire qu'un empereur et des sujets, voulaient la réforme. Tacite fut l'écrivain de ce parti, mais il ne parut en quelque sorte que pour en célébrer les funérailles. Cet historien ne creusa nullement, au reste, la pensée dont il fut plutôt l'artiste que le philosophe. Observateur habile du jeu des passions humaines, il a pénétré dans tous les replis de l'égoïsme de son temps, et en a décrit les formes dans un style concis et énigmatique. Tacite est un observateur profond, et non pas un publiciste à vues élevées. Il n'a pas écrit une ligne capable de faire autorité même pour des Romains, car aucun de ses jugemens ne porte sur la base du devoir aristocratique, sur cette morale nationale dont nous parlions tout-à-l'heure, en dehors de laquelle l'empire des Césars n'était qu'un troupeau de bêtes.

Jésus-Christ sauva le monde romain en révélant une morale nouvelle, un devoir social nouveau, qui fut enseigné à tous les hommes sans distinction de caste ni de race. Il n'y a donc pas dans la civilisation moderne une populace proprement dite, en ce sens qu'il n'existe pas une classe, dans les nations chrétiennes, condamnée à ignorer le but commun de ces nations. L'analogue de la populace antique, ce sont les hommes qui vivent en dehors du devoir commun, qu'ils soient riches ou pauvres, savans ou ignorans. Si par malheur les classes gouvernantes, qui tirent toute la légitimité de leurs droits de ce qu'elles accomplissent les fonctions les plus pénibles du devoir commun, tombent dans l'incrédulité et se font égoïstes, malheur qui prépara et fit éclater la révolution française, les classes gouvernantes sont la populace; et parce que l'exemple qu'elles ont donné n'a pu que souiller les classes gouvernées, parce que la plus pauvre surtout a été entièrement négligée, et qu'elle a été à la merci des tentations de la faim et de l'immoralité pratique des riches, il y a là, en effet, un effrayant élément de populace. Mais la plus vile et la plus à craindre pour l'avenir des nations chrétiennes, c'est la populace dorée. Le remède à ce fléau n'est point l'instruction, qui n'est qu'un moyen indifférent au bien et au mal, et qui ne peut que rendre plus dangereux ce qu'une société renferme d'incrédules haut ou bas placés; mais l'éducation, mais un appel au nom de la foi commune à tous ceux en qui le sentiment du devoir n'est pas tout-à-fait éteint.

Maintenant nous le demandons, que veut dire un historien qui explique les excès révolutionnaires par la férocité de la *populace barbare qui pullule au fond des sociétés?* Le plus grand de tous les excès révolutionnaires dont la capitale ait été le témoin est sans contredit le massacre des prisons. Eh bien ! par un hasard assez singulier, les professions et les noms de tous ceux qui consentirent à être les instrumens de cette boucherie ont été conservés, et il se trouve qu'ils appartiennent tous à ce que l'on appelait alors la petite bourgeoisie : ce sont des maîtres cordonniers, des maîtres tailleurs, des gens établis. Il n'est point un excès de ce genre dont la cause ne puisse être assignée, tant de la part de ceux qui ont été les meneurs, que de la part de ceux qui ont suivi, et qu'il ne soit absurde et stérile de rejeter sur la prétendue férocité d'une prétendue populace,

Les circonstances atroces qui accompagnèrent le supplice de Bailly sont peut-être le fait de cette espèce dont la cause est le plus grossièrement évidente. Sa mort fut une représaille exercée par des hommes qui avaient à reprocher à leur ancien maire d'avoir frappé, sous l'aile même de la loi, leurs femmes, leurs enfans, leurs parens, leurs amis. Ce furent les pétitionnaires même du Champ-de-Mars, ceux qui avaient été fusillés par ordre de Bailly, qui insultèrent à sa dernière heure. L'un des signataires de la pétition, Richard, de la section des Invalides, se fit remarquer parmi les plus acharnés, ainsi que nous l'apprend le compte rendu de la séance des Jacobins du 26 décembre (6 nivôse). — L'historien qui veut tirer de cet événement un enseignement moral doit sans doute flétrir ceux qui se vengèrent; mais il doit aussi condamner l'iniquité avérée qui provoqua une si affreuse vengeance. La leçon est pour le pouvoir.

PIERRE MANUEL, âgé de quarante ans, natif de Montargis, ancien procureur de la Commune de Paris, ex-député à la Convention, demeurant rue Serpente, n° 17, arrêté à Fontainebleau, fut condamné à mort le 14 novembre (24 brumaire), comme complice de la conspiration fédéraliste.

Les conventionnels Léonard Bourdon, Claude Bazire et Fabre-d'Églantine déposèrent longuement contre lui; on lui reprocha d'avoir été, de concert avec Pétion, l'instigateur des massacres de septembre, dans le but de soulever contre Paris tous les départemens de la République. La principale preuve alléguée dans l'acte d'accusation, et confirmée par les débats, était que Pétion et Manuel avaient fait rouvrir dans les excavations de Ménilmontant, le 27 ou 28 août, un puits qui avait été rempli quelques mois auparavant, ainsi qu'une autre excavation de la barrière Saint-Jacques, dite tombe d'Issoire, pleine des ossemens que l'on y avait transportés lors de la suppression du charnier des Innocens, et que c'était dans ces trous que l'on avait jeté les cadavres des massacrés de septembre. — Les actes parlementaires et les actes municipaux de Manuel motivèrent seuls sa condamnation. Les débats portèrent sur l'évasion du prince de Poix, facilitée par lui; sur ses propositions successives devant le conseil général de la Commune, relativement au lieu d'incarcération pour l'ex-famille royale; Manuel avait parlé, en effet, d'abord du Luxembourg, ensuite du ministère de la justice; sur la demande qu'il avait faite au conseil général du 10 août d'une expédition de tous les arrêtés concernant le ci-devant roi, afin de les envoyer « au tyran de Prusse alors dans les plaines de la Champagne »; sur la motion par lui faite de log r au château des Tuileries, et d'entourer d'une garde d'honneur le président de la Convention, qu'il qualifiait de président de France; sur ses liaisons avec d'Orléans, qu'il avait baptisé du nom d'*Égalité*, enfin et particulièrement sur sa conduite pendant le dépouillement du dernier appel nominal dans le procès de Louis XVI.

BRUNET (*Gaspard-Jean-Baptiste*), âgé de cinquante-huit ans, né à Valensole, département des Basses-Alpes, général de division, ex-commandant en chef de l'armée d'Italie, fut jugé immédiatement après Manuel. — Les deux griefs qui décidèrent sa condamnation à mort furent son refus d'obtempérer aux ordres que lui avaient donné Barras et Fréron de diriger une division de son armée contre les Toulonnais au moment où ils négociaient leur trahison, et d'avoir entretenu des correspondances avec les comités rebelles de Toulon et de Marseille.

Brunet et Manuel furent conduits ensemble à l'échafaud, le 15 novembre (25 brumaire). — « Manuel pouvait à peine se tenir assis dans la voiture; toutes ses forces physiques l'abandonnaient; au contraire, le second, qui avait entendu prononcer son jugement avec autant de sang-froid que s'il s'était agi d'un autre individu que lui, a montré, le long de la route et sur l'échafaud, beaucoup de fermeté. » (*Bulletin du tribunal révolutionnaire*, IIe partie, n. 89.)

CUSSY (*Gabriel*), né à Caen, ci-devant commandant de la garde nationale de cette ville, et député du Calvados à la Convention, avait été mis hors de la loi, pour crime de fédéralisme, par un décret du 28 juillet 1793. Il comparut devant le tribunal révolutionnaire, qui se borna à constater son identité, le 15 novembre (25 brumaire).

HOUCHARD (*Jean-Nicolas*), né à Forback, département de la Moselle, âgé de cinquante-trois ans, l'un des généraux des armées de la République française, fut condamné à mort le 15 novembre (25 brumaire), et exécuté le lendemain. Les représentans du peuple

Levasseur, Maribon-Montant et Élie Lacoste parurent comme témoins dans ce procès.

L'accusation reprocha à Houchard : 1° d'avoir refusé sa coopération au plan discuté à Bitche entre les généraux et les représentans du peuple, pour la délivrance de Mayence, et d'avoir ordonné la retraite de son armée; 2° « d'avoir, en recevant les ordres de faire lever le siége de Mayence, changé le plan d'attaque qui lui avait été envoyé par le comité de salut public, de telle sorte que, pouvant envelopper l'ennemi de manière à n'en pas laisser échapper un seul, il avait, par une mauvaise position, et par des attaques mal combinées, donné à l'ennemi tous les moyens de se soustraire à une défaite complète, qui, selon toute apparence, eût changé l'état des affaires vis-à-vis de l'Angleterre, et par suite, de tous les tyrans coalisés contre la liberté française. »

Houchard nia qu'il eût reçu un plan, et ce qu'il y a d'assez extraordinaire, le président ne releva point ce démenti, s'il faut s'en rapporter du moins au compte rendu du *Bulletin du tribunal révolutionnaire*; le débat y est porté immédiatement, en effet, sur un autre point. Comme l'accusation arguait de pièces envoyées par le comité de salut public, et que ces pièces passaient sous les yeux des jurés, il fut jugé inutile sans doute d'insister sur un fait évident. D'un autre côté, il est assez probable que le comité de salut public avait prescrit à cet égard une grande prudence, ou qu'il n'avait pas voulu s'expliquer lui-même nettement, afin que son système militaire demeurât dans le secret. — Quant à Houchard, ses réponses prouvent qu'il n'avait pas la capacité d'un général, et que s'il avait péché par mauvaise volonté, il avait péché plus encore par ignorance. Nous transcrivons sa défense telle qu'elle est rapportée dans le n. 93 de la II° partie du *Bulletin du tribunal révolutionnaire*.

« L'accusé dit pour sa défense qu'il est soldat depuis quarante ans, qu'il n'a jamais eu de commerce avec Custine, ni avec aucun des autres généraux qui ont trahi les intérêts de la République ; il observe qu'il a toujours été placé à plus de vingt lieues de Mayence, et qu'il ignorait si cette ville était approvisionnée, oui ou non; qu'il a toujours resté avec l'avant-garde, qui s'est constamment battue, et toujours avec avantage pour l'honneur des armes de la nation française ; qu'à son arrivée à l'armée de la Moselle, il l'a trouvée dénuée de tout, principalement de fusils, attendu alors l'arrivée des troupes du contingent; « Si » l'on avait suspecté ma conduite, ajoute-t-il, après la reddition » de Mayence, m'aurait-on nommé à l'armée du Nord? Lorsque » j'y arrivai, vingt-deux officiers venaient d'être destitués, et » un officier général ; je ne connaissais personne. L'armée était » toute étonnée d'avoir été repoussée du Camp-de-César. J'ai tou» jours été attaché aux succès de la révolution française ; étant » devenu, de simple lieutenant général, en chef, quel espoir » aurais-je eu en trahissant la nation, en passant chez l'ennemi? » Il m'aurait haché par morceaux, pour tout le mal que je lui ai » fait. J'ai pu faire des fautes ; quel est le général qui n'en fait » point? mais je n'ai jamais été un traître : les jurés me jugeront » dans leur ame et conscience ; quant à moi, je peux dire que » la mienne est pure et tranquille. »

GIREY-DUPRÉ (*Jean-Marie*), né à Paris, âgé de vingt-quatre ans, sous-garde de manuscrits à la Bibliothèque nationale, rédacteur du journal le *Patriote français*, et BOISGUYON (*Gabriel-Nicolas-François*), né à Châteaudun, âgé de trente-cinq ans, adjudant-général aux armées des côtes de Brest, arrêtés tous deux à Bordeaux, et conduits à Paris, comparurent ensemble devant le tribunal révolutionnaire, le 21 novembre (1er frimaire) ; ils furent jugés et exécutés le même jour.— La rédaction du *Patriote français* pour l'un, et pour tous deux leur présence à Caen pendant que les députés rebelles l'occupaient, furent les griefs dont l'accusation se servit pour les convaincre de complicité dans la conjuration fédéraliste. Nous ne trouvons dans les débats rien qui ressemble à la réponse que Riouffe prête à Girey-Dupré, lorsqu'on l'interrogea sur Brissot : « Brissot, aurait-il dit, a vécu comme Socrate ; il est mort comme Sidney. » Non-seulement il n'y a pas une trace d'une pareille réponse dans le *Bulletin du tribunal révolutionnaire*, mais encore le système de défense adopté par les deux accusés la rend improbable. Tous deux désavouent le fédéralisme, et une participation quelconque à la révolte girondine.

COLLIER-LAMARLIÈRE (*Antoine-Nicolas*), âgé de quarante-sept ans, né à Crecy, département de Seine-et-Marne, ci-devant noble, général de division à l'armée du Nord, fut condamné le 26 novembre (8 frimaire), et exécuté le lendemain. — Les charges furent accablantes. Il fut prouvé que, contrairement à toutes les règles militaires et aux ordres exprès du conseil exécutif, la garnison d'une place aussi importante que Lille, garnison commandée par le général Favart, avait été mise par Custine à l'entière disposition de Lamarlière, commandant les troupes campées sous cette place; qu'abusant du commandement qui lui était irrégulièrement confié, Lamarlière faisait ouvrir les portes à toutes les heures de la nuit, et ce, malgré les représentations instantes du général Favart; qu'il avait accumulé une grande quantité de prisonniers dans la citadelle de Lille, dans des circonstances où la faiblesse de la garnison et le manque de vivres rendaient leur présence doublement fâcheuse; qu'il avait permis à diverses reprises que des parlementaires ennemis fussent introduits dans la place sans avoir les yeux bandés; qu'il avait logé dans la citadelle, avec liberté de la parcourir, un aide-de-camp et un trompette ennemis que tout indiquait être des espions; qu'il avait négligé de transmettre au général Favart la série des mots d'ordre, et refusé de faire droit aux observations dudit général sur les inconvéniens qui pouvaient résulter de la similitude du mot d'ordre entre les troupes de l'extérieur et celles de la ville et de la citadelle, chose contraire aux usages militaires ; qu'il avait voulu fortifier les trois faubourgs de Lille, ce qui rendait la défense impossible, vu l'exiguité de la garnison qui, distribuée sur trois points, eût été par le fait livrée à l'ennemi ; que néanmoins, et au moment même où il proposait cette augmentation d'ouvrages, il avait voulu, de concert avec Custine, extraire une portion considérable de l'artillerie de la place, et la priver par là de son plus grand moyen de défense, pour transporter ladite artillerie dans le camp de la Madeleine, mal situé selon les gens de l'art, et dans lequel, en cas d'un revers ou d'une trahison, elle ne pouvait manquer de tomber aux mains des ennemis. — Ces différens griefs furent établis surabondamment par le témoignage écrit du général Favart, et par sa volumineuse correspondance avec Lamarlière; par le témoignage écrit du général Dufrêne et celui de l'adjudant-général Merlin-Lejeune; par le témoignage oral de Lesage-Sénault, et par celui de Duchêne, représentans, qui avaient été tous deux en mission auprès de Lamarlière. D'autres témoins déposèrent sur des faits reprochés également à ce général dans l'acte d'accusation, sur ses habitudes aristocratiques, sur la menace qu'il avait faite à l'officier Calandiny de le faire expirer sous le bâton, parce qu'il l'avait dénoncé aux Jacobins, etc., etc. — Les témoins à décharge ne touchèrent à aucun fait de la cause. Ils se bornèrent à attester, les uns pour l'avoir entendu dire, les autres pour le savoir par eux-mêmes, que Lamarlière avait toujours professé les bons principes. Parmi ces témoins, au nombre de quatre, figuraient trois conventionnels, Sallengros, Taillefer, Dubois-Dubay; le quatrième témoin fut Chevalier, gendarme.

BARNAVE (*Antoine-Pierre-Joseph-Marie*), âgé de trente-deux ans, homme de loi, ex-constituant, né dans la commune de Saint-Égrède, district de Grenoble, et DUPORT-DUTERTRE (*Marguerite-Louis-François*), âgé de trente-neuf ans, ex-ministre de la justice, né à Paris, furent condamnés à mort et exécutés le 29 novembre (9 frimaire). Ils furent jugés d'après l'acte d'accusation dressé contre eux par l'assemblée législative le 29 août 1792, et contre Duportail, Tarbé, Bertrand, Al. Lameth, etc., pour avoir conspiré contre la liberté française de concert avec la ci-devant cour.

KERSAINT (*Armand-Guy-Simon*), âgé de cinquante-deux ans, né à Paris, ex-député, ci-devant gentilhomme breton, ancien officier de marine, « convaincu d'avoir sciemment et méchamment avili la représentation nationale, et provoqué le rétablissement de la royauté en France ; d'avoir participé à la conspiration contre l'unité et l'indivisibilité de la République, contre la liberté et contre le peuple français », fut condamné à la peine de mort le 4 décembre (14 frimaire), et exécuté le lendemain.

RABAUD (*Jean-Paul*) dit SAINT-ÉTIENNE (1), âgé de cinquante ans, né à Nîmes, ministre protestant, député, « déclaré traître à la patrie, et mis hors la loi par un décret du 28 juillet précédent », comparut devant le tribunal révolutionnaire le 5 décembre (15 frimaire), et fut immédiatement envoyé à l'échafaud.

La DUBARRY. « La fameuse courtisane Dubarry a été exécutée hier 17 décembre (17 frimaire), entre trois et quatre heures. Elle avait vécu dans la débauche et le crime ; elle est morte sans courage. » (*Le Républicain français*, n. CCCLXXXVII.)

LE TONDU, dit LEBRUN (*Pierre-Marie-Henri*), âgé de trente ans, né à Noyon, homme de lettres, imprimeur, et ex-ministre des affaires étrangères, réfugié rue de l'Égalité, maison d'Harcourt, sous le nom de Lebrasseur, Liégeois; accusé d'avoir participé aux complots des Girondins, fut condamné à la peine de mort le 27 décembre (7 nivôse).

DIÉTRICH (*Frédéric*), âgé de quarante-cinq ans, né à Strasbourg, ex-maire de cette ville, fut condamné à mort le 28 décembre (8 nivôse), sur la déclaration du jury portant « qu'il était constant qu'il avait entretenu des manœuvres et intelligences avec les ennemis intérieurs et extérieurs de la République, et que Diétrich était auteur de ces manœuvres. »

GONTAUT-BIRON (*le duc Armand-Louis de*), ex-constituant, ex-commandant des armées de la République, fut condamné et exécuté le 31 décembre (11 nivôse au matin). Il fut accusé « d'avoir conspiré contre l'unité et l'indivisibilité de la République, la tranquillité et la sûreté intérieure du peuple français, et d'avoir

---

(1) La plupart des ministres protestants avaient suivi, jusqu'à la révolution, l'usage, né dans les persécutions, de se cacher sous un nom d'emprunt. Ainsi Rabaud se faisait appeler Saint-Etienne; Jeanbon, avait pris le nom de Saint-André, etc. (*Note des auteurs.*)

trahi les intérêts de la République, en abusant de sa qualité pour favoriser, soit par l'inaction dans laquelle il avait tenu les forces qui lui étaient confiées, soit en occasionnant la défaite des troupes de la République par le défaut de secours de celles à sa disposition, les succès des brigands de la Vendée sur le territoire français. » (*Le Républicain français*, n. CDXI.)

— Nous devons ajouter à cette liste le nom de Clavière (1) et celui de Roland ; le premier se suicida à la Conciergerie ; le second, réfugié dans les environs de Rouen, vint se tuer sur la grande route de Paris lorsqu'il apprit la mort de sa femme (2).

ANNÉE 1794.

A mesure que nous approchons du moment où la querelle entre les dantonistes et les hébertistes, et l'opposition que ces deux partis font au comité de salut public, chacun de son point de vue particulier, touchent à leurs conséquences extrêmes, les faits vérifient de plus en plus notre introduction à la période dont nous poursuivons l'histoire. Échappant à la tutelle des dic-

---

(1) Voici la lettre écrite le 19 frimaire (9 décembre), par Fouquier-Tinville au président de la Convention, pour lui annoncer le suicide de Clavière :

« Citoyen président, j'ai l'honneur d'informer la Convention qu'Etienne Clavière, ex-ministre des contributions publiques, dont le jugement aurait eu lieu aujourd'hui, s'est jugé lui-même, sur la notification de l'acte d'accusation et de la liste de témoins, aux termes de la loi. Ce conspirateur et ministre infidèle s'est donné hier, vers neuf heures du soir, un coup de couteau dans la chambre où il était détenu, et sur son lit. Il a été dressé procès-verbal qui constate ces faits. Lecture en a été donnée publiquement à l'audience, ensemble de l'acte d'accusation, le tout en présence du citoyen Cambon et autres députés qui avaient été cités pour être entendus dans cette affaire.

» D'après le décret de la Convention qui met les suicidés décrétés d'accusation, et contre lesquels il y a acte d'accusation, au rang des condamnés par le tribunal par jugement, les biens du suicidé Clavière ont été déclarés acquis à la République.

» Pour éviter à l'avenir que ces conspirateurs ne se suicident, lorsque je leur ferai signifier l'acte d'accusation, je les ferai garder par des gendarmes et fouiller. Fouquier. »

(2) Le 15 novembre (25 brumaire) la Convention reçut la lettre suivante sur le suicide de Roland :

tateurs toutes les fois que l'occasion l'y sollicite, la majorité conventionnelle accorde des votes tantôt aux *ultra-révolutionnaires*, tantôt aux *indulgens*, selon les chances de la guerre acharnée qu'ils se livrent devant elle. Il faut que le pouvoir renonce à toutes les questions préventives, à toutes celles où la prévoyance est le seul argument à faire valoir. L'événement décide toujours, et c'est parce qu'il est toujours la démonstration d'un danger signalé à l'avance par le comité de salut public, que la majorité conventionnelle est ramenée sous son joug lorsqu'il s'agit d'un vote important.

Malheureusement ce sont aussi les faits, et non point les principes, qui maintiennent l'unanimité entre les hommes du pouvoir. Le principe jacobin n'y prévaut que dans les circonstances qui lui donnent fatalement la prépondérance, encore la concession forcée qu'il obtient se borne-t-elle ordinairement à la forme. Ainsi Robespierre a fait décréter en vain la liberté des cultes ; en vain cette mesure a-t-elle été présentée par lui comme dominant la politique révolutionnaire ; on n'a pu le nier en présence des manifestes de la coalition, mais on a cru faire assez que de donner un simple démenti aux rois de l'Europe, en désa-

Les représentans du peuple envoyés dans le département de la Seine-Inférieure et circonvoisins écrivent de Rouen, le 25 brumaire :

« Citoyens collègues, informés hier au soir qu'un particulier avait été trouvé mort à cinq lieues d'ici, et sur la grande route de Paris à Rouen; instruits qu'on avait trouvé dans ses poches des papiers qui faisaient soupçonner que ce pouvait être Roland, ex-ministre de l'intérieur, nous avons arrêté qu'un de nous s'y transporterait sur le champ. Legendre s'y est rendu pendant la nuit, il s'est fait représenter le cadavre, et a reconnu facilement que c'était celui de l'ex-ministre Roland, qui s'était rendu justice pour se soustraire au glaive de la loi. Le juge de paix nous a remis quatre pièces qui ont été trouvées dans ses poches. La première contient l'apologie de sa vie et de sa mort, avec quelques imprécations prophétiques. Sur le *verso* il donne les prétendus motifs de sa mort ; les deux autres sont les cartes de sa section. La quatrième est l'adresse d'une personne chez laquelle sans doute il se proposait de descendre à Rouen : elle est en état d'arrestation. Nous avons requis le juge de paix de le faire enterrer à l'endroit où il a été trouvé. La Convention nationale trouvera peut-être nécessaire de faire planter sur sa fosse un poteau sur lequel sera une inscription qui transmettra à la postérité la fin tragique d'un ministre pervers, qui avait empoisonné l'opinion publique, qui avait acheté fort cher la réputation d'un homme vertueux, et qui était le chef de la coalition criminelle qui a voulu sauver le tyran et anéantir la république. »

vouant l'hébertisme par un décret. Quant à l'exécution, on n'y songe même pas. Profondément hostile à la question religieuse, la Convention, qui n'ignore pas qu'à cet égard la majorité du comité marche avec elle, accueille avec faveur tous les bulletins de ceux de ses membres qui persécutent le christianisme dans les départemens avec le zèle des proconsuls païens. André Dumont, Albitte, Carrier, etc., bravent impunément l'opinion encore impuissante des Jacobins.

Combien d'efforts et combien de travaux avant que le chef de ce parti soit réellement au timon des affaires! Qu'il y a loin encore de cette séance du 26 décembre (6 nivose), où il a subi la loi des deux comités réunis contre lui, jusqu'à l'époque où nous le verrons faire décréter l'existence de Dieu et l'immortalité de l'ame ! En attendant, son influence personnelle grandit dans le peuple. Ne pouvant agir, il parle et il enseigne. A ses rapports antérieurs, où la France a déjà applaudi à tant d'idées vraies et à tant de bons sentimens ; à ses discours de philosophie pratique qui ont déjà si fort avancé son omnipotence aux Jacobins, il ajoute son fameux rapport (5 février — 17 pluviose) sur les principes de morale qui doivent régler l'administration intérieure de la République. Il suit avec anxiété la lutte des factions ennemies, essayant de ramener et de réconcilier sur le terrain des questions générales ce qu'il y a d'honnêtes gens des deux côtés. Il rencontre partout une opiniâtreté aveugle. Alors il se fait simple spectateur, et tout occupé à retirer de la mêlée quelques bons citoyens que l'on veut sacrifier, ou à dénoncer individuellement et nominativement quelques fripons, il attend que les partis succombent à leurs propres excès. Or, pour que les hébertistes soient abandonnés par leurs amis du comité de salut public, il sera nécessaire qu'ils fassent un appel à l'insurrection. Collot-d'Herbois et Billaud-Varennes céderont devant cette démarche, et répudieront les ultra-révolutionnaires. Pour que les dantonistes soient frappés à leur tour, il faudra que la contre-révolution soit imminente. Mais les deux factions seront immolées sans discernement, et les coupables seront plutôt choisis par la haine que par la justice, en sorte que les hébertistes paraîtront vaincus et non punis, et que les dantonistes périront réellement par une réaction hébertiste que leurs imprudences n'auront que trop justifiée. Si les Jacobins eussent tenu et dirigé le glaive de la loi, il n'y aurait eu ni dantonistes, ni hébertistes, mais une tourbe de scélérats amassée dans les deux camps, et livrée au bourreau au nom de la morale. Parce que ces exécutions furent des compromis, des concessions politiques, les Jacobins furent toujours obligés de recevoir jusqu'à un certain point les conditions des auxiliaires qui consentaient à leur donner la majorité. Aussi Robespierre ne put-il demander tous les ultra-révolutionnaires, ni sauver aucun *indulgent*. On a beaucoup remarqué dans la séance du 9 thermidor ce mot de Garnier de l'Aube : « Le sang de Danton l'étouffe ! » et on n'a pas fait attention à cette phrase que Billaud-Varennes prononça quelques instans auparavant : « La première fois que je dénonçai Danton au comité, Robespierre se leva comme un furieux, en disant que je voulais perdre les meilleurs patriotes. » — Voilà la vérité historique.

Nous entrerons dans l'année 1794, en commençant par la ligne des faits anti-religieux, et nous signalerons les actes par lesquels il fut résisté aux athées, ainsi que l'influence dont ces actes émanaient.

Vers la fin de 1793, on joua à l'Opéra, théâtre dont la police appartenait à la commune, une mascarade stupide, sur laquelle le *Républicain français*, n° CDVIII, nous fournit le renseignement suivant : « Dans cette pièce, on chantait une grand'-messe. L'acteur célébrant entonnait le *Pater noster*, et les accompagnemens et les chœurs mettaient tout en usage pour ridiculiser la cérémonie représentée. »

Le 22 décembre (2 nivôse) parut un arrêté du comité de salut public, dont la teneur suit :

« Le comité de salut public voulant déconcerter les manœuvres des contre-révolutionnaires pratiquées pour troubler la tranquillité publique, en provoquant les querelles religieuses ;

» Voulant faire respecter le décret rendu le 16 frimaire, par la Convention nationale, pour maintenir la paix et la liberté des cultes;

» Fait défense au théâtre de l'Opéra, et à tous autres, de représenter la pièce intitulée : *Le Tombeau des imposteurs*, et *Inauguration du temple de la Vérité*, et toutes celles qui pourraient tendre au même but, sous les peines portées par les décrets précédens contre ceux qui abusent du théâtre pour favoriser les vues des ennemis de la Révolution. — *Signé au registre* : ROBESPIERRE ; B. BARRÈRE ; A. PRIEUR ; BILLAUD-VARENNES ; CARNOT ; R. LINDET ; COLLOT-D'HERBOIS. » — La manière dont est placée la signature de Robespierre prouve qu'il était l'auteur et l'éditeur responsable de cet arrêté.

Le 1er janvier (12 nivôse), la Convention reçut une lettre d'André Dumont, dont voici les principaux passages : « Une » nouvelle lumière a éclairé tout ce pays (les départemens de » la Somme, du Pas-de-Calais et de l'Oise); les projets des » scélérats ont été déjoués ; tous, ou grande partie, sont montés » en charrette, et l'union des patriotes en a été le résultat. Ab- » beville jouit du calme et de la gaîté. Plus d'églises à Montagne- » sur-Mer ; les saints et saintes ont été brûlés. A Boulogne, la » célèbre, très-incompréhensible et très-sainte Vierge noire, » que les Anglais n'avaient pu brûler, a été jetée dans le bûcher, » et réduite en cendres sans miracle, aux cris universels de » *Vive la Montagne!* A quelques intrigans près, et tous les prê- » tres et nobles, je crois avoir tout converti. »

Albitte l'aîné, en mission dans les départemens de l'Ain et du Mont-Blanc, où il fit détruire un grand nombre de clochers, écrivait de Bourg : « Cette commune, dont la plupart des habitans s'étaient laissé égarer par des malveillans, est enfin régénérée ; les faux patriotes sont en état d'arrestation, le fanatisme et la superstition abandonnent le champ de bataille à la raison. » Il terminait sa lettre en annonçant l'envoi de 38 marcs d'argenterie et beaucoup d'effets précieux qui avaient été découverts dans la maison d'un particulier, tué pendant le siége de la ville de Lyon, et portant les armes contre sa patrie. (Séance de la Convention du 8 janvier (19 nivôse).

Malgré le zèle de proscription déployé contre le culte, il ne faudrait pas croire cependant qu'il ne se manisfestât pas de vives résistances. La Convention rendit le décret suivant, le 14 janvier (25 nivôse):

« Sur la dénonciation faite par la société populaire d'Étampes, relativement à des rassemblemens nombreux et dangereux qui se sont élevés dans quelques municipalités de ce district, sous prétexte de culte religieux, et où nombre d'officiers municipaux se rendent en écharpe;

» La Convention nationale décrète le renvoi de la dénonciation au comité de salut public, où ceux de ses membres qui auront des lumières et des renseignemens à donner sur le culte, sont invités à se rendre, afin que le comité puisse présenter incessamment un rapport général sur tout ce qui intéresse le culte religieux; décrète en outre l'insertion au Bulletin du présent décret. »

C'était aux sentimens du genre de ceux qui soulevaient les populations des campagnes aux environs même de Paris, c'était aux convictions religieuses froissées que s'adressaient les manifestes de la coalition où les défenseurs de la République étaient peints comme des régicides, des hérétiques, des impies, et où les *bons Français* étaient invités à se réunir sous les drapeaux de Louis XVII. De nombreux écrits de ce genre étaient alors répandus en France, dans les provinces méridionales surtout, par la cour de Madrid et par celle de Londres, ainsi que nous l'apprend une lettre à la Convention (séance du 15 janvier (26 nivôse), écrite de l'armée des Pyrénées-Occidentales, par les représentans Pinet et Monestier. Mais si les paysans, tout en bénissant la révolution, disaient leurs prières, voulaient leurs curés, et s'insurgeaient pour conserver le culte catholique, comme le témoigne un des mémoires sur les prisons plus haut analysés, n'était-ce pas préparer le chemin à toutes les intelligences que la contre-révolution tentait parmi eux, que d'insulter à leur croyance, et d'en poursuivre l'anéantissement?

Le 23 janvier (4 pluviôse), la Convention recevait une nouvelle lettre d'André Dumont : « Les prêtres, disait-il, ont voulu se lever, mais ce mouvement a tourné contre eux; les confessionnaux ont été convertis en guérites; les chaires ne servent plus qu'à la lecture des lois; les églises sont converties en halles, et le peuple va acheter sa nourriture là où depuis des siècles il allait avaler le poison. »

Les principes au nom desquels l'on devait faire cesser ces criminels abus de pouvoir, furent développés par Robespierre à la séance du 5 février (17 pluviôse). Mais parce qu'il généralisa la question, parce que, tout en proclamant et en définissant le but révolutionnaire, il y rapporta pour les juger les actes des divers partis, nous allons en faire d'abord l'histoire; nous transcrirons ensuite les conclusions de Robespierre.

A la séance de la Convention du 1er janvier (12 pluviôse), les dantonistes recommencèrent contre les agens du pouvoir exécutif, c'est-à-dire contre le comité de salut public, les attaques systématiques qu'avaient interrompues un instant la nouvelle de la prise de Toulon, et les victoires des armées du Rhin et de la Moselle. — Au nom du comité des marchés, Charlier fit un rapport sur le mauvais état des fournitures pour l'habillement des troupes, et l'assemblée décréta les fournisseurs d'accusation. Billaud-Varennes demanda « qu'au cas où le tribunal révolutionnaire les trouverait coupables, ils fussent envoyés à l'armée pour y être exécutés en sa présence. » — Bourdon (de l'Oise) prit la parole :

Bourdon de l'Oise. « Je ne m'oppose pas à la proposition de Billaud; au contraire je l'appuie. Mais, citoyens, il est temps enfin que la responsabilité ministérielle ne soit plus un vain mot dont on se joue avec indécence. Je demande que l'adjoint du ministre de la guerre, chargé de surveiller l'équipement des troupes de la République, soit envoyé au tribunal révolutionnaire. »

Cet adjoint du ministre, dont Bourdon demandait l'acte d'accusation, était son ennemi personnel, Daubigny, contre lequel nous lui avons déjà vu obtenir un décret le 24 septembre précédent. Alors il fut absous par le tribunal révolutionnaire; et lorsque le ministre de la guerre en informa la Convention (30 septembre), Robespierre et Saint-Just montèrent à la tribune pour attester le civisme et les vertus privées de Daubigny. Bourdon profitait maintenant de l'occasion de le faire décréter, parce qu'il venait de publier contre lui une brochure mentionnée dans le projet de rapport de Robespierre sur la faction Fabre-d'Églantine.

La Convention adopta la proposition de Billaud-Varennes et celle de Bourdon. Billaud demanda et fit décréter, par extension de la sienne, que tout général condamné par le tribunal révolutionnaire fût exécuté à la tête de l'armée qu'il aurait commandée. Robespierre se présenta pour défendre Daubigny ; il essaya en même temps de faire remettre en question tous les décrets de détail obtenus à la suite des motions par lesquelles tant d'intérêts et tant de passions contraires concouraient depuis quelque temps à disputer l'initiative au pouvoir.

Robespierre dit : « La joie que vos victoires viennent de faire éclater dans le sein de cette assemblée ne doit point être troublée par l'idée qu'un patriote a été persécuté par vous. On vient de faire traduire au tribunal révolutionnaire un homme zélé pour la République, un homme dont le nom rappelle des services signalés rendus à la patrie, et qui, dans ce moment, est le coopérateur du comité de salut public , et qui dirige presque seul les opérations militaires; je veux parler de Daubigny. Vous avez dû vous apercevoir, citoyens, lors de sa nomination, combien Daubigny avait d'ennemis. Par quelle fatalité un patriote a-t-il à craindre quand les ennemis de la patrie respirent en paix? Je demande que le décret soit rapporté ; en supposant que le fait qui l'a provoqué fût réel, l'organisation du département de Daubigny est telle, qu'il ne peut connaître que par la dénonciation qu'on lui en fait les dilapidations qui peuvent se commettre. D'ailleurs, les faits peuvent n'avoir pas été assez approfondis, et il est dangereux que l'assemblée frappe sans examen un agent du gouvernement; car vous finiriez par paralyser le gouvernement lui-même.

» Depuis quelque temps, des nuages se sont élevés sur la Convention; les inquiétudes y planent sans cesse. Je ne prétends pas prendre ici la défense d'aucun intrigant; mais je dis qu'il ne faut pas, sans un mûr examen, frapper une masse quelconque de citoyens, car dans cette masse se trouvent des patriotes qu'il ne faut point vexer.

» Je demande que la Convention nationale reprenne le caractère de dignité qui lui convient, et qu'indépendamment du rapport relatif à Daubigny, le comité de salut public fasse un rapport sur les mesures partielles prises jusqu'à ce jour, et sur l'état actuel du gouvernement. »

Les propositions de Robespierre furent adoptées après une légère discussion.

Le 5 janvier (16 nivôse), la commission chargée par les Jacobins d'examiner les accusations portées contre Camille-Desmoulins, Philippeaux, Bourdon (de l'Oise), etc., se trouva en mesure d'instruire cette affaire devant le club. Collot-d'Herbois, rapporteur, dit que l'écrit publié par Philippeaux était l'occasion des divisions qui avaient éclaté parmi les patriotes, s'il n'en était la cause; il analysa ensuite cet écrit, et en contredit tous les faits; il reprocha à son auteur d'avoir calomnié les généraux et l'armée de la Vendée. Quant à Camille-Desmoulins, il convient qu'il avait professé des opinions qui n'étaient pas celles de la société; mais il demanda qu'on le distinguât de son *Vieux Cordelier*. « Qu'il oublie, dit-il, ces débauches d'esprit qu'il a faites » avec des aristocrates : il a trop bien servi la révolution; je » n'oublierai pas *la France libre, le procureur-général de la Lanterne*, etc. » Il demanda qu'on exclût Philippeaux, qu'on censurât les numéros de Camille-Desmoulins, et que le comité de sûreté générale fît, le plus promptement possible, son rapport sur les patriotes incarcérés. Momoro développa une partie des inculpations que Collot avait produites contre Philippeaux.

Hébert, *s'élançant à la tribune.* « Par la plus astucieuse récrimination, les rôles sont changés, et de dénoncés les accusés sont devenus dénonciateurs à leur tour. Justice, Jacobins, justice ! je périrai plutôt que de sortir d'ici avant qu'on m'ait rendu une justice éclatante. Je suis accusé, dans un libelle qui a paru aujourd'hui, d'être un brigand audacieux, un spoliateur de la fortune publique »

Camille-Desmoulins. « En voilà la preuve. Je tiens à la main l'extrait des registres de la trésorerie nationale, qui porte que le 2 juin il a été payé à Hébert, par Bouchotte, une somme de 125,000 livres, pour son journal ; que le 4 octobre il lui a été payé une somme de 60,000 livres, pour 600,000 exemplaires du *Père Duchesne*, tandis que ces exemplaires ne devaient coûter que 17,000 livres. »

Hébert. « Je suis heureux d'être accusé en face. Je vais répondre. »

Robespierre jeune. « Depuis cinq mois que je suis absent, la société me paraît étrangement changée. On s'y occupait, à mon départ, des grands intérêts de la République. Aujourd'hui ce sont de misérables querelles d'individus qui l'agitent. Eh ! que nous importe qu'Hébert ait volé en donnant ses contre-marques aux Variétés ? (On rit. — Hébert, qui est à la tribune, lève les yeux au ciel, frappe les pieds, et s'écrie : Veut-on m'assassiner aujourd'hui ? — Violens murmures.) Je demande, continue Robespierre, qu'Hébert, qui a bien des reproches à se faire, car c'est lui qui est cause des mouvemens dans les départemens relativement au culte. (*Hébert* : Eh Dieu ! *Une voix* : C'est une tyrannie.) Je demande, dis-je, qu'Hébert soit entendu à son tour, et seulement sur les faits relatifs à la lettre de Philippeaux, dont la discussion est à l'ordre du jour. Si Hébert doit répondre à Camille, le *Père Duchesne* peut entrer en lice avec le *Vieux Cordelier*. »

Robespierre l'aîné. « Il est facile de voir que le préopinant est absent depuis long-temps de la société. Il a rendu sans doute de très-grands services à Toulon ; mais il n'a pas assez envisagé combien il était dangereux d'alimenter encore de petites passions qui se heurtent avec tant de violence. Collot-d'Herbois avait posé la question comme elle devait l'être. Cet ordre a été étrangement interverti par les préopinans. Il est bien affligeant sans doute pour les vrais amis de la liberté de voir employer en petites discussions un temps qui appartient tout entier à la chose publique; cependant il est question de patriotes persécutés, et le devoir des républicains est non-seulement de n'opprimer personne, mais de voler à la défense de ceux qu'on opprime. Pour moi, je n'accuse personne : j'attends la lumière pour me décider. C'est parce que je ne me suis pas cru assez éclairé sur cette affaire que je me suis tu jusqu'à ce jour. Les petites passions égarent et font voir l'évidence où elle n'est pas. Je parierais que les pièces démonstratives que Desmoulins a montrées à la tribune ne prouvent rien. Je demande qu'on passe à la discussion du libelle de ce Philippeaux ; c'est en suivant cette marche que les faits seront rétablis, les intrigans confondus et les patriotes satisfaits. »

Danton. « Toujours des entraves, toujours des incidens et des questions particulières, quand il s'agit d'une affaire générale et qui intéresse la chose publique. Collot a présenté la question sous son véritable point de vue. Pourquoi a-t-on interverti l'ordre qui régnait dans cette discussion ? Les patriotes doivent-ils se servir des mains du patriotisme pour tourmenter les patriotes ? Tu te plains, Hébert; mais rappelle-toi les principes : que tu aies tort, que tu aies raison, c'est ce que le temps fera connaître au public. Mais occupons-nous de l'objet pour lequel nous sommes assemblés aujourd'hui ; éclairons le peuple, et laissons à la guillotine de l'opinion quelque chose à faire ; sacrifions nos débats particuliers, et ne voyons que la chose publique. Les patriotes doivent savoir niveler leurs sentimens, équilibrer leurs opinions, pour écraser d'abord leurs ennemis. N'en doutez pas, citoyens, ils sont cachés derrière le rideau, profitent de nos mouvemens, et font agir les ressorts du patriotisme en sens contraire de la révolution. Subordonnons nos haines particulières à l'intérêt général, et n'accordons aux aristocrates que la priorité du poignard. »

Philippeaux montait à la tribune pour se disculper ; mais il fut interrompu. La société, sur la proposition de Robespierre, arrêta que Philippeaux serait entendu à la prochaine séance.

Le lendemain, l'occasion de censurer le pouvoir se présenta de nouveau au sein de la Convention, et Bourdon (de l'Oise) ne la laissa pas échapper. Un des secrétaires fit lecture d'une pétition par laquelle les républicaines de la section de Bondy dont les maris étaient aux frontières demandaient des secours.

Bourdon (de l'Oise). « Il est odieux qu'à chaque séance nous soyons assaillis par les réclamations des parens des défenseurs de la patrie. Cela est d'autant plus odieux que, sur la proposition de Jean-Bon Saint-André, la Convention a décrété, il y a deux mois, que les sections donneraient des certificats aux parens de ceux qui sont aux frontières, et que, sur le vu de ces certificats, les caisses nationales seraient autorisées à leur donner des secours, sans toutes ces vaines formalités qui les exposent à mourir de faim. L'inexécution de cette loi, la continuité de ces plaintes, sont les plus sûrs moyens de désorganiser les armées. Je demande que le département de Paris fasse une proclamation pour faire exécuter la loi. »

Fayau. « La Convention, sur la proposition de Robespierre, a décrété qu'il serait nommé une commission pour examiner les obstacles qui arrêtent la distribution des secours accordés aux parens des défenseurs de la patrie. Je demande que cette commission soit promptement organisée, et qu'elle présente un mode pour faire toucher l'indemnité. » Après quelques débats, la Convention décréta que le comité de salut public présenterait la liste des membres de cette commission.

Le 7 janvier (18 nivôse) était le jour fixé par les Jacobins pour entendre Philippeaux, Bourdon, Camille Desmoulins, etc. Bourdon et Philippeaux se préparèrent à faire ce jour-là dans la Convention un scandale qui rendît toute explication extraparlementaire impossible. Ce fut dans cette séance que Bourdon prononça le discours dont il s'agit dans le projet de rapport de Robespierre sur la faction Fabre-d'Églantine, et dont la rédaction y est attribuée à ce dernier.

Bourdon (de l'Oise) commença par faire l'éloge du peuple, de la Convention, du 10 août, du 31 mai, de l'institution du gouvernement révolutionnaire et il continua ainsi sur ce dernier article :

« Cette sage et utile conception, je le proclame hautement, nous vient des estimables et courageux patriotes du comité de salut public, et c'est cependant aux yeux de ces hommes, que j'ai tant de plaisir à estimer, que l'intérêt personnel de quelques ministres, déguisé sous mille formes diverses, a placé tour à tour dans la bouche du patriote abusé des insinuations perfides, et dans la bouche d'un journaliste déhonté les injures les plus grossières.

» Enfin, ces hommes à qui seuls il était réservé de justifier les épithètes dégoûtantes, mais vraiment pittoresques, qui m'échappèrent lorsque je demandai une organisation nouvelle et républicaine du ministère, ont vomi contre moi les calomnies les plus atroces, et dans leur fureur ils crurent me noircir de vices ou me surcharger de ridicules.

» Les temps méprisables où ces plats et monarchiques moyens s'employaient avec succès sont passés; nous avons une République belle et forte, et nous la conserverons malgré eux. Mon devoir est donc, si je veux en être digne, d'imiter le vertueux Grec déjà cité à cette tribune, et, m'adressant à vous, citoyens, de vous conjurer de m'écouter.

» Lors de notre discussion sur l'organisation du gouvernement provisoire et révolutionnaire, je vous ai dit, et je viens de répéter, que je voyais un corps solidement constitué dans toutes ses proportions; mais que je lui trouvais une mauvaise tête, dans le ministère monarchique qui nous est resté. Citoyens, je le répète encore aujourd'hui, et je vais essayer de le démontrer.

» Toute l'activité de notre gouvernement doit être principalement dirigée vers la guerre de terre et de mer, et la surveillance des malveillans de l'intérieur.

» Douze cent mille citoyens composent nos armées, et un seul homme prétendrait follement tout diriger, tout approvisionner, connaître et nommer tous les officiers, tous les généraux, et cautionner leur intelligence à la Convention?

» Savez-vous pourquoi on a semblé croire autrefois à une pareille absurdité? c'est qu'il fallait que tout se rapportât à un seul, ayant la faculté de vouloir, parce qu'il avait envahi les droits du peuple; mais dans une république, soutenir un pareil système, c'est se mentir à soi-même, c'est s'obstiner à ne pas convenir qu'on se trompe, puisqu'il a fallu que le peuple, pour assurer ses droits, en ait confié l'exercice à un grand nombre, et pour un temps limité à une courte durée.

» Ne voit-on pas qu'à côté de cette rotation nécessaire des représentans, qui est le mouvement et la vie de notre République, un petit nombre d'hommes pourraient, en se coalisant, se perpétuer pour ruiner la liberté? On sait déjà les moyens que leur en ont donné les trésors qu'ils ordonnancent et les places qu'ils donnent. Que leur insolence et leur audace à faire calomnier, sans aucune exception, plus de quatre-vingts députés du peuple, vous ouvrent enfin les yeux : voyez où ils veulent et se flattent follement d'arriver ; mais c'est en vain.

» Décrétons, citoyens, par ces seules considérations, parce qu'il n'est pas bon d'apprendre à nos ennemis d'autres vices de notre machine ministérielle, décrétons sur-le-champ, sous la double responsabilité capitale des ministres et des préposés à la garde du trésor public, qu'aucun fonds n'en sortira plus sans qu'après avoir exposé les besoins à l'assemblée, par l'organe d'un de ses comités, elle ne l'ait ordonné, et que les ministres rendront compte de ce qu'ils ont tiré sans l'observation de cette forme essentiellement conservatrice de la fortune publique. »

Bourdon demanda en outre que le comité de salut public fût chargé de présenter « l'organisation d'un ministère républicain aussi patriote que lui. » Il termina ainsi :

« Citoyens, n'avez-vous pas été hier douloureusement affectés d'entendre des malheureux venir demander les secours que la loi leur accorde, comme parens des défenseurs de la patrie, et qu'ils avaient inutilement réclamés du ministre de la guerre ? Ne devez-vous pas être indignés de voir ce ministre, au moment où il faisait ce refus rigoureux, tirer 120,000 liv. du trésor national pour alimenter un journaliste dont le nom ne souillera pas cette enceinte ? Citoyens, il existerait moins de malheureux si vous eussiez confié à des mains pures la direction des dépenses secrètes. Je demande que mes propositions soient mises aux voix. »

Philippeaux appuya la dernière proposition, et pensa que la première avait besoin d'être mûrie. Bourdon insista : « Le mauvais emploi des fonds publics est démontré, dit-il, et il est du devoir de l'assemblée d'empêcher qu'un ministre n'alimente ses détracteurs avec la fortune publique. » — Bentabole pensa qu'on ne pouvait adopter de la première proposition que ce qui était relatif aux dépenses secrètes; quant à la seconde, il demanda que le principe en fut décrété sur le champ. — Danton prit alors la parole; son discours fût un résumé de celui de Bourdon.

Danton. « La Convention nationale a déjà prouvé qu'après avoir, de concert avec le peuple, conquis la liberté, elle saurait la régir et la conserver. Citoyens, un abus vient de vous être dénoncé : je pense que le ministre de la guerre ne doit plus puiser dans le trésor national ; mais je vous engage à ne rien précipiter ; nous avons vaincu par la force nationale et avec le comité de salut public : décrétez le principe, et renvoyez les détails à l'examen de votre comité de salut public, afin de ne point ralentir le cours de vos succès. Je pense aussi que tout membre qui médite sur les moyens de donner une grande force au gouvernement provisoire, que vous avez décrété, doit porter le résultat de ses réflexions au comité de salut public. Ce qui épouvante l'Europe, c'est de voir la manivelle du gouvernement entre les mains de ce comité, qui est l'assemblée elle-même. Je demande qu'en décrétant le principe, les propositions de Bourdon soient renvoyées au comité de salut public, pour en faire un rapport; je demande qu'il fasse également un rapport sur les moyens de perfectionner le gouvernement provisoire. Je suis convaincu qu'un conseil délibérant est mauvais, qu'il vous faut un directeur de la guerre responsable, un directeur de l'intérieur responsable, etc. ; et que le comité de salut public doit diriger l'action du gouvernement, dont la Convention nationale l'a chargé. »

La proposition de Danton fut adoptée en ces termes :

« La Convention nationale décrète en principe qu'à l'avenir aucun ministre ne pourra puiser dans le trésor public, qu'en vertu d'un décret rendu sur le rapport d'un comité. Elle charge le comité de salut public de veiller à ce que l'activité des forces nationales n'éprouve aucun ralentissement; elle le charge en outre de présenter un rapport sur le mode de versement à faire pour toutes les dépenses nationales, et sur l'organisation d'agence du gouvernement provisoire. »

Nous croyons utile, pour mettre le lecteur à même d'apprécier la véritable portée de l'attaque faite ici par les dantonistes, et ce qu'il y avait d'hostile contre le pouvoir dans le décret qu'ils emportèrent, de transcrire ici quelques lignes du projet de rapport de Robespierre, cité en entier dans le XXXe volume de notre Histoire :

« Rien, dit Robespierre, n'était plus patriotique que le discours de Bourdon. On commençait par des sorties contre la royauté et contre la défunte cour, et on y développait les grands principes de la liberté (1)..... Mais on concluait à une nouvelle organisation du gouvernement, et provisoirement à ce qu'il ne pût tirer aucun fonds du trésor public sans un décret préalable. Ces dispositions furent adoptées avec enthousiasme, car les esprits étaient préparés : aussi, dès ce moment, le service se trouva arrêté d'une manière si évidente, que les réclamations se firent entendre aussitôt de toute part, et que

---

(1) Nous n'avons pas jugé devoir citer l'exorde de Bourdon, dont il s'agit ici, parce qu'il est purement oratoire. (*Note des auteurs.*)

le service des armées allait manquer absolument, si le comité de salut public n'avait pris le parti de violer le décret pour conserver la République. Cette manœuvre était assez savante ; aussi était-elle l'œuvre de Fabre. Ce grand maître s'était même donné la peine de composer lui-même le beau discours de Bourdon, tant le sujet lui semblait important. »

Ce premier succès obtenu, Philippeaux monta à la tribune pour parler de la Vendée. Comme son discours renferme tout ce qu'il y a d'intéressant dans ses pamphlets sur la guerre de l'Ouest, nous le citons textuellement :

Philippeaux. « Citoyens, je viens remplir au sein de la Convention nationale un devoir impérieux qu'exige de moi le salut de la patrie.

» J'accuse formellement Ronsin et Rossignol avec les autres agens du ministère :

» 1° D'avoir désorganisé l'armée de l'Ouest par leurs exemples et leurs préceptes, de l'avoir encouragée à tous les actes de licence, au lieu de l'exercer à la discipline militaire ;

» 2° D'avoir toujours fait battre cette armée par les brigands, et de leur avoir constamment livré notre artillerie, nos munitions et nos attirails de guerre ;

» 3° D'avoir toujours empêché que les différentes colonnes attaquassent simultanément pour envelopper l'armée ennemie, et finir la guerre ;

» 4° De n'avoir pas voulu seconder la division de Luçon, lorsqu'elle se mettait en mesure d'attaquer les rebelles ; d'avoir neutralisé les colonnes de droite et de gauche qui devaient l'appuyer ; et quand, malgré tous les obstacles, cette division eut vaincu plusieurs fois les brigands, d'avoir destitué son général la veille aussi d'une action décisive, pour mettre à sa place un Anglais, qui fit éclater sa trahison dès le lendemain 14 août, en procurant à l'ennemi tous les moyens de battre l'armée, dont la défaite eût mis Rochefort et La Rochelle dans le plus grand danger ;

» 5° De s'être opposés à ce que le général de la colonne de

Chinon qui s'avançait pour délivrer trois mille de nos frères prisonniers à Chollet, exécutât ce mouvement salutaire au moment où les rebelles, après avoir évacué Chollet pour fondre sur la division de Luçon, furent battus et mis dans une déroute complète; d'avoir ensuite destitué ce général, et incarcéré son adjudant qui venait demander justice;

» 6° Lorsque le comité de salut public eut arrêté un plan de campagne, le 23 août, pour réduire les brigands par une attaque générale et mieux combinée que toutes les précédentes, d'avoir employé toutes les manœuvres pour faire rétracter ce plan de campagne, d'y avoir opposé la violence même dès leur retour à Saumur, en arrêtant l'armée de Mayence qui descendait à Nantes;

» 7° Quoique le ministre eût reçu ordre de pourvoir à tous nos besoins, d'avoir fait prendre à toutes les munitions de l'armée de Nantes la route de Tours et de Saumur, où elles furent arrêtées pour grossir quelque temps la masse des ressources des ennemis : de sorte que cette armée, au moment d'entrer en campagne, se trouva sans un seul habit, sans une seule paire de souliers, sans subsistances, ni fonds pour en acquérir, et que le service, tant des fourrages que de l'artillerie, manquaient le 9 septembre, veille du jour où nous devions entrer en campagne;

» 8° Que cependant l'armée s'étant mise en marche, le 10 septembre, et ayant vaincu les brigands sur tous les points, ils se trouvèrent, le 15, à la hauteur où la jonction devait s'opérer avec toutes les colonnes, pour cerner les rebelles et investir Mortagne; qu'alors Rossignol, et Ronsin qui les dirigeait, *comme général ministre,* envoyèrent ordre aux colonnes de Niort, de Luçon et de Fontenai, qui s'avançaient sur nous, de retourner dans leurs cantonnemens respectifs.

» 9° Que cet ordre parvenu au général Chalbos, le 9, occasionna la déroute de Mortagne et de Saint-Fulgent, où Mieskraski et Beysser furent complétement battus, que l'armée de

Mayence elle-même faillit être taillée en pièces quand elle se trouva seule et sans appui au cœur de la Vendée.

» 10° Que Chalbos ayant retiré ses trois colonnes, le 18, quatre-vingt-dix mille patriotes, tant à Coron qu'en avant du Pont-de-Cé, furent accablés le même jour et le lendemain par trois mille brigands; d'après une disposition militaire qui n'a point d'exemple, que l'armée de Saumur fut rangée sur une seule colonne de huit hommes de front, présentant six lieues de flanc; que l'artillerie formidable de cette colonne fut placée à sa tête dans les gorges de Coron, pendant que l'ennemi occupait les hauteurs dont, malgré le conseil des guides, on ne voulut pas s'emparer; que les brigands s'élancèrent sans obstacle sur cette tête de colonne, se saisirent de nos bouches à feu, foudroyèrent nos malheureux défenseurs de bordées à mitrailles avec leur artillerie même, et en firent un carnage horrible.

» 11° Qu'un décret ayant ordonné l'extraction des grains sur les derrières de l'armée, à mesure qu'on pénétrerait dans le pays ennemi, Ronsin et Rossignol congédièrent les commissaires chargés de cette opération précieuse, firent incendier des monceaux immenses de grains, et abandonnèrent aux brigands la récolte des plaines de Doué, Thouars, Loudon et l'Isle-Saint-Aubin, si abondante cette année, qu'elle eût suffi pour alimenter pendant un an toute l'armée de l'Ouest.

» 12° Que quand la société populaire de Saumur voulut dénoncer tous ces faits à celle des Jacobins, les satellites du ministère vinrent l'opprimer jusqu'au lieu de ses séances par des cris de fureur et des gestes menaçans.

» 13° Que l'armée de Nantes ayant reçu de Saumur, les 24 et 27 septembre, l'invitation de regagner son ancienne position, avec promesse de la faire soutenir par les colonnes du sud-ouest que commandait Chalbos, les généraux s'empressaient de déférer à cette proposition ; qu'elle fut maîtresse en peu de jours des clés de Mortagne, et joignit le corps de Beffroy, l'un des lieutenans de Chalbos; qu'alors un nouvel ordre de Saumur, du 2 octobre, changea la marche des colonnes du Sud-Ouest, pour laisser l'armée de Mayence seule aux prises avec l'ennemi; qu'elle fut investie par toutes les forces vendéennes dont elle défit complétement la principale armée, le 6 octobre, à Saint-Simphorien; que cette victoire ouvrit toutes les routes de Mortagne et Chollet; mais qu'au moment où on s'ébranlait pour cette expédition décisive, elle fut paralysée par la destitution des généraux victorieux, dont un gémit dans les fers;

» 14° Que la première opération du nouveau général de l'armée de l'Ouest fut de laisser prendre aux brigands de l'île de Noirmoutier Machecoul et l'île Bouin, de faire évacuer Mortagne, brûler huit milliers de poudre qui s'y trouvaient, un magasin de riz, douze mille rations de pain, et pour un million d'effets de campement;

» 15° Qu'après l'expédition honteuse de Mortagne et de Chollet, due tout entière à la bravoure de nos soldats, l'état-major laissa passer la Loire aux brigands qu'on pouvait noyer dans ce fleuve; qu'outre le temps qu'ils employèrent à effectuer ce passage, ils restèrent trois jours disséminés çà et là dans le plus grand désordre, mourant de faim, et sans savoir quelle route tenir; qu'on leur laissa le temps de se rallier et de diriger un système militaire;

» 16° Qu'ensuite on permit aux brigands de prendre Craon, Château-Gontier et Laval, où mille atrocités furent commises; que quatre mille hommes seulement, envoyés à la poursuite de l'ennemi, furent enveloppés et mis en pièces; que le lendemain, pour réparer ce désastre, Chamberti, qui commandait huit cents hommes à Châteaubriand, eut ordre d'aller avec cette force mineure attaquer l'armée victorieuse;

» 17° Qu'après le passage de la Loire, un nouveau commandant de la place de Nantes, nommé Bririn, envoyé par les bureaux de la guerre, laissa toutes les avenues de cette ville dégarnies et sans défense, malgré l'ordre qu'il avait reçu; qu'il faisait partir en même temps un trésor de 6 millions et soixante chevaux sous l'escorte de vingt-cinq chasseurs à cheval, sur une route dont l'armée ennemie était maîtresse;

» 18 Qu'un autre général, nommé Vianier, recommandé par les bureaux de la guerre comme le plus brave militaire de l'Europe, s'étant porté à Craon avec cinq mille hommes pour appuyer l'armée de l'Ouest, évacua ce poste avant même d'avoir vu l'ennemi; que retiré à Châteaubriand, dont la position était inaccessible et les habitans déterminés à vaincre, il abandonna aussi cette place à la merci des brigands, lorsqu'ils en étaient à dix lieues;

» 19º Qu'au moment de cette défection, Rossignol désarma les habitans de la Guerche, commune la plus patriote d'Ille-et-Vilaine, qui deux fois s'était levée en masse pour venir au secours de Nantes, où elle était encore huit jours auparavant;

» 20º Que de la Guerche il se rendit à Vitré, forteresse inexpugnable, qu'il fit désarmer, en ordonnant à la garnison de se replier sur Rennes; que la garde nationale, ayant reçu le même ordre, fit des réclamations aussi pressantes que vaines pour obtenir qu'on lui permît de se défendre seule contre les brigands;

» 21º Que le 19ᵉ bataillon d'infanterie légère, distingué par son intrépide bravoure, fut distrait de la garnison de Fougères, et envoyé seul à Ernée pour reprendre ce poste qu'occupaient quinze cents rebelles; que, sans raisonner son obéissance, il se battit en désespéré, fut réduit de huit à deux cents hommes, et qu'une compagnie de canonniers de Paris, dite de la Réunion, fut massacrée tout entière;

» 22º Qu'après ces désastres, la garnison de Fougères, dirigée en sens inverse de tous les principes, fut taillée en pièces, et qu'alors les frontières maritimes furent ouvertes à l'ennemi.

» 23º Qu'au retour de Granville, où les brigands furent repoussés d'une manière si glorieuse, il était facile de les ensevelir dans les marais de Dol; qu'une avant-garde seule de trois cents hommes leur fut opposée, les battit deux fois de suite, mais succomba enfin sous l'avantage du nombre, faute d'être secourue par le gros de l'armée que Rossignol tenait à sept lieues du champ de bataille; qu'ensuite cette armée elle-même fut mise en pleine déroute; qu'au nombre des victimes sacrifiées dans cette affaire étaient neuf cents Brestois, pères de famille, et tout le 41ᵉ régiment; que Rossignol s'enfuit à Rennes, dont il disposa l'évacuation, et que le Morbihan s'insurgea dès le lendemain;

» 24º Qu'à Angers, pendant deux jours que dura le siége, les lieutenans de Rossignol, cachés dans leurs maisons, s'occupaient uniquement de préparer une fuite honteuse; que les soldats et gardes nationaux, n'ayant pu être découragés par cette conduite, parvinrent seuls avec Ménard et Beaupuy à repousser les brigands; qu'alors ils conjurèrent les officiers supérieurs de faire une sortie décisive contre l'ennemi en déroute, et ne purent l'obtenir; que Rossignol arriva six heures après la levée du siége, pendant lequel il s'était obstiné à faire stationner l'armée à Châteaubriand, malgré les instances qu'elle lui faisait de la conduire à l'ennemi, et les conjurations qu'il recevait à toutes les heures par des courriers extraordinaires;

» 25º Que Rossignol, survenu après l'action, ne voulut pas profiter de la déroute des brigands pour les tailler en pièces; qu'il les laissa tranquillement dévaster toutes les contrées environnantes, et n'envoya pas même à la Flèche une colonne pour leur couper le passage;

» 26º Que nos armées étaient toujours à huit ou dix lieues des forces ennemies, qui pouvaient à ce moyen commettre avec succès toutes les horreurs; qu'elles ne furent jointes au Mans que deux jours après leur arrivée en cette ville; que le moment où Rossignol cessa de commander nos armées fut le terme de nos désastres, et que la victoire décisive du Mans n'est due qu'à une infraction aux ordres supérieurs.

» J'offre pour preuve irrésistible de tous ces faits :

» 1º La collection de pièces officielles que j'ai remises au comité de salut public, à mon retour de Nantes;

» 2° Le témoignage de tous les représentans du peuple qui ont été commissaires nationaux dans les deux Vendées;

» 3° Le témoignage de tous les soldats des diverses colonnes de l'armée de l'Ouest;

» 4° Celui de tous les citoyens qui habitent les départemens qui ont été le théâtre de la guerre.

» Mon accusation est précise et solennelle; j'en demande le renvoi au comité de sûreté générale, pour vérifier attentivement les faits et vous en faire un rapport. »

Choudieu accusa Philippeaux d'être l'instrument d'une faction qui voulait diviser les patriotes : « Il n'y a pas un mot de vrai dans tout ce qu'il vient de dire, s'écria-t-il; et, s'il n'est pas fou, il est le plus grand des imposteurs. Il ment à sa conscience, en accusant Rossignol de lâcheté ; ce qui l'a engagé à cette démarche, c'est la crainte d'être lui-même accusé. » — Merlin, de Thionville, dit « qu'il n'y a point eu de trahison dans la Vendée ; l'ambition seule des hommes qui s'avouaient incapables de commander avait fait le plus grand mal : il proposa de s'en rapporter à un militaire, dans ce moment à la barre, qui avait fait toute la guerre de la Vendée. C'était Westermann : il venait offrir un reste des dépouilles sacerdotales de l'évêque d'Agra, si fameux par le rôle qu'il avait joué dans la ci-devant armée catholique et royale ; il venait aussi assurer, sur sa tête, que de cette armée, forte encore au Mans de quatre-vingt-dix mille hommes, il n'existait plus aucun combattant; chefs, officiers, soldats, évêques, princesses, comtesses et marquises, tout avait péri par le fer, les flammes et les flots. » — Charlier fit observer que la seule chose importante à savoir dans le moment, c'était que la Vendée n'existait plus ; il demanda le renvoi de la dénonciation de Philippeaux aux comités. — Lecointre, de Versailles, annonça que Westermann était destitué et menacé d'être arrêté ; il demanda qu'en attendant le rapport il jouît de sa liberté. « La raison de sa destitution est simple, s'écria Philippeaux, il a battu les rebelles de la Vendée. » Merlin, de Thionville, Levasseur, Goupilleau et Bellegarde citèrent plusieurs traits qui prouvaient le courage et le talent de Westermann. — Après quelques débats, la proposition de Lecointre fut adoptée.

Dans son projet de rapport contre la faction Fabre-d'Églantine, Robespierre récrimine très-amèrement contre les dantonistes à l'occasion de ce dernier décret. (Voir le trentième volume de l'*Histoire parlementaire*, p. 173.)

Passons maintenant à la séance des Jacobins. Une intrigue avait été montée dans les comités de la société pour que cette soirée (7 janvier — 18 nivose), où la querelle entre les ultra-révolutionnaires et les indulgens devait être sérieusement vidée, fût consommée en dénonciations oiseuses. Déjà Saintex, qui sera bientôt exclu à la demande de Robespierre, avait été entendu au nom des quatre comités réunis sur la question de savoir si le club aurait des fonctionnaires salariés. Il avait conclu à la négative, et cette proposition avait été unanimement adoptée. Le rapporteur du comité de présentation vint demander ensuite l'expulsion de Rivez, agioteur, dont la femme avait tenu une loterie étrangère. — Robespierre signala cette tactique. Il dit qu'on voulait occuper la séance d'un rapport sur un homme peu connu dans la société, et qui n'y marquait ni en bien, ni en mal. « Votre comité de présentation, s'écria-t-il, a été dupe d'intrigans qui se fourrent partout ; il y en a, et dans vos comités, et dans votre société, et autour des membres de la Convention ; il y en a partout. — Je demande qu'on laisse de côté toutes ces petites intrigues, qu'on passe immédiatement aux grands objets de salut public, et qu'on ne discute que ceux-là. Boullanger a des dénonciations importantes à vous faire ; qu'il soit entendu. »

Boullanger. « Je viens dénoncer un grand conspirateur : c'est moi. On m'accuse d'avoir provoqué la dissolution de la Convention nationale. J'ai été dénoncé hier au comité de salut public, pour avoir dit à ma section que la Convention était faible, qu'il fallait la surveiller et même la changer au définitif. Citoyens, je ne veux pas raconter les faits, mais il suffit de vous dire que le jour où l'on prétend que j'ai mérité ce reproche est le plus beau jour de ma vie.

» J'ai, au contraire, non-seulement soutenu la Convention, mais même déclaré qu'il fallait maintenir le gouvernement révolutionnaire aussi longtemps qu'elle le croirait nécessaire à la tranquillité et au bonheur du peuple. »

Robespierre. « Il est bien vrai que cette dénonciation a été faite au comité de sûreté générale, qui l'a crue d'abord d'assez grande conséquence pour la porter de suite au comité de salut public, mais elle s'est trouvée fausse.

» Je rends justice au patriotisme de Boullanger qui, bien loin d'être l'auteur des propos dénoncés, a donné dans toutes les occasions des preuves du civisme le plus pur. »

Robespierre développe ensuite un système de calomnie formé par *de nouveaux brissotins* plus dangereux, plus perfides, et plus plats que les anciens. Mais, quelles que soient, dit-il, les trames qu'ils ourdissent, la liberté est fondée à jamais. (*Oui, oui, pour jamais*, s'écrient à la fois tous les membres de la société et les citoyens des tribunes, levés simultanément, et agitant leurs chapeaux.)

Robespierre. « Vous venez de le voir, de l'entendre, ce mouvement magnanime qui s'est échappé de vos cœurs généreux, il est le gage assuré de votre bonheur, de votre liberté.

» Citoyens, je ne veux point commander votre confiance : s'il était quelqu'un parmi vous qui pût en douter, qu'il n'en croie point mes paroles ni vos suffrages ; qu'il en croie les faits.

» Il est des hommes nouveaux, des patriotes d'hier, qui veulent s'accrocher aux piliers de la révolution, qui veulent monter sur la Montagne, pour en expulser ceux qui y siégent depuis si long-temps avec tant de succès.

» Il est parmi nous des patriotes que l'on vexe ; nous ne pouvons pas les délivrer de la persécution : car il est aussi parmi vous des fripons qui mettent tant qu'ils peuvent des obstacles au bien que nous voudrions faire, et qui y réussissent quelquefois ; mais leurs succès éphémères passeront ; la République doit triompher de toutes les cabales, et chaque patriote se rangera sous ses drapeaux.

» Quant à la société, elle fera le triage nécessaire parmi ses membres, et saura n'accorder ses suffrages qu'à ceux qui le mériteront. S'il reste dans son sein quelque écume, elle ne balancera pas à la rejeter. »

Robespierre termine par une invitation aux représentans du peuple de se montrer en tout dignes de la cause de ce même peuple qui se glorifie dans ses représentans.

» Ce discours énergique est vivement applaudi. La société passe à la discussion de l'affaire de Philippeaux, qui est appelé trois fois à la tribune. Philippeaux ne paraît point.

» On appelle à la tribune successivement, et à trois reprises différentes, Bourdon, de l'Oise; Fabre-d'Églantine, et Camille-Desmoulins. Bourdon, Fabre, et Camille ne paraissent point.

Robespierre. « Les champions qui devraient combattre ne se présentent pas dans l'arène, je ne crois pas que Philippeaux mérite un arrêté pour l'expulser de cette société : 1° parce qu'il n'en fut jamais; 2° parce qu'il ne professa jamais les principes des amis de la liberté et de l'égalité.

» Puisque ceux qui ont provoqué cette lutte fuient actuellement le combat, que la société les appelle au tribunal de l'opinion publique : elle les jugera. Quant à la société, qu'elle mette à son ordre du jour une question qui n'est pas étrangère à cette rixe : *les crimes du gouvernement anglais, et les vices de la constitution britannique.* Mais, comme la société n'est pas assez préparée pour traiter ces grandes matières, je demande qu'on ajourne cette discussion à la séance qui suivra celle de demain.

» Si l'on veut prendre la peine de faire ce parallèle entre deux nations, dont l'une a déjà reconquis ses droits et sa liberté, et dont l'autre gémit encore sous l'oppression des tyrans, qu'on examine d'un côté le génie révolutionnaire qui sauva la chose publique ; qu'on voie les victoires de l'Alsace, la prise de Toulon, les miracles qu'a enfantés la liberté française et ceux qu'elle doit encore enfanter ; qu'on voie de l'autre la stupeur dans laquelle sont restés ces insulaires à l'annonce de nos succès. Voilà les objets qui doivent être à l'ordre du jour. »

Goupilleau de Fontenay monte à la tribune et y explique quelques faits relatifs à la guerre de la Vendée. Un citoyen accuse Goupilleau d'être le complice de Bourdon de l'Oise.

Lachevardière. « Goupilleau a fait des fautes graves dans la Vendée, mais la Convention est coupable d'avoir envoyé à Fontenay, pour y combattre les rebelles, Goupilleau de Fontenay. »

Ces dernières paroles excitent un grand tumulte dans l'assemblée. — Lachevardière vole à la tribune ; on l'en fait retirer.

— Plusieurs membres réclament la parole pour l'honneur de la Convention. Bientôt le bruit devient si grand, que le président est obligé de se couvrir.

Robespierre. « Je dirai avec franchise qu'on profite de la moindre circonstance pour perpétuer le trouble, et empêcher la société de jouir du calme dont elle a tant besoin. S'il échappe à quelqu'un une expression impropre..... »

Bentabolle. « Une insulte à la Convention ! » (*Non ! non !* s'écrie-t-on de toutes parts.)

Robespierre. « Je suis bien aise qu'une circonstance, qui semble légère en elle-même, vienne prouver le système de division que j'ai dénoncé.

» J'atteste que personne n'a voulu croiser les principes auxquels nous avons besoin de nous rallier.

» Goupilleau n'avait que le tort de revenir trop souvent sur un article que la société avait déjà trop entendu.

» Quant à la seconde circonstance, il y a eu dans le propos du préopinant trop de chaleur sans doute, mais plus d'inexactitude, plus d'impropriété dans l'expression, que d'envie d'avilir la Convention. »

Bentaboll. « Il l'a avilie. »

Robespierre. « La Convention n'est pas aussi aisée à dégrader qu'on semble le craindre, et je soutiendrai ici les principes que je professai si constamment sous le règne des brissotins.

» L'honneur de la Convention est un peu lié à celui de chacun de ses membres. Le mien, sans doute, doit y être compromis ; eh bien ! je déclare que je ne vois point que la Convention soit avilie, et celui qui se plaît à la voir continuellement dégrader, qui manifeste à chaque instant cette crainte, celui-là n'a aucune dignité de lui-même, de la Convention, ni du peuple.

» La Convention ne tient que d'elle l'honneur dont elle est couverte ; elle n'a au-dessus d'elle que le peuple français ; quant à ceux qui désireraient peut-être que la Convention fût dégradée, qu'ils voient ici le présage de leur ruine, qu'ils entendent l'oracle de leur mort certaine ; ils seront exterminés. »

(Toute l'assemblée émue se lève, et à grands cris proclame la ruine des traîtres et le triomphe du peuple français.—Quatre fois ce mouvement sublime a eu lieu dans cette séance intéressante et digne de la majesté d'un peuple libre.)

Robespierre. « Que nos ennemis examinent sérieusement cette séance, et ils verront qu'il n'y a plus de factions. Elles sont écrasées par le génie de la liberté et par l'énergie de la Convention. Représentans du peuple, ne croyez pas à la puissance de vos ennemis, s'il est vrai que vous en ayez de réels. Vos ennemis sont ceux qui vous trompent ; les autres sont trop impuissans pour être formidables. Soyez vainqueurs de l'Autriche, de la Prusse, de tous les oppresseurs du peuple ; soyez vraiment les mandataires d'un grand peuple, et vous n'aurez rien à craindre. Eh quoi ! un homme, une faction, oseraient se mesurer avec le peuple français ! Ne le croyez pas ! Soyez calmes ; ne vous levez pas avec vivacité, lorsqu'un propos mal entendu échappe de la bouche d'un patriote.

» Qu'y a-t-il de commun entre ces propos, votre caractère et vos sublimes devoirs ? Conservez votre tranquillité, compagne immortelle de la force et de la vertu. S'il est des coupables, jugez-les ; examinez leur cause. Ne souffrez pas qu'un individu substitue sa voix à celle de la vérité.

» Ce que je dis est superflu, car je ne pense pas qu'il puisse y avoir un individu assez insensé pour renouer une intrigue ; il ne serait pas plus heureux que les coquins que la Convention a punis. La Convention ne juge jamais qu'avec connaissance de cause ; que ses membres en fassent de même : ce n'est pas dans un repas qu'il faut discuter les intérêts de la chose publique, c'est à la tribune de la Convention. Il ne me reste qu'à inviter les citoyens qui ont jusqu'à présent défendu la liberté, et qui ont terrassé les factions, les représentans qui sont investis de la confiance nationale, et à qui les tyrans eux-mêmes ont rendu hommage; je les conjure, dis-je, de se rallier aux principes, et de ne suivre que les règles de la justice. Je demande qu'écartant les petits incidens, on mette constamment à l'ordre du jour, après la séance de demain : *les crimes du gouvernement anglais, et les vices de la constitution britannique.* »

Le discours de Robespierre est vivement applaudi ; la proposition est adoptée. — On annonce Camille-Desmoulins ; il monte à la tribune.

Un membre. « Avant que Camille réponde aux inculpations qui lui ont été faites, je demande qu'il nous rende compte de ses liaisons avec Philippeaux ; qu'il nous dise sur quoi sont fondées l'estime et l'admiration qu'il a pour ce grand homme. »

Camille-Desmoulins. « Tenez, citoyens, je vous avoue que je ne sais plus où j'en suis ; de toutes parts on m'accuse, on me calomnie. Sur le fait de Philippeaux, je vous confesse franchement que j'ai cru de bonne foi tout ce qu'il a consigné dans son mémoire sur la Vendée. En effet, comment supposer un homme assez impudent menteur, pour oser consigner dans un écrit public une suite de faits destitués de fondement. J'ai lu les écrits de Philippeaux ; la manière dont il raconte ce qu'il a vu m'a séduit, et je ne crois pas qu'un homme n'ayant lu que ce que dit Philippeaux, à moins d'être un incrédule renforcé, puisse raisonnablement révoquer en doute les faits qu'il a consignés dans ses lettres imprimées.

» J'ai vu depuis d'excellens patriotes, tel que Collot-d'Herbois ; ils m'ont assuré que l'ouvrage de Philippeaux était un roman, où il mentait impudemment à sa conscience et au public. Je vous avoue que je ne sais plus où j'en suis ; qui croire, quel parti prendre ? En vérité, j'y perds la tête ; est-ce un crime à vos yeux de s'être laissé tromper par une série de faits tous bien liés entre eux, et qui se développent sans art et sans efforts. »

Un membre. « Camille ne doit pas compte au public de ses sentimens particuliers sur Philippeaux; mais ce qui nous intéresse et ce que nous voudrions voir, c'est la manière dont Camille nous expliquera les numéros du *Vieux Cordelier.* »

Robespierre. « Il y a quelque temps que je pris la défense de Camille, accusé par les Jacobins. Je me permis alors des réflexions sur son caractère; l'amitié les permettait; mais aujourd'hui je suis forcé de tenir un langage bien différent. Camille avait promis d'abjurer les hérésies politiques, les propositions erronées, malsonnantes, qui couvrent toutes les pages du *Vieux Cordelier;* Camille, enflé par le débit prodigieux de ses numéros, et les éloges perfides que les aristocrates lui prodiguent n'a pas abandonné le sentier que l'erreur lui avait tracé. Ses écrits sont dangereux; ils alimentent l'espoir de nos ennemis, et favorisent la malignité publique.

» Camille-Desmoulins s'est épris d'une belle passion pour Philippeaux; rien n'est sublime que les productions de Philippeaux : c'est son héros, c'est son don Quichotte. Camille est admirateur des anciens; les écrits immortels de Cicéron et de Démosthènes sont ses délices. La ressemblance des termes seuls lui monte la tête. L'orateur grec et le romain ont fait des philippiques, l'un contre le tyran de Macédoine, l'autre contre un scélérat conspirateur.

» Camille croit, en lisant Philippeaux, lire encore les philippiques de Cicéron et de Démosthènes; mais qu'il ne s'abuse pas; les anciens ont fait des philippiques, et Philippeaux n'a composé que des philippotiques.

» Camille a quelque chose de la naïveté de Lafontaine. On se rappelle que celui-ci, lisant un jour les prophéties, dit à un courtisan qui ne lisait guère l'Écriture sainte : « Avez-vous lu Baruch? Parbleu! c'était un grand homme. » Le courtisan répondit : « Mais qu'est-ce que c'est que Baruch. » Eh bien! Desmoulins s'en va, prenant tous les passans au collet, et leur dit : « Avez-vous lu Philippeaux ? » Les passans, semblables au courtisan, lui répètent : « Eh mais, mon Dieu, qu'est-ce que c'est que Philippeaux ? »

» Les écrits de Camille sont condamnables, sans doute; mais pourtant il faut bien distinguer la personne de ses ouvrages. Camille est un enfant gâté, qui avait d'heureuses dispositions, mais que les mauvaises compagnies ont égaré. Il faut sévir contre ses numéros, que Brissot lui-même n'eût osé avouer, et conserver Desmoulins au milieu de nous. Je demande pour l'exemple que les numéros de Camille soient brûlés dans la société. »

Desmoulins. « C'est fort bien dit, Robespierre, mais je te répondrai comme Rousseau : brûler n'est pas répondre. »

Robespierre. « Comment oser encore vouloir justifier des ouvrages qui font les délices de l'aristocratie? Apprends, Camille, que si tu n'étais pas Camille, on ne pourrait avoir autant d'indulgence pour toi. La manière dont tu veux te justifier me prouve que tu as de mauvaises intentions. *Brûler n'est pas répondre!* Mais cette citation peut-elle trouver ici son application. »

Camille. « Mais, Robespierre, je ne te conçois pas. Comment peux-tu dire qu'il n'y ait que les aristocrates qui lisent ma feuille. La Convention, la Montagne, ont lu le *Vieux Cordelier* : la Convention, la Montagne, ne sont donc composées que d'aristocrates?

» Tu me condamnes ici; mais n'ai-je pas été chez toi? ne t'ai-je pas lu mes numéros, en te conjurant, au nom de l'amitié, de vouloir bien m'aider de tes avis, et de me tracer le chemin que je devais tenir? »

Robespierre. « Tu ne m'as pas montré tous tes numéros; je n'en ai vu qu'un ou deux. Comme je n'épouse aucune querelle, je n'ai pas voulu lire les autres : on aurait dit que je les avais dictés. »

Danton. « Camille ne doit pas s'effrayer des leçons un peu sévères que l'amitié de Robespierre vient de lui faire. Citoyens, que la justice et le sang-froid président toujours à vos décisions. En jugeant Desmoulins, prenez garde de porter un coup funeste à la liberté de la presse. » — On demande la lecture des numéros de Camille.

Un secrétaire lit le n. IV du *Vieux Cordelier*, qui a excité les réclamations; la lecture en est plusieurs fois interrompue par des marques d'improbation. La société, sur la proposition de Robespierre, arrête que demain on fera lecture du troisième numéro de Camille, et du cinquième où il se justifie. » (*Moniteur.*)

Nous transcrirons ici le numéro qui fut lu à la fin de cette séance.

LE VIEUX CORDELIER,

JOURNAL RÉDIGÉ PAR CAMILLE DESMOULINS,

député à la Convention, et doyen des Jacobins.

VIVRE LIBRE OU MOURIR !

N. IV. Décadi 30 frimaire, l'an II de la république, une et indivisible.

> Le plus fort n'est jamais pour être toujours le maître, s'il ne transforme sa force en droit.
> (J.-J. ROUSSEAU, *Contrat Social.*)

« Quelques personnes ont improuvé mon n° III, où je me suis plu, disent-elles, à faire des rapprochemens qui tendent à jeter de la défaveur sur la Révolution et les patriotes : elles devraient dire sur les excès de la Révolution et les patriotes d'industrie. Elles croient le numéro réfuté, et tout le monde justifié par ce seul mot : *On sait bien que l'état présent n'est pas celui de la liberté; mais patience*, *vous serez libres un jour*.

» Ceux-là pensent apparemment que la liberté, comme l'enfance, a besoin de passer par les cris et les pleurs pour arriver à l'âge mûr; il est au contraire de la nature de la liberté que pour en jouir il suffit de la désirer. Un peuple est libre du moment qu'il veut l'être (on se rappelle que c'est un mot de La Fayette); il rentre dans la plénitude de tous ses droits dès le 14 juillet. La liberté n'a ni vieillesse ni enfance; elle n'a qu'un âge, celui de la force et de la vigueur; autrement, ceux qui se font tuer pour la République seraient donc aussi stupides que ces fanatiques de la Vendée qui se font tuer pour des délices de paradis dont ils ne jouiront point. Quand nous aurons péri dans le combat, ressusciterons-nous aussi dans trois jours, comme le croient ces paysans stupides? Non, cette liberté que j'adore n'est point le Dieu inconnu. Nous combattons pour défendre des biens dont elle met sur-le-champ en possession ceux qui l'invoquent; ces biens sont la déclaration des droits, la douceur des maximes républicaines, la fraternité, la sainte égalité, l'inviolabilité des principes; voilà les traces des pas de la déesse; voilà à quels traits je distingue les peuples au milieu de qui elle habite.

» Et à quel autre signe veut-on que je reconnaisse cette liberté divine? Cette liberté, ne serait-ce qu'un vain nom? n'est-ce qu'une actrice de l'Opéra, la Candeille ou la Maillard promenées avec un bonnet rouge, ou bien cette statue de 46 pieds de haut que propose David? Si par la liberté vous n'entendez pas comme moi les principes, mais seulement un morceau de pierre, il n'y eut jamais d'idolâtrie plus stupide et si coûteuse que la nôtre.

» O mes chers concitoyens! serions-nous donc avilis à ce point que de nous prosterner devant de telles divinités? Non, la liberté, cette liberté descendue du ciel, ce n'est point une nymphe de l'Opéra, ce n'est point un bonnet rouge, une chemise sale ou des haillons; la liberté, c'est le bonheur, c'est la raison, c'est l'égalité, c'est la justice, c'est la déclaration des droits, c'est votre sublime constitution. Voulez-vous que je la reconnaisse, que je tombe à ses pieds, que je verse tout mon sang pour elle? ouvrez les prisons (1) à ces deux cent mille citoyens que vous appelez suspects; car, dans la déclaration des droits, il n'y a point de maison de suspicion, il n'y a que des maisons d'arrêt. Le soupçon n'a point de prisons, mais l'accusateur public;

---

(1). « Que messieurs les modérés ne se fassent pas une autorité de ce passage; qu'ils n'isolent pas cette ligne du reste du n. IV; car c'est de l'ensemble que se compose mon opinion. Je ne veux point, *pygmée*, avoir une querelle de *géant*, et je déclare que mon sentiment n'est pas qu'on ouvre les deux battants des maisons de suspicion, mais seulement un guichet, et que les quatre ou six examinateurs secrets décrétés par la Convention, décadi 30 frimaire, interrogent les suspects un à un, et leur rendent la liberté, si leur élargissement ne met point la République en péril. »

il n'y a point de gens suspects, il n'y a que des prévenus de délits fixés par la loi; et ne croyez pas que cette mesure serait funeste à la République, ce serait la mesure la plus révolutionnaire que vous eussiez jamais prise. Vous voulez exterminer tous vos ennemis par la guillotine! Mais y eut-il jamais plus grande folie? Pouvez-vous en faire périr un seul à l'échafaud sans vous faire dix ennemis de sa famille ou de ses amis? Croyez-vous que ce soient ces femmes, ces vieillards, ces cacochymes, ces égoïstes, ces traînards de la Révolution, que vous enfermez, qui sont dangereux? De vos ennemis il n'est resté parmi vous que les lâches et les malades ; les braves et les forts ont émigré ; ils ont péri à Lyon ou dans la Vendée; tout le reste ne mérite pas votre colère. Cette multitude de feuillans, de rentiers, de boutiquiers que vous incarcerez, dans le duel entre la monarchie et la République, n'a ressemblé qu'à ce peuple de Rome dont Tacite peint ainsi l'indifférence dans le combat entre Vitellius et Vespasien.

« Tant que dura l'action, les Romains s'assemblaient comme des spectateurs curieux autour des combattans, et, comme à un spectacle, ils favorisaient tantôt ceux-ci et tantôt ceux-là par des battemens de mains et des acclamations, se déclarant toujours pour les vainqueurs ; et, lorsqu'un des deux partis venait à lâcher pied, voulant qu'on tirât des maisons, et qu'on livrât à l'ennemi ceux qui s'y sauvaient. D'un côté l'on voyait des morts et des blessés, de l'autre des comédies et des restaurateurs remplis de monde. » N'est-ce pas l'image de nos modérés, de nos chapelains, de nos signataires de la fameuse pétition des huit mille et des vingt mille, et de cette multitude immobile entre les Jacobins et Coblentz, selon les succès criant : Vive Lafayette et son cheval blanc ! ou portant en triomphe le buste de Marat, et le nichant dévotement à la place de la Notre-Dame-du-Coin et entre les deux chandelles? On voit que les bourgeois de Paris, l'an II de la République, ne ressemblent pas mal encore à ceux de Rome du temps de Vitellius, comme ceux de Rome ressemblaient à ceux d'Athènes du temps de Platon, dont ce philosophe disait, dans sa république imaginaire, qu'il n'avait rien prescrit pour eux, cette classe étant faite pour suivre aveuglément l'impulsion du gouvernement et des plus forts. On se battait au Carrousel et au Champ-de-Mars, et le Palais-Royal étalait ses bergères et son Arcadie. A côté du tranchant de la guillotine, sous lequel tombaient les têtes couronnées, et sur la même place, et dans le même temps, on guillotinait aussi Polichinelle qui partageait l'attention. Ce n'était pas l'amour de la République qui attirait tous les jours tant de monde sur la place de la Révolution, mais la curiosité, et la pièce nouvelle qui ne pouvait avoir qu'une seule représentation. Je suis sûr que la plupart des habitués de ce spectacle se moquaient, au fond de l'âme, des abonnés de l'Opéra et de la tragédie, qui ne voyaient qu'un poignard de carton, et des comédiens qui faisaient le mort. « Telle était, dit Tacite, l'insensibilité de la ville de Rome, sa sécurité dénaturée et son indifférence parfaite pour tous les partis. » Mais Vespasien, vainqueur, ne fit point embastiller toute cette multitude.

» De même, croyez-moi, dignes représentans, aujourd'hui que la Convention vient de rejeter sur les intrigans, les patriotes *tarés*, et les ultra-révolutionnaires en moustaches et en bonnet rouge, l'immense poids de terreur qui pesait sur elle ; aujourd'hui qu'elle a repris, sur son piédestal, l'attitude qui lui convenait dans la religion du peuple, et que le comité de salut public veut un gouvernement provisoire respecté et assez fort pour contenir également les modérés et les exagérés, laissons aussi végéter au coin de leur feu, au moins, ces paisibles casaniers qui n'étaient pas républicains sous Louis XV, et même sous Louis XVI et les états-généraux, mais qui, dès le 14 juillet, et au premier coup de fusil, ont jeté leurs armes et l'écusson des lis, et ont demandé en grâce à la nation de leur laisser faire leurs quatre repas par jour. Laissez-les, comme Vespasien, suivre aujourd'hui le char du triomphateur, en s'égosillant à crier : Vive la République !

» Que de bénédictions s'élèveraient alors de toutes parts! Je pense bien différemment de ceux qui vous disent qu'il faut laisser la terreur à l'ordre du jour. Je suis certain, au contraire, que la liberté serait consolidée et l'Europe vaincue si vous aviez un comité de clémence. C'est ce comité qui finirait la révolution; car la clémence est aussi une mesure révolutionnaire, et la plus efficace de toutes, quand elle est distribuée avec sagesse. Que les imbécilles et les fripons m'appellent modéré s'ils le veulent, je ne rougis point de n'être pas plus enragé que Brutus; or voici ce que Brutus écrivait : *Vous feriez mieux, mon cher Cicéron, de mettre de la vigueur à couper court aux guerres civiles, qu'à exercer de la colère, et poursuivre vos ressentimens contre des vaincus* (1). On sait que Thrasybule, après s'être emparé d'Athènes à la tête des bannis, et avoir condamné à mort ceux des trente tyrans qui n'avaient point péri les armes à la main, usa d'une indulgence extrême à l'égard du reste des citoyens, et même fit proclamer une amnistie générale. Dira-t-on que Thrasybule et Brutus étaient des Feuillans, des Brissotins? je consens à passer pour modéré, comme ces grands hommes. La politique leur avait appris la maxime que Machiavel a professée depuis; que, *lorsque tant de monde a trempé dans une conjuration, on l'étouffe plus sûrement en feignant de l'ignorer qu'en cherchant tous les complices.* C'est cette politique, autant que sa bonté, son humanité, qui inspira à Antonin ces belles paroles, aux magistrats qui le pressaient de poursuivre et de punir tous les citoyens qui avaient eu part à la conjuration d'Attilius : *Je ne suis pas bien aise qu'on voie qu'il y a tant de gens qui ne m'aiment pas.*

» Je ne puis m'empêcher de transcrire ici le passage que l'*anti-fédéraliste* a cité de Montesquieu, et qui est si bien à l'ordre du jour. On verra que le génie de César ne travaillait pas mieux que la sottise de nos *ultra-révolutionnaires* à faire détester la République, et à frayer le chemin à la monarchie.

» Tous les gens qui avaient eu des projets ambitieux avaient

(1) *Acrius prohibenda civilia bella quàm in superatos iracundia exercenda.*

conspiré à mettre le désordre dans la République. Pompée, Crassus et César y réussirent à merveille ; et, comme *les bons législateurs* cherchent à rendre leurs concitoyens meilleurs, ceux-ci cherchaient à les rendre pires. Ces premiers hommes de la République cherchaient à dégoûter le peuple de son pouvoir, et à devenir nécessaires en rendant extrêmes les inconvéniens du gouvernement républicain. Mais, lorsqu'Auguste fut devenu le maître, il travailla à rétablir l'ordre, pour faire sentir le bonheur du gouvernement d'un seul.

» C'est alors qu'Octave sut rejeter habilement sur Antoine et Lépide l'odieux des proscriptions passées, et, comme sa clémence présente appartenait à lui seul, ce fut cette clémence, dont il avait appris l'artifice de Jules-César, qui opéra la révolution, et décida, bien plus que Pharsale et Actium, de l'asservissement de l'univers, pour dix-huit siècles. On était las de voir couler le sang dans le Forum et autour de la tribune aux harangues, depuis les Gracques.

» Tant d'exemples prouvent ce que je disais tout à l'heure, que la clémence distribuée avec sagesse est la mesure la plus révolutionnaire, la plus efficace, au lieu que la terreur n'est que le *Mentor d'un jour*, comme l'appelle si bien Cicéron : *Timor non diuturnus magister officii*. Ceux qui ont lu l'histoire savent que c'est la terreur seule du tribunal de *Jeffreys* et de l'armée révolutionnaire, que le major Kirch traînait à sa suite, qui amena la révolution de 1689. Jacques II appelait en riant la campagne de *Jeffreys*, cette sanglante tournée de son tribunal ambulant. Il ne prévoyait pas que son détrônement terminerait la fin de cette campagne. Si on consulte la liste des morts, on verra que ce chancelier d'Angleterre, qui a laissé un nom si abominable, était un petit compagnon en comparaison du général-ministre Ronsin, qu'on peut appeler, d'après son affiche, l'*Alexandre des bourreaux* (1).

---

(1) « On sait que, dans la Vendée, Ronsin, comme le cardinal de Richelieu, se faisait appeler *général-ministre*. Que sa fortune militaire ait tourné la tête à ce point à un général inconnu aux soldats, qui ne pouvait devoir les épaulettes

» Citoyens collègues, il semble qu'un Montagnard n'aurait point à rougir de proposer les mêmes moyens de salut public que Brutus et Thrasybule, surtout si l'on considère qu'Athènes se préserva de la guerre civile pour avoir suivi le conseil de Thrasybule, et que Rome perdit sa liberté pour avoir rejeté celui de Brutus. Cependant je me garde bien de vous présenter une semblable mesure. Arrière la motion d'une amnistie ! Une indulgence aveugle et générale serait contre-révolutionnaire, du moins elle serait du plus grand danger et d'une impolitique évidente, non par la raison qu'en donne Machiavel, parce que « le
» prince doit verser sur les peuples le mal tout à la fois, et le
» bien goutte à goutte »; mais parce qu'un si grand mouvement imprimé à la machine du gouvernement, en sens contraire à sa

étoilées qu'à son talent dramatique, et dont ce talent dramatique était si mince, que pas un de ses courtisans n'eût osé le comparer même à Pradon sans s'avouer un flagorneur, la chose se conçoit; la vanité et la bouffissure des prétentions étant presque toujours en raison inverse du mérite. Mais ce qui est inexplicable, c'est que celui qui, dans une affiche, dit qu'à Lyon (dont la population est de 140 mille âmes) 1500 seulement ne sont pas complices de la rébellion, et ESPÈRE *qu'avant la fin de frimaire, tous les complices*, et partant 138,500 personnes, *auront péri, et que le Rhône aura roulé leurs cadavres ensanglantés jusqu'à Toulon*, sans doute afin d'animer les Toulonnais à se battre en désespérés et à se faire tuer jusqu'au dernier sur des monceaux de nos volontaires, plutôt que d'ouvrir leurs portes à un Ronsin : ce qui est inconcevable, dis-je, c'est que cet exterminateur soit un d'Arnaud en moustaches, qui faisait des pièces sentimentales, et qui avait pris Louis XII et même La Fayette pour son héros. Voilà ce qu'on ne pourrait pas croire, si on ne savait pas qu'Alexandre de Phères, un des *tape-durs* de l'antiquité qui ait le plus fait pendre et brûler de gens, sanglotait à la représentation d'Iphigénie, et que les deux plus grands septembriseurs de l'histoire moderne, Henri VIII et Charles IX, ont été deux faiseurs de livres. Avant de condamner le courageux Bourdon de l'Oise, qui a osé le premier dénoncer Georges Bouchotte, je demande que les Jacobins se fassent lire la lettre que Philippeaux a distribuée à la Convention, et celui-là ne pourra être qu'un patriote d'industrie, un patriote d'argent, un patriote contre-révolutionnaire, à qui cette lecture ne fera pas dresser les cheveux à la tête. Voici un des portraits que Philippeaux a burinés :
« Qu'a fait Ronsin, s'écrie-t-il, pour être général de l'armée révolutionnaire? beaucoup intrigué, beaucoup voté, beaucoup menti. Sa seule expédition est celle du 18 septembre, où il fit accabler quarante-cinq mille patriotes par trois mille brigands; cette journée fatale de Coron où, après avoir disposé notre artillerie dans une gorge, à la tête d'une colonne de six lieues de flanc, il se tint caché dans une étable, comme un lâche coquin, à deux lieues du champ de bataille où nos infortunés camarades étaient foudroyés par leurs propres canons. »

première impulsion, pourrait en briser les ressorts. Mais autant il y aurait de danger et d'impolitique à ouvrir la maison de suspicion aux détenus, autant l'établissement d'un comité de clémence me paraît une idée grande et digne du peuple français ; effaçant de sa mémoire bien des fautes, puisqu'il en a effacé le temps même où elles furent commises, et qu'il a créé une nouvelle ère de laquelle seule il date sa naissance et ses souvenirs. A ce mot de comité de clémence, quel patriote ne sent pas ses entrailles émues ? car le patriotisme est la plénitude de toutes les vertus, et ne peut pas conséquemment exister là où il n'y a ni humanité, ni philanthropie, mais une ame aride et desséchée par l'égoïsme. O ! mon cher Robespierre ! c'est à toi que j'adresse ici la parole ; car j'ai vu le moment où Pitt n'avait plus que toi à vaincre, où sans toi le navire Argo périssait, la République entrait dans le chaos, et la société des Jacobins et la Montagne devenaient une tour de Babel. O mon vieux camarade de collége ! toi dont la postérité relira les discours éloquens ! souviens-toi de ces leçons de l'histoire et de la philosophie : que l'amour est plus fort, plus durable que la crainte ; que l'admiration et la religion naquirent des bienfaits ; que les actes de clémence sont l'échelle du mensonge, comme nous disait Tertulien, par lesquels les membres des comités du salut public se sont élevés jusqu'au ciel, et qu'on n'y monta jamais sur des marches ensanglantées. Déjà tu viens de t'approcher beaucoup de cette idée dans la mesure que tu as fait décréter aujourd'hui, dans la séance du décadi 30 frimaire. Il est vrai que c'est plutôt un comité de justice qui a été proposé. Cependant pourquoi la clémence serait-elle devenue un crime dans la République ? Prétendons-nous être plus libres que les Athéniens, le peuple le plus démocrate qui ait jamais existé, et qui avait élevé cet autel à la miséricorde, devant lequel le philosophe Demonax, plus de mille ans après, faisait encore prosterner les tyrans? Je crois avoir bien avancé la démonstration que la saine politique commande une semblable institution. Et notre grand professeur Machiavel, que je ne me lasse point de citer, regarde cet établissement comme le plus important et de première nécessité pour tout gouvernement, le souverain devant plutôt abandonner les fonctions de comité de sûreté générale que celles de comité de secours. *C'est à lui seul surtout, recommande-t-il, que le dépositaire de la souveraineté doit réserver la distribution des graces, et tout ce qui concilie la faveur, laissant aux magistrats la disposition des peines, et tout ce qui est sujet aux ressentimens.*

» Depuis que j'ai commencé mon cours de politique, dans le *Vieux Cordelier*, un si grand nombre de mes collègues m'a encouragé par des abonnemens, et m'a fait l'honneur d'assister à mes leçons, que, me trouvant au milieu de tant de députés, je me suis cru cette fois à la tribune même du peuple français. Fort des exemples de l'histoire et des autorités de Thrasybule, Brutus et Machiavel, j'ai transporté au journaliste la liberté d'opinion qui appartient au représentant du peuple à la Convention. J'ai exprimé par écrit mes sentimens sur le meilleur mode de révolutionner, et ce que la faiblesse de mon organe et mon peu de moyens oratoires ne me permet pas de développer si bien. Si ce mot de jubilé, que j'ai risqué pour ne pas être plus impitoyable que Moïse, qui cependant était un fier exterminateur, et une machine infernale du calibre de Ronsin; si, dis-je, mon comité de clémence paraît à quelques-uns de mes collègues mal sonnant, et sentant le modérantisme, à ceux qui me reprocheront d'être modéré dans ce numéro IV, je puis répondre, par le temps qui court, comme faisait Marat, quand, dans un temps bien différent, nous lui reprochions d'avoir été exagéré dans sa feuille : « *Vous n'y entendez rien ; eh ! mon Dieu ! laissez-moi dire : on n'en rabattra que trop.* »

La séance des Jacobins du lendemain (8 janvier — 19 nivôse) commença par la lecture du troisième numéro du journal de Camille-Desmoulins. Momoro fit cette lecture :

LE VIEUX CORDELIER.

VIVRE LIBRE OU MOURIR!

N° III. Quintidi frimaire, 3° décade, l'an II de la république, une et indivisible.

> Dès que ceux qui gouvernent seront haïs, leurs
> concurrens ne tarderont pas à être admirés.
> MACHIAVEL.)

« Une différence entre la monarchie et la république qui suffirait seule pour faire repousser avec horreur, par les gens de bien, le gouvernement monarchique, et lui faire préférer la République, quoi qu'il en coûte pour l'établir, c'est que si, dans la démocratie, le peuple peut être trompé, du moins c'est la vertu qu'il aime, c'est le mérite qu'il croit élever aux places, au lieu que les coquins sont l'essence de la monarchie. Les vices, les pirateries et les crimes, qui sont la maladie des républiques, sont la santé des monarchies. Le cardinal de Richelieu l'avoue dans son testament politique, où il pose en principe, que le *roi doit éviter de se servir des gens de bien.* Avant lui, Salluste avait dit : *Les rois ne sauraient se passer des fripons, et, au contraire, ils doivent avoir peur et se méfier de la probité.* Ce n'est donc que dans la démocratie que le bon citoyen peut raisonnablement espérer de voir cesser le triomphe de l'intrigue et du crime ; et pour cela le peuple n'a besoin que d'être éclairé : c'est pourquoi, afin que le règne d'Astrée revienne, je reprends la plume, et je veux aider le père Duchesne à éclairer mes concitoyens, et à répandre les semences du bonheur public.

» Il y a encore cette différence entre la monarchie et la République, que les règnes des plus méchans empereurs, Tibère, Claude, Néron, Caligula, Domitien, eurent d'heureux commencemens. Tous les règnes ont la joyeuse entrée.

» C'est par ces réflexions que le patriote répond d'abord au royaliste, riant sous cape de l'état présent de la France, comme si cet état violent et terrible devait durer. Je vous entends, messieurs les royalistes, narguer tout bas les fondateurs de la République, et comparer le temps de la Bastille. Vous comptez sur la franchise de ma plume, et vous vous faites un plaisir malin de la suivre, esquissant fidèlement le tableau de ce dernier semestre ; mais je saurai tempérer votre joie, et animer les citoyens d'un nouveau courage. Avant de mener le lecteur aux Brotteaux et sur la place de la Révolution, et de les lui montrer inondés du sang qui coula, pendant ces six mois, pour l'éternel affranchissement d'un peuple de vingt-cinq millions d'hommes, et non encore lavés par la liberté et le bonheur public, je vais commencer par reporter les yeux de mes concitoyens sur les règnes des Césars, et sur ce fleuve de sang, sur cet égout de corruption et d'immondices coulant perpétuellement sous la monarchie.

» Muni de ce numéro préliminaire, le souscripteur, fût-il doué de la plus grande sensibilité, se soutiendra facilement pendant la traversée qu'il entreprend avec moi de ce période de la révolution. Dans le combat à mort que se livrent au milieu de nous la République et la monarchie, et dans la nécessité que l'une ou l'autre remportât une victoire sanglante, qui pourra gémir du triomphe de la République, après avoir vu la description que l'histoire nous a laissée du triomphe de la monarchie ; après avoir jeté un coup d'œil sur la copie ébauchée et grossière des tableaux de Tacite, que je vais présenter à l'honorable cercle de mes abonnés ?

« Après le siége de Pérouse, disent les historiens, malgré la
» capitulation, la réponse d'Auguste fut : « Il vous faut tous
» périr. » Trois cents des principaux citoyens furent conduits à
» l'hôtel de Jules César, et là, égorgés le jour des ides de mars ;
» après quoi le reste des habitants fut passé pêle-mêle au fil de
» l'épée, et la ville, une des plus belles de l'Italie, réduite en
» cendres, et autant effacée qu'Herculanum de la surface de la
» terre. « Il y avait anciennement à Rome, dit Tacite, une loi

» qui spécifiait les crimes d'état et de lèse-majesté, et portait
» peine capitale. Ces crimes de lèse-majesté, sous la République,
» se réduisaient à quatre sortes : si une armée avait été aban-
» donnée dans un pays ennemi ; si l'on avait excité des sédi-
» tions ; si les membres des corps constitués avaient mal admi-
» nistré les affaires et les deniers publics ; si la majesté du peu-
» ple romain avait été avilie. Les empereurs n'eurent besoin que
» de quelques articles additionnels à cette loi pour envelopper
» et les citoyens et les cités entières dans la proscription. Au-
» guste fut le premier extendeur de cette loi de lèse-majesté,
» dans laquelle il comprit les écrits qu'il appelait contre-révolu-
» tionnaires (1). » Sous ses successeurs, et bientôt les extensions
» n'eurent plus de bornes, dès que des propos furent devenus
» des crimes d'état ; de là, il n'y eut qu'un pas pour changer en
» crimes les simples regards, la tristesse, la compassion, les sou-
» pirs, le silence même.

» Bientôt ce fut un crime de lèse-majesté ou de contre-révolu-
» tion à la ville de Nursia, d'avoir élevé un monument à ses ha-
» bitans morts au siége de Modène, en combattant cepen-
» dant sous Auguste lui-même, mais parce qu'alors Auguste

(1) « Je préviens que ce numéro n'est, d'un bout à l'autre, qu'une traduction littérale des historiens. J'ai cru inutile de le surcharger des citations. Toutefois, au risque de passer pour pédant, je citerai parfois le texte, afin d'ôter tout prétexte à la malignité d'empoisonner mes phrases, et de prétendre ainsi que ma traduction d'un auteur mort il y a quinze cents ans est un crime de contre-révolution. Voici le passage : (Tacit. Annales, liv. I, ch. 72.) *Nam legem majestatis reduxerat, cui nomen apud veteres idem, sed alia in judicium veniebant : si quis proditone exercitum, aut plebem seditionibus, denique malè gestâ Republicâ, majestatem populi romani minuisset. Facta arguebantur, dicta impunè erant. Primus Augustus cognitionem de famosis libellis specie legis ejus tractavit.*

J'ajoute que Marat, dont l'autorité est presque sacrée, d'après les honneurs divins qu'on rend à sa mémoire, pensait absolument comme Tacite sur cette matière. Voici comme s'exprimait Marat, à la tribune de la Convention, dans la séance du 7 janvier, à l'occasion d'un réquisitoire d'Anaxagoras Chaumette, contre je ne sais quel article de feu Charles-Vilette, inséré dans la chronique : « Toute citation devant un tribunal pour une opinion est une injustice. On ne » peut citer, en ce cas, un citoyen, que devant le public. Et, quand cette citation » s'adresse à un représentant du peuple, c'est une infâme violation. Je demande » que le procureur de la commune soit traduit à la barre, pour avoir attenté à la » liberté de la presse, etc. »

» combattait avec Brutus, et Narsia eut le sort de Pérouse.
» Crime de contre-révolution à Libon Drusus, d'avoir de-
» mandé aux diseurs de bonne aventure s'il ne posséderait pas
» un jour de grandes richesses. Crime de contre-révolution au
» journaliste Cremutius Cordus, d'avoir appelé Brutus et Cas-
» sius les derniers des Romains. Crime de contre-révolution à un
» des descendans de Cassius, d'avoir chez lui un portrait de son
» bisaïeul. Crime de contre-révolution à Mamercus Scaurus,
» d'avoir fait une tragédie où il y avait tel vers à qui l'on pouvait
» donner deux sens. Crime de contre-révolution à Torquatus
» Silanus, de faire de la dépense. Crime de contre-révolution à
» Petreïus, d'avoir eu un songe sur Claude. Crime de contre-ré-
» volution à Appius Silanus, de ce que la femme de Claude avait
» eu un songe sur lui. Crime de contre-révolution à Pomponius,
» parce qu'un ami de Séjan était venu chercher un asile dans
» une de ses maisons de campagne. Crime de contre-révolution
» d'être allé à la garde-robe sans avoir vidé ses poches, et en
» conservant dans son gilet un jeton à la face royale, ce qui était
» un manque de respect à la figure sacrée des tyrans. Crime de
» contre-révolution de se plaindre des malheurs du temps, car
» c'était faire le procès du gouvernement. Crime de contre-révo-
» lution de ne pas invoquer le génie divin de Caligula. Pour y
» avoir manqué, grand nombre de citoyens furent déchirés de
» coups, condamnés aux mines ou aux bêtes, quelques-uns
» même sciés par le milieu du corps. Crime de contre-révolution
» à la mère du consul Fusius Geminus, d'avoir pleuré la mort
» funeste de son fils.

» Il fallait montrer de la joie de la mort de son ami, de son
» parent, si l'on ne voulait s'exposer à périr soi-même. Sous Né-
» ron, plusieurs dont il avait fait mourir les proches allaient en
» rendre grace aux dieux ; ils illuminaient. Du moins il fallait
» avoir un air de contentement, un air ouvert et calme. On avait
» peur que la peur même ne rendît coupable.

» Tout donnait de l'ombrage au tyran. Un citoyen avait-il de
» la popularité ; c'était un rival du prince, qui pouvait susciter

» une guerre civile. *Studia civium in se verteret et si multi idem
» audeant, bellum esse.* Suspect.

» Fuyait-on au contraire la popularité, et se tenait-on au coin
» de son feu ; cette vie retirée vous avait fait remarquer, vous
» avait donné de la considération. *Quantò metu occultior, tantò*
» *famæ adeptus.* Suspect.

» Étiez-vous riche ; il y avait un péril imminent que le peuple
» ne fût corrompu par vos largesses. *Auri vim atque opes Plauti*
» *principi infensas.* Suspect.

» Étiez-vous pauvre ; comment donc ! invincible empereur, il
» faut surveiller de plus près cet homme. Il n'y a personne d'en-
» treprenant comme celui qui n'a rien. *Syllam inopem, undè*
» *præcipuam audaciam.* Suspect.

» Étiez-vous d'un caractère sombre, mélancolique, ou mis en
» négligé ; ce qui vous affligeait, c'est que les affaires publiques
» allaient bien. *Hominem bonis publicis mœstum.* Suspect.

» Si, au contraire, un citoyen se donnait du bon temps et des
» indigestions, il ne se divertissait que parce que l'empereur avait
» eu cette attaque de goutte qui heureusement ne serait rien ;
» il fallait lui faire sentir que sa majesté était encore dans la vi-
» gueur de l'âge. *Reddendam pro intempestivâ licentiâ mœstam*
» *et funebrem noctâm que sentiat vivere Vitellium et imperare.*
» Suspect.

» Était-il vertueux et austère dans ses mœurs ; bon ! nouveau
» Brutus, qui prétendait par sa pâleur et sa perruque de Jaco-
» bin, faire la censure d'une cour aimable et bien frisée. *Gliscere*
» *æmulos Brutorum vultûs rigidi et tristis quo tibi lasciviam*
» *exprobrent.* Suspect.

» Était-ce un philosophe, un orateur ou un poëte ; il lui con-
» venait bien d'avoir plus de renommée que ceux qui gouver-
» naient ! Pouvait-on souffrir qu'on fît plus d'attention à l'au-
» teur, aux quatrièmes, qu'à l'empereur dans sa loge grillée ?
» *Virginum et Rufum claritudo nominis.* Suspect.

» Enfin s'était-on acquis de la réputation à la guerre ; on n'en
était que plus dangereux par son talent. Il y a de la ressource

» avec un général inepte. S'il est traître, il ne peut pas si bien li-
» vrer une armée à l'ennemi qu'il n'en revienne quelqu'un. Mais
» un officier du mérite de Corbulon ou d'Agricola, s'il trahis-
» sait, il ne s'en sauverait pas un seul. Le mieux était de s'en
» défaire : Au moins, seigneur, ne pouvez-vous vous dispenser
» de l'éloigner promptement de l'armée. *Multa militari fama*
» *metum fecerat.* Suspect.

» On peut croire que c'était bien pis, si on était petit-fils ou
» allié d'Auguste : on pouvait avoir un jour des prétentions au
» trône. *Nobilem et quod tunc spectaretur è Cæsarum posteris!*
» Suspect.

» Et tous ces suspects, sous les empereurs, n'en étaient pas
» quittes, comme chez nous, pour aller aux Madelonnettes, aux
» Irlandais, ou à Sainte-Pélagie. Le prince leur envoyait l'ordre
» de faire venir leur médecin ou leur apothicaire, et de choisir,
» dans les vingt-quatre heures, le genre de mort qui leur plai-
» rait le plus. *Missus centurio qui maturaret eum.* »

» C'est ainsi qu'il n'était pas possible d'avoir aucune qualité, à moins qu'on n'en eût fait un instrument de la tyrannie, sans éveiller la jalousie du despote et sans s'exposer à une perte certaine. C'était un crime d'avoir une grande place, ou d'en donner sa démission ; mais le plus grand de tous les crimes était d'être incorruptible. Néron avait tellement détruit tout ce qu'il y avait de gens de bien, qu'après s'être défait de Thrasea et de Soranus, il se vantait d'avoir aboli jusqu'au nom de vertu sur la terre. Quand le sénat les avait condamnés, l'empereur lui écrivait une lettre de remercîment de ce qu'il avait fait périr *un ennemi de la République*; de même qu'on avait vu le tribun Clodius élever un *autel à la liberté* sur l'emplacement de la maison rasée de Cicéron, et le peuple crier : *Vive la liberté!*

» L'un était frappé à cause de son nom et de celui de ses ancêtres ; un autre, à cause de sa belle maison d'Albe; Valérius Asiaticus, à cause que ses jardins avaient plu à l'impératrice ; Statilius, à cause que son visage lui avait déplu ; et une multitude sans qu'on en pût deviner la cause. Toranius, le tuteur, le vieil ami d'Auguste, était proscrit par son pupille sans qu'on sût pourquoi, sinon qu'il était homme de probité, et qu'il aimait sa patrie. Ni la préture, ni son innocence ne purent garantir Quintus Gellius des mains sanglantes de l'exécuteur; cet Auguste, dont on a tant vanté la clémence, lui arrachait les yeux de ses propres mains. On était trahi et poignardé par ses esclaves, ses ennemis; et, si l'on n'avait point d'ennemi, on trouvait pour assassin un hôte, un ami, un fils. En un mot, sous ces règnes, la mort naturelle d'un homme célèbre, ou seulement en place, était si rare, que cela était mis dans les gazettes comme un événement, et transmis par l'historien à la mémoire des siècles.

« Sous ce consulat, dit notre annaliste, il y eut un pontife, Pi-
» son, qui mourut dans son lit, ce qui parut tenir du prodige. »

» La mort de tant de citoyens innocens et recommandables semblait une moindre calamité que l'insolence et la fortune scandaleuse de leurs meurtriers et de leurs dénonciateurs. Chaque jour, le délateur sacré et inviolable faisait son entrée triomphale dans le palais des morts, en recueillait quelque riche succession. Tous ces dénonciateurs se paraient des plus beaux noms, se faisaient appeler Cotta, Scipion, Régulus, Cassius, Severus. La délation était le seul moyen de parvenir, et Régulus fut fait trois fois consul pour ses dénonciations. Aussi tout le monde se jetait-il dans une carrière de dignités si large et si facile, et pour se signaler par un début illustre, et faire ses caravanes de délateur, le marquis Serunus intentait une accusation de contre-révolution contre son vieux père, déjà exilé; après quoi il se faisait appeler fièrement Brutus.

» Tels accusateurs, tels juges. Les tribunaux protecteurs de la vie et des propriétés, étaient devenus des boucheries où ce qui portait le nom de supplice et de confiscation n'était que vol et assassinat.

» S'il n'y avait pas moyen d'envoyer un homme au tribunal, on avait recours à l'assassinat et au poison. Celer, OElius, la fameuse Locuste, le médecin Anicet, étaient des empoisonneurs de profession, patentés, voyageant à la suite de la cour, et une espèce de grands officiers de la couronne. Quand ces demi-mesures ne suffisaient pas, le tyran recourait à une proscription générale. C'est ainsi que Caracalla, après avoir tué de ses propres mains son frère Géta, déclarait ennemis de la République tous ses amis et partisans, au nombre de vingt mille ; et Tibère, ennemis de la République, tous les amis et les partisans de Séjan, au nombre de trente mille. C'est ainsi que Sylla, dans un seul jour, avait interdit le feu et l'eau à soixante-dix mille Romains. Si un lion empereur avait eu une cour et une garde prétorienne de tigres et de panthères, ils n'eussent pas mis plus de personnes en pièces que les délateurs, les affranchis, les empoisonneurs et les coupe-jarrets des Césars ; car la cruauté causée par la faim cesse avec la faim, au lieu que celle causée par la crainte, la cupidité et les soupçons des tyrans, n'a point de bornes. Jusqu'à quels degrés d'avilissement et de bassesse l'espèce humaine ne peut-elle pas descendre ? quand on pense que Rome a souffert le gouvernement d'un monstre qui se plaignait que son règne ne fût point signalé par quelque calamité, peste, famine, tremblement de terre ; qui enviait à Auguste le bonheur d'avoir eu, sous son empire, une armée taillée en pièces ; et au règne de Tibère, les désastres de l'amphithéâtre de Fidènes, où il avait péri cinquante mille personnes ; et, pour tout dire en un mot, qui souhaitait que le peuple romain n'eût qu'une seule tête, pour le mettre en masse à la fenêtre !

» Que les royalistes ne viennent pas me dire que cette description ne conclut rien, que le règne de Louis XVI ne ressemblait point à celui des Césars. S'il n'y ressemblait point, c'est que chez nous la tyrannie, endormie depuis long-temps au sein des plaisirs, et se reposant sur la solidité des chaînes que nos pères portaient depuis quinze cents ans, croyait n'avoir plus besoin de la terreur, seul instrument des despotes, dit Machiavel, et instrument tout-puissant sur des âmes basses, timides et faites pour l'esclavage. Mais aujourd'hui que le peuple s'est réveillé, et que l'épée de la République a été tirée contre les monarchies, laissez la royauté remettre le pied en France ; c'est alors que ces médailles de la tyrannie, si bien frappées par Tacite, et que je viens de mettre sous les yeux de mes concitoyens, seront la vivante image de ce qu'ils auront à souffrir de maux pendant cinquante ans. Et faut-il chercher des exemples si loin? Les massacres du Champ-de-Mars et de Nancy, ce que Robesbierre racontait l'autre jour aux Jacobins des horreurs que les Autrichiens ont commises aux frontières, les Anglais à Gênes, et les royalistes à Fougères et dans la Vendée, et la violence seule des partis, montrent assez que le despotisme, rentré furieux dans ses possessions détruites, ne pourrait s'y affermir qu'en régnant comme les Octave et les Néron. Dans ce duel entre la liberté et la servitude, et dans la cruelle alternative d'une défaite mille fois plus sanglante que notre victoire, *outrer la révolution avait donc moins de péril et valait encore mieux que de rester en-deçà*, comme l'a dit Danton, et il a fallu, avant tout, que la République s'assurât du champ de bataille.

» D'ailleurs tout le monde conviendra d'une vérité. Quoique Pitt, sentant cette nécessité où nous étions réduits, de ne pouvoir vaincre sans une grande effusion de sang, ait changé tout à coup de batteries, et, profitant habilement de notre situation, ait fait tous ses efforts pour donner à notre liberté l'attitude de la tyrannie, et tourner ainsi contre nous la raison et l'humanité du dix-huitième siècle, c'est-à-dire les armes mêmes avec lesquelles nous avions vaincu le despotisme; quoique Pitt, depuis la grande victoire de la Montagne, le 20 janvier, se sentant trop faible pour empêcher la liberté de s'établir en France, en la combattant de front, ait compris que le seul moyen de la diffamer et de la détruire était d'en prendre lui-même le costume et le langage; quoiqu'en conséquence de ce plan, il ait donné à tous ses agens, à tous les aristocrates, l'instruction secrète de s'affubler d'un bonnet rouge, de changer la culotte étroite contre le pantalon, et de se faire des patriotes énergumènes; quoique le patriote Pitt, devenu jacobin, dans son ordre à l'armée invisible qu'il solde parmi nous, l'ait conjurée de demander, comme le marquis de Montaut, *cinq cents têtes dans la Convention*, et que l'armée du Rhin fusillât la garnison de Mayence; de demander, comme une certaine pétition, *qu'on fît tomber neuf cent mille têtes*; comme un certain réquisitoire, *qu'on embastillât la moitié du peuple français comme suspect*; et comme une certaine motion, *qu'on mît des barils de poudre sous ces prisons innombrables, et à côté une mèche permanente;* quoique le sans-culotte Pitt ait demandé qu'au moins, par amendement, on traitât tous ces prisonniers avec la dernière rigueur; qu'on leur refusât toutes les commodités de la vie, et jusqu'à la vue de leurs pères, de leurs femmes et de leurs enfans, pour les livrer eux et leur famille à la terreur et au désespoir; quoique cet habile ennemi ait suscité partout une nuée de rivaux à la Convention, et qu'il n'y ait aujourd'hui, en France, que les douze cent mille soldats de nos armées, qui, fort heureusement, ne fassent pas de lois; car les commissaires de la Convention font des lois; les départemens, les districts, les municipalités, les sections, les comités révolutionnaires font des lois; et, Dieu me pardonne, je crois que les sociétés fraternelles en font aussi ; malgré, dis-je, tous les efforts que Pitt a faits pour rendre notre République odieuse à l'Europe; pour donner des armes au parti ministériel contre le parti de l'opposition, à la rentrée du parlement, en un mot, pour réfuter le manifeste sublime de Robespierre (1). Malgré tant de guinées qu'on me cite, disait Danton, un seul homme fortement prononcé dans la révolution, et en faveur de la République, qui ait été condamné à mort par le tribunal révolutionnaire? Le tribunal révolutionnaire de Paris, du moins, quand il a vu des faux témoins se glisser dans son sein, et mettre l'innocent en péril, s'est empressé de leur faire subir la peine du talion. A la vérité il a condamné pour des paroles et des écrits; mais, d'abord, peut-on regarder comme de simples paroles le

---

(1) « C'est avec de tels écrits qu'on vengerait l'honneur de la République, et qu'on débaucherait leurs peuples et leurs armées, aux despotes, bientôt réduits à la garde des nobles et des prêtres, leurs satellites naturels, si les *ultra-révolutionnaires* et les bonnets rouges de Brissot et de Dumouriez ne gâtaient une si belle cause et ne fournissaient malheureusement à Pitt des faits pour répondre à ces belles paroles de Robespierre. »

cri de *vive le roi*, ce cri provocateur de sédition, et qui, par conséquent, même dans l'ancienne loi de la république romaine, que j'ai citée, eût été puni de mort? Ensuite c'est dans la mêlée d'une révolution que ce tribunal a à juger des crimes politiques; et ceux mêmes qui croient qu'il n'est pas exempt d'erreurs lui doivent cette justice, qu'en matière d'écrits il est plus attaché à l'intention qu'au corps du délit; et lorsqu'il n'a pas été convaincu que l'intention était contre-révolutionnaire, il n'a jamais manqué de mettre en liberté, non-seulement celui qui avait tenu les propos ou publié les écrits, mais même celui qui avait émigré.

» Ceux qui jugent si sévèrement les fondateurs de la République ne se mettent pas assez à leur place. Voyez entre quels précipices nous marchons. D'un côté est l'exagération en moustaches, à qui il ne tient pas que, par ses mesures ultra-révolutionnaires, nous ne devenions l'horreur et la risée de l'Europe; d'un autre côté est le modérantisme en deuil, qui, voyant les vieux cordeliers ramener vers le bon sens et tâcher d'éviter le courant de l'exagération, faisait hier, avec une armée de femmes, le siége du comité de sûreté générale, et, me prenant au collet, comme j'y entrais par hasard, prétendait que, dans le jour, la Convention ouvrît toutes les prisons, pour nous lâcher aux jambes, avec un certain nombre, il est vrai, de bons citoyens, une multitude de contre-révolutionnaires enragés de leur détention. Enfin, il y a une troisième conspiration, qui n'est pas la moins dangereuse; c'est celle que Marat aurait appelée la conspiration des dindons; je veux parler de ces hommes qui, avec les intentions du monde les meilleures, étrangers à toutes les idées politiques, et, si je puis m'exprimer ainsi, scélérats de bêtise et d'orgueil, parce qu'ils sont de tel comité, ou qu'ils occupent telle place éminente, souffrent à peine qu'on leur parle; Montagnards *d'industrie*, comme les appelle si bien d'Églantine, tout au moins Montagnards de recrues, de la troisième ou quatrième réquisition, et dont la morgue ose traiter de mauvais citoyens des vétérans blanchis dans les armées de la République, s'ils ne fléchissent pas le genou devant leur opinion, et dont l'ignorance patriote nous fait encore plus de mal que l'habileté contre-révolutionnaire des La Fayette et des Dumouriez. Voilà les trois écueils dont les Jacobins éclairés voient que leur route est semée sans interruption ; mais ceux qui ont posé la première pierre de la République doivent être déterminés à élever jusqu'au faîte ce nouveau Capitole, ou à s'ensevelir sous ses fondemens.

» Pour moi, j'ai repris tout mon courage ; et tant que j'aurai vécu, je n'aurai pas laissé déshonorer mon écritoire véridique et républicaine. Après ce numéro III du *Vieux Cordelier*, que Pitt vienne dire maintenant que je n'ai pas la liberté d'exprimer mon opinion autant que le *Morning Chronicle !* qu'il vienne dire que la liberté de la presse n'existe plus en France, même pour les députés de la Convention, après la lettre pleine d'affreuses vérités que vient de publier le courageux Philippeaux, quoiqu'on puisse lui reprocher d'y avoir trop méconnu les grands services du comité de salut public. Depuis que j'ai lu cet écrit véritablement sauveur, je dis à tous les patriotes que je rencontre : *Avez-vous lu Philippeaux ?* Et je le dis avec autant d'enthousiasme que La Fontaine demandait : *Avez-vous lu Baruch ?*

» Oui, j'espère que la liberté de la presse va renaître tout entière. On a étrangement trompé les meilleurs esprits de la Convention sur les prétendus dangers de cette liberté. On veut que la terreur soit à l'ordre du jour, c'est-à-dire la terreur des mauvais citoyens : qu'on y mette donc la liberté de la presse, car elle est la terreur des fripons et des contre-révolutionnaires.

» Loustalot, qu'on a trop oublié, et à qui il n'a manqué, pour partager les honneurs divins de Marat, que d'être assassiné deux ans plus tard, ne cessait de répéter cette maxime d'un écrivain anglais : *Si la liberté de la presse existait dans un pays où le despotisme le plus absolu réunit dans une seule main tous les pouvoirs, elle suffirait seule pour faire contre-poids.* L'expérience de notre Révolution a démontré la vérité de cette maxime.

» Quoique la constitution de 89 eût environné le tyran de tous les moyens de corruption ; quoique la majorité des deux premières assemblées nationales, corrompue par ses vingt-cinq millions et par les supplémens de liste civile, conspirât avec Louis XVI, et avec tous les cabinets de l'Europe, pour étouffer notre liberté naissante, il a suffi d'une poignée d'écrivains courageux pour mettre en fuite des milliers de plumes vénales, déjouer tous les complots et amener la journée du 10 août et la République, presque sans effusion de sang, en comparaison de ce qu'il en a coulé depuis. Tant que la liberté indéfinie de la presse a existé, il nous a été facile de tout prévoir, de tout prévenir. La liberté, la vérité, le bon sens ont battu l'esclavage, la sottise et le mensonge, partout où ils les ont rencontrés. Mais est venu le *vertueux* Roland, qui, en faisant de la poste des filets de Saint-Cloud que le ministre seul avait droit de lever, et ne laissant passer que les écrits brissotins, a attenté le premier à la circulation des lumières, et a amoncelé sur le Midi ces ténèbres et ces nuages d'où il est sorti tant de tempêtes. On interceptait les écrits de Robespierre, de Billaud-Varennes, etc., etc. Grace à la guerre qu'on fit déclarer, soi-disant pour achever la Révolution, il nous en coûte déjà le sang d'un million d'hommes, selon le compte du *Père Duchesne*, dans un de ses derniers numéros; tandis que je mourrai avec cette opinion que, pour rendre la France républicaine, heureuse et florissante, il eût suffi d'un peu d'encre et d'une seule guillotine.

» On ne répondra jamais à mes raisonnemens en faveur de la liberté de la presse; et qu'on ne dise pas, par exemple, que, dans ce numéro III, et dans ma traduction de Tacite, la malignité trouvera des rapprochemens entre ces temps déplorables et le nôtre. Je le sais bien, et c'est pour faire cesser ce rapprochemens, c'est pour que la liberté ne ressemble pas au despotisme, que je me suis armé de ma plume. Mais, pour empêcher que les royalistes ne tirent de là un argument contre la République, ne suffit-il pas de représenter, comme j'ai fait tout à l'heure, notre situation et l'alternative cruelle où se sont trouvés réduits les amis de la liberté, dans le combat à mort entre la République et la monarchie?

» Sans doute, la maxime des Républiques est : *qu'il vaut mieux ne pas punir plusieurs coupables que de frapper un seul innocent.* Mais n'est-il pas vrai que, dans un temps de Révolution, cette maxime pleine de raison et d'humanité sert à encourager les traîtres à la patrie, parce que la clarté des preuves qu'exige la loi favorable à l'innocence fait que le coupable rusé se dérobe au supplice ? Tel est l'encouragement qu'un peuple libre donne contre lui-même. C'est une maladie des républiques, qui vient, comme on voit, de la bonté du tempérament. La maxime au contraire du despotisme est : *qu'il vaux mieux que plusieurs innocens périssent que si un seul coupable échappait.* C'est cette maxime, dit *Gordon sur Tacite*, qui est la force et la sûreté des rois.

» Le comité de salut public l'a bien senti; et il a cru que pour établir la République il avait besoin un moment de la jurisprudence des despotes. Il a pensé, avec *Machiavel*, que dans les cas de convulsion politique le plus grand bien effaçait le mal plus petit; il a donc voilé pendant quelque temps la statue de la Liberté. Mais confondra-t-on ce voile de gaze et transparent avec la doublure des Cloots, des Coupé, des Montaut, et ce drap mortuaire sous lequel on ne pouvait reconnaître les principes au cercueil ? Confondra-t-on la constitution, fille de la Montagne, avec les superfétations de Pitt; les erreurs du patriotisme, avec les crimes du parti de l'étranger ; le réquisitoire du procureur de la Commune sur *les certificats de civisme,* sur *la fermeture des églises*, et sa définition des gens *suspects*, avec les décrets tutélaires de la Convention, qui ont maintenu la liberté du culte et les principes ?

» Je n'ai point prétendu faire d'application à personne dans ce numéro. Ce ne serait pas ma faute si M. Vincent, le Pitt de Georges Bouchotte, jugeait à propos de s'y reconnaître à certains traits ; mon cher et brave collègue Philippeaux n'a pas pris tant de détours pour lui adresser des vérités bien plus dures. C'est à ceux qui, en lisant ces vives peintures de la tyrannie, y trouveraient quelque malheureuse ressemblance avec leur conduite, à s'empresser de la corriger ; car on ne se persuadera jamais que le portrait d'un tyran, tracé de la main du plus grand peintre de l'antiquité, et par l'historien des philosophes, puisse être devenu le portrait d'après nature de Caton et de Brutus, et que ce que Tacite appelait le despotisme et le pire des gouvernemens, il y a douze siècles, puisse s'appeler aujourd'hui la liberté et le meilleur des mondes possibles. »

—Le *Moniteur* nous apprend que cette lecture fut écoutée dans le plus grand silence. On proposa de lire le cinquième numéro.

Robespierre. « Il est inutile de lire le cinquième numéro du *Vieux Cordelier* ; l'opinion doit être déjà fixée sur Camille. Vous voyez dans ses ouvrages les principes les plus révolutionnaires à côté des maximes du plus pernicieux modérantisme. Ici il rehausse le courage du patriotisme, là il alimente l'espoir de l'aristocratie. Desmoulins tient tantôt un langage qu'on applaudirait à la tribune des Jacobins ; une phrase commence par une hérésie politique ; à l'aide de sa massue redoutable il porte le coup le plus terrible à nos ennemis ; à l'aide du sarcasme le plus piquant, il déchire les meilleurs patriotes. Desmoulins est un composé bizarre de vérités et de mensonges, de politique et d'absurdités, de vues saines et de projets chimériques et particuliers.

» D'après tout cela, que les Jacobins chassent ou conservent Desmoulins, peu importe, ce n'est qu'un individu ; mais ce qui importe davantage, c'est que la liberté triomphe et que la vérité soit reconnue. Dans toute cette discussion, il a beaucoup été question d'individus, et pas assez de la chose publique. Je n'épouse ici la querelle de personne, Camille et Hébert ont également des torts à mes yeux. Hébert s'occupe trop de lui-même, il veut que tout le monde ait les yeux sur lui, il ne pense pas assez à l'intérêt national.

» Ce n'est donc pas Camille-Desmoulins qu'il importe de discuter, mais la chose publique, la Convention elle-même, qui est en butte aux intrigues du parti de l'étranger qui cause tous les maux dont nous sommes victimes ; qui dicte la plus grande partie des erreurs, des exagérations dont nous sommes environnés.

» Ce sont ces petits ambitieux qui, pour avoir occupé une place dans l'ancien régime, se croient faits pour régler les destinées d'un puissant empire; ce sont eux qu'il faut surveiller, puisque leurs passions nous sont devenues si funestes.

» Citoyens, vous seriez bien aveugles si, dans tout ce conflit, et les opinions qui se heurtent avec tant de violence, vous ne voyiez que la querelle de quelques particuliers et des haines privées. L'œil observateur d'un patriote éclairé, soulève cette enveloppe légère, écarte tous les moyens, et considère la chose sous son véritable point de vue. Il existe une nouvelle faction qui s'est ralliée sous les bannières déchirées du brissotisme. Quelques meneurs adroits font mouvoir la machine, et se tiennent cachés dans les coulisses. Au fond, c'est la même faction que celle de la Gironde, seulement les acteurs sont changés; mais ce sont toujours les mêmes acteurs avec un masque différent. La même scène, la même action théâtrale subsistent toujours. Pitt et Cobourg, désolés de voir les trônes s'écrouler, et la cause de la raison triompher, n'ont plus d'autres moyens que de dissoudre la Convention nationale. Aussi tous les efforts des factieux sont-ils dirigés vers ce seul et unique but. Mais deux espèces de factions sont dirigées par le parti étranger.

» Voici comme ils raisonnent. Tous moyens sont bons, pourvu que nous parvenions à nos fins; ainsi pour mieux tromper le public et la surveillance du patriotisme, ils s'entendent comme des brigands dans une forêt. Ceux qui sont d'un génie ardent et d'un caractère exagéré, proposent des mesures ultra-révolutionnaires; ceux qui sont d'un esprit plus doux et plus modéré, proposent des moyens citra-révolutionnaires. Ils se combattent entre eux; mais que l'un ou l'autre parti soit victorieux, peu leur importe; comme l'un ou l'autre système doit également perdre la République, ils obtiennent un résultat également certain, la dissolution de la Convention nationale.

» On n'ose pas encore heurter de front le pouvoir des représentans du peuple réunis ; mais on fait de fausses attaques ; on tâte, pour ainsi dire, son ennemi.

» On a une certaine phalange de contre-révolutionnaires masqués, qui viennent, à certains temps, exiger de la Convention audelà de ce que le salut public commande.

» On a des hypocrites et des scélérats à gages ; on propose aujourd'hui un décret impolitique ; et le soir même, dans certains cafés, dans certains groupes, on crie contre la Convention, on veut établir un nouveau parti girondin ; on dit que la Montagne ne vaut pas mieux que le Marais. On ne dira pas au peuple : Portons-nous contre la Convention ; mais, portons-nous contre la faction qui est dans la Convention, sur les fripons qui s'y sont introduits.

» Les étrangers seront de cet avis ; les patriotes seront égorgés, et l'autorité restera aux fripons. Les deux partis ont un certain nombre de meneurs, et, sous leurs bannières, se rangent des citoyens de bonne foi, suivant la diversité de leur caractère.

» Un meneur étranger, qui se dit *raisonnable*, s'entretient avec des patriotes de la Montagne, et leur dit : Vous voyez que l'on enferme des patriotes (or c'est lui qui a contribué à les faire arrêter) ; vous voyez bien que la Convention va trop loin, et qu'au lieu de déployer l'énergie nationale contre les tyrans, elle la détourne sur les prêtres et sur les dévots. Et ce même étranger est un de ceux qui ont tourné contre les dévots la foudre destinée aux tyrans.

» On sait que des représentans du peuple ont trouvé dans les départemens des envoyés du comité de salut public, du conseil exécutif, et que ces mêmes envoyés ont semblé, par leur imprudence, manquer de respect au caractère de représentant.

» L'étranger ou le factieux dit aux patriotes : Vous voyez bien que la représentation nationale est méprisée ; vous voyez que les envoyés du pouvoir exécutif (car on n'a pas osé encore mettre le comité de salut public en scène), vous voyez que les envoyés du conseil exécutif sont les ennemis de la représentation :

donc le conseil exécutif est le foyer de la contre-révolution : donc tel secrétaire de Bouchotte est le chef du parti contre-révolutionnaire.

» Vous voyez que le foyer de la contre-révolution est dans les bureaux de la guerre ; il est nécessaire de l'assiéger. (On ne veut pas dire : Allez assiéger le comité de salut public.)

» Je sens que ces vérités sont dures : Il est certaines gens qui ne s'attendaient pas si tôt à les entendre, mais la conjuration est mûre, et je crois qu'il est temps de prononcer.

» Vous apercevez d'un seul coup d'œil tout le système de conspiration qui se développe ; vous distinguez les étrangers cherchant, par le moyen de certains fripons, à ressusciter le girondinisme.

» Peu leur importe que ce soit Brissot ou un autre qui en soit le chef. Les fautes apparentes des patriotes sont converties en torts réels ; les torts réels sont transformés en un système de contre-révolution. Les fripons cherchent à faire croire que la liberté n'a plus d'autres ennemis que ceux que les agents étrangers ont désignés comme tels, afin de trouver un moyen de s'en défaire. On se permet de proposer à la Convention des mesures qui tendent à étouffer l'énergie nationale ; et d'un autre côté on excite des inquiétudes, on dit que la Convention n'est pas à sa véritable hauteur. Il en est qui vont jusqu'à dire confidentiellement qu'il faut la changer. Dans le même moment, on fait à la Convention des propositions modérées, auxquelles les patriotes ne peuvent répondre, à cause des occupations qui les obligent de s'absenter ; alors on fait colporter dans les groupes des motions dangereuses et des calomnies. (Robespierre fait ici allusion à la séance de la Convention du 7 janvier.)

» Je vous l'ai déjà dit, les moyens ne sont que changés, afin qu'il soit plus difficile de les reconnaître. C'est une trentaine de scélérats qui ont corrompu le côté droit, en s'emparant dans les départemens de l'opinion de ceux que le peuple appelait à la Convention ; on avait eu soin de leur représenter Paris comme un fantôme épouvantable ; chaque jour on augmentait leur terreur par des motions exagérées, que des gens affidés proposaient dans les sections, et par des affiches rédigées par des libellistes contre-révolutionnaires.

» On était enfin parvenu à persuader à une foule d'hommes faibles que leurs ennemis étaient dans la Commune de Paris, dans le corps électoral, dans les sections, en un mot, dans tous les républicains de Paris. Voilà le système qui est encore suivi actuellement. »

(Fabre-d'Églantine se lève et descend de sa place. — Robespierre invite la société à prier Fabre de rester à la séance. — Fabre monte à la tribune et veut parler.)

Robespierre. « Si Fabre-d'Églantine a son thème tout prêt, le mien n'est pas encore fini. Je le prie d'attendre.

» Il y a deux complots, dont l'un a pour objet d'effrayer la Convention, et l'autre d'inquiéter le peuple. Les conspirateurs qui sont attachés à ces trames odieuses semblent se combattre mutuellement, et cependant ils concourent à défendre la cause des tyrans. C'est la seule source de nos malheurs passés : ce serait celle de nos malheurs à venir, si le peuple entier ne se ralliait autour de la Convention, et n'imposait silence aux intrigans de toute espèce.

» Si les tyrans paraissent si opiniâtres à la dissolution de la Convention actuelle, c'est parce qu'ils savent parfaitement qu'ils seraient alors les maîtres de créer une Convention scélérate et traîtresse, qui leur vendrait le bonheur et la liberté du peuple. A cet effet, ils croient que le plus sûr moyen de réussir est de détacher peu à peu beaucoup de patriotes de la Montagne, de tromper et d'égarer le peuple par la bouche des imposteurs.

» Notre devoir, amis de la vérité, est de faire voir au peuple le jeu de toutes les intrigues, et de lui montrer au doigt les fourbes qui veulent l'égarer.

» Je finis en rappelant aux membres de la Convention ici présens, et au peuple français, les conjurations que je viens de dénoncer. Je déclare aux vrais montagnards que la victoire est dans leurs mains, qu'il n'y a plus que quelques serpens à écraser. (On applaudit ; on s'écrie de toutes les parties de la salle : *Ils le seront.*)

» Ne nous occupons d'aucun individu, mais seulement de la patrie. J'invite la société à ne s'attacher qu'à la conjuration, sans discuter plus long-temps les numéros de Camille-Desmoulins, et je demande que cet homme, qu'on ne voit jamais qu'une lorgnette à la main, et qui sait si bien exposer des intrigues au théâtre, veuille bien s'expliquer ici ; nous verrons comment il sortira de celle-ci. Quand je l'ai vu descendre de sa place, je ne savais s'il prenait le chemin de la porte ou de la tribune, et c'est pour s'expliquer que je l'ai prié de rester. »

Fabre-d'Églantine. « Tout ce que j'ai pu retenir du discours de Robespierre, c'est qu'il existe un parti divisé en deux branches, les *ultra* et le *citra*-révolutionnaires.

» Je suis prêt à répondre à tout quand il voudra préciser les accusations ; mais n'étant accusé d'aucuns faits particuliers, je garderai le silence, jusqu'à ce que je sache sur quoi je dois m'expliquer.

» Je suis accusé d'avoir influencé Camille, et d'avoir coopéré à ses numéros. J'adjure ici Desmoulins de dire si jamais je lui ai suggéré aucune idée. J'ai eu si peu de part aux ouvrages de Camille, qu'un jour étant allé dans l'atelier où on imprimait le *Vieux Cordelier*, Desmoulins a grondé un ouvrier, parce qu'il m'avait laissé jeter les yeux sur des feuilles volantes.

» Quant à Philippeaux et à Bourdon de l'Oise, je ne les connais que pour les avoir vus en public ; jamais je ne les ai fréquentés particulièrement. »

« Un citoyen se permet de crier contre Fabre-d'Églantine : *A la guillotine.*

» Robespierre demande que ce citoyen soit chassé à l'instant même de la société, ce qui a été exécuté.

» Fabre continue de parler quelques momens encore ; mais les membres, peu satisfaits de ses réponses, se retirent peu à peu.— La séance est levée à onze heures et demie. (*Moniteur.*)

— Quoique la société des Jacobins n'ait pas jugé devoir entendre la lecture du cinquième numéro de Camille-Desmoulins, comme il y a tracé l'apologie de sa conduite, nous le transcrirons en entier (1) :

LE VIEUX CORDELIER,

VIVRE LIBRE OU MOURIR !

N. V. Quintidi nivôse, 1re décade, l'an II de la république, une et indivisible,

Grand discours justificatif de Camille Desmoulins aux Jacobins.

> « Patriotes, vous n'y entendez rien. Eh! mon Dieu, laissez-moi dire ; on n'en rabattra que trop. »
> (*Mot de Marat.*)

» Frères et amis, saint Louis n'était pas prophète, lorsqu'il se prenait d'une belle passion pour les Jacobins et les Cordeliers', deux ordres que l'histoire nous apprend qu'il chérissait d'une tendresse de père. Le bon sire ne prévoyait pas qu'ils donneraient leur nom à deux ordres bien différens, qui détrôneraient sa race, et seraient les fondateurs de la République française, une et indivisible. Après cet exorde insinuant et cet éloge qui n'est pas flatteur, et auquel vous avez tous part, j'espère qu'il me sera permis, dans le cours de cet écrit apologétique, de vous adresser quelques vérités qui seront moins agréables à certains membres.

» Le vaisseau de la République vogue, comme j'ai dit, entre deux écueils, le modérantisme et l'exagération. J'ai commencé mon journal par une profession de foi politique qui aurait dû désarmer la calomnie : j'ai dit avec Danton qu'*outrer la révo-*

---

(1) Le *Vieux Cordelier* eut en tout sept numéros. M. Mathon aîné, possesseur des manuscrits de Camille Desmoulins, en a publié une édition en 1834; il s'y trouve des notes et des lettres intéressantes, ainsi qu'un fragment d'un huitième numéro. Nous imprimerons quelques-unes de ces pièces lors du procès de Camille Desmoulins. Quant au *Vieux Cordelier*, nous nous bornerons à reproduire les trois numéros 3, 4, 5,) qui furent reprochés à l'auteur. Cet ouvrage étant très-facile à acquérir, nous n'avons pas cru devoir lui donner une place qu'occuperont plus utilement des pièces plus rares et plus historiques.

(*Note des auteurs.*)

lution avait moins de péril et valait mieux encore que de rester en deçà; que, dans la route que tenait le vaisseau, il fallait encore plutôt s'approcher du rocher de l'exagération que du banc de sable du modérantisme. Mais voyant que le *Père Duchesne*, et presque toutes les sentinelles patriotes se tenaient sur le tillac, avec leur lunette, occupés uniquement à crier : Gare ! vous touchez au modérantisme ! il a bien fallu que moi, vieux Cordelier et doyen des Jacobins, je me chargeasse de la faction difficile, et dont aucun des jeunes gens ne voulait, crainte de se dépopulariser, celle de crier : Gare ! vous allez toucher à l'exagération ! et voilà l'obligation que doivent m'avoir mes collègues de la Convention, celle d'avoir sacrifié ma popularité même pour sauver le navire où ma cargaison n'était pas plus forte que la leur.

» Pardon, frères et amis, si j'ose prendre encore le titre de *Vieux Cordelier*, après l'arrêté du *club* qui me défend de me parer de ce nom. Mais, en vérité, c'est une insolence si inouïe que celle de petit-fils se révoltant contre leur grand-père et lui défendant de porter son nom, que je veux plaider cette cause contre ces fils ingrats. Je veux savoir à qui le nom doit rester, ou au grand-papa, ou à des enfans qu'on lui a faits, dont il n'a jamais ni reconnu, ni même connu la dixième partie, et qui prétendent le chasser du paternel logis. O dieux hospitaliers ! je quitterai le nom de vieux Cordelier quand nos pères profès du *district* et du *club* me le défendront ; quant à vous, messieurs les novices, qui me rayez sans m'entendre :

Sifflez-moi librement ; je vous le rends, mes frères.

» Lorsque Robespierre a dit : *Quelle différence y a-t-il entre Le Pelletier et moi, que la mort ?* il y avait de sa part bien de la modestie. Je ne suis pas Robespierre ; mais la mort, en défigurant les traits de l'homme, n'embellit pas son ombre à mes yeux, et ne rehausse pas l'éclat de son patriotisme à ce point de me faire croire que je n'ai pas mieux servi la République, même étant rayé des Cordeliers, que Le Pelletier dans le Panthéon :

et puisque je suis réduit à parler de moi, non-seulement pour donner du poids à mes opinions politiques, mais même pour me défendre, bientôt j'aurai mis le dénoncé et les dénonciateurs chacun à leur véritable place, malgré les *grandes colères* du *Père Duchesne*, qui prétend, dit Danton, que *sa pipe ressemble à la trompette de Jéricho*, et que, *lorsqu'il a fumé trois fois autour d'une réputation, elle doit tomber d'elle-même.*

» Il me sera facile de prouver que j'ai dû crier aux pilotes du vaisseau de l'état : Prenez garde ! nous allons toucher à l'exagération. Déjà Robespierre et même Billaud-Varennes avaient reconnu ce danger. Il restait au journaliste à préparer l'opinion, à bien montrer l'écueil : c'est ce que j'ai fait dans les quatre premiers numéros.

» Ce n'est pas sur une ligne détachée qu'il fallait me juger. Il y a vingt phrases dans l'Évangile, dit Rousseau, tout en appelant son auteur *sublime et divin*, sur lesquelles M. le lieutenant de police *l'aurait fait pendre, en les prenant isolément et détachées de ce qui précède et de ce qui suit.* Ce n'est pas même sur un numéro, mais sur l'ensemble de mes numéros, qu'il faudrait me juger.

» Je lis dans la feuille du *Salut-Public,* à l'article de la séance des Jacobins, primidi nivose : « Camille-Desmoulins, dit Nico-
» las, frise depuis long-temps la guillotine; et, pour vous en
» donner une preuve, il ne faut que vous raconter les démarches
» qu'il a faites au comité révolutionnaire de ma section, pour
» sauver un mauvais citoyen que nous avions arrêté par ordre du
» comité de sûreté générale, comme prévenu de correspondance
» intime avec des conspirateurs, et pour avoir donné asile chez
» lui au traître Nantouillet (1). »

» Vous allez juger, frères et amis, quel était ce scélérat que j'ai voulu sauver. Le citoyen Vaillant était accusé, de quoi ? vous ne le devineriez jamais : d'avoir *donné à dîner* dans sa campagne,

(1) Ce fait, et tous ceux dont Camille Desmoulins s'occupe dans le courant de ce numéro, sont rapportés à leur date, dans notre histoire de la période que nous avons fixée entre le 1er novembre 1793 et le 7 mai 1794. (*Note des auteurs.*)

à deux lieues de Péronne, à un citoyen résidant dans cette ville depuis quinze mois, y montant sa garde, y touchant ses rentes, en un mot, ayant une possession d'état, et *de l'avoir invité à coucher chez lui.* N'est-ce pas là le crime ridicule dont parle Tacite : *crime de contre-révolution de ce que votre fermier avait donné à coucher à un ami de Séjan ?* Que dis-je ? les amis de Séjan ayant été mis hors la loi, Tacite pouvait avoir tort de se récrier ; mais ici c'est bien pis ! Vaillant avait donné, il y avait plus d'un an, l'hospitalité, deux jours seulement, à un citoyen alors actif, à un citoyen qui, dans ce temps-là, n'était pas sur la liste des gens suspects. Il est vrai que ce citoyen s'appelle Nantouillet ; il est vrai que ce Nantouillet étant venu voir, en 1791 ou 1792, ce Vaillant, qui, par parenthèse est un mien cousin, celui-ci ne l'a point mis à la porte, quoiqu'il fût un ci-devant. Mais, bon Dieu ! sera-t-on un scélérat, un conspirateur, pour n'avoir pas chassé de sa maison un ci-devant noble il y a deux ans ? Si ce sont là des crimes, monsieur Nicolas, je plains ceux que vous jugez. J'ai vu André Dumont, qui n'est pourtant pas suspect de modérantisme, hausser les épaules de pitié de cette arrestation, et il a rendu la liberté au citoyen Vaillant. Si, moi, pour avoir demandé la liberté de mon parent emprisonné pour une telle peccadille, *je frise la guillotine,* que ferez-vous donc à André Dumont, qui l'a accordée ? Et sied-il à un juré du tribunal révolutionnaire d'envoyer si légèrement à la guillotine ?

» Je ne puis retenir ma langue, et quelque danger qu'il y ait à avoir une rixe avec un juré du tribunal révolutionnaire, dénonciation pour dénonciation. En janvier dernier, j'ai encore vu M. Nicolas dîner avec une pomme cuite, et ceci n'est pas un reproche. (Plût à Dieu que dans une cabane et ignoré, au fond de quelque département, je fisse avec ma femme de semblables repas !) Voici ce qu'était alors le citoyen Nicolas. Dans les premières années de la révolution, comme Robespierre courait plus de dangers qu'aucun de nous, à cause que son talent et sa popularité étaient plus dangereux aux contre-révolutionnaires, les patriotes ne le laissaient pas sortir seul ; c'était Nicolas qui l'accompagnait toute l'année, et qui, grand et fort, armé d'un simple bâton, valait à lui seul une compagnie de muscadins. Comme tous les patriotes aiment Robespierre, comme dans le fond Nicolas est un patriote, et qu'il n'y a que la séduction du pouvoir et l'éblouissante nouveauté d'une si grande puissance entre ses mains, que celle de vie et de mort, qui peut lui avoir tourné la tête, nous l'avons nommé juré du tribunal révolutionnaire, dont il est en même temps imprimeur. Or, et c'est par où je voulais conclure, sans me permettre aucune réflexion, croirait-on qu'à ce *sans-culotte*, qui vivait si sobrement en janvier, il est dû, en nivôse, plus de 150 mille francs, pour impressions, par le tribunal révolutionnaire ; tandis que moi, qu'il accuse, je n'ai pas accru mon pécule d'un denier ? C'est ainsi que moi je suis un *aristocrate qui frise* la guillotine, et que Nicolas est un *sans-culotte* qui frise la fortune.

» Défiez-vous, monsieur Nicolas, de l'intérêt personnel qui se glisse même dans les meilleures intentions. Parce que vous êtes l'imprimeur de Bouchotte, est-ce une raison pour que je ne puisse l'appeler *Georges* sans friser la guillotine ? J'ai bien appelé Louis XVI *mon gros benêt de roi*, en 1787, sans être embastillé pour cela. Bouchotte serait-il un plus grand seigneur ? Vous, Nicolas, qui avez aux Jacobins l'influence d'un compagnon, d'un ami de Robespierre ; vous qui savez que mes *intentions ne sont pas contre-révolutionnaires*, comment avez-vous cru les propos qu'on tient dans certains bureaux ? comment les avez-vous crus plutôt que les discours de Robespierre, qui m'a suivi presque depuis l'enfance, et qui, quelques jours auparavant, m'avait rendu ce témoignage que j'oppose à la calomnie : *qu'il ne connaissait pas un meilleur républicain que moi ; que je l'étais par instinct, par sentiment plutôt que par choix, et qu'il m'était même impossible d'être autre chose.* Citez-moi quelqu'un dont on ait fait un plus bel éloge.

» Cependant les *tape-durs* ont cru Nicolas plutôt que Robespierre ; et déjà, dans les groupes, on m'appelle un conspirateur.

Cela est vrai, citoyens, voilà cinq ans que je conspire pour rendre la France républicaine, heureuse et florissante.

» J'ai conspiré pour votre liberté bien avant le 12 juillet. Robespierre vous a parlé de cette tirade énergique de vers avant-coureurs de la Révolution. Je conspirais le 12 juillet, quand, le pistolet à la main, j'appelais la nation aux armes et à la liberté, et que j'ai pris, le premier, cette cocarde nationale que vous ne pouvez pas attacher à votre chapeau sans vous souvenir de moi. Mes ennemis, ou plutôt les ennemis de la liberté, car je ne puis en avoir d'autres, me permettent-ils de lire cette pièce justificative?

» Alors parut Camille Desmoulins; il faut l'écouter lui-même:
— Il était deux heures et demie; je venais sonder le peuple. Ma colère contre les despotes était tournée en désespoir. Je ne voyais pas les groupes, quoique vivement émus ou consternés, assez disposés au soulèvement. Trois jeunes gens me parurent agités d'un plus véhément courage; ils se tenaient par la main. Je vis qu'ils étaient venus au Palais-Royal dans le même dessein que moi; quelques citoyens passifs les suivaient: — Messieurs, leur dis-je, voici un commencement d'attroupement civique; il faut qu'un de nous se dévoue, et monte sur une table pour haranguer le peuple. — Montez-y. — J'y consens. — Aussitôt je fus plutôt porté sur la table que je n'y montai. A peine y étais-je, que je me vis entouré d'une foule immense. Voici ma courte harangue, que je n'oublierai jamais:

« Citoyens! il n'y a pas un moment à perdre; j'arrive de Ver-
» sailles; M. Necker est renvoyé; ce renvoi est le tocsin d'une
» Saint-Barthélemy de patriotes : ce soir tous les bataillons suis-
» ses et allemands sortiront du Champ-de-Mars pour nous égor-
» ger. Il ne nous reste qu'une ressource, c'est de courir aux
» armes et de prendre des cocardes pour nous reconnaître. »

» J'avais les larmes aux yeux, et je parlais avec une action que je ne pourrais ni retrouver, ni peindre. Ma motion fut reçue avec des applaudissemens infinis. Je continuai : — « Quelles couleurs voulez-vous? — Quelqu'un s'écria : Choisissez : »

» voulez-vous le vert, couleur de l'espérance, ou le bleu de Cin-
» cinnatus, couleur de la liberté d'Amérique et de la démocratie ?
» — Des voix s'élevèrent : Le vert couleur de l'espérance ! —
» Alors je m'écriai : Amis ! le signal est donné : voici les espions
» et les satellites de la police qui me regardent en face. Je ne
» tomberai pas du moins vivant entre leurs mains. Puis, tirant
» deux pistolets de ma poche, je dis : Que tous les citoyens m'i-
» mitent ! Je descendis étouffé d'embrassemens ; les uns me ser-
» raient contre leurs cœurs ; d'autres me baignaient de leurs
» larmes ; un citoyen de Toulouse, craignant pour mes jours,
» ne voulut jamais m'abandonner. Cependant on m'avait apporté
» un ruban vert ; j'en mis le premier à mon chapeau, et j'en dis-
» tribuai à ceux qui m'environnaient. »

« Depuis, je n'ai cessé de conspirer, avec Danton et Robespierre, contre les tyrans. J'ai conspiré dans *la France libre*, dans le discours de *la Lanterne aux Parisiens*, dans les *Révolutions de France et de Brabant*, dans la *Tribune des Patriotes*. Mes huit volumes in-8° attestent toutes mes conspirations contre les aristocrates de toute espèce, les royalistes, les feuillans, les brissotins, les fédéralistes. Qu'on mette les scellés chez moi, et on verra quelle multitude de suffrages, les plus honorables qu'un homme puisse recevoir, m'est venue des quatre parties du monde.

» Qu'on parcoure mes écrits, mes opinions, mes appels nominaux, je défie qu'on me cite une seule phrase dans ces huit volumes où j'aie varié dans les principes républicains, et dévié de la ligne de la *Déclaration des droits*. Depuis Necker et le système des deux chambres, jusqu'à Brissot et au fédéralisme, qu'on me cite un seul conspirateur dont je n'aie levé le masque bien avant qu'il ne fût tombé. J'ai toujours eu six mois, et même dix-huit mois d'avance sur l'opinion publique. Je les ai encore ces six mois d'avance ; et j'ajourne à un temps moins éloigné votre changement d'opinion sur mon compte. Où avez-vous pris vos actes d'accusation contre Bailly, La Fayette, Malouet, Mirabeau, les Lameth, Pétion, d'Orléans, Sillery, Brissot,

Dumouriez, sinon dans ce que j'avais conjecturé long-temps auparavant dans mes écrits, que le temps a confirmés depuis? Et je vous l'ai déjà dit, ce à quoi personne ne fait attention en ce moment, mais qui, bien plus que mes ouvrages, m'honorera auprès des républicains dans la postérité, c'est que j'avais été lié avec la plupart de ces hommes que j'ai dénoncés, et que je n'ai cessé de poursuivre du moment qu'ils ont changé de parti; c'est que j'ai été plus fidèle à la patrie qu'à l'amitié ; c'est que l'amour de la République a triomphé de mes affections personnelles; et il a fallu qu'ils fussent condamnés pour que je leur tendisse la main, comme à Barnave.

» Il est bien facile aux patriotes du 10 août, aux patriotes de la troisième ou quatrième, je ne dis pas réquisition, mais perquisition, aujourd'hui que l'argent et les places éminentes sont presque une calamité, de se parer de leur incorruptibilité d'un jour. Necker, à l'apogée de sa gloire, et après son deuxième rappel, a-t-il cherché à les séduire, comme moi, dans l'affaire des boulangers? La Fayette, dans les plus beaux jours de sa fortune, les a-t-il fait applaudir par ses aides-de-camp, quand ils sortaient de chez lui, et traversaient son antichambre? Ont-ils été environnés, à Bellechasse, de piéges glissans et presque inévitables? A-t-on tenté leurs yeux par les charmes les plus séduisans, leurs mains par l'appât d'une riche dot, leur ambition par la perspective du ministère, leur paresse par celle d'une maison délicieuse dans les Pyrénées? Les a-t-on mis à une épreuve plus difficile, celle de renoncer à l'amitié de Barnave et des Lameth, et de s'arracher à celle de Mirabeau, que j'aimais à l'idolâtrie et comme une maîtresse? A tous ces avantages ont-ils préféré la fuite et les décrets de prise de corps? Ont-ils été obligés de condamner tant de leurs amis avec qui ils avaient commencé la Révolution?

» O peuple! apprends à connaître tes vieux amis, et demande aux nouveaux qui m'accusent s'il se trouve un seul parmi eux qui puisse produire tant de titres à ta confiance?

» Mon véritable crime, je n'en doute pas, c'est qu'on sait que j'ai dit qu'avant dix numéros j'aurais démasqué encore une fois tous les traîtres ; les nouveaux conspirateurs, et la cabale de Pitt, qui craint les révélations de mon journal. On n'ose se mesurer avec le vieux Cordelier, qui a repris sa plume polémique signalée par tant de victoires sur tous les conspirateurs passés ; et on a pris le parti le plus court, de me faire des querelles d'Allemand, et de reproduire des dénonciations usées, et que Robespierre vous a fait mettre sous les pieds. Mais voyons quels sont les prétextes de cet acharnement contre moi.

» Des hommes, mes ennemis à découvert, et en secret ceux de la République, ne savent que me reprocher éternellement, depuis cinq mois, d'avoir défendu Dillon. Mais si Dillon était si coupable, que ne le faisiez-vous donc juger? Pourquoi ne veut-on voir qu'un général que j'ai défendu, et ne regarde-t-on pas cette foule de généraux que j'ai accusés? Si c'était un traître que j'eusse voulu défendre, pourquoi aurais-je accusé ses complices?

» Si l'on veut que je sois criminel pour avoir défendu Dillon, il n'y a pas de raison pour que Robespierre ne soit pas criminel aussi pour avoir pris la défense de Camille-Desmoulins, qui avait pris la défense de Dillon. Depuis quand est-ce un crime d'avoir défendu quelqu'un ? Depuis quand l'homme est-il infaillible et exempt d'erreurs?

« Collot-d'Herbois lui-même qui, sans me nommer, est tombé sur moi avec une si lourde raideur, à la dernière séance des Jacobins, et qui, à propos du suicide de Gaillard, s'est mis en scène, et a fait une vraie tragédie pour exciter contre moi les passions des tribunes, où l'on avait payé, ce jour-là, des places jusqu'à 25 livres, tant M. Pitt mettait d'importance à l'expulsion de la société des quatre membres dénoncés, Fabre-d'Églantine, Bourdon de l'Oise, Philippeaux et moi ; Collot-d'Herbois ne s'était-il pas trompé lui-même sur un général qui a livré Toulon, sur *Brunet*. N'a-t-il pas défendu *Proly?* Si je voulais user de représailles contre Collot, je n'aurais qu'à laisser courir ma plume, armée de faits plus forts que sa dénonciation.

Mais j'immole à la patrie mes ressentimens de la violente sortie de Collot contre moi : nous ne sommes pas trop forts, tous les vrais patriotes ensemble, et serrés les uns contre les autres, pour faire tête à l'aristocratie, canonnant et livrant des batailles autour des frontières, et au faux patriotisme ou plutôt à la même aristocratie, plus lâche, cabalant et intrigaillant dans l'intérieur. J'ai eu le tort, et on m'a fait le reproche juste, d'avoir trop écouté l'amour-propre blessé, et d'avoir pincé trop au vif un excellent patriote, notre cher Legendre : je veux montrer que je ne suis pas incorrigible, en renonçant aujourd'hui à des représailles bien légitimes. J'avertis seulement Collot d'être en garde contre les louanges *perfides* et *exclusives*, et de rejeter avec mépris, comme a fait Robespierre, celles de ce *Père Duchesne*, des lèvres de qui tout Paris a remarqué qu'il ne découlait que du sucre et du miel, qui n'avait que *des joies*, dont les juremens même étaient flûtés et doucereux, depuis le retour de Danton, et qui tout-à-coup, à l'arrivée de Collot-d'Herbois, reprend ses moustaches, *ses colères*, et ses grandes dénonciations contre les vieux Cordeliers, et ne craint pas de s'écrier indiscrètement : *Le géant est arrivé, il va terrasser les pygmées*. La publicité de ce mot, qui ne pourrait point dépopulariser, mais seulement ridiculiser celui qui en est l'objet, s'il n'avait pas désavoué cette flagornerie d'Hébert, qui cherche à se retirer sous le canon de Collot ; cette publicité sera la seule petite piqûre d'amour-propre à amour-propre que je me permettrai de faire à mon collègue. Je saurai toujours distinguer entre le *Père Duchesne* et le bon père Gérard, entre Collot-Châteauvieux et Hébert *Contre-Marque*.

» Voilà à propos de Dillon une bien longue parenthèse, tandis que, pour ma justification, j'avais seulement à observer que les meilleurs patriotes n'étaient pas exempts de prévention, que Collot-d'Herbois lui-même avait défendu des gens plus suspects que Dillon ; bien plus, je pose en fait qu'il n'est pas un député à la Montagne à qui on ne puisse reprocher quelque erreur et son Dillon.

» Pardon, mes chers souscripteurs, mais croiriez-vous que je ne suis pas encore bien convaincu que ce général, qu'on ne cesse de me jeter aux jambes, soit un traître?

» Voilà six mois que je m'abstiens de parler de lui ni en bien, ni en mal. Je me suis contenté de communiquer à Robespierre, il y a trois mois, la note qu'il m'avait fait passer sur Carteaux. Eh bien! la trahison de Carteaux vient de justifier cette note.

» Ici remarquez qu'il y a quatre semaines Hébert a présenté aux Jacobins un soldat qui est venu faire le plus pompeux éloge de Carteaux, et décrier nos deux Cordeliers *Lapoype* et ce *Fréron*, qui est venu pourtant à bout de prendre Toulon, en dépit de l'envie et malgré les calomnies; car Hébert appelait Fréron, comme il m'appelle, un *ci-devant patriote,* un *muscadin,* un *Sardanapale,* un *viédasse.* Remarquez, citoyens, que depuis deux mois le *patriote* Hébert n'a cessé de diffamer Barras et Fréron, de demander leur rappel au comité de salut public et de prôner Carteaux, sans qui Lapoype aurait peut-être repris Toulon il y a six semaines, lorsque ce général s'était déjà emparé du fort Pharon. Remarquez que c'est lorsque Hébert a vu qu'il ne pouvait venir à bout d'en imposer à Robespierre sur le compte de Fréron, parce que Robespierre connaît les vieux Cordeliers, parce qu'il connaît Fréron, comme il me connaît; remarquez que c'est alors qu'est venue au comité de salut public, on ne sait d'où, cette fausse lettre signée *Fréron* et *Barras*, cette lettre qui ressemble si fort à celle qu'on a fait parvenir, il y a deux jours, à la section des Quinze-Vingts, par laquelle il semblait que d'Églantine, Bourbon de l'Oise, Philippeaux et moi voulions soulever les sections. O! mon cher Fréron, c'est par ces artifices grossiers que les patriotes du 10 août minent les piliers de l'*ancien district* des Cordeliers. Tu écrivais, il y a dix jours, à ma femme : « Je ne rêve qu'à Toulon; ou j'y périrai, ou je le rendrai à la République; je pars. La canonnade commencera aussitôt mon arrivée; nous allons gagner un laurier ou un saule : » préparez-moi l'un ou l'autre. » O! mon brave Fréron, nous avons pleuré de joie tous les deux en apprenant ce matin la victoire de la République, et que c'était avec des lauriers que nous irions au-devant de toi, et non pas avec des saules au-devant de ta cendre. C'est en montant le premier à l'assaut, avec Salicetti et le digne frère de Robespierre, que tu as répondu aux calomnies d'Hébert. C'est donc à Paris comme à Marseille! Je vais citer tes paroles, parce que celles d'un triomphateur auront plus de poids que les miennes. Tu nous écris dans cette même lettre :

« Je ne sais pas si Camille voit comme moi, mais il me semble
» qu'on veut pousser la société populaire au-delà du but, et
» leur faire faire, sans s'en douter, la contre-révolution par des
» mesures ultra-révolutionnaires. La discorde secoue ses torches
» parmi les patriotes. Des hommes ambitieux, qui veulent s'em-
» parer du gouvernement, font tous leurs efforts pour noircir
» les hommes les plus purs, les hommes à moyens et à caractère,
» les patriotes de la première fournée : ce qui vient de se passer
» à Marseille en est une preuve. » Eh quoi ! mon pauvre Martin, tu étais donc poursuivi à la fois par les *Pères Duchesne* de Paris et des Bouches-du-Rhône, et sans le savoir, par cet instinct qui n'égare jamais les vrais républicains, à deux cents lieues l'un de l'autre, moi avec mon écritoire, toi avec ta voix sonore, nous faisions la guerre aux mêmes ennemis? Mais il faut rompre avec toi ce colloque, et revenir à ma justification.

» Il faut que je le répète pour la centième fois, puisqu'on m'en a absous inutilement quatre-vingt dix-neuf; il n'est pas vrai de dire que j'ai défendu Dillon ; j'ai demandé qu'on le jugeât ; et n'est-il pas évident que si on pouvait accuser quelqu'un de le défendre, ce serait plutôt ceux qui n'ont pas demandé, comme moi, qu'il fût jugé? Ainsi tombe d'abord l'éternelle dénonciation contre Camille-Desmoulins. Quel doit être, dans le sac de mon adversaire, le déficit des pièces contre moi, puisqu'ils sont réduits à me reprocher éternellement d'avoir défendu un général à qui on ne peut contester de grands services à la côte de Biesme! *

» La plus courte justification ennuie. Pour soutenir l'attention, je tâche de mêler la mienne de traits de satire qui ne fassent qu'effleurer le patriote, et percent de part en part le contre-révolutionnaire déguisé sous le rouge bonnet que ma main jette à bas. Au sortir de la Convention je retourne au *Vieux-Cordelier;* et, selon que je suis affecté de la séance, une teinte de gaîté ou de tristesse se répand sur la page que j'écris et sur ma correspondance avec mes abonnés. Barrère aujourd'hui a rembruni mes idées, et mon travail de ce soir se sentira de ma mélancolie.

» Est-il donc possible qu'on ait dirigé contre moi un rapport dont le décret présentait absolument mes conclusions? C'était tellement mes conclusions, que Robespierre a fait passer à l'ordre du jour sur ce projet de décret, comme ressemblant trop à mon comité de clémence. Convenez, mes chers collègues, que j'ai eu du moins le courage d'ouvrir là une discussion grande, et que l'honneur de l'assemblée nationale demandait qu'elle abordât. J'aurai eu le mérite d'avoir fait luire le premier un rayon d'espoir aux *patriotes* détenus. Les maisons de suspicion ne ressembleront plus, jusqu'à la paix, à l'enfer de Dante, où *il n'y a point d'espérance.* N'eussé-je fait que ce bien, je méritais de Barrère plus de ménagemens, et qu'il ne frappât point si fort. Au demeurant, le plus grand honneur qu'on pût faire à mon journal était assurément cette censure du comité de salut public, et le décret qui en ordonne l'insertion au Bulletin. C'est donner à ma plume une grande importance. Un jour la postérité jugera entre les *suspects* de Barrère et les *suspects* de Tacite. Provisoirement les patriotes vont être contens de moi; car, après cette censure solennelle du comité de salut public, j'ai fait comme Fénelon, montant en chaire pour publier le bref du pape qui condamnait *les maximes des Saints,* et, les lacérant lui-même, je suis prêt à brûler mon numéro 3; et déjà j'ai défendu à Desenne de le réimprimer, au moins sans le cartonner.

» Comme le comité de salut public n'a pas dédaigné de réfuter mon numéro 4, pour éclairer tout-à-fait sa religion, je lui dois le rétablissement d'un fait, sur lequel son rapporteur a altéré Thucydide : j'en demande pardon à Barrère.

» Mais assurément Athènes ne jouissait pas *d'une paix profonde* quand Thrasybule fit prononcer dans l'assemblée générale du peuple que personne ne serait inquiété ni poursuivi, hors les trente tyrans. Ces trente tyrans étaient à peu près à la population d'Athènes, qui ne se composait guère que de vingt mille citoyens, comme nos aristocrates prononcés sont à notre population de vingt-cinq millions d'hommes. L'histoire dit positivement que ce sage décret mit fin aux dissensions civiles, réunit tous les esprits, et valut à Thrasybule le surnom de *restaurateur de la paix.*

» Au reste, Barrère a terminé une critique amère de l'ouvrage par un hommage public au patriotisme de l'auteur. Mais dans sa nomenclature des gens suspects, et à l'occasion de sa remarque judicieuse que ceux-là l'étaient véritablement qui, au lieu de ressentir de la joie de la prise de Toulon, présentaient une mine allongée, Barrère pouvait me rendre un autre témoignage. Il aurait pu dire que ce jour-là même, me trouvant à dîner avec lui, je lui avais dit : « Voilà les hommes vraiment sus-
» pects ; voilà ceux à l'arrestation desquels je serais le premier à
» applaudir, ceux que cette conquête de Toulon a attristés ou
» seulement laissés tout de glace, et non pas, comme je l'ai lu
» dans une certaine dénonciation, M. tel, *parce qu'il est logé*
» *luxurieusement.* »

» Que pensera le lecteur impartial de voir Barrère, je ne dis pas s'emparer de mon idée, et s'en faire honneur à la tribune de la Convention, mais à ce plagiat joindre la petite malice de publier à la tribune que je n'admettais point de gens suspects. Si Barrère m'avait cité, si au moins il avait dit que je partageais son opinion, les républicains les plus soupçonneux auraient vu que moi aussi je voulais des maisons de suspicion, et que je ne différais d'opinion que sur le signalement des suspects. Mais je le vois, Barrère a craint la grande colère du *Père Duchesne* et la dénonciation itérative de *M. de Vieux-Sac*, et dans son rapport, il a ouvert la main tout entière pour la satire, et le petit doigt seulement pour l'éloge.

» Où les diviseurs de la Montagne veulent-ils nous mener par les calomnies qu'ils chuchotent aux oreilles des patriotes? Quelle est cette perfidie de s'accrocher à une phrase de mon numéro 4, de la détacher de l'amendement et de la note qui y est jointe? Y a-t-il une mauvaise foi plus coupable? Déjà on ne se reconnaît plus à la Montagne. Si c'était un vieux Cordelier comme moi, un patriote *rectiligne*, Billaud-Varennes, par exemple, qui m'eût gourmandé si durement, *sustinuissem utique*, j'aurais dit : C'est le soufflet du bouillant saint Paul au bon saint Pierre qui avait péché! Mais toi, mon cher Barrère! toi, l'heureux *tuteur de Paméla!* toi le *président des Feuillans!* qui as proposé le comité *des Douze*, toi qui, le 2 *juin*, *mettais en délibération dans le comité de salut public si l'on n'arrêterait pas Danton!* toi dont je pourrais relever bien d'autres fautes si je voulais fouiller le *Vieux-Sac*, que tu deviennes tout-à-coup un *passe-Robespierre*, et que je sois par toi colaphisé si sec! j'avoue que ce soufflet m'a fait voir trente-six chandelles, et que je me frotte encore les yeux. Quoi! c'est toi qui m'accuse de modérantisme! quoi! c'est toi, camarade montagnard du 3 juin, qui donne à Camille-Desmoulins un brevet de civisme! sans ce certificat, j'allais passer pour un modéré. Que vois-je? je parle de moi, et déjà dans les groupes, c'est Robespierre même qu'on ose soupçonner de modérantisme. Oh! la belle chose que de n'avoir point de principes, que de savoir prendre le vent, et qu'on est heureux d'être une girouette!

» Citoyens, remarquez bien tous ceux qui m'accusent de peccadilles, et je gage que, dans leur vie, vous trouverez de semblables erreurs, de ces erreurs lourdes que je ne leur ai pourtant jamais reprochées, par amour de la concorde et de l'union, moi qu'on accuse de noircir les patriotes. Je vous rends aussi justice, Barrère; j'aime votre talent, vos services, et je proclame aussi votre patriotisme; quant à vos torts, Robespierre vous en a donné l'absolution, et je ne suis point appelant, comme M. Nicolas, du jugement de Robespierre. Mais quel est le reptile si rampant, qui, lorsqu'on lui marche dessus, ne se relève et ne morde? Et la République ne peut exiger de moi de tendre l'autre joue.

» Tout cela n'est qu'une querelle de ménage avec mes amis les patriotes Collot et Barrère; mais je vais être à mon tour b......... en colère contre le *Père Duchesne*, qui m'appelle « un misérable intrigailleur, un viédasse à mener à la guillotine, un conspirateur qui veut qu'on ouvre toutes les prisons pour en faire une nouvelle Vendée, un endormeur payé par Pitt, un bourriquet à longues oreilles. » *Attends-moi, Hébert; je suis à toi dans un moment.* Ici ce n'est pas avec des injures grossières et des mots que je vais t'attaquer; c'est avec des faits. Je vais te démasquer comme j'ai démasqué Brissot, et faire la société juge entre toi et moi.

» Le rayon d'espérance que j'ai fait luire au fond des prisons aux patriotes détenus, l'image du bonheur à venir de la république française, que j'ai présenté à l'avance et par anticipation à mes lecteurs, et le seul nom de *comité de clémence* que j'ai prononcé, à tort si l'on veut, pour le moment, ce mot seul, a-t-il fait sur toi, Hébert, l'effet du fouet des Furies? n'as-tu donc pu supporter l'idée que la nation fût un jour heureuse et un peuple de frères? Puisqu'à ce mot de clémence, que j'avais pourtant si fort amendé, en ajoutant: *Arrière la pensée d'une amnistie, arrière l'ouverture des prisons*, te voilà *à te manger le sang, à entrer dans une colère de bougre*, à tomber en syncope, et à en perdre la raison au point de me dénoncer si ridiculement aux Jacobins, pour *avoir épousé*, dis-tu, *une femme riche*.

» Je ne dirai qu'un mot de ma femme. J'avais toujours cru à l'immortalité de l'âme. Après tant de sacrifices d'intérêts personnels que j'avais faits à la liberté et au bonheur du peuple, je me disais, au fort de la persécution: Il faut que les récompenses attendent la vertu ailleurs. Mais mon mariage est si heureux, mon bonheur domestique si grand, que j'ai craint d'avoir reçu ma récompense sur la terre, et j'avais perdu ma démonstration de l'immortalité. Maintenant tes persécutions, ton déchaînement contre moi et tes lâches calomnies me rendent toute mon espérance.

» Quant à la fortune de ma femme, elle m'a apporté quatre mille livres de rentes, ce qui est tout ce que je possède. Dans cette révolution où, je puis le dire, j'ai joué un assez grand rôle, où j'ai été un écrivain polémique recherché tour à tour par tous les partis, qui m'ont trouvé incorruptible ; où, quelque temps avant le 10 août, on a marchandé jusqu'à mon silence, et fort chèrement ; eh bien ! dans cette révolution, où depuis j'ai été successivement secrétaire-général du département de la justice, et représentant du peuple à la Convention, ma fortune ne s'est pas accrue d'un sou. Hébert pourrait-il en dire autant?

» Est-ce toi qui oses parler de ma fortune, toi que tout Paris a vu, il y a deux ans, receveur des contre-marques à la porte des Variétés, dont tu as été *rayé* pour cause dont tu ne peux pas avoir perdu le souvenir ? Est-ce toi qui oses parler de mes quatre mille livres de rentes, toi qui, sans-culotte, et sous une méchante perruque de crin dans ta feuille hypocrite, dans ta maison loges aussi *luxurieusement qu'un homme suspect*, reçois *cent vingt mille livres* de traitement du ministre Bouchotte pour soutenir les motions des Cloots, des Proly, de ton journal officiellement contre-révolutionnaire, comme je le prouverai ?

» Cent vingt mille livres à ce pauvre sans-culotte Hébert pour calomnier Danton, Lindet, Cambon, Thuriot, Lacroix, Philippeaux, Bourdon (de l'Oise), Barras, d'Églantine, Fréron, Legendre, Camille-Desmoulins, et presque tous les commissaires de la Convention ! pour inonder la France de ses écrits, si propres à former l'esprit et le cœur ! cent vingt mille francs !... de Bouchotte !... S'étonnera-t-on, après cela, de cette exclamation filiale d'Hébert, à la séance des Jacobins : « Oser attaquer Bouchotte ! (oser l'appeler Georges !) Bouchotte à qui on ne peut reprocher la plus légère faute ! Bouchotte qui a mis à la tête des armées des généraux sans-culottes, Bouchotte le patriote le plus pur ! » Je suis surpris que dans le transport de sa reconnaissance, le *Père Duchesne* ne se soit pas écrié : *Bouchotte qui m'a donné cent vingt mille livres depuis le mois de juin* (1) !

» Quel sera le mépris des citoyens pour cet impudent *Père Duchesne*, quand, à la fin de ce numéro 5, ils apprendront par une note, levée sur les registres de la trésorerie, que le cafard qui me reproche de distribuer *gratis* un journal que tout Paris court acheter, a reçu, en un seul jour d'octobre dernier, soixante mille francs de *Mécenas* Bouchotte pour six cent mille numéros, et que, par une addition facile, le lecteur verra que le *fripon* d'Hébert *a volé*, ce jour-là seul, quarante mille francs à la nation.

» Déjà quelle a dû être l'indignation de tout patriote qui a un peu de mémoire et qui réfléchit, quand, parce que j'ai, dans mon journal, réclamé *la liberté de la presse* pour les écrivains, *la liberté des opinions* pour les députés, c'est-à-dire les premiers principes de la *Déclaration des droits*, il a vu Hébert jeter les hauts cris contre moi, lui, cet effronté ambitieux qui, au moment où un enchaînement de victoires ne ralentissait pas le mouvement révolutionnaire, au moment où la nécessité des mesures révolutionnaires était sentie de tous les patriotes, il y a deux mois, a osé, dans sa feuille, *réclamer la Constitution*, et demander *qu'on organisât le conseil exécutif, aux termes de l'acte constitutionnel*, parce qu'il lui semblait qu'il ne pouvait manquer que d'être un des vingt quatre membres ?

Que tu aies reçu de Bouchotte en un seul jour, au mois d'octobre, soixante mille francs pour crier dans ta feuille aux quatre

---

(1) M. Thiers cite cet alinéa dans son *Histoire de la révolution*. Nous devons signaler une différence entre le texte qu'il donne et celui de l'édition dont nous faisons usage. Dans les trois endroits où on lit ici, cent vingt mille francs, M. Thiers met deux cent mille francs. Nous avons sous les yeux trois éditions du journal, l'une publiée par LL. Baudoin frères, en 1825 ; l'autre par M. Mathon aîné, en 1854, et enfin l'édition originale elle-même. Toutes les trois portent cent vingt mille francs au lieu de deux cent mille. Nous n'aurions pas relevé un fait peu important en lui-même, si M. Bouchotte, dans une réfutation manuscrite de M. Thiers, dont nous produisons plus bas un passage intéressant, n'avait argumenté comme si le chiffre de deux cent mille francs était de la part de l'historien une citation exacte. (*Note des auteurs.*)

coins de la France : *Psaphon est un dieu*, et pour calomnier Danton, c'est la moindre de tes infamies. Tes numéros et tes contradictions à la main, je suis prêt à prouver que tu es un *avilisseur du peuple français et de la Convention*, et un *scélérat*, déjà aux yeux des patriotes et des clairvoyans non moins démasqué que Brissot, dont les agens de Pitt t'avaient fait le continuateur, et entrepreneur de contre-révolution par un autre extrême, lorsque Pitt, Calonne et Luchesini, voyant les Girondins usés, ont voulu essayer s'ils ne pourraient pas faire, par la sottise et l'ignorance, cette contre-révolution qu'ils n'avaient pu faire avec tant de gens d'esprit, depuis Malouet jusqu'à Gensonné.

Je n'ai pas besoin de me jeter dans ces recherches. Toi qui me parles de mes sociétés, crois-tu que j'ignore que tes sociétés c'est une femme *Rochechouart*, agente des émigrés; c'est le banquier Kocke, chez qui toi et la Jacqueline vous passez à la campagne les beaux jours de l'été? Penses-tu que j'ignore que c'est avec l'intime de Dumourier, le banquier hollandais Kocke, que le grand patriote Hébert, après avoir calomnié dans sa feuille les hommes les plus purs de la République, allait dans sa grande joie, lui et sa Jacqueline, boire le vin de Pitt et porter des toasts à la ruine des réputations des fondateurs de la liberté? Crois-tu que je n'aie pas remarqué qu'en effet tu n'as jamais sonné le mot de tel député, lorsque tu tombais à bras raccourcis sur Chabot et Bazire? Crois-tu que je n'aie pas deviné que tu n'as jeté les hauts cris contre ces deux députés que parce que, après avoir été attirés, sans s'en douter peut-être, dans la conspiration de tes ultra-révolutionnaires, bientôt, à la vue des maux qui allaient déchirer la patrie, ayant reculé d'horreur, ayant paru chanceler, ayant combattu même quelques projets de décrets qui n'étaient pourtant que les précurseurs éloignés des motions liberticides que tu préparais toi et tes complices, tu t'és empressé de prévenir Bazire et Chabot, et de les perdre avant que tu ne fusses perdu par eux? Crois-tu qu'on ne m'a pas raconté qu'en 1790 et 1791 *tu as persécuté Marat.* Tu as écrit pour les aristocrates; tu ne le pourras nier, tu serais confondu par les témoins. Crois-tu enfin que je ne sache pas positivement que tu as trafiqué de la liberté des citoyens, et que je ne me souvienne pas de ce qu'un de mes collègues a dit à moi et à plus de vingt députés, que tu avais reçu une forte somme pour l'élargissement, je ne sais pas bien si c'était d'un émigré ou d'un prisonnier, et que depuis, une personne, témoin de ta vénalité, t'avait menacé de la révéler si tu t'avisais de maltraiter encore Chabot dans tes feuilles, fait que le représentant du peuple Chaudron-Rousseau nous a même assuré qu'il allait déposer au comité de surveillance? Ce sont là des faits autrement graves que ceux que tu m'imputes.

» Regarde ta vie, depuis le temps où tu étais un respectable frater à qui un médecin de notre connaissance faisait faire des saignées pour douze sous, jusqu'à ce moment où, devenu notre médecin politique et le docteur *Sangrado* du peuple français, tu lui ordonnes des saignées si copieuses, moyennant 120 mille livres de traitement que te donne Bouchotte : regarde ta vie entière, et ose dire à quel titre tu te fais ainsi l'arbitre des réputations aux Jacobins!

» Est-ce à titre de tes anciens services? Mais quand Danton, d'Églantine et Paré, nos trois anciens présidens permanens des Cordeliers (*du district* s'entend), soutenaient un siége pour Marat; quand Thuriot assiégeait la Bastille; quand Fréron faisait l'*orateur du peuple;* quand moi, sans craindre les assassins de Loustalot et les sentences de Talon, j'osais, il y a trois ans, défendre presque seul l'*Ami du Peuple* et le proclamer le divin Marat; quand tous ces vétérans, que tu calomnies aujourd'hui, se signalaient pour la cause populaire, où étais-tu alors, Hébert? Tu distribuais des contre-marques, et on m'assure que les directeurs se plaignaient de la recette (1). On m'assure que tu t'étais même opposé, aux Cordeliers, à l'insurrection du 10 août. On

---

(1) « On disait un jour à un des acteurs du théâtre de la République, que le *Père Duchesne* était près d'entrer en colère contre eux : « J'ai peine à le croire, répondit celui-ci : *nous avons la preuve dans nos registres qu'il nous a volés avant qu'il fût procureur de la Commune.* Il faut faire supprimer ces registres,

m'assure...., ce qui est certain, ce que tu ne pourras nier, car il y a des témoins, c'est qu'en 1790 et 1791 tu dénigrais, tu poursuivais Marat; que tu as prétendu, après sa mort, qu'il t'avait laissé son manteau, dont tu t'es fait tout-à-coup le disciple Élisée et le légataire universel. Ce qui est certain, c'est qu'ayant de t'efforcer de voler ainsi la succession de popularité de Marat, tu avais dérobé une autre succession, celle d'un père Duchesne qui n'était pas Hébert ; car ce n'est pas toi qui faisais, il y a deux ans, le *Père Duchesne*, je ne dis pas *la trompette du Père Duchesne*, mais le *véritable Père Duchesne*, le *Memento Maury*. C'était un autre que toi, dont tu as pris les noms, armes et juremens, et dont tu t'es emparé de toute la gloire, selon ta coutume. Ce qui est certain, c'est que tu n'étais pas avec nous, en 1789, dans le cheval de bois; c'est qu'on ne t'a point vu parmi les guerriers des premières campagnes de la révolution ; c'est que, comme les goujats, tu ne t'es fait remarquer qu'après la victoire, où tu t'es signalé en dénigrant les vainqueurs, comme Thersite, en emportant la plus forte part du butin, et en faisant chauffer ta cuisine et tes fourneaux de calomnies avec les cent vingt mille francs et la *braise* de Bouchotte (1).

Serait-ce à titre d'écrivain et de bel esprit que tu prétends, Hébert, peser dans ta balance nos réputations? Est-ce à titre de journaliste que tu prétendrais être le dictateur de l'opinion aux Jacobins ? Mais y a-t-il rien de plus dégoûtant, de plus ordurier que la plupart de tes feuilles? Ne sais-tu donc pas, Hébert, que quand les tyrans d'Europe veulent avilir la République, quand ils veulent faire croire à leurs esclaves que la France est couverte

Père Duchesne : il faut faire la cour au théâtre de la République, et je ne m'étonne plus de ta grande colère contre la Montansier dans un de tes derniers numéros, et que tu nous aies fait un éloge si pompeux, si exclusif, du théâtre où tu as fait tes premières armes. »

(1) « On me calomnie, disait l'autre jour Bouchotte au comité de salut public. — Du moins, lui répondit Danton, ce n'est pas la République qui paie cent vingt mille francs depuis le mois de juin pour vous calomnier ; du moins ce n'est pas le ministère qui s'est fait le colporteur des *calomnies* contre Bouchotte. La répartie était sans réplique. Cent vingt mille francs à Hébert pour louer Bouchotte ! Pas si Georges, M. Bouchotte ! Il n'est, ma foi, pas si Georges ! »

des ténèbres de la barbarie ; que Paris, cette ville si vantée par son atticisme et son goût, est peuplée de Vandales ; ne sais-tu pas, malheureux, que ce sont des lambeaux de tes feuilles qu'ils insèrent dans leurs gazettes, comme si le peuple était aussi bête, aussi ignorant que tu voudrais le faire croire à M. Pitt ; comme si on ne pouvait lui parler qu'un langage aussi grossier ; comme si c'était là le langage de la Convention et du comité de salut public ; comme si tes saletés étaient celles de la nation ; comme si un égout de Paris était la Seine?

Enfin, serait-ce à titre de sage, de grand politique, d'homme à qui il est donné de gouverner les empires, que tu t'arroges de nous asservir à tes *ultra-révolutionnaires*, sans que même les représentans du peuple aient le droit d'énoncer leur opinion, à peine d'être chassés de la société? Mais, pour ne citer qu'un seul exemple, ne sont-ce pas les trois ou quatre numéros qu'Hébert a publiés à la suite de la mascarade de la déprêtrisation de Gobel, qui sont, par leur impolitique stupide, la cause principale de tant de séditions religieuses et de meurtres à Amiens, à Coulommiers, dans le Morbihan, l'Aisne, l'Ille-et-Vilaine? N'est-ce pas le *Père Duchesne*, ce politique profond, qui, par ses derniers écrits, est la cause évidente que dans la Vendée, où les notifications officielles du 21 septembre annonçaient qu'il n'y avait plus que huit à dix mille brigands à exterminer, il a déjà fallu tuer plus de cent mille imbécilles de nouvelles recrues qu'Hébert a faites à Charrette et aux royalistes?

» Et c'est ce vil flagorneur, aux gages de 120,000 livres, qui me reprochera les 4,000 livres de rente de ma femme! C'est cet ami intime des Kocke, des Rochechouart et d'une multitude d'escrocs, qui me reprochemes sociétés! Ce politique sans vue, et le plus insensé des patriotes, s'il n'est pas le plus rusé des aristocrates, me reprochera mes écrits *aristocratiques*, dit-il, lui dont je démontrerai que les feuilles sont les délices de Coblentz et le seul espoir de Pitt !

» Ce patriote nouveau sera le *diffameur* éternel des vétérans ! Cet homme, rayé de la liste des garçons de théâtre pour vols, fera rayer de la liste des Jacobins, pour leur opinion, des députés, fondateurs immortels de la République! Cet écrivain des charniers sera le législateur de l'opinion, le mentor du peuple français! Un représentant du peuple ne pourra être d'un autre sentiment que ce grand personnage sans être traité de *viédasse* et de *conspirateur payé par Pitt!* O temps! ô mœurs! ô liberté de la presse, le dernier retranchement de la liberté des peuples, qu'êtes-vous devenus? ô liberté des opinions, sans laquelle il n'existerait plus de Convention, plus de représentation nationale, qu'allez-vous devenir?

La société est maintenant en état de juger entre moi et mes dénonciateurs. Mes amis savent que je suis toujours le même qu'en 1789; que je n'ai pas eu depuis une pensée qui ne fût pour l'affermissement de la liberté, pour la prospérité, le bonheur du peuple français, le maintien de la République une et indivisible. Eh! de quel autre intérêt pourrais-je être animé dans le journal que j'ai entrepris, que du zèle du bien public? pourquoi aurais-je attiré contre moi tant de haines toutes-puissantes, et appelé sur ma tête des ressentimens implacables? Que m'ont fait à moi Hébert et tous ceux contre qui j'ai écrit? Ai-je reçu aussi 120,000 francs du trésor national pour calomnier? ou pense-t-on que je veuille ranimer les cendres de l'aristocratie? « Les modérés, les aristocrates, dit Barrère, ne se rencontrent plus sans se demander : « Avez-vous lu le *Vieux Cordelier?* » Moi, le patron des aristocrates! des modérés! Que le vaisseau de la République, qui court entre les deux écueils dont j'ai parlé, s'approche trop de celui du *modérantisme*, on verra si j'aiderai la manœuvre; on verra si je suis un modéré! J'ai été révolutionnaire avant vous tous. J'ai été plus; j'étais un brigand, et je m'en fais gloire, lorsque, dans la nuit du 12 au 13 juillet 1789, moi et le général Danican nous faisions ouvrir les boutiques d'arquebusiers, pour armer les premiers bataillons des sans-culottes. Alors, j'avais l'audace de la révolution. Aujourd'hui, député à l'assemblée nationale, l'audace qui me convient est celle de la raison, celle de dire mon opinion avec franchise. Je la conserverai jusqu'à la mort cette audace républicaine contre tous les despotes; et quoique je n'ignore pas la maxime de Machiavel, qu'*il n'y a point de tyrannie plus effrénée que celle des petits* » Qu'on désespère de m'intimider par les terreurs et les bruits de mon arrestation qu'on sème autour de moi! Nous savons que des scélérats méditent un 31 mai contre les hommes les plus énergiques de la montagne. Déjà Robespierre en a témoigné ses pressentimens aux Jacobins; mais, comme il l'a observé, on verrait quelle différence il y a entre les Brissotins et la Montagne. Les acclamations que la Convention a recueillies partout sur son passage le jour de la fête des Victoires montrent l'opinion du peuple, et qu'il ne s'en prend point à ses représentans des taches que des étrangers se sont efforcés d'imprimer à la nation. C'est dans la Convention, dans le comité de salut public, et non dans Georges et les Géorgiens, que le peuple français espère. Mais toutes les fois que dans une république un citoyen aura, comme Bouchotte, 300 millions par mois, cinquante mille places à sa disposition, tous les intrigans, tous les oiseaux de proie s'assembleront nécessairement autour de lui. C'est là le siége du mal; on sent bien que la peste elle-même, avec une liste civile si forte, se ferait mettre au Panthéon. C'est à la Convention à ne pas souffrir qu'on élève autel contre autel. Mais, ô mes collègues! je vous dirai comme Brutus à Cicéron : « Nous craignons trop la mort et l'exil, et la pauvreté. » *Nimium timemus mortem, et exilium, et paupertatem.* Cette vie mérite-t-elle donc qu'un représentant la prolonge aux dépens de l'honneur? Il n'est aucun de nous qui ne soit parvenu au sommet de la montagne de la vie. Il ne nous reste plus qu'à la descendre à travers mille précipices inévitables, même pour l'homme le plus obscur. Cette descente ne nous ouvrira aucuns paysages, aucuns sites qui ne se soient offerts mille fois plus délicieux à ce Salomon qui disait, au milieu de ses sept cents femmes, et en foulant tout ce mobilier de bonheur : « J'ai trouvé que les morts sont plus heureux que les vivans, et que le plus heureux est celui qui n'est jamais né. »

» Eh quoi! lorsque tous les jours les douze cent mille soldats du peuple français affrontent les redoutes hérissées des batteries les plus meurtrières, et volent de victoires en victoires, nous, députés à la Convention; nous, qui ne pouvons jamais tomber, comme le soldat, dans l'obscurité de la nuit, fusillé dans les ténèbres, et sans témoins de sa valeur; nous, dont la mort soufferte pour la liberté ne peut être que glorieuse, solennelle, et en présence de la nation entière, de l'Europe et de la postérité, serions-nous plus lâches que nos soldats? craindrons-nous de nous exposer, de regarder Bouchotte en face? n'oserons-nous braver la grande colère du *Père Duchesne*, pour remporter aussi la victoire que le peuple français attend de nous, la victoire sur les ultra-révolutionnaires comme sur les contre-révolutionnaires, la victoire sur tous les intrigans, tous les fripons, tous les ambitieux, tous les ennemis du bien public?

» Malgré les diviseurs, que la Montagne reste une et indivisible comme la République! ne laissons point avilir, dans sa troisième session, la représentation nationale. *La liberté des opinions, ou la mort!* Occupons-nous, mes collègues, non pas à défendre notre vie comme des malades, mais à défendre la liberté et les principes comme des républicains! Et quand même, ce qui est impossible, la calomnie et le crime pourraient avoir sur la vertu un moment de triomphe, croit-on que, même sur l'échafaud; soutenu de ce sentiment intime que j'ai aimé avec passion ma patrie et la République, soutenu de ce témoignage éternel des siècles, environné de l'estime et des regrets de tous les vrais républicains, je voulusse changer mon supplice contre la fortune de ce misérable Hébert, qui, dans sa feuille, pousse au désespoir vingt classes de citoyens et plus de trois millions de Français; auxquels il dit anathème, et qu'il enveloppe en masse dans une proscription commune; qui, pour s'étourdir sur ses remords et ses calomnies, a besoin de se procurer une ivresse plus forte que celle du vin, et de lécher sans cesse le sang au pied de la guillotine? Qu'est-ce donc que l'échafaud pour un patriote, sinon le piédestal des Sidney et des Jean de Witt? Qu'est-ce, dans un moment de guerre où j'ai eu mes deux frères mutilés et hachés pour la liberté, qu'est-ce que la guillotine, sinon un coup de sabre, et le plus glorieux de tous, pour un député victime de son courage et de son républicanisme?

» J'ai accepté, j'ai souhaité même la députation, parce que je me disais : Est-il une plus favorable occasion de gloire que la régénération d'un état prêt à périr par la corruption et les vices qui y règnent? Quoi de plus glorieux que d'y introduire de sages institutions, d'y faire régner la vertu et la justice, de conserver l'honneur des magistrats aussi bien que la liberté, la vie et la propriété des citoyens, et de rendre sa patrie florissante? Quoi de plus heureux que de rendre tant d'hommes heureux? Maintenant, je le demande aux vrais patriotes, aux patriotes éclairés, étions-nous aussi heureux que nous pouvons l'être, même en révolution?

» J'ai pu me tromper; mais quand même je serais dans l'erreur, est-ce une raison pour qu'Hébert se permette d'appeler un représentant du peuple *un conspirateur à guillotiner pour son opinion*. J'ai vu Danton et les meilleurs esprits de la Convention, indignés de ce numéro d'Hébert, s'écrier : « Ce n'est pas toi qui
» es attaqué ici, c'est la représentation nationale, c'est la liberté
» d'opinion ! et je ne me serais pas embarrassé de prouver que,
» sur ce seul numéro, Hébert a mérité la mort. Car enfin, quand
» tu te serais trompé, tu n'as pas formé à toi seul une conspira-
» tion ; et les Brissotins n'ont point péri pour une opinion, ils
» ont été condamnés pour une conspiration. »

« La passion ne me fera point dévier des principes, et je ne saurais être de cet avis qu'Hébert a mérité le décret d'accusation sur un numéro. Je persiste dans mon sentiment que non-seulement la liberté des opinions doit être indéfinie pour le député, mais même la liberté de la presse pour le journaliste. Permis à Hébert d'être le Zoïle de tous les vieux patriotes et un calomniateur à gages ! Mais, au lieu de blasphémer contre la liberté de la presse, qu'il rende grâce à cette liberté indéfinie, à laquelle seule il doit de ne point aller au tribunal révolutionnaire, et de n'être mené qu'à la guillotine de l'opinion.

» Pour moi, je ne puis *friser* cette guillotine-là, même au jugement des républicains éclairés. Sans doute j'ai pu me tromper :

Eh! quel auteur, grand Dieu! ne va jamais trop loin!

» Il y a plus; dès que le comité de salut public a improuvé mon numéro III, je ne serai point un ambitieux hérésiarque, et je me soumets à sa décision, comme Fénelon à celle de l'Église. Mais l'avouerai-je, mes chers collègues? je relis le chapitre IX de Sénèque, les paroles mémorables d'Auguste, et cette réflexion du philosophe que je ne veux pas traduire, pour n'être pas encore une fois une pierre d'achopement aux faibles et *à ce fait sans réplique* : « *post hæc nullis insidiis ab ullo petitus;* » *à ce fait*, malgré le rapport de Barrère, je sens m'échapper toute ma persuasion que mon idée d'un comité de clémence fût mauvaise. Car remarquez bien que je n'ai jamais parlé de la clémence du modérantisme, de la clémence pour les chefs, mais de cette clémence politique, de cette clémence révolutionnaire qui distingue ceux qui n'ont été qu'égarés. *A ce fait*, disais-je, *sans réplique*, j'ai toutes les peines du monde à souscrire à la censure de Barrère, et à ne pas m'écrier comme Galilée damné par le sacré-collége : « Je sens pourtant qu'elle tourne! »

« Certes, le procureur-général de La Lanterne, en 1789, est aussi révolutionnaire qu'Hébert, qui, à cette époque, ouvrait des loges aux ci-devant, avec des salutations jusqu'à terre. Mais dès-lors, quand j'ai vu l'assassinat *ultra-révolutionnaire* du boulanger *François*, fidèle à mon caractère, ne me suis-je pas écrié que c'était la cour elle-même, La Fayette, et les Hébert de ce temps-là, les *patriotiquement aristocrates*, qui avaient fait ce meurtre pour rendre la Lanterne odieuse? Celui-là encore aujourd'hui est révolutionnaire qui a dit avant Barrère qu'il fallait arrêter comme suspects tous ceux qui ne se réjouissaient pas de la prise de Toulon. Celui-là est un révolutionnaire qui a dit, comme Robespierre, et en termes non moins forts : « S'il fallait choisir entre l'exagération du patriotisme et le marasme du

» modérantisme, il n'y aurait pas à balancer. » Celui-là est un révolutionnaire qui a avancé comme une des premières maximes de la politique, que, « dans le maniement des grandes affaires, il était triste, mais inévitable, de s'écarter des règles austères de la morale. » N° I. Celui-là est révolutionnaire qui est allé aussi loin que Marat en révolution, mais qui a dit : « qu'au-delà de ses » motions et des bornes qu'il a posées, il fallait écrire, comme les » géographes de l'antiquité à l'extrémité de leurs cartes : Au-» delà, il n'y a plus de cités, plus d'habitation; il n'y a que des » déserts ou des sauvages, des glaces ou des volcans. » N° II. Celui-là est révolutionnaire qui a dit que « le comité de salut » public avait eu besoin de se servir, pour un moment, de la » jurisprudence des despotes, et de jeter sur la Déclaration des » droits un voile de gaze, il est vrai, et transparent. » Celui-là est révolutionnaire, enfin, qui a écrit les premières et les dernières pages du numéro III; mais il est fâcheux que les journalistes, parmi lesquels j'ai reconnu pourtant de la bienveillance dans quelques-uns, n'aient cité aucun de ces passages. Quand *la plupart* auraient pris le mot d'ordre du *Père Duchesne* de n'extraire de mes numéros que ce qui prêtait aux commentaires, à la malignité et à la sottise, ils ne se seraient pas interdit plus scrupuleusement toute citation qui tendît à me justifier dans l'esprit des patriotes; et c'est vraiment un miracle que, sur le rapport d'Hébert, et sur des citations si infidèles et si malignes de plusieurs de mes chers confrères en journaux, les Jacobins restés à la société à dix heures du soir ne se soient pas écriés, comme le vice-président Brochet : « Quel besoin avons-nous d'autres témoins? » et que le juré d'opinion n'ait pas déclaré qu'il était suffisamment instruit, et que, dans son ame et conscience, j'étais convaincu de modérantisme, de feuillantisme et de brissotisme.

» Et cependant quel tort avais-je, sinon d'être las d'en avoir eu, d'être las d'avoir été poltron, et d'avoir manqué du courage de dire mon opinion, fût-elle fausse? Je ne crains pas que la société me blâme d'avoir fait mon devoir. Mais si la cabale était plus forte, je le dis avec un sentiment de fierté qui me convient, si j'étais rayé, ce serait tant pis pour les Jacobins! Quoi! vous m'avez commandé de dire à la tribune ce que je crois de plus utile pour le salut de la République! ce que je n'ai pas les moyens physiques de dire à la tribune, je l'ai dit dans mes numéros, et vous m'en feriez un crime? Pourquoi m'avez-vous arraché à mes livres, à la nature, aux frontières, où je serais allé me faire tuer comme mes deux frères qui sont morts pour la liberté? pourquoi m'avez-vous nommé votre représentant? pourquoi ne m'avez-vous pas donné des cahiers? Y aurait-il une perfidie, une barbarie semblable à celle de m'envoyer à la Convention, de me demander ainsi ce que je pense de la République, de me forcer de le dire, et de me condamner ensuite, parce que je n'aurais pas pu vous dire des choses aussi agréables que je l'eusse souhaité? Si l'on veut que je dise la vérité, c'est-à-dire la vérité relative, et ce que je pense, quel reproche a-t-on pu me faire, quand même je serais dans l'erreur? Est-ce ma faute si mes yeux sont malades, et si j'ai vu tout en noir à travers le crêpe que les feuilles du *Père Duchesne* avaient mis devant mon imagination.

» Suis-je si coupable de n'avoir pas cru que Tacite, qui avait passé jusqu'alors pour le plus patriote des écrivains, le plus sage et le plus grand politique des historiens, fût un aristocrate et un radoteur? Que dis-je, Tacite? ce Brutus même dont vous avez l'image, il faut qu'Hébert le fasse chasser comme moi de la société, car si j'ai été un songe-creux, un vieux rêveur, je l'ai été non-seulement avec Tacite et Machiavel, mais avec Loustalot et Marat, avec Thrasybule et Brutus.

» Est-ce ma faute s'il m'a semblé que, lorsque le département de Seine-et-Marne, si tranquille jusqu'à ce jour, était si dangereusement agité depuis qu'on n'y messait plus; lorsque des pères et mères, dans la simplicité de l'ignorance, versaient des larmes, parce qu'il venait de leur naître un enfant qu'ils ne pouvaient pas faire baptiser; bientôt les catholiques allaient, comme les calvinistes du temps de Henri II, se renfermer pour dire des psaumes, et s'allumer le cerveau par la prière ; qu'on dirait la messe dans des caves quand on ne pourrait plus la dire sur les toits ; de là des attroupemens et des Saint-Barthélemi ; et que nous allions avoir l'obligation, principalement aux feuilles b... patriotiques du *Père Duchesne*, colportées par Georges Bouchotte, d'avoir jeté sur toute la France ces semences si fécondes de séditions et de meurtres ?

» Est-ce ma faute, enfin, s'il m'a semblé que des pouvoirs subalternes sortaient de leurs limites et se débordaient ; qu'une Commune, au lieu de se renfermer dans l'exécution des lois, usurpait la puissance législative en rendant de véritables décrets sur la fermeture des églises, sur les certificats de civisme, etc. ? Les aristocrates, les Feuillans, les modérés, les Brissotins ont déshonoré un mot de la langue française, par l'usage contre-révolutionnaire qu'ils en ont fait. Il est malaisé aujourd'hui de se servir de ce mot. Cependant, frères et amis, croyez-vous avoir plus de bon sens que tous les historiens et tous les politiques, être plus républicains que Caton et Brutus, qui tous se sont servis de ce mot ? Tous ont répété cette maxime : « L'anarchie, en rendant tous les hommes maîtres, les réduit bientôt à n'avoir qu'un seul maître. » C'est ce seul maître que j'ai craint ; c'est cet anéantissement de la République, ou du moins ce démembrement. Le comité de salut public, *ce comité* SAUVEUR, y a porté remède, mais je n'ai pas moins le mérite d'avoir le premier appelé ses regards sur ceux de nos ennemis les plus dangereux, et assez habiles pour avoir pris la seule route possible de la contre-révolution. Ferez-vous un crime, frères et amis, à un écrivain, à un député de s'être effrayé de ce désordre, de cette confusion, de cette décomposition du corps politique, où nous allions avec la rapidité d'un torrent qui nous entraînait, nous et les principes déracinés ; si *dans son dernier discours sur le gouvernement révolutionnaire*, Robespierre, tout en me remettant au pas, n'eût jeté l'ancre lui-même aux maximes fondamentales de notre révolution, et sur lesquelles seules la liberté peut être affermie et braver les efforts des tyrans et du temps ?

Extrait des registres de la trésorerie nationale, du 2 juin.

» Donné au *Père Duchesne*. . . . . 135,000 liv.

Les 2 juin! tandis que tout Paris avait la main à l'épée pour défendre la Convention nationale, à la même heure, Hébert va mettre la main dans le sac.

Plus, du mois d'août, au *Père Duchesne*. . . 10,000 liv.
Plus, du 4 octobre, au *Père Duchesne*. . . . 60,000 liv.

Calculons ce dernier coup de filet.

Calcul de la valeur des 600 mille exemplaires de la feuille du Père Duchesne, payés par Bouchotte 60 mille livres.

» Le premier mille :
Composition. . . . . 16 liv.
Tirage. . . . . 8 liv.
Papier bien mauvais . . . . 20 liv.
               Total. . . . . 44 liv.

» Chacun des 599 autres mille :
Tirage. . . . . 8 liv.
Papier. . . . . 20 liv.
               Total. . . . . 28 liv.

» En conséquence :
Premier mille. . . . . 44 liv.
599 mille, à 28 liv., ci. . . . . 16,772 liv.

Total du vrai prix des 600 mille exempl., ci. 16,816 liv.
Qui de . . . . 60,000 liv.

comptées par Bouchotte à Hébert, le 4 octobre 1793, et que celui-ci, avec une impudence cynique, dans son dernier numéro, appelle la *braise nécessaire pour chauffer son fourneau*, ôte . . . . 16,816 liv.

Reste volé à la nation, le 4 octobre 1793. . 43,184 liv.

— Hébert répond à Camille-Desmoulins dans les numéros CCCXXX et CCCXXXII du *Père Duchesne*. Mais il borne sa défense à bien peu de chose. Il dit dans le CCCXXX° :

« Camille-Desmoulins vient de faire imprimer à grands frais et avec de bonnes guinées, sans doute, que le roi Bouchotte vidait le trésor national pour me graisser la patte et pour empoisonner les armées de mes écrits. Braves défenseurs de la patrie, vous qui lisez avec tant de plaisir mes joies et mes colères ; vous que j'ai avertis de toutes les trahisons de l'infâme Dumourier, du traître Custine, du palfrenier Houchard, c'est à vous à me rendre justice. Vous ai-je jamais trompés? M'avez-vous jamais vu flagorner les ministres? N'ai-je pas toujours été votre ami sincère? Si Bouchotte avait été suspect, je serais le premier tombé sur sa friperie, et je vous l'aurais dénoncé. Je me fous bien des hommes; je ne vois que la République. Si mon père était un traître, je ne l'épargnerais pas plus qu'un autre. C'est par ordre du comité de salut public que Bouchotte vous envoie ma feuille ainsi que les autres journaux patriotiques. Si je suis un homme vendu, le brave Audouin, Duval, auteur du *Républicain*, Rousgiff, le sont comme moi; Marat l'était donc aussi. Si Bouchotte est coupable pour avoir éclairé ses frères d'armes, il faut donc aussi accuser les comités de la Convention. Pour chauffer mes fourneaux on sait bien qu'il me faut de la braise, foutre ! »

Dans le CCCXXXII°, Hébert dit : « *Encore une petite bouffée de ma pipe à Poinsinet-Camille.* — Il n'est pas si fou que l'on l'imagine, le benêt Camille; et si on le prend pour un niais, je dis, foutre, que c'est un niais de Sologne, car il sait amadouer les aristocrates, et leur escamoter joliment leurs *corsets*. Il a vendu plus de cent mille exemplaires de son *Vieux Cordelier* à vingt sous le numéro; et il me fait un crime d'avoir débité mes feuilles à raison de deux sous la pièce pour les armées. Il prétend que je suis riche comme un *Crésus*, parce que depuis le mois de juin j'en ai débité neuf cent mille, ce qui fait quatre-vingt-dix mille livres. Une telle somme à un misérable marchand de fourneaux! Mais Camille doit rabattre dans ce calcul plus de quinze mille livres de dépenses pour achat de presses et de caractères, le papier, les frais journaliers, les dépenses de bois et de chandelle, la paie de dix ouvriers, les gratifications de nuit, une augmentation de loyer; ce qui en reste est bien peu de chose, et encore n'en ai-je que la moitié, puisque j'ai un associé. Au surplus, j'ai placé mon bénéfice dans l'emprunt volontaire. C'est là ce que Camille appelle voler la République. »

M. Thiers, dans son *Histoire de la Révolution*, t. VI, p. 123 et suivantes, cite de nombreux passages du *Vieux Cordelier* dirigées contre M. Bouchotte à l'occasion de Vincent et d'Hébert. Il prend dans le n. V, l'endroit où Camille accuse M. Bouchotte d'avoir donné deux cent mille francs à Hébert sur les fonds de la guerre, et il pose ce fait comme prouvé.

Nous empruntons au manuscrit que nous a confié M. Bouchotte sa réponse aux accusations dont il est l'objet. Nos lecteurs savent que ce manuscrit de l'ex-ministre de la République est une réfutation de ce qui concerne son administration dans l'Histoire de M. Thiers. Ce dernier en a reçu communication, mais il a refusé d'en faire usage dans les éditions subséquentes de son livre.

» M. Bouchotte transcrit à la marge quelques-uns des passages du *Vieux Cordelier* cités et commentés par M. Thiers (tous ces passages appartiennent aux numéros que nous avons reproduits), et il les réfute ainsi :

« Le ministre n'a jamais répondu aux pamphlets des partis ni à leurs journaux ; il n'en avait pas le temps. Il les laissait apprécier par le public. Il supportait la licence de la presse alors inévitable, le pamphlétaire n'étant soumis à aucune retenue.

» Camille Desmoulins écrivait pour un parti ; il employait la caricature ; il se servait de comparaisons propres à exciter les susceptibilités du temps.

» Camille Desmoulins est-il le même qui, au début de la révolution, a tiré un coup de pistolet au Palais-Royal pour appeler la population à l'insurrection contre le pouvoir royal; est-ce lui qui a publié un journal où il s'intitulait procureur-général de la Lanterne ; est-ce lui qui était secrétaire de Danton, ministre de la justice lors des jours du 2 septembre? Si cela est, cette exaltation qui serait bien exorbitante, devrait donner peu de confiance dans son jugement, ses appréciations et ses écrits.

» Camille Desmoulins a conté, mais il n'a pas prouvé, et l'auteur n'est pas fondé à le dire.

» Si l'auteur eût fait des recherches, il eût reconnu que cet article du pamphlet n'avait occasionné ni enquêtes ni poursuites ; cependant une dénonciation d'avoir employé les fonds assignés par la loi à une autre destination que celle qu'elle prescrivait, devait provoquer l'attention d'une assemblée aussi active que la Convention nationale, remplie d'individus ardens, et qui croyaient signaler leur patriotisme en formant des accusations. Cela n'ayant pas eu lieu, n'est-ce pas une forte présomption que le pamphlet était hors de la vérité.

» Si l'auteur eût connu les formes de l'administration d'alors, il eût su qu'il était impossible que les commissaires de la trésorerie nationale délivrassent pour payer les journaux l'argent destiné aux dépenses de la guerre, que, dans ce cas, c'était un devoir et un droit pour eux de refuser.

» Il eût su qu'ils avaient le droit de contrôler les marchés, et d'en suspendre les paiemens, s'ils en jugeaient les prix exorbitans.

» Voici les faits :

» Le 16 avril 1793, la Convention a mis à la disposition du conseil exécutif une somme de six millions (assignats) pour avancer l'œuvre de la révolution ; plus tard, en juin, dix millions (assignats) dans le même but. Sur ce fonds, le conseil exécutif a assigné au ministre de la guerre, par ses arrêtés du 22 mai et 2 juillet 1793, et 30 ventose an 2, environ douze cent mille livres (assignats), en lui prescrivant d'envoyer des journaux patriotiques aux armées. Le ministre a présenté au conseil exécutif le compte de l'emploi de cette somme, avec les pièces à l'appui, et il en a reçu la décharge d'usage, le 29 germinal an 2.

» Il résulte de cet exposé : 1° que le ministre n'a pas salarié les journaux avec les fonds de la guerre ; 2° qu'il n'a rien fait que d'après des ordres qu'il ne pouvait décliner ; 3° qu'il a reçu décharge de cette opération.

» En vertu des décisions précitées, il y eut des abonnemens aux journaux patriotiques dans la proportion d'une feuille par jour par cent hommes, et il y en avait plus d'un million. Camille-Desmoulins était de mauvaise foi lorsqu'il ne mentionnait qu'un journal, car il ne pouvait ignorer qu'il y en avait huit. La *Montagne*, les *Hommes Libres*, le *Père Duchesne*, l'*Universel*, le *Batave*, le *Rougiff*, l'*Anti-Fédéraliste*, et le *Journal Militaire*, enfin tous ceux de cette catégorie.

» Camille-Desmoulins était encore de mauvaise foi lorsqu'il avançait que le ministre participait aux insertions du *Père Duchesne*. Il n'ignorait pas que sa coterie, que l'auteur « lui-même » a dépeinte comme cupide, s'était présentée chez le ministre pour le prier de demander aux journalistes de se modérer à son égard ; que le ministre avait refusé, en disant qu'il ne se mêlait pas de la presse, qui regardait le département de l'intérieur.

» De là vint l'injuste irritation de ce parti. Le ministre n'envoyait aux journaux aucun article à insérer ; il ne leur envoyait même pas les nouvelles des armées, ils ne les recevaient qu'à la Convention lorsqu'elles y étaient lues. En effet, le ministre avait adopté pour règle fixe de ne jamais prendre part aux rédactions et aux débats de la presse, même quand il y était attaqué. Il se disait que si l'on trouvait un grief plausible, on examinerait. De cette manière il épargnait beaucoup de temps.

» La licence de la presse était telle, que la retenue du ministre ne l'affranchissait pas de la polémique des journaux. On parlait de lui à tort et à travers.

» Parmi les faits hasardés par Camille Desmoulins, on remarque qu'il assure qu'Hébert a reçu cent vingt mille livres, puis dix mille livres, puis soixante mille, en tout cent quatre-vingt-dix mille livres; et dans le compte présenté au conseil exécutif, on ne trouve que trois sommes à cette destination : quatre-vingt-dix mille livres, puis quatorze mille quatre cents, puis encore quatorze mille quatre cents (en totalité, cent dix-huit mille huit cents livres, en assignats). Différence en plus dans le pamphlet, soixante-onze mille deux cents livres. Il est évident que le pamphlétaire n'a pas écrit d'après les pièces, et qu'il ne présente pas d'identité ni pour chaque somme à part, ni pour le total. Il y a plus, il n'est pas même d'accord avec lui-même, car dans l'article il mentionne trois sommes formant un total de cent quatre-vingt-dix mille livres, et, dans ce même article, il fixe trois fois le même total à une somme ronde de deux cent mille livres. Camille n'est pas de meilleure foi, lorsqu'il soutient que les feuilles du *Père Duchesne* ne devaient coûter que seize mille livres. Le compte présenté au conseil exécutif fait nombre de onze cent quatre-vingt-huit mille de ces feuilles, au prix de deux sous (assignats), ce qui correspond aux cent dix-huit mille huit cents livres portées au compte.

» En traitant cet article, Camille Desmoulins, journaliste lui-même, savait bien que la feuille livrée, même à bas prix, devait coûter sept ou huit fois plus qu'il ne disait. Il est évident que le pamphlétaire travaillait d'imagination et sans avoir sous les yeux d'élémens qui pussent le conduire à faire des calculs justes.

» Camille n'était pas de meilleure foi encore lorsqu'il a avancé que le ministre faisait donner de l'argent à Hébert pour calomnier les députés qu'il a nommés. Quel intérêt aurait eu le ministre dans sa position, à irriter des membres du comité de salut public, tels que MM. Robert-Lindet et Cambon, dont on reconnaissait la droiture et le désintéressement? Quel intérêt aurait-il eu à faire écrire contre les moins méritans de l'assemblée, lui qui n'était d'aucun parti, et à qui ses occupations prescrivaient d'éviter des débats de presse, et des irritations politiques desquelles il n'aurait pu s'occuper.

» L'auteur en adoptant le pamphlet de Desmoulins comme base historique, et en mentionnant comme prouvé le dire du pamphlétaire, que le ministre avait employé les fonds, assignés par la loi aux dépenses de la guerre, à solder les journaux, a imputé au ministre un tort grave, celui d'avoir désobéi à la loi, et ce tort n'a pas la moindre réalité. »

— Le 10 janvier (21 nivose), il s'agissait aux Jacobins de prendre un parti sur l'affaire de Camille Desmoulins et de ses co-accusés. On proposa encore de lire le cinquième numéro de son journal, ce qui ne fut pas adopté. La société prononça l'exclusion de Camille Desmoulins. Un membre demanda ensuite que la même mesure fût appliquée à Bourdon (de l'Oise).

Dufourny. « J'observe que, si la question est mûre relativement à Camille Desmoulins, qu'on peut juger sur ses écrits, elle ne l'est peut-être pas suffisamment sur Bourdon (de l'Oise). »

Robespierre. « Je me suis suffisamment expliqué sur Camille Desmoulins ; mais je dois relever ce qu'a dit Dufourny. Pourquoi lui, qui est si exact, si sévère à l'égard de l'un, est-il si indulgent pour l'autre, ainsi que pour Philippeaux : car enfin, Camille, qui a composé des écrits contre-révolutionnaires, avait aussi écrit pour la révolution. Il a, dans le temps, puissamment servi la liberté. Mais Philippeaux ! par où mérita-t-il jamais de la patrie ?

» Veut-on savoir quelle différence il y a entre Camille Desmoulins et Philippeaux ? C'est que l'un ne tient point aux aristocrates, et que l'autre au contraire a un puissant parti parmi eux.

» Philippeaux écrivit en faveur du tyran, dans un journal qu'il intitulait : *Le Défenseur de la liberté.* »

Robespierre dit ensuite qu'il était las de ces luttes par lesquelles on voulait faire perdre de vue l'intérêt général, et détourner les esprits vers un but particulier. En ce moment il entendit une voix qui murmurait les mots de dictateur. — « Je déclare, s'écria-t-il, que quiconque aujourd'hui est un ambitieux est en même temps un scélérat, un insensé. Eh bien! on renouvelle en cet instant contre moi une accusation intentée à la tribune de la Convention par Louvet; parce que j'ai exercé dans le comité de salut public un douzième d'autorité, on m'appelle dictateur... ma dictature est celle de Pelletier, de Marat. (On applaudit.) Vous m'avez mal entendu ; je ne veux pas dire que je ressemble à tel ou tel : je ne suis ni Marat ni Pelletier; je ne suis point encore le martyr de la révolution; j'ai la même dictature qu'eux, c'est-à-dire les poignards des tyrans. » (Vifs applaudissemens.)

— Robespierre termina son discours en proposant que l'on s'occupât de la conspiration de l'étranger, ou que l'on passât à l'ordre du jour qui était l'examen des vices de la constitution anglaise.

Dufourny appuya les propositions de Robespierre qu'il invita à lui adresser désormais ses reproches avec plus d'amitié. Quelques membres persistèrent néanmoins à demander que l'on mît aux voix la radiation de Bourdon (de l'Oise).

Robespierre. « On veut mettre Bourdon (de l'Oise) en opposition avec la discussion sur les vices du gouvernement anglais ; on veut mettre en parallèle un individu et les scélératesses multipliées de nos ennemis, dont la connaissance peut être du plus grand avantage pour la chose publique! Il y a deux grands objets qui sont dignes de partager l'attention des républicains : la faction qui veut dissoudre la Convention, et les infamies commises par le gouvernement britannique. Il ne peut pas y avoir en ce moment de discussion plus digne des hommes libres, qui veulent sincèrement le bien de leur patrie.

» L'un et l'autre objet exclut toute discussion sur des individus qui ne sont que des accessoires. Les intérêts particuliers de ceux qui veulent chasser Camille Desmoulins et Bourdon (de l'Oise) s'évanouissent dans ces deux grands objets ; si vous vous en occupez, il en résulte qu'il faut ajourner la délibération et sur

Bourdon (de l'Oise) et sur Desmoulins. Je ne parle pas de ceux qui veulent faire triompher une coterie de celle qui lui est contraire. Ceux-là ne sont pas capables de s'occuper du bien public. Si je m'engageais plus avant, je dirais des choses que ceux qui m'improuvent ont intérêt d'écarter.

» Il y a des hommes qui pensent ou qui veulent faire croire que je défends Desmoulins. Cependant il n'est personne qui ait parlé de lui plus franchement que moi, et ceux qui murmurent le plus n'ont pas osé attaquer les hommes que j'ai caractérisés, quand ils les ont vus en crédit.

» Que dois-je dire et que doit-on penser de ceux qui veulent sacrifier un homme contre qui j'ai pris le premier la parole? Que la société sache enfin qu'il est des intrigans qui veulent en immoler d'autres, pour s'emparer à loisir de la fortune publique, et qu'aucun ne se souvient de la patrie.

» Je somme ceux qui m'ont accusé d'avoir défendu les intrigans, je les somme, dis-je, de déclarer s'ils les ont combattus pour le bien public. Non, ils n'ont jamais parlé des intrigues qui menacent la liberté; ils n'ont fait que s'occuper d'eux et de leurs ennemis : ils n'ont pas dit un mot de la patrie et du peuple. Ils ne se sont acharnés à la poursuite des intrigans, que pour satisfaire leur animosité personnelle, et ils ne veulent pas que l'on parle d'intrigans, dès que leur vengeance est satisfaite. Je vous propose de ne point attaquer un instrument isolé, et voilà ce qu'ils ne veulent pas, et voilà ce que ceux qui m'approuvent ont intérêt de ne pas vouloir. Si je parlais pour moi-même, j'attaquerais les individus; mais je parle pour ma patrie, et je n'attaque que les intrigans.

» S'il n'était pas ici une masse pure de citoyens désintéressés, s'il n'y avait pas dans la Convention un esprit public, je resterais enseveli dans le fond de ma maison, attendant la fin des combats que le peuple est obligé de livrer aux innombrables ennemis qui veulent le sacrifier à leur ambition. Mais je me repose sur la raison publique du peuple qui est à la Convention et dans cette société : je compte plus sur lui, que je ne redoute la rage impuissante des intrigans. Quand la vérité se fait entendre en public, bientôt la raison triomphe. (On applaudit.)

» Je dis donc au peuple qui m'entend, qu'il faut, sans clabauderies et sans prévention, discuter les intrigues, et non un intrigant en particulier. Je dis qu'en chassant Desmoulins, on fait grâce à un autre individu, et qu'on épargne d'autres intrigans. Je dis que puisque la proposition que j'avais faite, de s'occuper des crimes du gouvernement anglais, ne convient pas, sans doute parce qu'elle est feuillantine et modérée, je la rétracte. (Non, non, s'écrie-t-on de toutes parts.)

» Puisqu'il est une manière plus digne de faire triompher la vérité, je me désiste de celle que j'avais proposée, et je demande qu'on s'occupe des moyens d'exterminer à jamais les intrigues qui nous agitent en-dedans, et qui tendent toutes à empêcher l'affermissement de la liberté; il faut les discuter dans leurs agens, dans leur esprit. Voilà ce qu'on ne veut pas, voilà ce que plusieurs personnes n'osent pas faire, et qu'ils veulent écarter en vous parlant de Camille Desmoulins. »

Dufourny. « J'observe à Robespierre que Camille est déjà chassé, et que ce n'est pas de lui dont il s'agit. »

Robespierre. « Dufourny me dit que Desmoulins est chassé: eh! que m'importe à moi qu'il soit chassé, si mon opinion est qu'il ne peut pas l'être seul, si je soutiens qu'un homme, à la radiation duquel Dufourny s'est opposé, est beaucoup plus coupable que Desmoulins?

» Tous les hommes de bonne foi doivent s'apercevoir que je ne défends pas Camille Desmoulins, mais que je m'oppose seulement à sa radiation isolée, parce que je sais que l'intérêt public n'est pas qu'un individu se venge d'un autre, qu'une coterie triomphe d'une autre; il faut que tous les intrigans, sans exception, soient dévoilés et mis à leur place.

» Je termine en demandant que la société, regardant son arrêté comme non avenu, s'occupe de discuter l'intrigue générale, en ne prenant pas des intrigans isolés pour l'objet de sa discussion, ou que l'on mette à l'ordre du jour les crimes du gouvernement britannique. »

Deschamps. « J'ai demandé le premier l'exclusion de Camille Desmoulins. Alors beaucoup d'individus, que je regarde comme des intrigans, se sont ralliés près de moi, pour parvenir à cette exclusion. Je me suis imposé un silence observateur, et j'ai remarqué que ces derniers étaient les seuls qui avaient vivement poursuivi cette radiation.

» Je déclare, comme Robespierre, qu'il se trouve ici des coupables qui ont accusé d'autres coupables, et qu'une espèce d'intrigans a voulu détruire l'autre pour dominer seule. J'invite la société de se défier de deux factions qui se sont introduites dans son sein. J'espère que bientôt la vérité se découvrira, et que tous les factieux seront couverts de boue. »

— « Plusieurs membres veulent prendre la parole pour présenter des réflexions sur la proposition de Robespierre. Une agitation momentanée empêche de les entendre. Enfin le président résume les différentes questions; la société rapporte l'arrêté qui chassait Camille de son sein, et décide qu'elle s'occupera, dans la séance du 23 nivose, de la discussion des crimes du gouvernement britannique. » (*Moniteur*.)

Cette séance dit mieux que toutes les réflexions que nous voudrions ajouter, combien Robespierre avait de peine à faire triompher l'intérêt public au sein du désordre qu'avaient engendré les dantonistes et les hébertistes. Ces deux partis étaient si mêlés, si peu d'accord avec eux-mêmes lorsqu'il ne s'agissait que d'individus, que souvent par exemple un dantoniste parlait contre un dantoniste, c'est ici le cas de Dufourny défendant Bourdon (de l'Oise), et s'acharnant contre Camille Desmoulins. Il n'y avait donc moyen de faire cesser ce chaos, qu'en prenant la question des intrigues du point de vue de leurs résultats généraux, et qu'en montrant à tous ceux qui s'entredéchireraient qu'ils étaient unis pour perdre la Convention et pour servir l'étranger.

Les hébertistes, mécontens de la manière dont leurs ennemis

avaient été jugés par les Jacobins, se prononcèrent eux-mêmes le lendemain dans leur club. Voici l'analyse de leur séance du 11 janvier (22 nivose), telle que nous la trouvons dans le *Moniteur* :

Société des amis de la déclaration des droits de l'homme et du citoyen, dite club des Cordeliers. — Séance du 22 nivose. — Momoro monte à la tribune ; il rend compte de la dernière séance des Jacobins, développe d'après Robespierre une longue série de crimes du gouvernement anglais.

« Nous sommes environnés de traîtres, dit l'orateur ; ils sont au milieu de nous, ils sont aux Jacobins, aux Cordeliers, à la Convention et dans les différens comités qui en dépendent. Ils sont tellement consommés dans l'art de tromper, qu'il est impossible de les reconnaître. Couverts du masque du patriotisme, ils sont plus patriotes que les patriotes eux-mêmes. D'accord avec nos ennemis, ils leur donnent connaissance de nos opérations les plus secrètes ; ils leur communiquent nos plans d'attaque, nos ressources et nos intentions. On n'a encore pu connaître qu'une chose, c'est qu'il existe des traîtres ; bientôt la Convention doit faire un rapport sur cette conspiration ; elle nous indiquera la route qu'il faudra tenir, et à l'aide de certaines données, si les principaux auteurs sont une fois démasqués, ils cesseront d'être dangereux. »

Momoro lit ensuite un arrêté que la société l'avait chargé de rédiger. Il porte en substance que Philippeaux, Bourdon (de l'Oise), Fabre-d'Églantine et Camille Desmoulins ont perdu la confiance de la société. L'arrêté établit une grande différence entre Camille et les autres accusés. « Desmoulins n'a perdu que momentanément la confiance de ses frères Cordeliers ; il peut la recouvrer, en désavouant les hérésies révolutionnaires, et en nommant les traîtres qu'il peut connaître. Camille a servi l'aristocratie sans le savoir ; Camille tenait la plume, et les aristocrates dictaient ; Camille ne tient à aucun parti contre-révolutionnaire ; cependant il a prêté des armes terribles aux ennemis du bien public. Les Cordeliers, patriotes purs, savent avouer leurs torts et les réparer. »

Un membre se plaint de ce que les écrits immortels de l'ami du peuple, qui ont formé et consolidé la République parmi nous, restent ensevelis et ignorés. » Marat, ajoute-t-il, a légué à ses héritiers une ample moisson de gloire; mais il ne leur a pas laissé de fortune. Il serait utile à la République que l'on fît réimprimer ses ouvrages, et que l'on engageât la Convention à souscrire pour un très-grand nombre d'exemplaires, et que le bénéfice de l'édition fût abandonné aux parens de Marat. » Hébert et Momoro sont chargés de rédiger à ce sujet une pétition à la Convention nationale. »

La pétition arrêtée par les Cordeliers fut présentée à la Convention à la séance du 19 janvier (30 nivose). Une députation de ce club vient à la barre avec le cœur de Marat, afin de donner plus de poids à sa démarche. L'adresse était un panégyrique pompeux de *l'ami du peuple*, de sa veuve, et de ses écrits. Il ne faut pas croire que le nom de Marat fût invoqué seulement par les hébertistes. Ce nom était la bannière commune de deux partis, et cela ne contribuait pas peu à augmenter la confusion dans laquelle ils trompaient à la fois le peuple et le pouvoir. Au moment où Momoro et Hébert rédigeaient leur éloge de Marat, Fabre l'exaltait encore davantage dans une brochure intitulée : *Portrait de Marat*, et qui avait paru le 6 janvier (17 nivose). Les hébertistes et les dantonistes, séparés alors pour s'entre-détruire, chantaient chacun de leur côté les louanges de Marat; ils se disputaient devant le public le droit d'invoquer le patronage d'un homme à qui l'on ne peut reprocher que le mal fait après sa mort par ceux qui se sont prétendus ses admirateurs. Nous verrons après le 9 thermidor la queue d'Hébert et celle de Danton célébrer leur victoire sur les Jacobins, leurs ennemis communs, et sceller leur alliance par l'apothéose de

Jusqu'au 20 janvier (1er pluviose), le club des Jacobins discuta, toute affaire cessante, les vices du gouvernement britannique. Ce jour-là, Couthon, après avoir prononcé un discours sur ce sujet, proposa de célébrer l'anniversaire de la mort du tyran, en jurant de *vivre libres ou mourir*, de donner la mort aux tyrans, et la paix aux chaumières.... Ce serment fut prêté. Un membre fit ensuite la motion de prendre l'effigie de tous les rois qui fesaient la guerre à la République, et de leur trancher la tête, un autre membre demanda qu'une députation fût envoyée à la Convention, pour féliciter la Montagne de son énergie dans le procès du tyran. La société arrêta qu'elle s'y transporterait en corps. Sur la demande de Couthon, il fut décidé que tous les membres assisteraient le lendemain, à la séance, en bonnet rouge, et que le président aurait la pique en main, la Commune devait être également invitée à faire représenter, sur tous les théâtres, *le Jugement dernier des rois*. Audouin demanda qu'on eût soin d'insérer dans l'adresse à la Convention, qu'il y avait dans son sein beaucoup de marécageux, qui avaient voulu sauver le tyran, entretenu le fédéralisme, et qui cherchaient encore à opprimer les patriotes les plus fermes. Couthon crut cette motion dangereuse, par les conséquences qu'en pourraient tirer les malveillans : il proposa l'envoi simple, sur cet objet, d'une députation au comité de sûreté générale, ce qui fut adopté. La société arrêta qu'il serait fait le lendemain une salve générale d'artillerie, à la même heure où le tyran mourut.

Voici maintenant l'accueil que la députation de la société des Jacobins reçut le lendemain à la Convention.

CONVENTION NATIONALE. — *Séance du 21 janvier (2 pluviose).*
— *Présidence de Vadier.*

Le président. « Une députation de la société des Jacobins demande d'être admise à la barre. »

Plusieurs membres. « Admis, admis. »

La société des Jacobins et la garde nationale de Paris sont admises ; une musique militaire les précède, va se placer dans l'un des côtés de la salle, et exécute plusieurs airs patriotiques pendant qu'elle défile.

La salle retentit d'applaudissemens.

Plusieurs citoyens remplissent la barre et demandent la parole. — L'un d'eux l'obtient, et s'exprime ainsi :

L'orateur. « Représentans d'un peuple libre, c'est aujourd'hui l'anniversaire de la mort légale du tyran. Un si beau jour, qui retrace aux ames républicaines un acte ordonné par la raison et par la nature, comme le premier pas du bonheur pour l'humanité entière, doit être célébré par tout homme qui sait apprécier sa dignité.

» La société des Jacobins remplie d'ames brûlantes pour la liberté, première divinité du sage et de l'ami de la nature, a voulu en masse, avec ses tribunes et une députation de la commune de Paris, consacrer ce beau jour à féliciter de nouveau les vrais Montagnards du courage avec lequel ils ont été l'organe du peuple français, en anéantissant le monstre qui le dévorait.

» La société vous invite, Montagnards, à décréter que cet anniversaire sera célébré tous les ans, et consacré à la liberté.

» Continuez vos travaux commencés avec cette fermeté qui convient aux hommes libres ; soyez l'épouvante des tyrans du globe et l'espoir des humains. Bientôt, à l'exemple des Français, tous les peuples secoueront le joug et briseront leurs fers. Alors, si l'élan sublime du peuple dont vous avez le bonheur d'être l'organe doit servir de modèle à tous les peuples, votre courage, vos vertus civiques serviront de leçons à leurs représentans.

» Point d'égalité, point de liberté avec un roi ; point de bonheur sans égalité, sans liberté. Vous avez détruit un roi, vous avez donc voulu l'égalité et la liberté, c'est-à-dire le bonheur du peuple ; vous avez bien mérité de la patrie. »

Le président. « Citoyens, l'anniversaire de la mort du tyran est un jour de gloire pour le peuple français, et un jour de terreur et de deuil pour les tyrans et leurs suppôts ; ce jour mémorable annonce le réveil des peuples asservis. La massue révolutionnaire est prête à écraser ces monstres, et l'arbre glorieux de la liberté ne périra point quand leur sang impur en aura humecté et fortifié les racines. Citoyens, la fête que vous allez célébrer doit électriser le courage des Sans-Culottes, comprimé pendant trop long-temps, apaiser les mânes des victimes égorgées sous les drapeaux de la tyrannie, et venger le genre humain des outrages qu'il a reçus pendant quatorze siècles de tyrannie. C'est aujourd'hui, c'est à la même heure que la tête du tyran est tombée ; c'est devant la statue de la liberté que va sonner la dernière heure des brigands couronnés et de leurs infâmes satellites. (Vifs applaudissemens.) La Convention nationale applaudit à votre énergie ; elle y reconnaît les hommes du 14 juillet et du 10 août, les braves Jacobins du Champ-de-Mars, en un mot, la vertu sublime du peuple généreux de Paris.

» Soyez assurés, citoyens, que les hommes qui ont voté la mort du tyran, que ceux qui ont défendu l'ami du peuple, qui n'ont jamais quitté le sommet de cette glorieuse Montagne (Les cris de *vivent les Montagnards* se font entendre dans toutes les parties de la salle), qui savent détester et punir les crimes sauront aussi triompher des intrigans et des passions par leur inaltérable vertu; ils braveront les forces des vils potentats de l'Europe et de leurs infâmes esclaves. Bientôt leurs trônes s'écrouleront et tomberont en poudre devant la majesté du peuple français, et l'on verra s'élever à leur place l'autel de la vertu, de la justice et de la liberté. La Convention nationale prendra en considération la pétition que vous venez de faire. Elle vous invite aux honneurs de la séance. »

N.... « Je convertis en motion le vœu qui vient d'être émis par les Jacobins de Paris, et je demande qu'il soit décrété à l'instant que tous les ans, à pareil jour, il sera célébré une fête civique dans toute l'étendue de la République. »

Cette proposition est décrétée.

Couthon. « La Convention nationale vient de rendre un excellent décret, en adoptant la proposition qui lui a été faite par les Jacobins. Les tyrans faisaient célébrer par les peuples qu'ils avaient asservis l'anniversaire de leur naissance, qui était un fléau pour l'humanité ; vous venez de décréter la célébration de l'anniversaire de la mort d'un d'entre eux, mort qui a été un bien pour l'humanité ; vous avez aujourd'hui bien mérité de la patrie.

Je demande donc l'impression et l'envoi aux départemens, aux armées et aux sociétés populaires de l'adresse que viennent de lire les Jacobins, et de la réponse que le président leur a faite. Je demande encore que la Convention nationae, par un mouvement spontané et subit, exprime cette pensée, terrible pour les tyrans, consolatrice pour les peuples : *Mort aux tyrans, paix aux chaumières*. (Tout le monde crie : *Mort aux tyrans, paix aux chaumières.*) Je demande qu'à cette déclaration solennelle la Montagne joigne le serment déjà prononcé plusieurs fois par elle : *Vivre libre ou mourir*. (Tous les membres se lèvent, et prononcent le serment proposé par Couthon.) Je suis instruit qu'à la suite de cette séance mémorable, la société et les tribunes des Jacobins et la commune de Paris vont au pied de l'arbre de la liberté célébrer cette glorieuse journée. Je demande qu'une députation de douze Montagnards se joigne à ce cortége respectable. » (*Tous*, s'écrie-t-on de la Montagne.)

Billaud-Varennes. « J'avais demandé la parole pour proposer à la Convention nationale d'aller, comme le demande Couthon, célébrer, sur la place de la Révolution, l'anniversaire de l'établissement de la liberté, qui n'a daté que du jour de la mort du tyran. Je demande donc que la Convention nationale se joigne en masse à ses frères les Jacobins. » (On applaudit.)

Merlin de Thionville. « Nous avons beaucoup fait, sans doute, pour la liberté, quand nous avons fait tomber la tête du tyran ; mais il restait encore à faire, puisque la liberté a couru des dangers. Nous avons écrasé l'hydre du fédéralisme, jurons encore la République une et indivisible. » (*Tous les membres* : Nous le jurons. — La musique exécute l'air *Veillons au salut de l'Empire;* les membres de la Convention se mêlent parmi les pétitionnaires, et sortent de la salle au milieu des cris de *vivent la République et la Montagne.*

Dans la soirée, on apporta quelques tableaux représentant le roi de France et celui de Prusse ; ils furent livrés aux flammes, au milieu de la salle, et les débris foulés au pieds. Couthon demanda que l'on nommât des commissaires pour rédiger l'acte d'accusation de tous les rois ; que cet acte fût envoyé, par les Jacobins, au tribunal de l'opinion publique de tous les pays, « afin qu'il n'y ait plus, dit-il ; aucun roi qui puisse trouver » un ciel qui veuille l'éclairer, ou une terre qui veuille le porter. » (Adopté, au milieu des plus vifs applaudissemens.) Les commissaires nommés furent Robespierre, Billaud-Varennes, Couthon, Collot-d'Herbois et Lachevardière.

Au moment où la Convention arrivait sur la place de la Révolution, quatre condamnés à mort montaient sur l'échafaud. Cette coïncidence fut dénoncée par Bourdon (de l'Oise) dans la séance du 22 janvier (23 pluviose), comme « une atrocité préméditée. » Il se déchaîna avec une grande véhémence contre les auteurs « d'un système ourdi pour faire dire que la représentation nationale était composée de cannibales », et il demanda qu'ils fussent recherchés et sévèrement punis. Cette proposition fut adoptée. — C'était encore une leçon donnée au pouvoir, et avec toutes les apparences de la bonne intention et d'une haute convenance politique. Or il n'était arrivé ce jour-là que ce qui arrivait tous les jours à la même heure, et comment aurait-on pu l'éviter, puisque le moment où la société des Jacobins se rendait sur la place de la Révolution n'était pas fixé, et que la Convention décida à l'improviste de l'y accompagner ?

Tandis que les dantonistes obtenaient de nombreux succès dans le sein de la Convention par la tactique des motions, le parti ultra-révolutionnaire du comité de salut public et du comité de sûreté générale, s'autorisant de ces succès pour favoriser les hébertistes, préparait, par des actes signatifs, la mise en liberté de Vincent et de Ronsin, et s'arrangeait de manière à ce que la faction des indulgens fût la première jugée. Dès le 12 janvier (23 nivose), sur un rapport du comité de sûreté générale, déclarant qu'aucune charge ne s'élevait contre Maruel, ce citoyen était sorti de prison en vertu d'un décret. Son dénonciateur, Fabre-d'Églantine, y fut envoyé à sa place dans la nuit du 12 au 13 janvier (23-24 nivôse). Amar en instruisit la Convention le lendemain. Une révélation de Delaunay (d'Angers), à la suite de laquelle on avait reconnu que les additions qui changeaient le décret relatif à la compagnie des Indes étaient de l'écriture de Fabre, et signées par lui, avait déterminé son arrestation. — Voulland, Louis, Vadier, Cambon et Ramel attestèrent le faux commis. — Charlier demanda un décret d'accusation contre les faussaires ; Amar, qu'on ne préjugeât encore rien contre les accusés, parce que l'affaire était en instruction ; Danton, que les prévenus fussent traduits à la barre, et jugés devant tout le peuple. Vadier s'opposa à ce dernier avis : « Dix-neuf personnes, dit-il, ont été arrêtées pour cet objet ; c'est aux tribunaux qu'il faut les renvoyer ; c'est à l'échafaud qu'ils doivent aller, et non pas à la barre de la Convention : Fabre est le premier pensionnaire de Pitt, c'est son principal agent. » — Billaud-Varennes déclara qu'outre les preuves matérielles du faux il avait été déposé 100,000 livres pour prix de ce faux, et que Chabot avait remis cette somme entre les mains du comité. — La Convention confirma l'arrestation de Fabre-d'Églantine. Comme nous donnerons en entier le procès des dantonistes, nous n'avons pas cru devoir entrer ici dans le détail de l'affaire de Fabre. Pendant que le comité de sûreté générale procédait ainsi contre le machiniste de ce parti, un comité révolutionnaire de section faisait écrouer, comme suspect, le beau-père de Camille Desmoulins. A la séance de la Convention du 24 janvier (5 pluviôse). Desmoulins monta à la tribune et dit :

Camille Desmoulins. « Je demande à faire une motion d'ordre. A quoi sert, citoyens collègues, que vous rendiez des décrets, si l'on n'en tient aucun compte. Voici un fait d'après lequel vous verrez que trois de vos décrets ont été violés :

» Des commissaires de section se sont transportés chez un citoyen. Je voudrais qu'un autre vous parlât de cette affaire, car ce citoyen, il faut le dire, est mon beau-père. Vous avez décrété qu'on ne toucherait point aux anciens livres de jurisprudence, tels que Dumoulins, Domat, etc. ; eh bien ! ces commissaires font venir des crocheteurs, et font emporter la moitié de la bibliothèque. Ce n'est pas tout : il y a sur la cheminée une pendule de 12 à 1,500 liv., ils prétendent que l'aiguille est une fleur de lis; cependant c'est véritablement un trèfle. On emporte la pendule. A côté se trouvait une vieille malle, mais couverte de belles et bonnes fleurs de lis. Ils se sont contentés de les faire effacer, car cette malle ne valait pas cent sous. Vous avez décrété que tous les titres de créances sur l'état seraient portés sur le grand livre; mais vous avez excepté les rentes et pensions viagères. Mon beau-père a un contrat sur l'ancien trésor royal pour avoir été commis des finances. Ils voient le brevet en parchemin, et, comme il commence par le mot *Louis*, formule ordinaire de ces brevets : Ah! ah! disent-ils, c'est le nom du tyran, et ils emportent le brevet. Mon beau-père n'est pas exempt de torts. Il avait au-dessus de sa bibliothèque un vieux portefeuille ministériel, où il y a des fleurs de lis. Cependant depuis plus de cinq ans il n'y avait touché; il était couvert de poussière; il a fallu le décrasser pour reconnaître les fleurs de lis; second tort, mon beau-père avait, comme tous les agens, le cachet du ministère ancien.

» Que ce soient là des torts, suffisent-ils pour faire arrêter un vieillard et l'envoyer aux Carmes? Mais je ne me plaindrais pas de cela, si l'on n'eût pas violé trois décrets; on aurait dû rendre au moins les livres, la pendule et le contrat. »

Bourdon (de l'Oise.) « Je ne sais pas quel est le crime du beau-père de Camille Desmoulins; mais je sais qu'il s'est brouillé avec lui parce qu'il trouvait de l'aristocratie dans ses numéros. Remarquez bien que c'est Camille Desmoulins qu'on veut attaquer. Le comité de sûreté générale est instruit depuis cinq jours de ces faits; je m'étonne qu'il n'ait pas encore fait cesser cette oppression. Je demande que sous trois jours il fasse un rapport à l'assemblée. »

Vadier. « Cette affaire n'est point l'ouvrage du comité de sûreté générale; je ne sais pourquoi l'on semble s'acharner à l'attaquer. Il est composé de patriotes que j'ose dire purs et à toute épreuve. Si la Convention veut le renouveler, elle en est bien la maîtresse : au surplus, le rapport qu'on demande sera fait demain si l'on veut. »

La manière dont Bourdon avait pris l'affaire allait provoquer de vifs débats. Vadier venait de mettre le marché à la main à l'opposition. Danton se leva pour tout arranger. Il s'opposa à l'espèce de privilége qui semblerait accordé au beau-père de Desmoulins, si l'on donnait une priorité de date à ce rapport sur beaucoup d'autres : il demanda que la Convention méditât les moyens de rendre justice à toutes les victimes des arrestations arbitraires, sans nuire à l'action du gouvernement révolutionnaire, et renvoyât cet objet au comité de sûreté générale. Cette proposition fut décrétée.

Le 28 janvier (9 pluviose), les dantonistes se signalèrent dans la Convention par une attaque contre le ministre de la guerre, c'est-à-dire contre le comité de salut public, plus rude qu'aucune des précédentes, et l'honneur leur en resta. C'était encore au sujet des prisonniers de Mayence. Rhul demanda la parole pour mille Français détenus dans cette ville en qualité d'otages, et lut une lettre où leur situation était amèrement déplorée. Il proposa de décréter que le ministre de la guerre serait tenu de répondre par écrit, dans les vingt-quatre heures, s'il avait mis à exécution le décret du 7 septembre dernier relatif aux Français détenus à Mayence ; de faire payer leur rançon par le despote palatin « ce vil scélérat embéguiné d'une mitre électorale ; et, sur
» son refus, d'incendier tous les grands bailliages qui sont en nos
» mains ; d'étendre cette mesure sur toutes les terres et posses-
» sions des petits princes, comtes et nobles d'Empire ; de mu-
» nicipaliser le grand bailliage de Guermersheim, et de mettre
» provisoirement le feu à tous les châteaux de ces contrées, no-
» tamment à celui de l'électeur de Mayence, à Worms, si long-
» temps le repaire de Condé et de ses complices. »

Lacroix. « Oui, oui, guerre immortelle aux châteaux ! »

Rewbell appuya les propositions de Rhul ; Merlin de Thionville combattit seulement celle qui se rapportait à l'incendie des châteaux de l'électeur palatin.

Bourdon (de l'Oise). « Citoyens, le 16 septembre, un décret ordonna au ministre de la guerre de délivrer nos frères de Mayence; ce décret est demeuré sans exécution. Il y a six semaines que sur de nouvelles plaintes qui vous furent présentées, vous mandâtes le ministre à la barre pour lui faire rendre compte de sa conduite; trop indulgens, et croyant qu'à l'avenir il ferait son devoir, vous lui accordâtes sa grace : eh bien ! citoyens, qu'a-t-il fait depuis cette époque? Rien. Nos frères gémissent encore sous le joug d'un despote. Il faut qu'ils sachent enfin, ces hommes qui affichent un luxe effronté, qu'ils ne sont que les commis de la nation, et qu'ils lui doivent une obéissance aveugle. Que signifient donc ces retards qu'on apporte à la délivrance de nos frères? Voudrait-on les empêcher de dire ce qui s'est passé à Mayence? Je demande que le comité de salut public éclaire la conduite tortueuse et, j'ose le dire, la scélératesse du ministre de la guerre qui, depuis cinq mois, laisse gémir nos frères dans la captivité; l'humanité de l'assemblée doit être révoltée d'une pareille négligence. »

Après quelques débats, la Convention décréta que les propositions de Rhul seraient renvoyées à l'examen du comité de salut public.

Bourdon (de l'Oise). « Je persiste à demander que le comité de salut public soit chargé d'examiner la conduite du ministre de la guerre. » — Ce vote fut accordé.

Le soir, les hébertistes tentèrent aux Jacobins une contre-partie de la séance de la Convention. Ils suivaient pied à pied leurs adversaires. Léonard-Bourdon demanda que la société « employât ses bons offices auprès de la Convention pour faire rendre Vincent et Ronsin à la liberté. — Robespierre s'y opposa pour ôter aux intrigans le prétexte de dire qu'on avait forcé la main du comité de sûreté générale sur leur compte. » Le même parla ensuite sur les discours prononcés jusqu'à ce jour contre le gouvernement anglais; il déclara que les orateurs avaient tous manqué leur but. Ceux qui avaient été entendus étaient Butteaux, Simon, du Bas-Rhin, Dubois-Crancé, Collot-d'Herbois,

Audouin, F. Lepelletier, Couthon, Laveaux et Lachevardière. Robespierre expliqua dans quel esprit il avait fait sa motion. Son discours suffira pour faire connaître la nature d'un débat qui occupa long-temps la société des Jacobins, et que nous ne pourrions passer entièrement sous silence, sans laisser une véritable lacune dans notre histoire.

Robespierre. « Tous les orateurs qui ont parlé sur cet objet, ont manqué le véritable but pour lequel ils devaient parler. Ce but consiste à éclairer le peuple anglais, et imprimer dans l'ame des Français une indignation profonde contre le gouvernement anglais.

» Il ne fallait pas parler au peuple anglais, il fallait que ce peuple fût simplement le témoin attentif de nos discussions, de nos vertus républicaines et de notre gloire. Il fallait que le peuple pût prendre lui seul dans notre Constitution ce qui lui convient ; on a pris une mauvaise marche en la lui présentant et en la lui jetant, pour ainsi dire, à la figure.

» C'est une vengeance éclatante que nous avons à tirer du gouvernement anglais, et non des leçons à donner. Il ne fallait donc pas s'adresser au peuple anglais, mais discuter en sa présence et devant toute l'Europe les crimes de Pitt et les droits imprescriptibles de l'homme.

» Il est plusieurs orateurs qui ont fait, par rapport aux Anglais, ce que ceux-ci ont fait pour une partie de la France ; c'est cet effort liberticide qui tend à faire rétrograder l'opinion publique en la devançant. Quiconque a des idées de la situation politique de l'Europe, et surtout de l'Angleterre, doit savoir que les tyrans ont élevé entre les peuples et nous, une barrière morale, qui est la calomnie, et des nuages épais, qui sont les préjugés et les passions.

» D'après cela, vous sentez que pour être goûté des peuples, il faut se prêter à leurs faiblesses, et s'accommoder de leur langage. Vous vous trompez, si vous croyez que la moralité et les lumières du peuple anglais sont égales aux vôtres ; non, il est à deux siècles loin de vous ; il vous hait, parce qu'il ne vous connaît pas, parce que la politique de son gouvernement a toujours intercepté la vérité; il vous hait, parce que depuis plusieurs siècles la politique du ministre a été d'armer les Anglais contre les Français, et que la guerre a toujours été un moyen pour se soutenir contre le parti de l'opposition.

» Il ne suit pas de là que le peuple anglais ne fera pas une révolution; il la fera, parce qu'il est opprimé, parce qu'il est ruiné. Ce seront vos vaisseaux qui feront cette révolution : elle aura lieu, parce que le ministre est corrompu; Pitt sera renversé, parce qu'il est un imbécille, quoi qu'en dise une réputation qui a été beaucoup trop enflée.

» Ceci pourrait être un blasphème aux oreilles de quelques Anglais, mais c'est une vérité aux oreilles des personnes raisonnables.

» Pour le prouver, je n'ai besoin que de nos armées, de nos flottes, de notre situation sublime et grande, et des cris élevés contre Pitt dans toute l'Angleterre. Le ministre d'un roi fou est un imbécille, parce qu'à moins d'être un imbécille on ne peut pas préférer l'emploi de ministre d'un roi fou à l'honorable titre de citoyen vertueux.

» Un homme qui, placé à la tête des affaires d'un peuple, chez qui la liberté poussa autrefois des racines, veut faire rétrograder une nation qui a conquis ses droits vers le despotisme et l'ignorance, est à coup sûr un imbécille. Un homme qui, abusant de l'influence qu'il a acquise dans une île jetée par hasard dans l'Océan, veut lutter contre le peuple français; celui qui ne devine pas l'explosion que la liberté doit faire dans son pays; celui qui prétend servir long-temps la ligue des rois aussi lâches et aussi bêtes que lui; celui qui croit qu'avec des vaisseaux il va bientôt affamer la France, qu'il va dicter la loi aux alliés de la France; celui-là, dis-je, ne peut avoir conçu un plan aussi absurde que dans la retraite des Petites-Maisons, et il est étonnant qu'il se trouve au dix-huitième siècle un homme assez dépourvu de bon sens pour penser à de pareilles folies. »

Robespierre termina en se plaignant de ce qu'on avait fait entrer les évêques dans la discussion ; il déclara que c'était un moyen sûr de manquer son but : il demanda que la société n'ordonnât désormais l'impression d'un discours, qu'après un mûr examen fait par une commission nommée à cet effet. (Applaudi et arrêté.)

— Les hébertistes, n'ayant pu déterminer les Jacobins à faire une démarche en faveur de leurs amis, la firent eux-mêmes le lendemain. Le 29 janvier (10 pluviôse), une députation des Cordeliers se présenta à la barre de la Convention pour réclamer la liberté de Vincent et celle de Ronsin. Leur pétition fut renvoyée au comité de sûreté générale, qui fit son rapport le 2 février (14 pluviôse). Ce rapport se borna à ce peu de mots :

Voulland. « Vous vous rappelez, citoyens, que sur la motion de Fabre-d'Églantine, Ronsin et Vincent furent mis en état d'arrestation. Comme il n'est parvenu au comité de sûreté générale aucune dénonciation, ni pièce à la charge de ces deux citoyens, votre comité vous propose de décréter leur mise en liberté. »

Une discussion très-animée s'engagea. Bourdon (de l'Oise) prit le premier la parole. Il rappela tous les griefs à la charge des prévenus, et demanda que le comité de salut public administrât la preuve de leur innocence avant de proposer leur mise en liberté. Philippeaux, Legendre, Dornier-Loiseau, Clausel, Charlier, Lecointre (de Versailles), parlèrent dans le même but. Le principal grief allégué par Bourdon contre Vincent, c'était « qu'il existait au comité des Marchés une pièce d'où il résultait que l'adjoint au ministre de la guerre avait gagné 40,000 livres sur un marché contraire aux intérêts de la République. » Il s'ensuivit une explication qui rendit douteuse l'existence d'une telle pièce. Comme néanmoins l'opposition persistait, Danton monta à la tribune et conseilla l'oubli des offenses. Son discours aplanit les difficultés élevées par son parti, et l'assemblée rapporta son décret d'arrestation contre Vincent et Ronsin.

Telle est à peu de chose près l'histoire des deux factions rivales jusqu'au moment où Robespierre prononça, dans la tribune de la Convention, son discours sur les principes de morale. Nous devons y ajouter un seul fait du nombre de ceux qui sont reprochés aux *indulgens* dans le projet de rapport sur la faction Fabre-d'Églantine. Le 1er février (13 pluviôse), Briez fit décréter qu'il serait accordé des secours à la veuve de Gorsas. Nos lecteurs se souviennent que la même mesure avait été prise envers les filles de Duperret, envers la veuve de Lasource et celle de Biroteau.

Avant de transcrire le discours dans lequel Robespierre posait, au milieu de ces désordres, la base morale de toutes les questions révolutionnaires, nous dirons quelques mots sur les rapports importans faits devant la Convention depuis le 1er janvier (12 nivôse) 1794, et nous insérerons les principaux décrets. Ce jour-là même Barrère présenta le tableau des victoires obtenues par les armées de la République « des bords du Var aux bords du Rhin. » Nous les avons racontées nous-mêmes. — Le 2 (13), Voullant fit un rapport d'après lequel la Convention décréta une somme de 22,000 livres « pour payer le montant des journées employées par les citoyens qui, sous les ordres de Maillard, en exécution de l'arrêté du comité de sûreté générale, avaient été placés comme observateurs à Paris et aux environs, à l'effet d'y découvrir et déjouer les manœuvres des personnes suspectes et étrangères. » — Le 3 (14), Barrère fit adopter un projet sur les moyens d'améliorer la marine de la République dans les ports de la Méditerranée.

Le 6 janvier (17 nivôse) la rédaction du décret sur l'instruction primaire, votée le 25 décembre (5 nivôse), fut présentée et adoptée. — Voici ce décret :

Rédaction des décrets sur l'instruction publique, adopté dans la séance du 5 nivôse.

« La Convention nationale, après avoir entendu son comité

d'instruction, sur l'organisation de l'instruction publique, décrète ce qui suit :

» SECTION I. — *De l'enseignement en général.*

» Art. Ier. L'enseignement est libre.

» II. Il sera fait publiquement.

» III. Les citoyens et citoyennes qui voudront user de la liberté d'enseigner seront tenus :

» 1° De déclarer à la municipalité ou section de la Commune, qu'ils sont dans l'intention d'ouvrir une école;

» 2° De désigner l'espèce de science ou art qu'ils se proposent d'enseigner;

» 3° De produire un certificat de civisme et de bonnes mœurs, signé de la moitié des membres du conseil général de la commune ou de la section du lieu de leur résidence, et par deux membres au moins du comité de surveillance de la section ou du lieu de leur domicile, ou du lieu qui en est le plus voisin.

» IV. Les citoyens et citoyennes qui se vouent à l'instruction, ou à l'enseignement de quelque art ou science que ce soit, seront désignés sous le nom d'instituteurs et d'institutrices.

» SECTION II. — *De la surveillance de l'enseignement.*

» Art. Ier. Les instituteurs et institutrices sont sous la surveillance immédiate de la municipalité ou section, des pères, mères, tuteurs ou curateurs, et sous la surveillance de tous les citoyens.

» II. Tout instituteur ou institutrice qui enseignerait dans son école des préceptes ou maximes contraires aux lois et à la morale républicaine sera dénoncé par la surveillance, et puni selon la gravité du délit.

» III. Tout instituteur ou institutrice qui outrage les mœurs publiques est dénoncé par la surveillance, et traduit devant la police correctionnelle, ou tout autre tribunal compétent, pour y être jugé suivant la loi.

Section III. — *Du premier degré d'instruction.*

» Art. 1ᵉʳ. La Convention nationale charge son comité d'instruction de lui présenter les livres élémentaires des connaissances absolument nécessaires pour former les citoyens, et déclare que les premiers de ces livres sont les droits de l'homme, la constitution, le tableau des actions héroïques ou vertueuses.

» II. Les citoyens et citoyennes qui se borneront à enseigner à lire, à écrire, et les premières règles de l'arithmétique, seront tenus de se conformer, dans leurs enseignemens, aux livres élémentaires adoptés et publiés à cet effet par la représentation nationale.

» III. Ils seront salariés par la République, à raison du nombre des élèves qui fréquenteront leurs écoles, et conformément au tarif compris dans l'article suivant.

» IV. Les instituteurs et institutrices qui ouvriront des écoles dans les communes de la République, quelle que soit leur population, recevront annuellement, pour chaque enfant ou élève, savoir :

» L'instituteur, 20 livres ;
» L'institutrice, 15 livres.

» Les communes éloignées de plus d'une demi-lieue du domicile de l'instituteur le plus voisin, et dans lesquelles, par défaut de population, il ne s'en établirait pas, pourront, d'après l'avis des directoires de district, en choisir un. La République lui accordera un traitement annuel de 500 livres.

» V. Il sera ouvert dans chaque municipalité ou section un registre pour l'inscription des noms des instituteurs et institutrices du premier degré d'instruction, et des enfans ou pupilles qui leur seront confiés par les pères, mères, tuteurs ou curateurs.

» VI. Les pères, mères, tuteurs ou curateurs, seront tenus d'envoyer leurs enfans ou pupilles aux écoles de premier degré d'instruction, en observant ce qui suit :

» VII. Ils déclareront à leur municipalité ou section :

» 1° Les noms et prénoms des enfans ou pupilles qu'ils sont tenus d'envoyer auxdites écoles;

» 2° Les noms et prénoms des instituteurs ou institutrices dont ils font choix.

» VIII. Les enfans ne seront point admis dans les écoles avant l'âge de six ans accomplis; ils y seront envoyés avant celui de huit.

» Les pères, mères, tuteurs ou curateurs ne pourront les retirer desdites écoles que lorsqu'ils les auront fréquentées au moins pendant trois années consécutives.

» IX. Les pères, mères, tuteurs ou curateurs qui ne se conformeront pas aux dispositions des articles VI, VII et VIII de la présente section, seront dénoncés au tribunal de la police correctionnelle; et si les motifs qui les auraient empêchés de se conformer à la loi ne sont pas reconnus valables, ils seront condamnés pour la première fois à une amende égale au quart de leurs contributions.

» En cas de récidive, l'amende sera double, et les infracteurs seront regardés comme ennemis de l'égalité, et privés pendant dix ans de l'exercice des droits de citoyen. Dans ce dernier cas, le jugement sera affiché.

» X. Les instituteurs et institutrices du premier degré d'instruction tiendront registre des noms et prénoms des enfans, du jour, du mois où ils auront été admis dans leurs écoles. Ils ne pourront, sous aucun prétexte, prendre aucun de leurs élèves en pension, donner aucune leçon particulière, ni recevoir des citoyens aucune espèce de gratification, sous peine d'être destitués.

» XI. Ils seront payés par trimestre, et à cet effet ils seront tenus de produire à la municipalité, ou à la section, un relevé de leurs registres, fait mois par mois, portant les noms et prénoms des enfans qui auront assisté à leurs leçons pendant chaque mois. Ce relevé sera confronté avec le registre de la municipalité de section. La confrontation faite, il leur sera délivré un mandat.

» XII. Ce mandat contiendra le nombre des enfans qui, pendant chaque mois, auront suivi l'école de l'instituteur ou de l'institutrice, et la somme qui lui sera due. Il sera signé du maire et de deux officiers municipaux, ou de deux membres du conseil de la commune, ou par le président de la section et deux membres du conseil de ladite section, et par le secrétaire.

» XIII. Les mandats seront visés par les directoires, et payés à vue par les receveurs de district.

» XIV. Les jeunes gens qui, au sortir des écoles du premier degré d'instruction, ne s'occuperont pas du travail de la terre, seront tenus d'apprendre une science, art ou métier utile à la société.

» XV. Ceux desdits jeunes gens qui, à l'âge de vingt ans accomplis, ne se seraient pas conformés aux dispositions de l'article ci-dessus, seront privés pendant dix ans de l'exercice des droits de citoyen.

» Les pères, mères, tuteurs ou curateurs qui auraient concouru à l'infraction de la présente loi subiront la même peine.

» Elle sera prononcée par la police correctionnelle, sur la dénonciation qui lui en sera faite, dans le cas où l'inexécution ne serait pas fondée sur des motifs valables. »

— Le 8 (19), Dubois-Crancé fit décréter à la suite d'un rapport l'embrigadement général des troupes de la République. — Le 10 (21), sur la proposition de Grégoire, la Convention décida que désormais les inscriptions des monumens publics seraient en langue française. — Le 12 (23), Robespierre fit un rapport sur la situation de l'armée des Pyrénées-Orientales, et sur le représentant du peuple Fabre (de l'Hérault) trouvé, le corps déchiré, près d'une batterie qu'il avait défendue le dernier. Robespierre proposa et fit décréter que les honneurs du Panthéon seraient décernés « à ce représentant fidèle à la cause du peuple, et mort en combattant pour la patrie. » — Le 27 (8 pluviôse), Barrère, après un rapport étendu sur la nécessité de populariser la langue française, fit décréter, comme mesure urgente et révolutionnaire, l'établissement d'un instituteur de cette langue dans chaque commune de campagne des départemens où elle n'était point entendue ; les pères, mères et tuteurs devaient être tenus d'y envoyer les jeunes citoyens des deux sexes, pour y apprendre la langue française et la Déclaration des droits de l'homme. Les appointemens des instituteurs étaient fixés à 1,500 liv. — Le 28 (9), Grégoire fit décréter le programme suivant pour la confection des livres élémentaires :

« La Convention nationale, après avoir entendu le rapport de son comité d'instruction publique, décrète ce qui suit :

» Art. 1er. Un concours est ouvert jusqu'au 1er messidor prochain, pour des ouvrages sur les objets suivans :

» 1° Instructions sur la conservation des enfans, depuis la grossesse inclusivement, et sur leur éducation physique et morale, depuis la naissance jusqu'à l'époque de leur entrée dans les écoles nationales : ces deux objets traités ensemble et séparément ;

» 2° Instructions pour les instituteurs nationaux, sur l'éducation physique et morale des enfans ;

» 3° Méthodes pour apprendre à lire et à écrire : ces deux objets traités ensemble ou séparément ;

» 4° Notions sur la grammaire française ;

» 5° Instructions sur les premières règles d'arithmétique et de géométrie-pratique : des instructions sur les nouvelles mesures et leurs rapports aux anciennes, le plus généralement répandues, entreront dans les livres élémentaires d'arithmétique, qui seront composés pour les écoles nationales.

» 6° Notions sur la géographie

» 7° Instructions sur les principaux phénomènes et sur les productions les plus usuelles de la nature.

» 8° Instructions élémentaires sur la morale républicaine ;

» 9° Instructions élémentaires sur l'agriculture et les arts : ces deux objets traités ensemble ou séparément ;

» II. Les auteurs adresseront leurs ouvrages à la Convention nationale, et ne se feront connaître qu'après le jugement ;

» III. Des récompenses nationales seront décernées aux auteurs des ouvrages qui auront été jugés les meilleurs.

» IV. Le comité d'instruction publique présentera un rapport sur l'organisation d'un jury, destiné à juger du mérite des ouvrages envoyés au concours, et sur les récompenses à décerner. »

La Convention décréta aussi dans cette séance l'institution d'une bibliothèque publique par district; elle avait été provoquée à cette mesure par les adresses d'un grand nombre de sociétés populaires. — Le 31 janvier (12 pluviôse), Jeanbon Saint-André rendit compte de sa mission à Brest. La Convention approuva ses travaux, et décréta comme lois générales, applicables à toute la marine de la République, la plupart des arrêtés qu'il avait pris. — Le 1er février (13 pluviôse), Barrère fit un rapport sur la fabrication extraordinaire des armes et des poudres, et présenta les deux décrets suivants, qui furent adoptés sans réclamation :

1er *Décret*. — « La Convention nationale, après avoir entendu le rapport du comité de salut public sur la nécessité d'augmenter la fabrication d'armes, de salpêtre et de poudre, pour accroire tout-à-coup dans une grande proportion les moyens de défense de la République, et d'exterminer les ennemis, décrète :

» Art. 1er. Il sera formé une commission des armes et des poudres de la République, qui réunira tout ce qui a rapport à la fabrication de ces deux objets, et qui sera composée de trois membres nommés par la Convention nationale, sur la présentation du comité de salut public.

» II. Ces trois commissaires délibèreront entre eux sur les objets de leur établissement déterminé ci-après; ils dirigeront immédiatement les divers établissemens, manufactures, fabriques, fonderies et ateliers d'armes dans toute l'étendue de la République, ainsi que la fabrication extraordinaire d'armes dont le centre est établi à Paris, par décret du 23 août 1793, vieux style.

» III. Les trois membres de la commission des armes et poudres sont responsables solidairement. L'un d'eux signera alternativement toutes les opérations et ordres émanés; pendant quinze jours, il aura séance au conseil exécutif provisoire. Le traitement de chacun de ces commissaires sera de 12,000 livres par an.

» IV. Cette commission s'occupera des objets suivans : 1° de la fabrication des bouches à feu, des affûts, et de tout ce qui tient au matériel de l'artillerie de terre et de mer; 2° des fusils, carabines, pistolets, et de toute espèce d'armes à feu; 3° des sabres, piques, baïonnettes, et de toute espèce d'armes blanches; 4° de la fabrication des salpêtres, potasse et poudre, et de la confection de toutes les matières qui sont nécessaires ou qui en proviennent; 5° de la construction, entretien et surveillance des divers établissemens, magasins et arsenaux de la guerre et de la marine.

» V. La commission est chargée de pourvoir aux approvisionnemens des matières de toute espèce nécessaires à la fabrication des armes et des poudres. En conséquence, elle passera des marchés convenables, elle pourra exercer le droit de réquisition et de préhension sur tous les objets nécessaires à cette fabrication, et existans dans l'intérieur de la République.

» Quant aux matières qui viennent de l'étranger, la commission des armes et des poudres se concertera avec la commission des subsistances et des approvisionnemens.

» VI. Les bureaux des ministres de la guerre, de la marine et des contributions publiques attachés au matériel de l'artillerie, des armes et des poudres, seront détruits sur-le-champ, et feront partie de l'organisation des bureaux de la commission; les papiers seront transférés dans la maison nationale qui sera indiquée pour servir aux travaux de la commission des poudres et des armes.

» VII. La régie des poudres et salpêtres continuera ses travaux ordinaires; elle cessera d'être sous l'autorité du ministre des contributions publiques, pour passer sous celle de la commission nationale.

» VIII. Tous les arsenaux et magasins d'artillerie, d'armes, poudres et salpêtres, seront mis sous la direction et autorité de la commission ; les effets seront délivrés par elle aux ministres de la guerre et de la marine, d'après une délibération du conseil exécutif provisoire et sur leur récépissé.

» IX. Les compagnies d'ouvriers cesseront d'être attachées au corps de l'artillerie, et de former corporation ; les citoyens qui les composent seront employés individuellement par la commission en qualité d'artistes.

» X. La commission des armes et poudres est placée sous la surveillance immédiate du comité de salut public, à qui elle rendra compte de toutes ses opérations.

» XI. La trésorerie nationale tiendra à la disposition de cette commission une somme de 40 millions pour subvenir à toutes les dépenses de cette fabrication révolutionnaire.

» Les fonds décrétés pour la fabrication extraordinaire d'armes sont mis à la disposition de la commission, ainsi que la somme mise à la disposition du ministre des contributions publiques, par l'art. XIV du décret du 14 frimaire.

» XII. Le comité de salut public est autorisé à prendre, pour l'exécution du présent décret, toutes les mesures nécessaires pour la préparation et l'exécution des travaux de cette commission.

» XIII. Les trois ministres continueront à avoir la signature dans la partie des armes et poudres, jusqu'au 1er ventôse, jour auquel la nouvelle commission prendra l'exercice de ses fonctions. »

Second décret. — « La Convention nationale, après avoir entendu le rapport du comité de salut public, décrète :

» Art. 1er. Ceux qui entraveront ou ralentiront, par des défiances ou des propos malveillans, les mesures prises par le comité de salut public, par les sections ou les citoyens, pour la fabrication extraordinaire du salpêtre et de la poudre, seront traités comme suspects et détenus jusqu'à la paix.

» II. Les dispositions pénales portées contre ceux qui s'opposent à la fabrication des armes ou aux réquisitions du comité de salut public, ou à celles de la commission, sont communes à ceux qui empêcheraient la fabrication du salpêtre et des poudres. »

Le 4 février (16 pluviôse), la Convention décréta l'abolition de l'esclavage. Un des trois députés nouvellement arrivés de Saint-Domingue fit un rapport sommaire sur les événemens qui y avaient eu lieu. Il remonta à la cause des malheurs auxquels elle avait été en proie ; il la vit dans la politique odieuse et les intrigues de l'Angleterre et de l'Espagne qui, voulant faire perdre à la République cette colonie intéressante, avaient trouvé le moyen d'y organiser la guerre civile. Mais les nègres, armés pour la cause de la France, avaient déjoué par leur courage ces perfides projets, et demandé, pour prix de leur service, la liberté : elle leur avait été accordée. L'orateur conjura la Convention de confirmer cette promesse, et de faire jouir pleinement les colonies des bienfaits de la liberté et de l'égalité. — Levasseur (de la Sarthe) demanda l'abolition de l'esclavage sur tout le territoire de la République, dont Saint-Domingue était partie. — Lacroix demanda que la Convention ne se déshonorât pas par une discussion prolongée. — L'assemblée se leva spontanément, et l'abolition fut décrétée au milieu des applaudissemens. — Les députés de couleur s'embrassèrent, et furent successivement embrassés par le président et tous les députés. — Danton proposa le renvoi du décret aux comités pour combiner les moyens de le rendre utile à l'humanité, sans aucun danger pour elle. — Débats relatifs à la rédaction ; Lacroix en présenta une qui fut adoptée en ces termes :

« La Convention nationale déclare abolir l'esclavage des nègres dans toutes les colonies ; en conséquence elle décrète que tous les hommes, sans distinction de couleur, domiciliés dans les colonies, sont citoyens français, et jouiront de tous les droits assurés par la constitution. »

Le lendemain, Robespierre lut son rapport sur la morale sociale. La théorie de la politique qu'il y développe roule tout entière sur cette pensée : « Le citoyen doit être soumis au magistrat, le magistrat au peuple, et le peuple à la justice, le principe de la justice étant l'égalité et la fraternité. » Il ne manque aux formules de Robespierre que l'intelligence des traditions, découverte que rendait impossible à cette époque l'état de la science historique, et à laquelle le sentiment révolutionnaire n'a abouti qu'après quarante ans d'efforts. C'est ici le premier manifeste de la doctrine du devoir. Tout est chrétien dans les idées, quoique le mot n'y soit pas; on reconnaît même à certains tours de phrases que la lecture de l'Évangile était familière à l'auteur; il dit par exemple : *Celui qui cherche le bien public...... celui qui se cherche lui-même*. Il y a loin sans doute de la conception du chef jacobin sur la morale. à celle qui est la base de notre doctrine, à nous Français du XIXe siècle, et qui la définit le critérium souverain et absolu en toutes choses; qui reconnaît et enseigne qu'elle est la loi de Dieu révélée par son fils Jésus-Christ, mais il n'y a pas d'affirmation dans toute l'étendue de son rapport qui y soit contraire. On ne pourra au reste mesurer la portée d'application que ce rapport contient, si l'on n'a lu attentivement l'histoire des événemens accomplis depuis le 31 mai. Les actes révolutionnaires que Saint-Just proposera en quatre rapports successifs y sont tous indiqués et justifiés. La question des suspects, celle des hébertistes et des dantonistes, celle des abus de pouvoir commis dans les départemens par des proconsuls connus du lecteur, toute la situation intérieure en un mot, y est examinée, jugée, et ordonnée du point de vue du principe moral.

Rapport sur les principes de morale politique qui doivent guider la Convention nationale dans l'administration intérieure de la République, fait par Robespierre, *au nom du comité de salut public, à la séance du 5 février* (17 *pluviôse*) 1794.

« Citoyens représentans du peuple, nous avons exposé il y a quelque temps les principes de notre politique extérieure (1); nous venons développer aujourd'hui les principes de notre politique intérieure.

» Après avoir marché long-temps au hasard, et comme emportés par le mouvement des factions contraires, les représentans du peuple français ont enfin montré un caractère et un gouvernement; un changement subit dans la fortune de la nation annonça à l'Europe la régénération qui s'était opérée dans la représentation nationale. Mais, jusqu'au moment même où je parle, il faut convenir que nous avons été plutôt guidés, dans des circonstances si orageuses, par l'amour du bien et par le sentiment des besoins de la patrie que par une théorie exacte et des règles précises de conduite, que nous n'avions pas même le loisir de tracer.

» Il est temps de marquer nettement le but de la révolution, et le terme où nous voulons arriver; il est temps de nous rendre compte à nous-mêmes, et des obstacles qui nous en éloignent encore, et des moyens que nous devons adopter pour l'atteindre : idée simple et importante, qui semble n'avoir jamais été aperçue. Eh! comment un gouvernement lâche et corrompu aurait-il osé la réaliser? Un roi, un sénat orgueilleux, un César, un Cromwell doivent avant tout couvrir leurs projets d'un voile religieux, transiger avec tous les vices, caresser tous les partis, écraser celui des gens de bien, opprimer ou tromper le peuple pour arriver au but de leur perfide ambition. Si nous n'avions pas eu une plus grande tâche à remplir, s'il ne s'agissait ici que

(1) Robespierre parle ici de son rapport du 17 novembre (27 brumaire) 1793.
(*Note des auteurs.*)

des intérêts d'une faction ou d'une aristocratie nouvelle, nous aurions pu croire, comme certains écrivains plus ignorans encore que pervers, que le plan de la révolution française était écrit en toutes lettres dans les livres de Tacite et de Machiavel, et chercher les devoirs des représentans du peuple dans l'histoire d'Auguste, de Tibère ou de Vespasien, ou même dans celle de certains législateurs français ; car, à quelques nuances près de perfidie ou de cruauté, tous les tyrans se ressemblent.

» Pour nous, nous venons aujourd'hui mettre l'univers dans la confidence de vos secrets-politiques, afin que tous les amis de la patrie puissent se rallier à la voix de la raison et de l'intérêt public ; afin que la nation française et ses représentans soient respectés dans tous les pays de l'univers où la connaissance de leurs véritables principes pourra parvenir ; afin que les intrigans, qui cherchent toujours à remplacer d'autres intrigans, soient jugés par l'opinion publique sur des règles sûres et faciles.

» Il faut prendre de loin ses précautions pour remettre les destinées de la liberté dans les mains de la vérité, qui est éternelle, plus que dans celles des hommes, qui passent ; de manière que si le gouvernement oublie les intérêts du peuple, ou qu'il retombe entre les mains des hommes corrompus, selon le cours naturel des choses, la lumière des principes reconnus éclaire ses trahisons, et que toute faction nouvelle trouve la mort dans la seule pensée du crime.

» Heureux le peuple qui peut arriver à ce point ! car, quelques nouveaux outrages qu'on lui prépare, quelles ressources ne présente pas un ordre de choses où la raison publique est la garantie de la liberté ?

» Quel est le but où nous tendons ? La jouissance paisible de la liberté et de l'égalité, le règne de cette justice éternelle, dont les lois ont été gravées, non sur le marbre et sur la pierre, mais dans les cœurs de tous les hommes, même dans celui de l'esclave qui les oublie, et du tyran qui les nie.

» Nous voulons un ordre de choses où toutes les passions basses et cruelles soient enchaînées, toutes les passions bienfaisantes et généreuses éveillées par les lois ; où l'ambition soit le désir de mériter la gloire et de servir la patrie ; où les distinctions ne naissent que de l'égalité même ; où le citoyen soit soumis au magistrat, le magistrat au peuple, et le peuple à la justice ; où la patrie assure le bien-être de chaque individu, et où chaque individu jouisse avec orgueil de la prospérité et de la gloire de la patrie ; où toutes les ames s'agrandissent par la communication continuelle des sentimens républicains, et par le besoin de mériter l'estime d'un grand peuple ; où les arts soient les décorations de la liberté, qui les ennoblit ; le commerce, la source de la richesse publique, et non pas seulement de l'opulence monstrueuse de quelques maisons.

» Nous voulons substituer dans notre pays la morale à l'égoïsme, la probité à l'honneur, les principes aux usages, les devoirs aux bienséances, l'empire de la raison à la tyrannie de la mode, le mépris du vice au mépris du malheur, la fierté à l'insolence, la grandeur d'ame à la vanité, l'amour de la gloire à l'amour de l'argent, les bonnes gens à la bonne compagnie, le mérite à l'intrigue, le génie au bel esprit, la vérité à l'éclat, le charme du bonheur aux ennuis de la volupté, la grandeur de l'homme à la petitesse des grands, un peuple magnanime, puissant, heureux, à un peuple aimable, frivole et misérable, c'est-à-dire toutes les vertus et tous les miracles de la République à tous les vices et à tous les ridicules de la monarchie.

» Nous voulons en un mot remplir les vœux de la nature, accomplir les destins de l'humanité, tenir les promesses de la philosophie, absoudre la providence du long règne du crime et de la tyrannie. Que la France, jadis illustre parmi les pays esclaves, éclipsant la gloire de tous les peuples libres qui ont existé, devienne le modèle des nations, l'effroi des oppresseurs, la consolation des opprimés, l'ornement de l'univers, et qu'en scellant notre ouvrage de notre sang nous puissions voir au moins briller l'aurore de la félicité universelle !... Voilà notre ambition, voilà notre but.

» Quelle nature de gouvernement peut réaliser ces prodiges ? Le seul gouvernement démocratique ou républicain : ces deux mots sont synonymes, malgré les abus du langage vulgaire; car l'aristocratie n'est pas plus la République que la monarchie. La démocratie n'est pas un état où le peuple, continuellement assemblé, règle par lui-même toutes les affaires publiques, encore moins celui où cent mille fractions du peuple, par des mesures isolées, précipitées et contradictoires, décideraient du sort de la société entière : un tel gouvernement n'a jamais existé, et il ne pourrait exister que pour ramener le peuple au despotisme.

» La démocratie est un état où le peuple, souverain, guidé par des lois qui sont son ouvrage, fait par lui-même tout ce qu'il peut bien faire, et par des délégués tout ce qu'il ne peut faire lui-même.

» C'est donc dans les principes du gouvernement démocratique que vous devez chercher les règles de votre conduite politique.

» Mais pour fonder et pour consolider parmi nous la démocratie, pour arriver au règne paisible des lois constitutionnelles, il faut terminer la guerre de la liberté contre la tyrannie, et traverser heureusement les orages de la révolution : tel est le but du système révolutionnaire que vous avez organisé. Vous devez donc encore régler votre conduite sur les circonstances orageuses où se trouve la République, et le plan de votre administration doit être le résultat de l'esprit du gouvernement révolutionnaire combiné avec les principes généraux de la démocratie.

» Or, quel est le principe fondamental du gouvernement démocratique ou populaire, c'est-à-dire le ressort essentiel qui le soutient et qui le fait mouvoir? C'est la vertu : je parle de la vertu publique, qui opéra tant de prodiges dans la Grèce et dans Rome, et qui doit en produire de bien plus étonnans dans la France républicaine; de cette vertu qui n'est autre chose que l'amour de la patrie et de ses lois.

» Mais comme l'essence de la République ou de la démocratie est l'égalité, il s'ensuit que l'amour de la patrie embrasse nécessairement l'amour de l'égalité.

» Il est vrai encore que ce sentiment sublime suppose la préférence de l'intérêt public à tous les intérêts particuliers ; d'où il résulte que l'amour de la patrie suppose encore ou produit toutes les vertus : car que sont-elles autre chose que la force de l'ame qui rend capable de ces sacrifices ? et comment l'esclave de l'avarice ou de l'ambition, par exemple, pourrait-il immoler son idole à la patrie ?

» Non-seulement la vertu est l'ame de la démocratie, mais elle ne peut exister que dans ce gouvernement. Dans la monarchie, je ne connais qu'un individu qui peut aimer la patrie, et qui pour cela n'a pas même besoin de vertu ; c'est le monarque : la raison en est que de tous les habitans de ses états le monarque est le seul qui ait une patrie. N'est-il pas le souverain au moins de fait ? N'est-il pas à la place du peuple ? Et qu'est-ce que la patrie, si ce n'est le pays où l'on est citoyen et membre du souverain ?

» Par une conséquence du même principe, dans les états aristocratiques le mot *patrie* ne signifie quelque chose que pour les familles patriciennes qui ont envahi la souveraineté.

» Il n'est que la démocratie où l'état est véritablement la patrie de tous les individus qui le composent, et peut compter autant de défenseurs intéressés à sa cause qu'il renferme de citoyens. Voilà la source de la supériorité des peuples libres sur tous les autres : si Athènes et Sparte ont triomphé des tyrans de l'Asie, et les Suisses des tyrans de l'Espagne et de l'Autriche, il n'en faut point chercher d'autre cause.

» Mais les Français sont le premier peuple du monde qui ait établi la véritable démocratie en appelant tous les hommes à l'égalité et à la plénitude des droits du citoyen ; et c'est là, à mon avis, la véritable raison pour laquelle tous les tyrans ligués contre la République seront vaincus.

» Il est dès ce moment de grandes conséquences à tirer des principes que nous venons d'exposer.

» Puisque l'ame de la République est la vertu, l'égalité, et que votre but est de fonder, de consolider la République, il s'ensuit que la première règle de votre conduite politique doit être de rapporter toutes vos opérations au maintien de l'égalité et au développement de la vertu ; car le premier soin du législateur doit être de fortifier le principe du gouvernement. Ainsi tout ce qui tend à exciter l'amour de la patrie, à purifier les mœurs, à élever les ames, à diriger les passions du cœur humain vers l'intérêt public, doit être adopté ou établi par vous ; tout ce qui tend à les concentrer dans l'abjection du moi personnel, à réveiller l'engouement pour les petites choses et le mépris des grandes, doit être rejeté ou réprimé par vous. Dans le système de la révolution française, ce qui est immoral est impolitique, ce qui est corrupteur est contre-révolutionnaire. La faiblesse, les vices, les préjugés sont le chemin de la royauté. Entraînés trop souvent peut-être par le poids de nos anciennes habitudes, autant que par la pente insensible de la faiblesse humaine, vers les idées fausses et vers les sentimens pusillanimes, nous avons bien moins à nous défendre des excès d'énergie que des excès de faiblesse : le plus grand écueil peut-être que nous ayons à éviter n'est pas la ferveur du zèle, mais plutôt la lassitude du bien, et la peur de notre propre courage. Remontez donc sans cesse le ressort sacré du gouvernement républicain, au lieu de le laisser tomber. Je n'ai pas besoin de dire que je ne veux ici justifier aucun excès ; on abuse des principes les plus sacrés : c'est à la sagesse du gouvernement à consulter les circonstances, à saisir les momens, à choisir les moyens ; car la manière de préparer les grandes choses est une partie essentielle du talent de les faire, comme la sagesse est elle-même une partie de la vertu.

» Nous ne prétendons pas jeter la république française dans le moule de celle de Sparte; nous ne voulons lui donner ni l'austérité ni la corruption des cloîtres. Nous venons de vous présenter dans toute sa pureté le principe moral et politique du gouvernement populaire. Vous avez donc une boussole qui peut vous diriger au milieu des orages de toutes les passions, et du tourbillon des intrigues qui vous environnent; vous avez la pierre de touche par laquelle vous pouvez essayer toutes vos lois, toutes les propositions qui vous sont faites. En les comparant sans cesse avec ce principe, vous pourrez désormais éviter l'écueil ordinaire des grandes assemblées, le danger des surprises et des mesures précipitées, incohérentes et contradictoires; vous pourrez donner à toutes vos opérations l'ensemble, l'unité, la sagesse et la dignité qui doivent annoncer les représentans du premier peuple du monde.

» Ce ne sont pas les conséquences faciles du principe de la démocratie qu'il faut détailler; c'est ce principe simple et fécond qui mérite d'être lui-même développé.

» La vertu républicaine peut être considérée par rapport au peuple et par rapport au gouvernement; elle est nécessaire dans l'un et dans l'autre. Quand le gouvernement seul en est privé, il reste une ressource dans celle du peuple; mais quand le peuple lui-même est corrompu la liberté est déjà perdue.

» Heureusement la vertu est naturelle au peuple, en dépit des préjugés aristocratiques. Une nation est vraiment corrompue lorsqu'après avoir perdu par degrés son caractère et sa liberté, elle passe de la démocratie à l'aristocratie ou à la monarchie : c'est la mort du corps politique par la décrépitude. Lorsqu'après quatre cents ans de gloire, l'avarice a enfin chassé de Sparte les mœurs avec les lois de Lycurgue, Agis meurt en vain pour les rappeler ! Démosthènes a beau tonner contre Philippe, Philippe trouve dans les vices d'Athènes dégénérée, des avocats plus éloquens que Démosthènes ! Il y a bien encore dans Athènes une population aussi nombreuse que du temps de Miltiade et d'Aristide; mais il n'y a plus d'Athéniens. Qu'importe que Brutus ait tué le tyran ! La tyrannie vit encore dans les cœurs, et Rome n'existe plus que dans Brutus.

» Mais lorsque par des efforts prodigieux de courage et de

raison, un peuple brise les chaînes du despotisme pour en faire des trophées à la liberté ; lorsque par la force de son tempérament moral, il sort en quelque sorte des bras de la mort pour reprendre toute la vigueur de la jeunesse ; lorsque, tour à tour sensible et fier, intrépide et docile, il ne peut être arrêté ni par les remparts inexpugnables, ni par les armées innombrables des tyrans armés contre lui, et qu'il s'arrête lui-même devant l'image de la loi, s'il ne s'élance pas rapidement à la hauteur de ses destinées, ce ne pourrait être que la faute de ceux qui le gouvernent.

» D'ailleurs on peut dire en un sens que pour aimer la justice et l'égalité le peuple n'a pas besoin d'une grande vertu ; il lui suffit de s'aimer lui-même.

» Mais le magistrat est obligé d'immoler son intérêt à l'intérêt du peuple, et l'orgueil du pouvoir à l'égalité : il faut que la loi parle surtout avec empire à celui qui en est l'organe ; il faut que le gouvernement pèse sur lui-même pour tenir toutes ses parties en harmonie avec elle. S'il existe un corps représentatif, une autorité première constituée par le peuple, c'est à elle de surveiller et de réprimer sans cesse tous les fonctionnaires publics. Mais qui la réprimera elle-même, sinon sa propre vertu ? Plus cette source de l'ordre public est élevée, plus elle doit être pure ; il faut donc que le corps représentatif commence par soumettre dans son sein toutes les passions privées à la passion générale du bien public. Heureux les représentans lorsque leur gloire et leur intérêt même les attachent autant que leurs devoirs à la cause de la liberté !

» Déduisons de tout ceci une grande vérité ; c'est que le caractère du gouvernement populaire est d'être confiant dans le peuple, et sévère envers lui-même.

» Ici se bornerait tout le développement de notre théorie, si vous n'aviez qu'à gouverner dans le calme le vaisseau de la République ; mais la tempête gronde, et l'état de la révolution où vous êtes vous impose une autre tâche.

» Cette grande pureté des bases de la révolution française, la sublimité même de son objet est précisément ce qui fait notre force et notre faiblesse : notre force, parce qu'il nous donne l'ascendant de la vérité sur l'imposture, et les droits de l'intérêt public sur les intérêts privés ; notre faiblesse, parce qu'il rallie contre nous tous les hommes vicieux, tous ceux qui dans leur cœur méditaient de dépouiller le peuple, et tous ceux qui veulent l'avoir dépouillé impunément, et ceux qui ont repoussé la liberté comme une calamité personnelle, et ceux qui ont embrassé la révolution comme un métier, et la République comme une proie. De là la défection de tant d'hommes ambitieux ou cupides, qui depuis le point du départ nous ont abandonnés sur la route, parce qu'ils n'avaient pas commencé le voyage pour arriver au même but. On dirait que les deux génies contraires que l'on a représentés se disputant l'empire de la nature, combattent dans cette grande époque de l'histoire humaine pour fixer sans retour les destinées du monde, et que la France est le théâtre de cette lutte redoutable. Au dehors, tous les tyrans vous cernent ; au dedans, tous les amis de la tyrannie conspirent : ils conspireront jusqu'à ce que l'espérance ait été ravie au crime. Il faut étouffer les ennemis intérieurs et extérieurs de la République, ou périr avec elle ; or, dans cette situation la première maxime de votre politique doit être que l'on conduit le peuple par la raison, et les ennemis du peuple par la terreur.

» Si le ressort du gouvernement populaire dans la paix est la vertu, le ressort du gouvernement populaire en révolution est à la fois la vertu et la terreur : la vertu, sans laquelle la terreur est funeste ; la terreur, sans laquelle la vertu est impuissante. La terreur n'est autre chose que la justice prompte, sévère, inflexible ; elle est donc une émanation de la vertu : elle est moins un principe particulier qu'une conséquence du principe général de la démocratie appliqué aux plus pressans besoins de la patrie.

» On a dit que la terreur était le ressort du gouvernement despotique. Le vôtre ressemble-t-il donc au despotisme? Oui, comme le glaive qui brille dans les mains des héros de la liberté ressemble à celui dont les satellites de la tyrannie sont armés.

Que le despote gouverne par la terreur ses sujets abrutis, il a raison comme despote : domptez par la terreur les ennemis de la liberté, et vous aurez raison comme fondateurs de la République. Le gouvernement de la Révolution est le despotisme de la liberté contre la tyrannie. La force n'est-elle faite que pour protéger le crime, et n'est-ce pas pour frapper les têtes orgueilleuses que la foudre est destinée?

» La nature impose à tout être physique et moral la loi de pourvoir à sa conservation : le crime égorge l'innocence pour régner, et l'innocence se débat de toutes ses forces dans les mains du crime. Que la tyrannie règne un seul jour ; le lendemain il ne restera plus un patriote. Jusques à quand la fureur des despotes sera-t-elle appelée justice, et la justice du peuple barbarie ou rébellion? Comme on est tendre pour les oppresseurs, et inexorable pour les opprimés! Rien de plus naturel; quiconque ne hait point le crime ne peut aimer la vertu.

» Il faut cependant que l'un ou l'autre succombe. Indulgence pour les royalistes ! s'écrient certaines gens; grâce pour les scélérats !... Non ! Grâce pour l'innocence, grâce pour les faibles, grâce pour les malheureux , grâce pour l'humanité !

» La protection sociale n'est due qu'aux citoyens paisibles ; il n'y a de citoyens dans la République que les républicains. Les royalistes, les conspirateurs ne sont pour elle que des étrangers, ou plutôt des ennemis. Cette guerre terrible que soutient la liberté contre la tyrannie n'est-elle pas indivisible ? Les ennemis du dedans ne sont-ils pas les alliés des ennemis du dehors? Les assassins qui déchirent la patrie dans l'intérieur, les intrigans qui achètent les consciences des mandataires du peuple, les traîtres qui les vendent, les libellistes mercenaires soudoyés pour déshonorer la cause du peuple, pour tuer la vertu publique, pour attiser le feu des discordes civiles, et pour préparer la contre-révolution politique par la contre-révolution morale; tous ces gens-là sont-ils moins coupables ou moins dangereux que les tyrans qu'ils servent? Tous ceux qui interposent leur douceur parricide entre ces scélérats et le glaive vengeur de la justice nationale ressemblent à ceux qui se jetaient entre les satellites des tyrans et les baïonnettes de nos soldats; tous les élans de leur fausse sensibilité ne me paraissent que des soupirs échappés vers l'Angleterre et vers l'Autriche.

» Eh! pour qui donc s'attendriraient-ils? Serait-ce pour deux cent mille héros, l'élite de la nation, moissonnés par le fer des ennemis de la liberté, ou par les poignards des assassins royaux ou fédéralistes? Non, ce n'étaient que des plébéiens, des patriotes!... Pour avoir droit à leur tendre intérêt, il faut être au moins la veuve d'un général qui a trahi vingt fois la patrie; pour obtenir leur indulgence, il faut presque prouver qu'on a fait immoler dix mille Français, comme un général romain pour obtenir le triomphe, devait avoir tué, je crois, dix mille ennemis.

» On entend de sang-froid le récit des horreurs commises par les tyrans contre les défenseurs de la liberté, nos femmes horriblement mutilées, nos enfans massacrés sur le sein de leurs mères, nos prisonniers expiant dans d'horribles tourmens leur héroïsme touchant et sublime; on appelle une horrible boucherie la punition trop lente de quelques monstres engraissés du plus pur sang de la patrie.

» On souffre avec patience la misère des citoyennes généreuses qui ont sacrifié à la plus belle des causes leurs frères, leurs enfans, leurs époux : mais on prodigue les plus généreuses consolations aux femmes des conspirateurs; il est reçu qu'elles peuvent impunément séduire la justice, plaider contre la liberté la cause de leurs proches et de leurs complices; on en a fait presque une corporation privilégiée, créancière et pensionnaire du peuple.

» Avec quelle bonhomie nous sommes encore la dupe des mots! Comme l'aristocratie et le modérantisme nous gouvernent encore par les maximes meurtrières qu'ils nous ont données!

» L'aristocratie se défend mieux par ses intrigues que le patriotisme par ses services. On veut gouverner les révolutions par les arguties du palais; on traite les conspirations contre la République comme les procès entre les particuliers. La tyrannie est, et la liberté plaide ; et le code fait par les conspirateurs eux-mêmes est la loi par laquelle on les juge.

» Quand il s'agit du salut de la patrie, le témoignage de l'univers ne peut suppléer à la preuve testimoniale, ni l'évidence même à la preuve littérale.

» La lenteur des jugemens équivaut à l'impunité ; l'incertitude de la peine encourage tous les coupables ; et cependant on se plaint de la sévérité de la justice ! on se plaint de la détention des ennemis de la République ! On cherche ses exemples dans l'histoire des tyrans, parce qu'on ne veut pas les choisir dans celle des peuples, ni les puiser dans le génie de la liberté menacée. A Rome, quand le consul découvrit la conjuration, et l'étouffa au même instant par la mort des complices de Catilina, il fut accusé d'avoir violé les formes... Par qui? Par l'ambitieux César, qui voulait grossir son parti de la horde des conjurés ; par les Pison, les Clodius, et tous les mauvais citoyens, qui redoutaient pour eux-mêmes la vertu d'un vrai Romain et la sévérité des lois.

» Punir les oppresseurs de l'humanité, c'est clémence ; leur pardonneur c'est barbarie. La rigueur des tyrans n'a pour principe que la rigueur : celle du gouvernement républicain part de la bienfaisance.

» Aussi, malheur à celui qui oserait diriger vers le peuple la terreur, qui ne doit approcher que de ses ennemis ! Malheur à celui qui, confondant les erreurs inévitables du civisme avec les erreurs calculées de la perfidie, ou avec les attentats des conspirateurs, abandonne l'intrigant dangereux pour poursuivre le citoyen paisible ! Périsse le scélérat qui ose abuser du nom sacré de la liberté, ou des armes redoutables qu'elle lui a confiées, pour porter le deuil ou la mort dans le cœur des patriotes ! Cet abus a existé, on ne peut en douter ; il a été exagéré sans doute par l'aristocratie ; mais n'existât-il dans toute la République qu'un seul homme vertueux, persécuté par les ennemis de la liberté, le devoir du gouvernement serait de le rechercher avec inquiétude, et de le venger avec éclat.

» Mais faut-il conclure de ces persécutions, suscitées aux patriotes par le zèle hypocrite des contre-révolutionnaires, qu'il faut rendre la liberté aux contre-révolutionnaires, et renoncer à la sévérité ? Ces nouveaux crimes de l'aristocratie ne font qu'en démontrer la nécessité. Que prouve l'audace de nos ennemis, sinon la faiblesse avec laquelle ils ont été poursuivis ! Elle est due en grande partie à la doctrine relâchée qu'on a prêchée dans ces derniers temps pour les rassurer. Si vous pouviez écouter ces conseils, vos ennemis parviendraient à leur but, et recevraient de vos propres mains le prix du dernier de leurs forfaits.

» Qu'il y aurait de légèreté à regarder quelques victoires remportées par le patriotisme comme la fin de tous nos dangers ! Jetez un coup d'œil sur notre véritable situation ; vous sentirez que la vigilance et l'énergie vous sont plus nécessaires que jamais. Une sourde malveillance contrarie partout les opérations du gouvernement ; la fatale influence des cours étrangères, pour être plus cachée, n'en est ni moins active ni moins funeste : on sent que le crime, intimidé, n'a fait que couvrir sa marche avec plus d'adresse.

» Les ennemis intérieurs du peuple français se sont divisés en deux factions, comme en deux corps d'armée. Elles marchent sous des bannières de différentes couleurs, et par des routes diverses; mais elles marchent au même but : ce but est la désorganisation du gouvernement populaire, la ruine de la Convention, c'est-à-dire le triomphe de la tyrannie. L'une de ces deux factions nous pousse à la faiblesse, l'autre aux excès ; l'une veut changer la liberté en bacchante, l'autre en prostituée.

» Des intrigans subalternes, souvent même de bons citoyens abusés, se rangent de l'un ou de l'autre parti ; mais les chefs appartiennent à la cause des rois ou de l'aristocratie, et se réunissent toujours contre les patriotes. Les fripons, lors même qu'ils se font la guerre, se haïssent bien moins qu'ils ne détestent les gens de bien. La patrie est leur proie ; ils se battent pour la partager, mais ils se liguent contre ceux qui la défendent.

» On a donné aux uns le nom de *modérés* : il y a peut-être plus d'esprit que de justesse dans la dénomination d'*ultra-révolutionnaire*, par laquelle on a désigné les autres ; cette dénomination, qui ne peut s'appliquer dans aucun cas aux hommes de bonne foi que le zèle et l'ignorance peuvent emporter au-delà de la saine politique de la Révolution, ne caractérise pas exactement les hommes perfides que la tyrannie soudoie pour compromettre, par des applications fausses ou funestes, les principes sacrés de notre Révolution.

» Le faux révolutionnaire est peut-être plus souvent encore en deçà qu'au delà de la Révolution ; il est modéré, il est fou de patriotisme, selon les circonstances. On arrête dans les comités prussiens, anglais, autrichiens, moscovites même, ce qu'il pensera le lendemain. Il s'oppose aux mesures énergiques, et les exagère quand il n'a pu les empêcher. Sévère pour l'innocence, mais indulgent pour le crime ; accusant même les coupables qui ne sont point assez riches pour acheter son silence, ni assez importants pour mériter son zèle, mais se gardant bien de jamais se compromettre au point de défendre la vertu calomniée ; découvrant quelquefois des complots découverts, arrachant le masque à des traîtres démasqués et même décapités, mais prônant les traîtres vivans et encore accrédités ; toujours empressé à caresser l'opinion du moment, et non moins attentif à ne jamais l'éclairer, et surtout à ne jamais la heurter ; toujours prêt à adopter les mesures hardies, pourvu qu'elles aient beaucoup d'inconvéniens ; calomniant celles qui ne présentent que des avantages, ou bien y ajoutant tous les amendemens qui peuvent les rendre nuisibles ; disant la vérité avec économie, et tout autant qu'il le faut pour acquérir le droit de mentir impunément ; distillant le bien goutte à goutte, et versant le mal par torrens ; plein de feu pour les grandes résolutions qui ne signifient rien, plus qu'indifférent pour celles qui peuvent honorer la cause du peuple et sauver la patrie ; donnant beaucoup aux formes du patriotisme, très-attaché, comme les dévots, dont il se déclare l'ennemi, aux pratiques extérieures, il aimerait mieux user cent bonnets rouges, que de faire une bonne action.

« Quelle différence trouvez-vous entre ces gens-là et vos modérés? Ce sont des serviteurs employés par le même maître, ou, si vous voulez, des complices qui feignent de se brouiller pour mieux cacher leurs crimes. Jugez-les non par la différence du langage, mais par l'identité des résultats. Celui qui attaque la Convention nationale par des discours insensés, et celui qui la trompe pour la compromettre, ne sont-ils pas d'accord? Celui qui par d'injustes rigueurs, force le patriotisme à trembler pour lui-même, invoque l'amnistie en faveur de l'aristocratie et de la trahison. Tel appelait la France à la conquête du monde, qui, n'avait d'autre but que d'appeler les tyrans à la conquête de la France. L'étranger hypocrite, qui depuis cinq années proclame Paris la capitale du globe, ne faisait que traduire dans un autre jargon les anathèmes des vils fédéralistes, qui vouaient Paris à la destruction. Prêcher l'athéisme n'est qu'une manière d'absoudre la superstition et d'accuser la philosophie, et la guerre déclarée à la divinité n'est qu'une diversion en faveur de la royauté.

» Quelle autre méthode reste-t-il de combattre la liberté?

» Ira-t-on, à l'exemple des premiers champions de l'aristocratie, vanter les douceurs de la servitude et les bienfaits de la monarchie, le génie surnaturel et les vertus incomparables des rois?

» Ira-t-on proclamer la vanité des droits de l'homme et des principes de la justice éternelle?

» Ira-t-on exhumer la noblesse et le clergé, ou réclamer les droits imprescriptibles de la haute bourgeoisie à leur double succession?

» Non. Il est bien plus commode de prendre le masque du patriotisme pour défigurer par d'insolentes parodies le drame sublime de la révolution, pour compromettre la cause de la liberté par une modération hypocrite ou par des extravagances étudiées.

» Aussi l'aristocratie se constitue en sociétés populaires; l'orgueil contre-révolutionnaire cache sous des haillons ses complots et ses poignards; le fanatisme brise ses propres autels; le royalisme chante les victoires de la République; la noblesse, accablée de souvenirs, embrasse tendrement l'égalité pour l'étouffer; la tyrannie, teinte du sang des défenseurs de la liberté, répand des fleurs sur leur tombeau. Si tous les cœurs ne sont pas changés, combien de visages sont masqués ! combien de traîtres ne se mêlent de nos affaires que pour les ruiner !

» Voulez-vous les mettre à l'épreuve ? Demandez-leur, au lieu de sermens et de déclamations, des services réels.

» Faut-il agir, ils pérorent; faut-il délibérer, ils veulent commencer par agir; les temps sont-ils paisibles, ils s'opposeront à tout changement utile; sont-ils orageux, ils parleront de tout réformer, pour bouleverser tout; voulez-vous contenir les séditieux, ils vous rappellent la clémence de César; voulez-vous arracher les patriotes à la persécution, ils vous proposent pour modèle la fermeté de Brutus. Ils découvrent qu'un tel a été noble lorsqu'il sert la République; ils ne s'en souviennent plus dès qu'il la trahit. La paix est-elle utile, ils vous étalent les palmes de la victoire; la guerre est-elle nécessaire, ils vantent les douceurs de la paix; faut-il défendre le territoire, ils veulent aller châtier les tyrans au-delà des monts et des mers; faut-il reprendre nos forteresses, ils veulent prendre d'assaut les églises et escalader le ciel; ils oublient les Autrichiens pour faire la guerre aux dévotes; faut-il appuyer notre cause de la fidélité de nos alliés, ils déclameront contre tous les gouvernemens du monde, et vous proposeront de mettre en état d'accusation le grand mogol lui-même; le peuple va-t-il au Capitole rendre grâces aux dieux de ses victoires, ils entonnent des chants lugubres sur nos revers passés; s'agit-il d'en remporter de nouvelles, ils sèment au milieu de nous les haines, les divisions, les persécutions et le découragement; faut-il réaliser la souveraineté du peuple et concentrer sa force par un gouvernement ferme et respecté, ils trouvent que les principes du gouvernement blessent la souveraineté du peuple; faut-il réclamer les droits du peuple, opprimé par le gouvernement, ils ne parlent que du respect pour les lois, et de l'obéissance due aux autorités constituées.

» Ils ont trouvé un expédient admirable pour seconder les efforts du gouvernement républicain; c'est de le désorganiser, de le dégrader complétement, de faire la guerre aux patriotes qui ont concouru à nos succès.

» Cherchez-vous les moyens d'approvisionner vos armées, vous occupez-vous d'arracher à l'avarice et à la peur les subsistances qu'elles resserrent, ils gémissent patriotiquement sur la misère publique, et annoncent la famine. Le désir de prévenir le mal est toujours pour eux un motif de l'augmenter. Dans le nord on a tué les poules, et l'on nous a privés des œufs sous le prétexte que les poules mangent du grain. Dans le midi il a été question de détruire les mûriers et le orangers sous le prétexte que la soie est un objet de luxe, et les oranges une superfluité.

» Vous ne pourriez jamais imaginer certains excès commis par des contre-révolutionnaires hypocrites pour flétrir la cause de la révolution. Croiriez-vous que dans les pays où la superstition a exercé le plus d'empire, non content de surcharger les opérations relatives au culte de toutes les formes qui pouvaient les rendre odieuses, on a répandu la terreur parmi le peuple en semant le bruit qu'on allait tuer tous les enfans au-dessous de dix ans et tous les vieillards au-dessus de soixante-dix ans? que ce bruit a été répandu particulièrement dans la ci-devant Bretagne et dans les départemens du Rhin et de la Moselle? C'est un des crimes imputés au ci-devant accusateur public du tribunal criminel de Strasbourg (1). Les folies tyranniques de cet homme rendent vraisemblable tout ce que l'on raconte de Caligula et d'Héliogabale; mais on ne peut y ajouter foi, même à la vue des preuves. Il poussait le délire jusqu'à mettre les femmes en réquisition pour son usage; on assure même qu'il a employé cette méthode pour se marier.

» D'où est sorti tout à coup cet essaim d'étrangers, de prê-

(1) Schneider.

tres, de nobles, d'intrigans de toute espèce, qui au même instant s'est répandu sur la surface de la République pour exécuter, au nom de la philosophie, un plan de contre-révolution qui n'a pu être arrêté que par la force de la raison publique? exécrable conception, digne du génie des cours étrangères liguées contre la liberté, et de la corruption de tous les ennemis intérieurs de la République!

» C'est ainsi qu'aux miracles continuels opérés par la vertu d'un grand peuple, l'intrigue mêle toujours la bassesse de ses trames criminelles, bassesse commandée par les tyrans, et dont ils font ensuite la matière de leurs ridicules manifestes pour retenir les peuples ignorans dans la fange de l'opprobre et dans les chaînes de la servitude.

» Eh! que font à la liberté les forfaits de ses ennemis? Le soleil, voilé par un nuage passager, en est-il moins l'astre qui anime la nature? L'écume impure que l'océan repousse sur ses rivages le rend-elle moins imposant?

» Dans des mains perfides tous les remèdes à nos maux deviennent des poisons; tout ce que vous pouvez faire, tout ce que vous pouvez dire ils le tourneront contre vous, même les vérités que nous venons de développer.

» Ainsi, par exemple, après avoir disséminé partout les germes de la guerre civile par l'attaque violente contre les préjugés religieux, ils chercheront à armer le fanatisme et l'aristocratie des mesures mêmes que la saine politique vous a prescrites en faveur de la liberté des cultes. Si vous aviez laissé un libre cours à la conspiration elle aurait produit tôt ou tard une réaction terrible et universelle; si vous l'arrêtez ils chercheront encore à en tirer parti en persuadant que vous protégez les prêtres et les modérés.

» Il ne faudra pas même vous étonner si les auteurs de ce système sont les prêtres qui auront le plus hardiment confessé leur charlatanisme.

» Si les patriotes, emportés par un zèle pur, mais irréfléchi, ont été quelque part les dupes de leurs intrigues, ils rejetteront tout le blâme sur les patriotes; car le premier point de leur doctrine machiavélique est de perdre la République en perdant les républicains, comme on subjugue un pays en détruisant l'armée qui le défend. On peut apprécier par là un de leurs principes favoris, qui est qu'*il faut compter pour rien les hommes;* maxime d'origine royale, qui veut dire qu'il faut leur abandonner tous les amis de la liberté (1).

» Il est à remarquer que la destinée des hommes qui ne cherchent que le bien public est d'être les victimes de ceux qui se cherchent eux-mêmes, ce qui vient de deux causes; la première que les intrigans attaquent avec les vices de l'ancien régime; la seconde, que les patriotes ne se défendent qu'avec les vertus du nouveau.

» Une telle situation intérieure doit vous paraître digne de toute votre attention, surtout si vous réfléchissez que vous avez en même temps les tyrans de l'Europe à combattre, douze cent mille hommes sous les armes à entretenir, et que le gouvernement est obligé de réparer continuellement, à force d'énergie et de vigilance, tous les maux que la multitude innombrable de nos ennemis nous a préparés pendant le cours de cinq ans.

» Quel est le remède de tous ces maux? Nous n'en connaissons point d'autre que le développement de ce ressort général de la République, la vertu.

» La démocratie périt par deux excès, l'aristocratie de ceux qui gouvernent, ou le mépris du peuple pour les autorités qu'il a lui-même établies; mépris qui fait que chaque coterie, que chaque individu attire à lui la puissance publique, et ramène le peuple par l'excès du désordre à l'anéantissement, ou au pouvoir d'un seul.

» La double tâche des modérés et des faux révolutionnaires est de nous ballotter perpétuellement entre ces deux écueils.

» Mais les représentans du peuple peuvent les éviter tous

(1) Hébert usait fréquemment de cette maxime dans son *Père Duchesne.*
(*Note des auteurs.*)

deux, car le gouvernement est toujours le maître d'être juste et sage, et quand il a ce caractère il est sûr de la confiance du peuple.

» Il est bien vrai que le but de tous nos ennemis est de dissoudre la Convention; il est vrai que le tyran de la Grande-Bretagne et ses alliés promettent à leur parlement et à leurs sujets de vous ôter votre énergie, et la confiance publique qu'elle vous a méritée; que c'est là la première instruction de tous les émissaires.

» Mais c'est une vérité qui doit être regardée comme triviale en politique qu'un grand corps investi de la confiance d'un grand peuple ne peut se perdre que par lui-même : vos ennemis ne l'ignorent pas; ainsi vous ne doutez pas qu'ils s'appliquent surtout à réveiller au milieu de vous toutes les passions qui peuvent seconder leurs sinistres desseins.

» Que peuvent-ils contre la représentation nationale, s'ils ne parviennent à lui surprendre des actes impolitiques qui puissent fournir des prétextes à leurs criminelles déclamations? Ils doivent donc désirer nécessairement d'avoir deux espèces d'agens; les uns qui chercheront à la dégrader par leurs discours; les autres, dans son sein même, qui s'efforceront de la tromper pour compromettre sa gloire et les intérêts de la République.

Pour l'attaquer avec succès il était utile de commencer la guerre contre les représentans dans les départemens qui avaient justifié votre confiance, et contre le comité de salut public; aussi ont-ils été attaqués par des hommes qui semblaient se combattre entre eux.

» Que pouvaient-ils faire de mieux que de paralyser le gouvernement de la Convention, et d'en briser tous les ressorts, dans le moment qui doit décider du sort de la République et des tyrans?

» Loin de nous l'idée qu'il existe encore au milieu de nous un seul homme assez lâche pour vouloir servir la cause des tyrans! Mais plus loin de nous encore le crime, qui ne nous serait point pardonné, de tromper la Convention nationale, et de trahir le peuple français par un coupable silence! car il y a cela d'heureux pour un peuple libre, que la vérité, qui est le fléau des despotes, est toujours sa force et son salut. Or il est vrai qu'il existe encore pour notre liberté un danger, le seul danger sérieux peut-être qui lui reste à courir ; ce danger est un plan qui a existé de rallier tous les ennemis de la République en ressuscitant l'esprit de parti, de persécuter les patriotes, de décourager, de perdre les agens fidèles du gouvernement républicain, de faire manquer les parties les plus essentielles du service public. On a voulu tromper la Convention sur les hommes et sur les choses ; on a voulu lui donner le change sur les causes des abus qu'on exagère, afin de les rendre irrémédiables ; on s'est étudié à la remplir de fausses terreurs pour l'égarer ou pour la paralyser ; on cherche à la diviser ; on a cherché à diviser surtout les représentans envoyés dans les départemens, et le comité de salut public; on a voulu induire les premiers à contrarier les mesures de l'autorité centrale pour amener le désordre et la confusion ; on a voulu les aigrir à leur retour pour les rendre à leur insu les instrumens d'une cabale. Les étrangers mettent à profit toutes les passions particulières, et jusqu'au patriotisme abusé.

» On avait d'abord pris le parti d'aller droit au but en calomniant le comité de salut public ; on se flattait alors hautement qu'il succomberait sous le poids de ses pénibles fonctions : la victoire et la fortune du peuple français l'ont défendu. Depuis cette époque, on a pris le parti de le louer en le paralysant et en détruisant le fruit de ses travaux. Toutes ces déclamations vagues contre des agens nécessaires du comité, tous les projets de désorganisation déguisés sous le nom de réformes, déjà rejetés par la Convention et reproduits aujourd'hui avec une affectation étrange ; cet empressement à prôner des intrigans que le comité de salut public a dû éloigner, cette terreur inspirée aux bons citoyens, cette indulgence dont on flatte les conspirateurs, tout ce système d'imposture et d'intrigue, dont le principal auteur est un homme que vous avez repoussé de votre sein, est dirigé contre la Convention nationale, et tend à réaliser les vœux de tous les ennemis de la France.

» C'est depuis l'époque où ce système a été annoncé dans des libelles, et réalisé par des actes publics, que l'aristocratie et le royalisme ont commencé à relever une tête insolente, que le patriotisme a été de nouveau persécuté dans une partie de la République, que l'autorité nationale a éprouvé une résistance dont les intrigans commençaient à perdre l'habitude. Au reste ces attaques indirectes, n'eussent-elles d'autre inconvénient que de partager l'attention et l'énergie de ceux qui ont à porter le fardeau immense dont vous les avez chargés, et de les distraire trop souvent des grandes mesures de salut public pour s'occuper de déjouer des intrigues dangereuses, elles pourraient encore être considérées comme une diversion utile à nos ennemis.

» Mais rassurons-nous; c'est ici le sanctuaire de la vérité; c'est ici que résident les fondateurs de la République, les vengeurs de l'humanité et les destructeurs des tyrans.

» Ici pour détruire un abus il suffit de l'indiquer. Il nous suffit d'appeler, au nom de la patrie, des conseils de l'amour-propre ou de la faiblesse des individus à la vertu et à la gloire de la Convention nationale.

» Nous provoquons sur tous les objets de ses inquiétudes, et sur tout ce qui peut influer sur la marche de la révolution, une discussion solennelle; nous la conjurons de ne pas permettre qu'aucun intérêt particulier et caché puisse usurper ici l'ascendant de la volonté générale de l'assemblée, et la puissance indestructible de la raison.

» Nous nous bornerons aujourd'hui à vous proposer de consacrer par votre approbation formelle les vérités morales et politiques, sur lesquelles doit être fondée votre administration intérieure et la stabilité de la République, comme vous avez déjà consacré les principes de votre conduite envers les peuples étrangers. Par là vous rallierez tous les bons citoyens, vous ôterez l'espérance aux conspirateurs, vous assurerez votre marche, et vous confondrez les intrigans et les calomnies des rois; vous honorerez votre cause et votre caractère aux yeux de tous les peuples.

» Donnez au peuple français ce nouveau gage de votre zèle

pour protéger le patriotisme, de votre justice inflexible pour les coupables, et de votre dévouement à la cause du peuple. Ordonnez que les principes de morale politique que nous venons de développer seront proclamés en votre nom au dedans et au dehors de la République. »

Robespierre termina son rapport en proposant le décret suivant, qui fut adopté :

« La Convention nationale décrète que le rapport du comité de salut public sera imprimé, envoyé à toutes les autorités constituées, aux sociétés populaires et aux armées, et traduit dans toutes les langues. »

Les premiers effets du discours de Robespierre furent de mauvais augure pour les hébertistes. Le lendemain, quarante habitans des communes de Rouanne et de Ville-Franche (Rhône et Loire) vinrent à la barre de la Convention dénoncer Lapallu, l'un des chefs de l'armée révolutionnaire, qui exerçait contre les citoyens les vexations les plus odieuses. Leur pétition fut renvoyée au comité de salut public et de sûreté générale. Les atrocités commises à Lyon et dans les campagnes environnantes par les hommes à qui Collot-d'Herbois avait laissé ses exemples et ses instructions, y avaient exaspéré les patriotes. La troupe de ligne en garnison à Lyon, bien loin de se faire complice des crimes dont se couvrait chaque jour l'armée révolutionnaire, avait eu avec elle des rixes qui avaient été sur le point de devenir sanglantes. Marino, hébertiste à qui il sera bientôt demandé compte de ses œuvres à Commune-Affranchie, présentait ainsi les faits à ses amis de Paris.

« Marino, membre du conseil et de la commission temporaire de surveillance républicaine de Commune-Affranchie, écrit de cette commune, en date du 14 pluviose, que malgré toutes les forces que l'on y a envoyées, cette commune ne sera jamais digne de ce nom, tant que les fabricans égoïstes et aristocrates l'habiteront : il annonce qu'on n'a pu étouffer le germe de contre-révolution, et il en cite un trait : » « Le reste des contre-
» révolutionnaires de Commune-Affranchie est parvenu à semer

» la discorde entre un corps de deux mille hommes de l'armée
» révolutionnaire, et les canonniers de la garnison de Valen-
» ciennes, le neuvième régiment de dragons et quelques autres
» troupes de ligne, au point qu'ils en sont venus aux mains dans
» une rixe où l'on avait pris pour prétexte la paie qu'avait de
» plus l'armée révolutionnaire : les femmes ont eu beaucoup de
» part à cette affaire..... Ruse, prostitution, les Lyonnais ont
» tout employé pour animer les troupes de ligne contre l'armée
» révolutionnaire...... Pendant trois jours et trois nuits, les ca-
» nons ont été braqués, les maisons illuminées, et nos frères
» prêts à s'entr'égorger.... Tout est cependant rentré dans l'or-
» dre, grace au zèle des représentans du peuple..... On est à la
» poursuite des instigateurs. »

» Il finit par annoncer que bientôt cette ville rebelle sera éva-
cuée, d'après les plans envoyés à la Convention, qui tient entre
ses mains le sort de quatre-vingt mille ouvriers sans énergie et
sans lumière, qui n'ont de ressource que dans la démolition et
d'espoir que dans les secours de la Convention. » (*Séance du
conseil général de la commune de Paris*, *du 6 février* (18 *pluviose*).

Lapallu était l'aide-de-camp du représentant Javoques, qui re-
crutait alors des victimes dans les environs de Lyon, pour les envoyer à Fouché. Suspendu depuis quelque temps, à la demande
du comité de salut public, Javoques continuait à exercer des pouvoirs qui lui étaient retirés. Il venait de publier une proclamation,
dans laquelle il reprochait à Couthon de s'être montré, pendant
son commissariat, à Commune-Affranchie, « l'ennemi le plus dangereux du peuple et du pauvre ; l'ami, le protecteur déclaré
des contre-révolutionnaires et des riches égoïstes; un monstre
qui savait cacher habilement ses projets liberticides, qui méritait mille et mille fois d'être étouffé, etc. »—Couthon dénonça
Javoques à la séance du 8 février (20 pluviose). Il l'accusa de
se maintenir en commission contre le vœu de la loi, et de déployer « la cruauté d'un Néron » dans des fonctions usurpées. Il
lut la proclamation de ce représentant, et la réfuta en ce qui le
concernait. Sur les propositions de Merlin (de Thionville),

Bréard et Thuriot, l'assemblée cassa la proclamation de Javoques; annula tout ce qui pourrait s'en être suivi; ordonna qu'il se rendrait lui-même, sous huitaine, dans son sein, et que, faute par lui d'avoir obéi dans ce délai, il y serait traduit, à la diligence des représentans du peuple, dans le département. Javoques arriva aussitôt à Paris. Il demanda à la Convention (séance du 13 mars) (23 ventose) qu'elle fixât un jour pour l'entendre. Sur la proposition de Bourdon (de l'Oise), il fut renvoyé devant le comité de salut public, en exécution de la loi qui voulait que les députés en mission rendissent compte de leurs actes à ce comité. Il était impossible alors de traduire Javoques au tribunal révolutionnaire, car il aurait fallu y traduire aussi Carrier, Fouché (de Nantes), et surtout Collot-d'Herbois. Tant qu'on ne pourrait toucher à ce dernier, l'impunité était assurée à ses imitateurs et à ses complices. Aussi l'affaire de Javoques fut-elle arrangée sans bruit. On la borna à une injure faite à Couthon, et elle fut effacée par une rétractation publique et une réconciliation à la séance du 20 avril (1er floréal) (1).

Quant à Lapallu, sa conduite avait été si infâme, que Fouché (de Nantes) avait été contraint de le faire arrêter. La Convention confirma cette mesure dans la séance même où elle rappelait Javoques, et Lapallu fut envoyé à Paris, et écroué au Luxembourg. Nous trouvons quelques détails sur ce personnage dans les mémoires sur les prisons, recueillis par Nougaret, t. 2, p. 49 : — « Vincent laissa dans la prison un scélérat associé aux projets sanguinaires qu'il avait formés avec Hébert; c'était Savard, d'horrible mémoire, qui reçut à bras ouverts les Grammont, Duret et Lapallu, chargés dès lors de l'exécration publique. Grammont, peu content d'avoir assassiné à Versailles les prisonniers d'Orléans, eut l'horreur de se vanter, en plein café, au Luxembourg, d'avoir bu dans le crâne de l'un d'eux. Il avait élevé son fils dans ses principes atroces, et ce monstre était en-

---

(1) Javoques impliqué dans l'affaire du camp de Grenelle fut condamné à mort par la commission militaire du Temple, en octobre 1796. *(Note des auteurs.)*

core plus féroce que son père ; l'un et l'autre étaient officiers de l'armée révolutionnaire. Duret, qui en était adjudant-général, avait fait ses preuves avec Lapallu, qui déclara n'avoir fait périr que sept mille hommes dans les départemens environnans Commune-Affranchie, où ces anthropophages faisaient tout à la fois les fonctions de dénonciateurs, de témoins, d'accusateurs, de juges et de jurés ; il ajoutait il est vrai, qu'il y avait dans ces départemens quatre cent mille têtes fédéralistes qu'il aurait pu faire couper avec la même facilité, pour peu qu'il eût aimé à verser le sang. Digne héritier des projets de Vincent, ce scélérat, qui portait empreinte sur son visage la scélératesse et la férocité, devait, en sortant de sa prison, faire égorger la plupart de ses compagnons d'infortune. Déjà l'on faisait des listes, déjà plusieurs détenus avaient été sondés sur les motifs de leur arrestation ; on prenait leurs écrous ; on donnait des espérances aux uns, on menaçait ouvertement les autres. » L'auteur du mémoire que nous transcrivons ici raconte ensuite plusieurs scènes de violence entre les amis de Lapallu et les suspects, et où quelques-uns de ces derniers avaient été cruellement maltraités. Ces querelles occasionnèrent le transfèrement de Lapallu à Saint-Lazare ; il fut compris dans le procès de Chaumette, et condamné à mort le 13 avril (24 germinal).

Pendant que la Convention traitait sévèrement quelques-uns des ultra-révolutionnaires les plus compromis, la société des Jacobins rejetait de son sein ceux des meneurs de ce parti qui venaient y apporter des motions exagérées. Le 7 février (19 pluviose), Brichet, employé dans les bureaux de la guerre, ami de Vincent, renouvela une motion qu'il avait faite dans l'avant-dernière séance. « J'avais demandé, dit-il, que l'on présentât une pétition à la Convention, pour l'engager à faire juger dans la décade prochaine tous les restes de la clique brissotine. J'avais demandé qu'on l'invitât à s'épurer elle-même, et à chasser tous les crapauds du marais qui ont essayé de gravir sur la Montagne. Ma proposition n'a pas été discutée, quoiqu'elle soit très-importante ; je demande que, pour donner à nos victoires la célérité de l'éclair, des commissaires soient nommés pour aller porter demain à la barre de la Convention la pétition dont je vous parle. Il est temps enfin de jeter la stupeur parmi les aristocrates et de réunir les patriotes à qui l'on enlève tous les jours la liberté, et que l'on accable de persécutions. »

Robespierre. « Quoique les propositions du préopinant soient extraordinairement populaires, quoiqu'elles soient révolutionnaires au dixième degré, j'avoue que je suis décidé à les combattre. Je dois vous faire observer qu'après avoir conquis l'égalité dans un temps où beaucoup de nouveaux champions, aussi brillans aujourd'hui que M. Brichet, n'étaient pas encore connus, il n'est rien de si facile que de la détruire en paraissant la défendre, soit par la négligence des mesures qui peuvent la consolider, soit en proposant des mesures outrées. Il faut toujours, dans ce dernier cas, qu'un champion sorti de l'obscurité se mette en avant pour faire adopter une proposition dangereuse, que l'on a soin de couvrir d'un vernis de popularité. »

Robespierre continue long-temps sur ce ton et montre avec une amertume croissante la perfidie de la motion de Brichet, et de celles enfantées par le même esprit. Il termine ainsi : « S'il existait autrefois un marais égaré par les chefs d'une faction infâme dont la plupart ont péri sur l'échafaud, il est constant que depuis ce moment la Convention a sauvé la patrie, et que ceux qui composaient autrefois le marais se liguent avec la Montagne pour prendre les décisions vigoureuses et salutaires. Ce qui prouve que des scélérats avaient corrompu quelques individus faibles, et dont la masse était bien intentionnée. Je reconnais avec M. Brichet qu'il y a une faction nouvelle ; elle se divise en deux partis, dont l'un est composé d'agens de puissances étrangères, qui travaillent pour la tyrannie, pour la dissolution de la Convention et le déchirement de la France en lambeaux ; l'autre est composé de factieux qui se sont introduits jusques dans la Convention. Sans doute les émissaires des tyrans ne pourraient exécuter leurs projets, s'ils n'étaient pas secondés par des hypocrites qui se sont glissés dans la Convention. Brichet vous parle bien de cette faction, mais il ne nomme pas les individus, il ne désigne pas les traîtres qu'il faut punir. Quand on demande vengeance contre des représentans que l'on ne désigne pas, toute la Convention se croit menacée et exposée à de grands malheurs. Alors les véritables traîtres sont ceux qui mettent en avant de pareilles motions. Je me résume et je propose :

« 1° Que la société ouvre une discussion solennelle sur le double système d'intrigues qu'il a dénoncé ;

» 2° Que l'on passe à l'ordre du jour sur la motion de Brichet ;

» 3° Que cet individu soit chassé de la société. »

Brichet veut se justifier ; Robespierre persiste dans la motion qu'il a faite, et annonce qu'il découvrira bientôt d'autres intrigans.

Saintex. « Je demande qu'avant de rayer Brichet la société prenne sur sa conduite de plus amples informations. Je m'aperçois, au reste, que depuis quelque temps elle se laisse dominer par un despotisme d'opinion, tandis que les principes seuls doivent faire la règle de ses délibérations. »

Robespierre. « Je déclare que je regarde Saintex comme un intrigant. J'ai remarqué que tous les ennemis de la liberté ont parlé contre le despotisme d'opinion, parce qu'ils préfèrent le despotisme de la force. » Robespierre dit ensuite qu'il est prêt à donner sa tête pour sauver son pays. Il déclare que tous les reproches qui lui seront faits ne seront pas capables de le détacher du projet qu'il a conçu d'appliquer tous ses soins à l'affermissement de la liberté. Il termine en reprochant à Saintex d'avoir donné sa voix pour Miranda, l'un des plus fermes soutiens de la clique brissotine, et demande son expulsion. — La discussion se prolonge pendant très-long-temps ; enfin la société arrête l'expulsion de Brichet et de Saintex ; elle arrête aussi qu'elle s'occupera de la discussion sur la double intrigue dont a parlé Robespierre.

—Les hébertistes ne voyaient pas avec indifférence l'orage qui s'apprêtait à fondre sur eux. Comme ils étaient bien convaincus que, si la société des Jacobins les condamnait, ils seraient par le fait livrés aux dantonistes, ils voulurent prouver au public que ce club n'était pas en disposition de leur fermer sa porte. Ils avaient d'ailleurs grand besoin de se le démontrer à eux-mêmes, car ce qui s'était passé à l'égard de Brichet et de Saintex leur inspirait à cet égard de vives inquiétudes. Pour savoir à quoi s'en tenir, ils proposèrent la candidature de Vincent, qui n'était pas membre de la société, et Momoro intrigua si bien auprès du comité de présentation, que Delcloche, rapporteur de ce comité, conclut à l'admission du secrétaire-général du département de la guerre, à la séance du 11 février (23 pluviose). — Un dantoniste, Dufourny, fit ajourner cette admission.

Le lendemain 12 février (24 pluviose), la séance des Cordeliers fut extrêmement agitée. Là, les hébertistes donnèrent carrière à leur dépit.

— Un membre demanda que la radiation de Dufourny, arrêtée dans la précédente séance, fût communiquée aux Jacobins, « afin de démasquer tous les intrigans. » — Quelques autres parlèrent sur l'admission de Vincent aux Jacobins, « à laquelle les intrigans ne voulaient s'opposer que pour avoir un surveillant de moins. » — Momoro se plaignit de la trame ourdie depuis long-temps contre les vrais sans-culottes. — Vincent invoqua ses ouvrages, ses écrits (ils étaient en portefeuille), en preuve de son patriotisme. — Un membre traita d'illusoire l'épuration des Jacobins. — Hébert dit que tout ce qui s'y passa, au sujet de l'admission de Vincent, tenait au vaste plan de conspiration qu'il avait dénoncé; on craignait qu'il ne désignât des traîtres qui étaient encore même dans la société. « Sans doute, ajoute-t-il, Fabre d'Églantine va subir le châtiment dû à ses forfaits ; mais il faut que toute cette clique, ennemie de l'égalité, soit à jamais renversée. » — Sur cela un membre s'écria : « Vincent est bon » Cordelier ; cela vaut autant que d'être Jacobin, si cela ne vaut » pas mieux. » — Gobert et Bouin réclamèrent contre toute distinction entre deux sociétés qui avaient toutes deux bien servi la chose publique. Il fut arrêté que des commissaires se transporteraient au comité des Jacobins, pour s'expliquer sur la pureté de Vincent et sur les causes qui traversaient son admission.—Nous avons suivi, pour l'analyse de cette séance des Cordeliers, le compte-rendu qu'en donne le *Moniteur* dans son numéro du 16 février (28 pluviose).

A la séance des Jacobins du 14 février (26 pluviose), Dufourny voulut préciser la dénonciation qu'il avait faite le 12 (24) contre Momoro et Delcloche. Il était ramené sur ce sujet par la mesure prise la veille à son égard chez les Cordeliers. — Jean-Bon-Saint-André et Collot-d'Herbois ne virent dans tout cela que « des intérêts particuliers et de misérables querelles. »—Le club arrêta la censure de Delcloche et l'ordre du jour sur tout le reste.

Le parti hébertiste tenta le lendemain un rapprochement entre Vincent et Dufourny. Il s'était formé depuis peu un club qui s'intitulait *club central des sociétés populaires du département de Paris*, et dont Vincent et Dufourny étaient membres. Cette société discutait depuis quelques jours une adresse aux quarante-huit sections « pour leur expliquer franchement ses motifs, son dessein et sa conduite. » Elle nomma pour la rédaction définitive (séance du 15 février — 27 pluviose) quatre commissaires, du nombre desquels Vincent et Dufourny. — Dufourny refusa d'en faire partie.

Les choses en étaient là, lorsque Saint-Just présenta à la Convention le premier des quatre rapports, dans lesquels nous avons dit qu'il formula successivement en mesures pratiques les généralités morales exposées par Robespierre à la séance du 5 février (17 pluviose). Saint-Just était alors président de la Convention.

Rapport sur la nécessité de détenir les personnes reconnues ennemies de la révolution, fait par Saint-Just, *au nom des comités de salut public et de sûreté générale. — Du 8 ventose an 2 (26 février 1794).*

« Vous avez décrété, le 4 de ce mois, que vos deux comités réunis de salut public et de sûreté générale vous feraient un rapport sur les détentions, sur les moyens les plus courts de reconnaître et de délivrer l'innocence et le patriotisme opprimés, comme de punir les coupables.

» Je ne veux point traiter cette question devant vous comme si j'étais accusateur ou défenseur, ou comme si vous étiez juges ; car les détentions n'ont pas pris leur source dans des relations judiciaires, mais dans la sûreté du peuple et du gouvernement. Je ne veux point parler des orages d'une révolution comme d'une dispute de rhéteurs ; et vous n'êtes point juges, et vous n'avez point à vous déterminer par l'intérêt civil, mais par le salut du peuple, placé au-dessus de nous.

» Toutefois il faut être juste ; mais, au lieu de l'être conséquemment à l'intérêt particulier, il faut l'être conséquemment à l'intérêt public.

» Vous avez donc moins à décider de ce qui importe à tel ou tel individu qu'à décider de ce qui importe à la République ; moins à céder aux vues privées qu'à faire triompher des vues universelles.

» Les détentions embrassent plusieurs questions politiques ; elles tiennent à la complexion et à la solidité du souverain ; elles tiennent aux mœurs républicaines, aux vertus ou aux vices, au bonheur ou au malheur des générations futures ; elles tiennent à votre économie par l'idée qu'il convient de vous faire de la richesse, de la possession : principes oubliés jusqu'aujourd'hui, rapprochemens méconnus, et sans lesquels notre République serait un songe dont le réveil serait son déchirement. Les détentions tiennent aux progrès de la raison et de la justice. Parcourez les périodes qui les ont amenées : on a passé, par rapport à la minorité rebelle, du mépris à la défiance, de la défiance aux exemples, des exemples à la terreur.

» Aux détentions tient la perte ou le triomphe de nos ennemis. Je ne sais pas exprimer à demi ma pensée : je suis sans indulgence pour les ennemis de mon pays ; je ne connais que la justice.

» Il n'est peut-être pas possible de traiter avec quelque solidité et quelque fruit des détentions, et même de me rendre intelligible, sans parcourir en même temps notre situation.

» Un empire se soutient-il par son propre poids, ou faut-il qu'un système profondément combiné d'institutions y mette l'harmonie ? Une société dont les rapports politiques ne sont point dans la nature, où l'intérêt et l'avarice sont les ressorts secrets de beaucoup d'hommes que l'opinion contrarie, et qui s'efforcent de tout corrompre pour échapper à la justice ; une telle société ne doit-elle point faire les plus grands efforts pour s'épurer si elle veut se maintenir ? Et ceux qui veulent l'empêcher de s'épurer ne veulent-ils pas la corrompre ? Et ceux qui veulent la corrompre ne veulent-ils pas la détruire ?

» Dans une monarchie il n'y a qu'un gouvernement ; dans une République il y a de plus des institutions, soit pour comprimer les mœurs, soit pour arrêter la corruption des lois ou des hommes. Un état où ces institutions manquent n'est qu'une république illusoire ; et comme chacun y entend par sa liberté l'indépendance de ses passions et de son avarice, l'esprit de conquête et l'égoïsme s'établissent entre les citoyens, et l'idée particulière que chacun se fait de sa liberté selon son intérêt, produit l'esclavage de tous.

» Nous avons un gouvernement ; nous avons ce lien commun de l'Europe, qui consiste dans des pouvoirs et une administration publique : *Les institutions qui sont l'ame de la République nous manquent.*

» Nous n'avons point de lois civiles qui consacrent notre bonheur, nos relations naturelles, et détruisent les élémens de la tyrannie; une partie de la jeunesse est encore élevée par l'aristocratie : celle-ci est puissante et opulente : l'étranger, qui s'est efforcé de corrompre les talens, semble vouloir encore dessécher nos cœurs. Nous sommes inondés d'écrits dénaturés : là on déifie l'athéisme intolérant et fanatique; on croirait que le prêtre s'est fait athée, et que l'athée s'est fait prêtre. Il n'en faut plus parler ! Il nous faudrait de l'énergie; on nous suggère le délire et la faiblesse.

» L'étranger n'a qu'un moyen de nous perdre ; c'est de nous dénaturer et de nous corrompre, puisque une république ne peut reposer que sur la nature et sur les mœurs. C'est Philippe qui remue Athènes, c'est l'étranger qui veut rétablir le trône, et qui répond à nos paroles, qui s'envolent, par des crimes profonds, qui nous restent.

» Lorsqu'une république voisine des tyrans en est agitée, il lui faut des lois fortes : il ne lui faut point de ménagemens contre les partisans de ses ennemis, contre les indifférens mêmes.

» C'est l'étranger qui défend officieusement les criminels.

» Les agens naturels de cette perversité sont les hommes qui, par leurs vengeances et leurs intérêts, fnt cause commune avec les ennemis de la République.

» Vous avez voulu une république; si vous ne vouliez point en même temps ce qui la constitue, elle ensevelirait le peuple sous ses débris : ce qui constitue une république c'est la destruction totale de ce qui lui est opposé. On se plaint des mesures révolutionnaires! Mais nous sommes des modérés en comparaison de tous les autres gouvernemens.

» En 1788, Louis XVI fit immoler huit mille personnes de tout âge, de tout sexe dans Paris, dans la rue Meslay et sur le Pont-Neuf. La cour renouvela ces scènes au Champ-de-Mars. La cour pendait dans les prisons ; les noyés que l'on ramassait dans la Seine étaient ses victimes, il y avait quatre cent mille prisonniers; on pendait par an quinze mille contrebandiers; on rouait trois mille hommes; il y avait dans Paris plus de prisonniers qu'aujourd'hui. Dans les temps de disette, les régimens marchaient contre le peuple. Parcourez l'Europe : il y a dans l'Europe quatre millions de prisonniers dont vous n'entendez pas les cris, tandis que votre modération parricide laisse triompher tous les ennemis de votre gouvernement. Insensés que nous sommes! nous mettons un luxe métaphysique dans l'étalage de nos principes : les rois, mille fois plus cruels que nous, dorment dans le crime.

» Citoyens, par quelle illusion persuaderait-on que vous êtes inhumains? Votre tribunal révolutionnaire a fait périr trois cents scélérats depuis un an ; et l'inquisition d'Espagne n'en a-t-elle pas fait plus? et pour quelle cause, grand Dieu! Et les tribunaux d'Angleterre n'ont-ils égorgé personne cette année! et Bender, qui faisait rôtir les enfans des Belges! Et les cachots de l'Allemagne, où le peuple est enterré, on ne vous en parle point! Parle-t-on de clémence chez les rois de l'Europe? Non. Ne vous laissez point amollir.

» La cour de Londres, qui craint la guerre, semble l'ennemie de la paix ; elle affecte une contenance qui en impose au peuple anglais; mais si vous vous montrez rigides, si vous vous constituez l'état, et si le poids de votre politique écrase tous ses partisans et comprime ses combinaisons, le lendemain du jour où elle aura paru la plus éloignée de la paix, la plus confiante dans sa force, la plus superbe dans ses prétentions, elle vous proposera la paix.

» N'avez-vous point le droit de traiter les partisans de la tyrannie comme on traite ailleurs les partisans de la liberté? Seriez-vous sages même si vous en agissiez autrement? On a tué Marat et banni Margarot (1), dont on a confisqué les biens :

(1) Margarot était président de la convention écossaise réunie à Édimbourg. et qui tint sa première séance le 19 novembre 1793. Cette convention fut dissoute par un bill du parlement anglais, et Margarot traduit avec plusieurs autres membres de l'assemblée déclarée stoïcenne, devant la haute cour de justice d'Écosse, fut condamné à la déportation.   (*Note des auteurs.*)

tous les tyrans en ont marqué leur joie; craindrions-nous de perdre leur estime en nous montrant aussi politiques qu'eux?

» Que Margarot revienne de Botany-Bay! qu'il ne périsse point! que sa destinée soit plus forte que le gouvernement qui l'opprime! Les révolutions commencent par d'illustres malheureux vengés par la fortune. Que la providence accompagne Margarot à Botany-Bay! qu'un décret du peuple affranchi le rappelle du fond des déserts, ou venge sa mémoire!

» Citoyens, on arrête en vain l'insurrection de l'esprit humain; elle dévorera la tyrannie : mais tout dépend de notre exemple et de la fermeté de nos mesures.

» Apparemment il se trame quelque attentat, sur l'issue duquel les rois comptent, puisqu'ils se montrent insolens après leurs défaites. Peut-on supposer même qu'ils ont renoncé à leurs projets et à celui de nous perdre? On ne peut le croire sans doute, à moins qu'on ne soit insensé. Supputez maintenant quels sont ceux qui trahissent, en pesant tout au poids du bon sens : sont-ce ceux qui vous donnent les conseils sévères, ou ceux qui vous en donnent d'indulgens?

» La monarchie, jalouse de son autorité, nageait dans le sang de trente générations ; et vous balanceriez à vous montrer sévères contre une poignée de coupables ! Ceux qui demandent la liberté des aristocrates ne veulent point la République, et craignent pour eux : c'est un signe éclatant de trahison que la pitié que l'on fait paraître pour le crime dans une république qui ne peut être assise que sur l'inflexibilité : je défie tous ceux qui parlent en faveur de l'aristocratie détenue de s'exposer à l'accusation publique dans un tribunal. La voix des criminels et des hommes tarés et corrompus peut-elle être comptée dans le jugement de leurs pareils?

» Soit que les partisans de l'indulgence se ménagent quelque reconnaissance de la part de la tyrannie si la République était subjuguée, soit qu'ils craignent qu'un degré de plus de chaleur et de sévérité dans l'opinion et dans les principes ne les consume, il est certain qu'il y a quelqu'un qui dans son cœur conduit le dessein de nous faire rétrograder ou de nous opprimer : et nous nous gouvernons comme si jamais nous n'avions été trahis, comme si nous ne pouvions plus l'être! La confiance de nos ennemis nous avertit de nous préparer à tout, et d'être inflexibles.

» La première loi de toutes les lois est la conservation de la République ; et ce n'est point sous ce rapport que les questions les plus délicates sont souvent ici examinées. Des considérations secrètes entraînent les délibérations ; la justice est toujours considérée sous le rapport de la faiblesse et d'une clémence cruelle, sans qu'on prenne la peine de juger si le parti que l'on propose entraîne la ruine de l'état. La justice n'est pas clémence ; elle est sévérité.

» Il est une secte politique dans la France qui joue tous les partis ; elle marche à pas lents. Parlez-vous de terreur, elle vous parle de clémence ; devenez-vous clémens, elle vous vante la terreur ; elle veut être heureuse et jouir ; elle oppose la perfection au bien, la prudence à la sagesse. Ainsi, dans un gouvernement où la morale n'est point rendue pratique par des institutions fortes qui rendent le vice difforme, la destinée publique change au gré du bel esprit et des passions dissimulées.

» Éprouvons-nous des revers, les indulgens prophétisent des malheurs ; sommes-nous vainqueurs, on en parle à peine. Dernièrement on s'est moins occupé des victoires de la République que de quelques pamphlets ; et, tandis qu'on détourne le peuple des mâles objets, les auteurs des complots criminels respirent et s'enhardissent.

» On distrait l'opinion des plus purs conseils, et le peuple français de sa gloire, pour l'appliquer à des querelles polémiques : ainsi Rome sur son déclin, Rome dégénérée, oubliant ses vertus, allait voir au cirque combattre des bêtes ; et, tandis que le souvenir de tout ce qu'il y a de grand et de généreux parmi nous semble obscurci, les principes de la liberté publique peu à peu s'effacent, ceux du gouvernement se relâchent ; et c'est ce que l'on veut pour accélérer notre perte. L'indulgence est pour les conspirateurs, et la rigueur est pour le peuple. On semble ne compter pour rien le sang de deux cent mille patriotes répandu et oublié : on a fait un mémoire? on est vertueux par écrit, il suffit; on s'exempte de probité : on s'est engraissé des dépouilles du peuple ; on en regorge, et on l'insulte, et l'on marche en triomphe, traîné par le crime, pour lequel on prétend exciter votre compassion ! car enfin on ne peut garder le silence sur l'impunité des plus grands coupables, qui veulent briser l'échafaud parce qu'ils craignent d'y monter.

» C'est le relâchement de ces maximes, dont l'âpreté nécessaire est chaque jour combattue, qui cause les malheurs publics ; c'est lui qui fait disparaître l'abondance, et nous trouble de plus en plus, sous le prétexte de tranquillité. Chacun immole le bonheur public au sien : le pauvre pousse la charrue, et défend la révolution; beaucoup d'emplois sont pour des fripons enrichis par la liberté, et pour des comptables qui font la guerre à la justice.

» C'est ce relâchement qui vous demande l'ouverture des prisons, et vous demande en même temps la misère, l'humiliation du peuple, et d'autres Vendées. Au sortir des prisons ils prendront les armes, n'en doutez pas. Si l'on eût arrêté il y a un an tous les royalistes, vous n'auriez point eu de guerre civile.

» La même conjuration semble s'ourdir pour les sauver, qui s'ourdit autrefois pour sauver le roi. Je parle ici dans la sincérité de mon cœur ; rien ne m'a paru jamais si sensible que ce rapprochement. La monarchie n'est point un roi ; elle est le crime : la République n'est point un sénat ; elle est la vertu : quiconque ménage le crime veut rétablir la monarchie et immoler la liberté.

» Et après que, par la noirceur d'une inertie hypocrite, on a altéré la prospérité et la force du gouvernement, on vient déclamer contre lui ! Il me semble voir une immense chaîne autour du peuple français, dont les tyrans tiennent un bout et la faction des indulgens tient l'autre pour nous serrer.

» On tourne en sophismes toutes les questions les plus simples pour vous entraver : c'est ainsi que Vergniaud, vous voyant déterminés à donner une constitution à la République, mit tout le droit public en problème, et vous proposa une série de questions à résoudre que l'on eût mis un siècle à discuter.

» On imite parfaitement cette conduite lorsqu'on vous propose d'examiner les détentions selon des principes de mollesse : par là on vous embarrasse dans un luxe de sentimens faux, on sépare la législation et le sentiment du bien public. Et les fripons, et les tyrans, et les ennemis de la patrie sont-ils donc à vos yeux dans la nature, ô vous qui réclamez en son nom pour eux?

» Notre but est de créer un ordre de choses tel qu'une pente universelle vers le bien s'établisse, tel que les factions se trouvent tout-à-coup lancées sur l'échafaud, tel qu'une mâle énergie incline l'esprit de la nation vers la justice, tel que nous obtenions dans l'intérieur le calme nécessaire pour fonder la félicité du peuple; car il n'y a, comme au temps de Brissot, que l'aristocratie et l'intrigue qui se remuent : les sociétés populaires ne soint point agitées, les armées sont paisibles, le peuple travaille; ce sont donc tous les ennemis qui s'agitent seuls, et qui s'agitent pour renverser la révolution. Notre but est d'établir un gouvernement sincère, tel que le peuple soit heureux, tel enfin que la sagesse et la providence éternelle présidant seules à l'établissement de la République, elle ne soit plus chaque jour ébranlée par un forfait nouveau.

» Les révolutions marchent de faiblesse en audace, et de crime en vertu. Il ne faut point que l'on se flatte d'établir un solide empire sans difficultés; il faut faire une longue guerre à toutes les prétentions; et comme l'intérêt humain est invincible, ce n'est guère que par le glaive que la liberté d'un peuple est fondée.

» Il s'éleva dans le commencement de la révolution des voix indulgentes en faveur de ceux qui la combattaient : cette indulgence, qui ménagea pour lors quelques coupables, a depuis coûté la vie à deux cent mille hommes dans la Vendée; cette indulgence nous a mis dans la nécessité de raser des villes; elle a exposé la patrie à une ruine totale; et si aujourd'hui vous vous laissiez aller à la même faiblesse, elle vous coûterait un jour trente ans de guerre civile.

» Il est difficile d'établir une république autrement que par la censure inflexible de tous les crimes. Jamais Précy, jamais Larouerie et Paoli n'auraient créé de parti sous un gouvernement jaloux et rigoureux. La jalousie vous est nécessaire : vous n'avez le droit ni d'être clémens ni d'être sensibles pour les trahisons ; vous ne travaillez pas pour votre compte, mais pour le peuple. Lycurgue avait cette idée dans le cœur lorsqu'après avoir fait le bien de son pays, avec une rigidité impitoyable, il s'exila lui-même.

» A voir l'indulgence de quelques-uns, on les croirait propriétaires de nos destinées et les pontifes de la liberté. Notre histoire depuis le mois de mai dernier est un exemple des extrémités terribles où conduit l'indulgence. A cette époque, Dumourier avait évacué nos conquêtes ; les patriotes avaient été poignardés dans Francfort ; Custine avait livré Mayence, le Palatinat, et par suite le cours du Rhin ; le Calvados était en feu ; enfin la Vendée était triomphante ; Lyon, Bordeaux, Marseille, Toulon, étaient révoltés contre le peuple français ; Condé, Valenciennes, le Quesnoi, étaient livrés ; nous étions malheureux dans les Pyrénées, dans le Mont-Blanc ; tout le monde nous trahissait, et l'on semblait ne se charger plus de gouverner l'état et de commander les troupes que pour les livrer et en dévorer les débris. Les flottes étaient vendues ; les arsenaux, les vaisseaux en cendres, les monnaies avilies, les étrangers maîtres de nos banques et de notre industrie, et le plus grand de nos malheurs était alors une certaine crainte de déployer l'autorité nécessaire pour sauver l'état ; en sorte que la conjuration du côté droit avait brisé d'avance, par un piége-inouï, les armes avec lesquelles vous pouviez le combattre et le punir un jour : ce sont ces armes que l'on veut briser encore.

» La constitution rallia le souverain. Vous maîtrisâtes la fortune et la victoire, et vous déployâtes enfin contre les ennemis de la liberté l'énergie qu'ils avaient déployée contre vous ; car, tandis qu'on vous suggérait des scrupules de défendre la patrie, Précy, Charette et tous les conjurés brûlaient la cervelle à ceux qui n'étaient point de leur avis, et refusaient de suivre leurs rassemblemens : et ceux qui cherchent à nous énerver ne font rien et ne proposent rien pour énerver nos ennemis ; on croirait à les entendre que l'Europe est tranquille et ne fait point de levées contre nous ; on croirait à les entendre que les frontières sont paisibles comme nos places publiques.

» Citoyens, on veut nous lier, et nous abrutir pour rendre nos défaites plus faciles. A voir avec quelle complaisance on vous entretient du sort des oppresseurs, on serait tenté de croire que l'on s'embarrasse peu que nous soyons opprimés.

» Telle est la marche des factions nouvelles : elles ne sont point audacieuses, parce qu'il existe un tribunal qui lance une mort prompte ; mais elles assiégent tous les principes, et dessèchent le corps politique. On nous attaqua long-temps de vive force ; on veut nous miner aujourd'hui par des maladies de langueur ; car voilà ce que présente la République, dégénérée de la rigidité où la porta le supplice de Brissot et de ses complices : c'est alors que partout vous fûtes vainqueurs ; c'est alors que les denrées baissèrent et que le change reprit quelque valeur.

» L'essor du gouvernement révolutionnaire, qui avait établi la dictature de la justice, est tombé ; on croirait que les cœurs des coupables et des juges, effrayés des exemples, ont transigné tout bas pour glacer la justice et lui échapper.

» On croirait que chacun, épouvanté de sa conscience et de l'inflexibilité des lois, s'est dit à lui-même : *Nous ne sommes pas assez vertueux pour être si terribles.... Législateurs philosophes, compatissez à ma faiblesse ; je n'ose point vous dire : je suis vicieux ; j'aime mieux vous dire : vous êtes cruels.*

» Ce n'est point avec ces maximes que nous acquerrons de la stabilité. Je vous ai dit qu'à la destruction de l'aristocratie le système de la République était lié.

» En effet, la force des choses nous conduit peut-être à des résultats auxquels nous n'avons point pensé. L'opulence est dans les mains d'un assez grand nombre d'ennemis de la révolution ; les besoins mettent le peuple, qui travaille, dans la dépendance de ses ennemis. Concevez-vous qu'un empire puisse exister si les rapports civils aboutissent à ceux qui sont contraires à la forme du gouvernement? Ceux qui font des révolutions à moitié n'ont fait que se creuser un tombeau. La révolution nous conduit à reconnaître ce principe, que *celui qui s'est montré l'ennemi de son pays n'y peut être propriétaire.* Il faut encore quelques coups de génie pour nous sauver.

» Serait-ce donc pour ménager des jouissances à ses tyrans que le peuple verse son sang sur les frontières, et que toutes les familles portent le deuil de leurs enfans? Vous reconnaîtrez ce principe, que *celui-là seul a des droits dans notre patrie qui a coopéré à l'affranchir.* Abolissez la mendicité, qui déshonore un état libre ; les propriétés des patriotes sont sacrées, mais les biens des conspirateurs sont là pour tous les malheureux. Les malheureux sont les puissances de la terre ; ils ont le droit de parler en maîtres aux gouvernemens qui les négligent. Ces principes sont éversifs des gouvernemens corrompus ; ils détruiraient le vôtre si vous le laissiez corrompre : immolez donc l'injustice et le crime, si vous ne voulez point qu'ils vous immolent.

» Il faut appeler aussi votre attention sur les moyens de rendre inébranlables la démocratie et la représentation. Tous les pouvoirs et tout ce qu'il y a d'intermédiaire entre le peuple et vous est plus fort que vous et le peuple.

» Rendez une loi générale qui appelle aux armes toute la nation ; votre loi est exécutée, toute la nation prend les armes : rendez un décret contre un général, contre un abus particulier du gouvernement ; vous ne serez point toujours obéis. Cela dérive de la faiblesse de la législation, de ses vicissitudes, et des propositions éhontées en faveur de l'aristocratie, qui dépravent l'opinion ; cela dérive de l'impunité des fonctionnaires, et de ce que dans les sociétés populaires le peuple est spectateur des fonctionnaires au lieu de les juger ; de ce que mille intrigues sont en concurrence avec la justice, qui n'ose frapper. Plus les fonctionnaires se mettent à la place du peuple, moins il y a de démocratie. Lorsque je suis dans une société populaire, que mes yeux sont sur le peuple, qui applaudit et qui se place au second rang, que de réflexions m'affligent! La société de Strasbourg, quand l'Alsace fut livrée, était composée de fonctionnaires qui bravaient leurs devoirs ; c'était un comité central d'agens responsables qui faisaient la guerre à la révolution sous les couleurs patriotiques. Mettez tout à sa place : l'égalité n'est pas dans les pouvoirs utiles au peuple, mais dans les hommes ; l'égalité ne consiste pas en ce que tout le monde ait de l'orgueil, mais en ce que tout le monde ait de la modestie.

» J'ose dire que la République serait bientôt florissante si le peuple et la représentation avaient la principale influence, et si la souveraineté du peuple était épurée des aristocrates et des comptables, qui semblent l'usurper pour acquérir l'impunité. *Y a-t-il quelque espérance de justice lorsque les malfaiteurs ont le pouvoir de condamner leurs juges?* dit William. Que rien de mal ne soit pardonné ni impuni dans le gouvernement ; la justice est plus redoutable pour les ennemis de la République que la terreur seule. Que de traîtres ont échappé à la terreur, qui parle, et n'échapperaient pas à la justice, qui pèse les crimes dans sa main! La justice condamne les ennemis du peuple et les partisans de la tyrannie parmi nous à un esclavage éternel : la terreur leur en laisse espérer la fin ; car toutes les tempêtes finissent, et vous l'avez vu : la justice condamne les fonctionnaires à la probité ; la justice rend le peuple heureux, et consolide le nouvel ordre de choses : la terreur est une arme à deux tranchans, dont les uns se sont servis à venger le peuple, et d'autres à servir la tyrannie ; la terreur a rempli les maisons d'arrêt, mais on ne punit point les coupables ; la terreur a passé comme un orage. N'attendez de sévérité durable dans le caractère public que de la force des institutions ; un calme affreux suit toujours nos tempêtes, et nous sommes aussi toujours plus indulgens après qu'avant la terreur.

» Les auteurs de cette dépravation sont les indulgens, qui ne se soucient pas de demander de compte à personne, parce qu'ils craignent qu'on ne leur en demande à eux-mêmes; ainsi, par une transaction tacite entre tous les vices, la patrie se trouve immolée à l'intérêt de chacun, au lieu que tous les intérêts privés soient immolés à la patrie.

» Marat avait quelques idées heureuses sur le gouvernement représentatif que je regrette qu'il ait emportées : il n'y avait que lui qui pût les dire; il n'y aura que la nécessité qui permettra qu'on les entende de la bouche de tout autre.

» Il s'est fait une révolution dans le gouvernement; elle n'a point pénétré l'état civil. Le gouvernement repose sur la liberté, l'état civil sur l'aristocratie, qui forme un rang intermédiaire d'ennemis de la liberté entre le peuple et vous : pouvez-vous rester loin du peuple, votre unique ami?

» Forcez les intermédiaires au respect rigoureux de la représentation nationale et du peuple. Si ces principes pouvaient être adoptés, notre patrie serait heureuse, et l'Europe serait bientôt à nos pieds.

» Jusques à quand serons-nous dupes et de nos ennemis intérieurs par l'indulgence déplacée, et des ennemis du dehors, dont nous favorisons les projets par notre faiblesse?

» Épargnez l'aristocratie, et vous vous préparerez cinquante ans de troubles. *Osez!* ce mot renferme toute la politique de notre révolution.

» L'étranger veut régner chez nous par la discorde : étouffons-la en séquestrant nos ennemis et leurs partisans; rendons guerre pour guerre! Nos ennemis ne peuvent plus nous résister long-temps; ils nous font la guerre pour s'entre-détruire. Pitt veut détruire la maison d'Autriche, celle-ci la Prusse, tous ensemble l'Espagne; et cette affreuse et fausse alliance veut détruire les républiques de l'Europe.

» Pour vous, détruisez le parti rebelle; bronzez la liberté; vengez les patriotes victimes de l'intrigue; mettez le bon sens et la modestie à l'ordre du jour; ne souffrez point qu'il y ait un malheureux ni un pauvre dans l'état : ce n'est qu'à ce prix que vous aurez fait une révolution et une République véritable. Eh ! qui vous saurait gré du malheur des bons et du bonheur des méchans? »

Saint-Just proposa le décret suivant, qui fut adopté sans discussion et à l'unanimité:

« La Convention nationale, après avoir entendu le rapport des comités de salut public et de sûreté générale réunis, décrète :

» Art. 1. Le comité de sûreté générale est investi du pouvoir de mettre en liberté les patriotes détenus. Toute personne qui réclamera sa liberté rendra compte de sa conduite depuis le premier mai 1789.

» 2. Les propriétés des patriotes sont inviolables et sacrées. Les biens des personnes reconnues ennemies de la révolution seront séquestrés au profit de la République; ces personnes seront détenues jusqu'à la paix, et bannies ensuite à perpétuité.

» 3. Le rapport, ainsi que le présent décret, seront imprimés, et envoyés sur-le-champ par des courriers extraordinaires aux départemens, aux armées et aux sociétés populaires. »

Saint-Just présenta en ces termes le mode d'exécution de ce décret, à la séance du 3 mars (13 ventose) :

Saint-Just. « Citoyens, je vous présente, au nom du comité de salut public, le mode d'exécution du décret rendu le 8 de ce mois, contre les ennemis de la révolution.

» C'est une idée très-généralement sentie, que toute la sagesse du gouvernement consiste à réduire le parti opposé à la révolution, et à rendre le peuple heureux aux dépens de tous les vices et de tous les ennemis de la liberté.

» C'est le moyen d'affermir la révolution que de la faire tourner au profit de ceux qui la soutiennent et à la ruine de ceux qui la combattent.

» Identifiez-vous par la pensée aux mouvemens secrets de tous les cœurs; franchissez les idées intermédiaires qui vous séparent du but où vous tendez. Il vaut mieux hâter la marche de la révolution que de la suivre et d'en être entraîné. C'est à vous d'en déterminer le plan et d'en précipiter les résultats, pour l'avantage de l'humanité.

» Que le cours rapide de votre politique entraîne toutes les intrigues de l'étranger ; un grand coup que vous frappez d'ici retentit sur le trône et sur le cœur de tous les rois. Les lois et les mesures de détails sont des piqûres que l'aveuglement endurci ne sent pas. Faites-vous respecter en prononçant avec fierté les destins du peuple français. Vengez le peuple de douze cents ans de forfaits contre ses pères.

» On trompe les peuples de l'Europe sur ce qui se passe chez nous. On travestit vos discussions ; mais on ne travestit point les lois fortes ; elles pénètrent tout à coup les pays étrangers, comme l'éclair inextinguible.

» Que l'Europe apprenne que vous ne voulez plus un malheureux ni un oppresseur sur le territoire français ; que cet exemple fructifie sur la terre, qu'il y propage l'amour des vertus et le bonheur. Le bonheur est une idée neuve en Europe. »

Saint-Just lut un projet de décret, qui fut adopté en ces termes :

« La Convention nationale, après avoir entendu le rapport du comité de salut public, décrète :

» ART. 1. Toutes les communes de la République dresseront un état des patriotes indigens qu'elles renferment, avec leurs noms, leur âge, leur profession, le nombre et l'âge de leurs enfans.

» Les directoires de district feront parvenir, dans le plus bref délai, ces états au comité de salut public.

» 2. Lorsque le comité de salut public aura reçu ces états, il fera un rapport sur les moyens d'indemniser tous les malheureux, avec le bien des ennemis de la révolution, selon le tableau que le comité de sûreté générale lui en aura présenté, et qui sera rendu public.

» 3. En conséquence, le comité de sûreté générale donnera

des ordres précis à tous les comités de surveillance de la République, pour que, dans un délai qu'il fixera à chaque district, selon son éloignement, ces comités lui fassent passer respectivement les noms, la conduite de tous les détenus depuis le 1er mai 1789. Il en sera de même de ceux qui seront détenus par la suite.

» 4. Le comité de sûreté générale joindra une instruction au présent décret pour en faciliter l'exécution. »

A mesure que la doctrine des dictateurs jacobins se spécialisait, les affirmations en devenaient plus précises et plus claires. Deux ou trois principes, dont tout le rapport de Saint-Just était le développement logique, et la démonstration par les faits, étaient sortis de sa plume avec une netteté frappante. Les hommes qui croyaient à l'art politique et aux yeux de qui la société était essentiellement divisée en deux classes, les dupes et les fripons; ceux même qui croyaient au droit naturel et à la légitimité de ses conséquences, durent être bien étonnés d'entendre des axiomes de cette sorte : *Celui-là seul a des droits dans notre patrie qui a coopéré à l'affranchir.* Le sentiment du devoir pouvait seul fournir de pareilles solutions; elles ne permettent pas de douter que des esprits si droits, en passant du rôle révolutionnaire, où tout est question de détail, au rôle organisateur, où la première question posée est nécessairement celle du principe social absolu, n'eussent trouvé le dogme fondamental auquel est attaché le salut de l'Europe par la France, et du monde entier par l'Europe, savoir : que *tout droit émane d'un devoir.* C'est là, en effet, la vérité suprême dont l'axiome plus haut cité est manifestement le corollaire.

Le secret de la force des dictateurs est tout entier dans la haute moralité de leur doctrine politique. Vaincus dans leur propre conscience par l'équité évidente des principes jacobins, les malhonnêtes gens de tous les partis tremblaient à cette heure devant la droiture, devant la franchise et devant la fermeté du pouvoir qui les proclamait. La règle invariable de la conduite révolutionnaire, la véritable terreur, non pas celle qu'avait imaginée Danton comme moyen de comprimer et de discipliner dans le moment du passage les intérêts hostiles à la révolution, mais la terreur du règne de la justice, ainsi que l'appelait Saint-Just, terreur permanente pour tous les coupables, commençait maintenant. Qui allait-on frapper? On ne savait encore, car les deux factions entre lesquelles se distribuaient tous les hommes politiques ou criminels ou corrompus, avaient été désignées ensemble par Robespierre. Toutefois, Saint-Just n'avait parlé que des indulgens : et, que ce fût là une simple conséquence de la manière dont la sévérité des mesures à prendre contre les suspects limitait la question, ou bien une feinte pour tomber à l'improviste sur les ultra-révolutionnaires, ceux-ci y puisèrent des motifs de sécurité.

De puissans auxiliaires étaient d'ailleurs intéressés à leur cause, et agissaient pour eux. André Dumont annonçait à la Convention (séance du 16 février — 28 pluviose) que l'arbre de la liberté avait été scié dans la commune de Brée ; Fouché, Laporte et Meaulle lui écrivaient (séance du 23 février — 5 ventose) pour lui exprimer « leur affliction sur l'indulgence avec laquelle elle accueillait les dénonciations contre la commission militaire de Commune-Affranchie ; ce tribunal méritait toute son estime. Quant à eux, on cherchait en vain à intéresser leur sensibilité et à affaiblir l'énergie de leur caractère ; ils avaient fait le sacrifice de leurs affections personnelles, s'enveloppant avec la patrie, et ils juraient de rester forts et impassibles. »

Carrier était de retour de Nantes, d'où il avait été rappelé par le comité de salut public à la suite des renseignemens transmis à Robespierre par Jullien de Paris, et il s'était fait aussitôt la colonne de la société des Cordeliers, et le bras droit de Collot-d'Herbois. Tous deux défendirent Ronsin et Westermann, tous deux négocièrent jusqu'à la fin un rapprochement entre les Jacobins et les hébertistes. Nous pourrions réunir sur les crimes de Carrier d'horribles détails. Lui-même racontait ainsi ses œuvres dans une lettre qui fut lue à la Convention le 28 novembre (8 frimaire) :

« L'apostolat de la raison éclairant, électrisant tous les esprits, les élève au niveau de la révolution; préjugés, superstitions, fanatisme, tout se dissipe devant le flambeau de la philosophie. Minée, naguère évêque, aujourd'hui président du département, a attaqué, dans un discours très-éloquent, les erreurs et les crimes du sacerdoce, et a abjuré sa qualité de prêtre : cinq curés ont suivi son exemple, et ont rendu le même hommage à la raison.

» Un événement d'un autre genre semble avoir voulu diminuer le nombre des prêtres; quatre-vingt-dix de ceux que nous désignons sous le nom de réfractaires étaient enfermés dans un bateau sur la Loire; j'apprends à l'instant, et la nouvelle en est très-sûre, qu'ils ont tous péri dans la rivière. *Signé* : CARRIER. »

C'est ainsi que Carrier parlait des noyades qu'il avait ordonnées. L'histoire de sa mission a été faite par Phelippes dit Trou-jolly, ex-président du tribunal révolutionnaire de Nantes. Cette brochure est trop volumineuse pour que nous puissions l'insérer. Les lettres qui firent rappeler Carrier sont d'ailleurs un document suffisant pour l'opprobre éternel de ce nom. En conséquence nous nous contenterons de les transcrire. Ces lettres font partie des pièces justificatives réunies par Courtois à la suite de son rapport sur les papiers de Robespierre.

JULLIEN A ROBESPIERRE. — *Lorient, 13 nivose (2 février)*. —
« L'arrivée de Prieur (de la Marne) est un motif d'espérance et de joie pour tous les patriotes. La lettre du comité de salut public a fait grand plaisir à la société populaire.

» Je t'envoie, ainsi qu'à Barrère, les quatre pièces les plus importantes relatives à la conduite de Carrier, qui, après avoir donné sa confiance à des hommes patriotiquement contre-révolutionnaires, qui ont pillé, tué, brûlé, et que Tréhouart avait fait arrêter, les a déclarés inviolables, et a défendu de reconnaître son collègue pour représentant du peuple. Une pareille conduite est révoltante. Carrier a subdivisé ses agens en si grand nombre, qu'on voit des hommes délégués par les commissaires des représentans faire arrêter des administrateurs patriotes, en convenant même, dans le procès-verbal de l'arrestation, qu'il n'existe ni faits ni papiers contre eux. Les actes les plus tyranniques se commettent ; une lutte indécente s'élève entre deux représentans, dont l'un (Carrier) menace d'arrêter l'autre. Tu verras les détails dans ma lettre à Barrère, et les pièces jointes. On attend une prompte décision.

» J'ai reçu ta lettre, mon bon ami ; je continuerai de justifier la confiance des patriotes.

» Lorient a un pressant besoin de subsistances ; nous n'en avons pas jusqu'à la fin de la décade, et nous ne savons où en prendre. Il faudrait un grenier public pour un port aussi important que Lorient. *Signé* : JULLIEN. »

« P. S. Prieur (de la Marne) est devant Noirmoutier. »

JULLIEN FILS A SON PÈRE. — *Angers*, 15 *pluviose* (3 *février* 1794. — « Au reçu de ma lettre, mon cher papa, vole, je t'en prie, chez Robespierre avec les braves patriotes de Nantes que je t'adresse ; il faut sauver leur commune et la France ; il faut étouffer la Vendée, qui renaît ; il faut rappeler Carrier, qui tue la liberté. J'avais des détails si importans à communiquer au comité de salut public, que j'ai hésité un instant si je me rendrais à Paris, d'autant plus que je m'en rapproche, étant forcé de passer par Tours, pour me rendre à la Rochelle.

» La route directe est interceptée ; Montaigu est repris ; mais j'ai pensé que je ne devais revoir Paris qu'après ma mission absolument remplie, et les porteurs de ma lettre donneront les détails. En résumé, qu'on n'attende pas un jour pour rappeler Carrier, et le remplacer par un représentant ferme et populaire, montagnard et sans-culotte, actif et laborieux. Lis à Robespierre cette lettre, et lis aussi toi-même celle que je lui écris ; j'enverrai de Tours d'autres détails. Écris-moi de suite à la Rochelle. *Signé* JULLIEN. »

JULLIEN A ROBESPIERRE.—*Angers*, 15 *pluviose* (3 *février* 1794).
— « Je me rends à la Rochelle, mon bon ami, pour suivre ma mission, et j'ai été forcé de prendre par Tours, la route directe

étant interceptée. J'ai vu Nantes ; il faut sauver cette ville : que le comité de salut public écoute avec l'attention la plus sérieuse les sans-culottes nantais qui lui sont adressés. La Vendée recommence; Montaigu est pris ; et l'on trompe le comité de salut public; et nos généraux perdent leur temps à Nantes, et ne dissimulent point leur système de prolonger la guerre ; et Carrier, qui se fait dire malade et à la campagne, lorsqu'il est bien portant et dans Nantes, vit loin des affaires, au sein des plaisirs, entouré de femmes et d'épauletiers flagorneurs, qui lui forment un sérail et une cour ; et Carrier est inaccessible aux députations de la société populaire qui viennent pour conférer avec lui sur les objets les plus importans ; et Carrier fait incarcérer les patriotes, qui se plaignent avec raison de sa conduite. L'esprit public est étouffé, la liberté n'existe plus ; Nantes est dans une position qui ne peut durer sans péril.

» Rappelez Carrier, envoyez à Nantes un représentant montagnard, ferme, laborieux et populaire. Prenez des mesures promptes pour éteindre la Vendée renaissante. J'ai pensé un instant que je devais me rendre à Paris, pour y donner de vive voix les détails de ce que j'ai vu ; mais j'ai mieux aimé ne revoir Paris qu'après ma mission terminée. Et quand je t'écris, c'est comme si je pouvais converser avec toi. Tu agiras de même, il n'y a pas un instant à perdre. J'enverrai de Tours quelques détails, mais il est superflu de les attendre. Il faut sauver Nantes, éteindre la Vendée, réprimer les élans despotiques de Carrier. C'est au nom de la patrie que je te recommande les mesures réclamées par la circonstance. Adieu, mon bon ami. J'embrasse Barrère, à qui je ne puis écrire. *Signé :* JULLIEN.

P. S. Je viens d'écrire aussi à Barrère. Réponds-moi, je te prie, un seul mot qui m'assure que je n'ai pas en vain promis aux sans-culottes nantais de faire disparaître leurs dangers et cesser leurs maux. Je me rends à la Rochelle, pour suivre ma mission. »

JULLIEN A ROBESPIERRE.—*Tours, ce 16 pluviose (4 février 1794).*

— « Je t'ai promis quelques détails, mon bon ami, sur Carrier et sur Nantes; je ferai connaître au comité le mal que j'ai vu; le comité s'empressera d'y porter remède.

» La réunion des trois fléaux, de la peste, de la famine et de la guerre, menace Nantes. On a fait fusiller, peu loin de la ville, une foule innombrable de soldats royaux, et cette masse de cadavres entassés, jointe aux exhalaisons pestilentielles de la Loire toute souillée de sang, a corrompu l'air. Des gardes nationales de Nantes ont été envoyées par Carrier pour enterrer les morts; et deux mille personnes, en moins de deux mois, ont péri d'une maladie contagieuse. L'embarcation de la Loire, embarrassée, n'a pas permis de faire venir des subsistances pour remplacer celles qu'absorbaient nos armées; et la commune est en proie à la plus horrible disette. On dit que la Vendée n'est plus, et Charette, à quatre lieues de Nantes, tient en échec les bataillons de la République qu'on lui envoie les uns après les autres, comme dans le dessein de les sacrifier. On ne dissimule pas qu'on veut éterniser la guerre. « Nous la finirons quand nous voudrons, » disent les généraux; et cependant elle ne finit pas. Quand des canons sont pris, un général répond : « Nous avons le temps de les reprendre; » et cependant on laisse aggraver le mal; on affecte le mépris le plus indécent des assassins de la patrie; on voit de sang-froid périr ses défenseurs. Une armée est dans Nantes, sans discipline, sans ordre, tandis qu'on envoie successivement des corps épars à la boucherie. D'un côté l'on pille, de l'autre on tue la République. Un peuple de généraux fiers de leurs épaulettes et bordures en or au collet, riches des appointemens qu'ils volent, éclaboussent, dans leurs voitures, les sans-culottes à pied, sont toujours auprès des femmes, au spectacle, ou dans des fêtes et repas somptueux qui insultent à la misère publique, et dédaignent ouvertement la société populaire, où ils ne vont que très-rarement avec Carrier. Celui-ci est invisible pour les corps constitués, les membres du club et tous les patriotes. Il se fait dire malade et à la campagne, afin de se soustraire aux occupations que réclament les circonstances; et nul n'est dupe de ce mensonge : on le sait bien portant, et en ville;

on sait qu'il est dans un sérail, entouré d'insolentes sultanes et d'épauletiers lui servant d'eunuques ; on sait qu'il est accessible aux seuls gens d'état-major, qui le flagornent sans cesse, et calomnient à ses yeux les patriotes; on sait qu'il a de tous côtés des espions qui lui rapportent ce qu'on dit dans les comités particuliers et dans les assemblées publiques. Les discours sont écoutés, les correspondances interceptées; on n'ose ni parler, ni écrire, ni même penser. L'esprit public est mort, la liberté n'existe plus.

» J'ai vu dans Nantes l'ancien régime. L'énergie des sans-culottes est étouffée, et les vrais républicains pleurent de désespoir d'avoir vu le despotisme renaître; et la guerre civile semble couver au sein de tant d'horreurs. Une guerre manifeste éclate déjà entre les états-majors et la société populaire.

» Une justice doit être rendue à Carrier, c'est qu'il a, dans un temps, écrasé le négociantisme, tonné avec force contre l'esprit mercantile, aristocratique et fédéraliste; mais, depuis, il a mis la terreur à l'ordre du jour contre les patriotes eux-mêmes, dont il a paru prendre à tâche de se faire craindre. Il s'est très-mal entouré ; il a payé par des places les bassesses de quelques courtisans, et il a rebuté les républicains, rejeté leurs avis, comprimé les élans du patriotisme. Il a, par un acte inouï, fermé, pendant trois jours, les séances d'une société montagnarde. Il a chargé un secrétaire insolent de recevoir les députations de la société populaire. Enfin, il a fait arrêter de nuit, comparaître devant lui, et il a maltraité de coups, en les menaçant de la mort, ceux qui se plaignaient qu'il y eût un intermédiaire entre le représentant du peuple et le club, organe du peuple, ou qui, dans l'énergique élan de la franchise républicaine, demandaient que Carrier fût rayé de la société s'il ne fraternisait plus avec elle : j'ai moi-même été le témoin de ces faits. On lui en reproche d'autres : on assure qu'il a fait prendre indistinctement, puis conduire dans des bateaux et submerger dans la Loire tous ceux qui remplissaient les prisons de Nantes. Il m'a dit à moi-même qu'on ne révolutionnait que par de semblables mesures, et il a traité d'imbécille Prieur (de la Marne), qui ne savait qu'enfermer les suspects, etc.... Ma conférence avec lui serait trop longue à détailler. C'est encore Carrier qui, par un acte public, défendit de reconnaître un de ses collègues pour représentant du peuple; et cet arrêté, que je t'ai envoyé, était, dans toute la force du terme, contre-révolutionnaire. Il faut, sans délai, rappeler Carrier, et envoyer à Nantes quelqu'un qui réveille l'énergie du peuple et le rende à lui-même. Il faut, sans délai, charger un général, sous sa responsabilité, d'exterminer, à terme fixe, les restes des rebelles : vous chargez bien un corps constitué d'exécuter un décret à terme fixe, et le rendez responsable de l'exécution ; faites-en de même pour les généraux. La limite du consulat, chez les Romains, a empêché bien des campagnes de se prolonger : limitez aussi le généralat; il le faut, ou vous avez un nouveau système de trahisons inévitables.

» Réponds-moi, je te prie, à la Rochelle. Je t'ai donné des détails sur nos généraux, sur Carrier et sur Nantes ; les patriotes que je t'ai adressés te diront le reste. Ne perdons point de temps ; sauvons un port important ; rendons une masse de citoyens nombreuse au bonheur et à la liberté ; déjouons nos ennemis et nos généraux, et finissons la Vendée.

» Dis-moi, je te prie, si tu as reçu ma dernière lettre datée de Nantes, où je te parlais de la mesure très-instante du troc des patriotes de Paris appelés dans les départemens, et des patriotes des départemens appelés à Paris. *Signé* : JULLIEN.

» *Nota*. L'exemple du secrétaire de Carrier, qui reçoit, avec la hauteur d'un ci-devant valet de ci-devant ministre, les députations d'une société populaire, et les exemples multipliés, qu'il serait trop long de rapporter ici, de maints secrétaires que j'ai vus, me font croire très-utile d'interdire à ces messieurs de prendre un caractère public, et de signer les arrêtés des représentans du peuple : ils ne s'identifieront plus avec la représentation nationale, et ne pourront plus la compromettre. Fais part de cette observation au comité. *Signé* : J. »

Carrier se présenta le 21 février (3 ventose) au scrutin épuratoire ouvert chez les Jacobins. Collot fut son répondant. Il fit l'éloge de la bravoure de Carrier, de son patriotisme, et confirma le témoignage favorable que Carrier lui-même venait de rendre à Westermann, à Ronssin, à Rossignol et à Santerre. Il rappela que Westermann était au 10 août devant le château des Tuileries, et qu'il avait aidé à jeter dans la poussière le trône et le tyran. « Il eût été heureux pour lui, ajouta-t-il, qu'il fût mort dans ces jours glorieux ; il eût été immortel ; et aujourd'hui l'on ne sait comment il finira.... Un général a beau être brave ; s'il peut causer quelques divisions entre les armées et les représentans, il faut l'écarter.... Que Westermann étudie Rossignol, alors il pourra reconquérir notre estime. »

Westermann était dantoniste. La manière dont en parlent ici Carrier et Collot, ultra-révolutionnaires l'un et l'autre, prouve que les deux factions ne s'excluaient pas absolument ; elle prouve qu'elles n'étaient point séparées comme deux principes contraires, comme le bien et le mal. L'intérêt seul les divisait, l'égoïsme était donc leur relation commune, et ce qui était un champ de bataille aujourd'hui qu'on songeait à se disputer une proie, pouvait devenir à chaque instant une base d'opérations communes, s'il s'agissait jamais de se défendre contre une guerre faite par le principe du devoir au principe de l'intérêt. Le pacte entre les hébertistes et les dantonistes au 9 thermidor est en germe dans les paroles de Collot, au sujet de Westermann, comme la nécessité d'où naîtra ce parti d'escrocs et de brigands, est posée par le jugement de Robespierre sur ce même personnage, qu'il appelle « un homme décrié parmi les escrocs eux-mêmes ; couvert des blessures que lui a faites, non le fer des ennemis, mais le glaive de la justice ; absous de tous les crimes aux yeux de ses pareils, par quelques succès partiels, obtenus dans la Vendée, exagérés par lui-même avec une impudence rare ; mais destitué par le comité de salut public, comme un intrigant dangereux et coupable. » (Projet de rapport sur la faction Fabre-d'Églantine.)

Le 24 février (6 ventose), une lettre adressée aux Jacobins de Paris par les satellites de Fouché, donna encore occasion à Collot-d'Herbois d'exposer « les persécutions et les tracasseries dont on accablait chaque jour les patriotes occupés à régénérer Commune-Affranchie. » Il exalta « la constance admirable de la commission temporaire et les sacrifices faits pendant quatre mois par la commission révolutionnaire (le tribunal des Sept); car, dit-il, *c'est faire de grands sacrifices que d'oublier sa sensibilité physique pour ne songer qu'à son pays.* » — Or, les membres de ces deux commissions étaient des hébertistes furibonds.

Ce qui put achever de faire croire à ceux de Paris que l'hébertisme était plus que jamais à l'ordre du jour, ce fut l'étrange façon dont Collot-d'Herbois interpréta à la tribune des Jacobins le 26 février (8 ventose), le rapport fait le matin par Saint-Just à la Convention. « Vous sentez, dit l'orateur, combien la publi-
» cation de la loi qui investit le comité de sûreté générale
» du pouvoir de mettre en liberté les patriotes détenus, à
» la charge par eux de rendre compte de leur conduite, de-
» puis le 1er mai 1789, va déjouer de complots ; quelle force
» elle va donner aux amis de la liberté. Ils vont se retrou-
» ver dans leur véritable élément; ils vont se replonger dans
» la révolution, pour en sortir avec une vigueur nouvelle......
» On a proposé des pardons; mais les patriotes ne sont
» pas assez faibles pour y songer. » — Il n'y avait pas à en douter, c'était les Savard, les Grammont, les Duret, les Lapallu et autres hébertistes incarcérés qui allaient bénéficier du décret porté à la demande du comité de salut public, et dont l'intention était de se *replonger dans la révolution.*

Collot-d'Herbois avait fini son discours, et il allait descendre de la tribune, lorsque le président annonça une députation de la société des Cordeliers « venant jurer union à celle des Jacobins. » Ce rapprochement était l'œuvre de Collot et de son ami Carrier. Aussi Collot « félicita-t-il les patriotes de ce nouveau sujet de joie qui venait flatter leur âme. Voyez, dit-il, combien nous avons de forces, lorsque nous sommes unis ! Nous venons de frapper nos ennemis au cœur; ils sont perdus dès l'instant que nous nous rallions. » — Le président, Lavicomterie, donna l'accolade fraternelle aux Cordeliers, et l'alliance parut scellée.

Robespierre n'assistait pas depuis quelques jours aux séances des Jacobins ; il était malade, ainsi que nous l'apprennent des pièces imprimées à la suite du rapport de Courtois (1). Collot gouvernait le club, parce que c'était la seule influence révolutionnaire de premier ordre qui s'y trouvait alors. Il n'est pas à

(1) Courtois réunit, comme une preuve de la tyrannie de Robespierre, les démarches faites par quelques sections pendant une légère maladie qu'il eut vers la fin de pluviose, et qui dura pendant les premiers jours de ventose (dernière quinzaine de février). Voici les pièces citées par Courtois; il est probable qu'il en existait un grand nombre d'autres de la même nature, et que celles-ci sont un choix.

« DÉPUTATIONS DES SOCIÉTÉS POPULAIRES DES SECTIONS ENVOYÉES A ROBESPIERRE. — Section de l'Unité. — Extrait du registre des délibérations de la société populaire. — Présidence du citoyen Darroux. — Séance du 29 pluviôse.— « L'assemblée générale de ladite société, sur la motion d'un membre qui annonce que les citoyens Robespierre et Couthon sont malades, a arrêté qu'elle nomme commissaires, pour s'informer de la santé de ces deux représentans, les citoyens Genty, Louisa, Minet et Lucas, et qu'ils se transporteront au domicile de ces deux représentans, à cet effet, et rendront compte à la société de l'état de leur santé qui doit être chère à tous les bons républicains. Pour extrait conforme, signé Darroux, président ; Chambre, secrétaire. »

« Section des Piques. — Assemblée des jeunes républicains. — Le 29e jour de pluviose. — « Les jeunes citoyens Cerf et Marche sont députés pour aller s'informer de la santé du citoyen Robespierre, accompagnés du citoyen Petit et du citoyen Perrier qui a demandé la parole pour cet objet, brûlant de la plus grande amitié et fraternité pour un de nos plus dignes montagnards et républicains. Signé Chatel, président; Girard, secrétaire. »

N. B. « On trouve sur un petit morceau de papier la note suivante :

» Une députation de la société populaire du Temple, composée de six membres revêtus des pouvoirs de la société, s'est présentée pour savoir des nouvelles du citoyen Robespierre dont elle a appris, hier, la maladie par un de ses membres. — 8 ventose, deuxième année. »

« Section de la Fraternité. — Le 9 ventose, l'an deuxième. — Société populaire. — Extrait du procès-verbal de la séance de ce jour. — La société arrête qu'elle nomme le citoyen Lebout commissaire à l'effet de se transporter, au nom de la société, chez le citoyen Robespierre pour savoir de ses nouvelles. Pour extrait, signé Chrétien, secrétaire. »

« Section de la Fraternité. — Le 11 ventose, l'an deuxième. — Société populaire. — Extrait du procès-verbal de la séance de ce jour. — La société arrête qu'elle nomme le citoyen Fremiot commissaire, afin de se rendre chez le citoyen Robespierre pour savoir de ses nouvelles et lui en rendre compte. Pour extrait, signé, Rivault, secrétaire. »

supposer que si Robespierre, que nous avons vu faire refuser une députation pour réclamer Vincent, eût été présent aux séances que nous venons d'analyser, les choses s'y fussent passées comme elles s'y passèrent à l'égard de Carrier, de Westermann et des Cordeliers.

Forts de l'attitude que semblaient prendre les Jacobins sous l'influence momentanée de Collot-d'Herbois ; forts des nouvelles parvenues de Lyon, et de l'accueil qu'elles avaient reçus ; poussés à se replonger dans la *révolution*, par la manière dont ils avaient entendu interpréter le rapport de Saint-Just, les Cordeliers se mirent en besogne dès le 27 février (9 ventose) ; en trois séances ils conclurent à l'insurrection.

CLUB DES CORDELIERS. — *Séance du 27 février* (9 *ventose*).
— « La société entend la lecture d'un arrêté de la société populaire des Défenseurs des droits de l'homme et du citoyen, relatif aux écrits publiés par Philippeaux et Camille-Desmoulins. Cette lecture excite de vifs applaudissemens. — L'arrêté suivant est pris à l'unanimité.

» La société dite *Club des Cordeliers*, ayant entendu la lecture d'un arrêté de la société populaire des Défenseurs des droits de l'homme, amis de la liberté, en date du 18 pluviose ;

» Considérant que l'opinion publique est le tribunal irréfragable où doivent être jugés les mandataires infidèles du peuple ; que la vérité, la franchise et l'exactitude qui le caractérisent, établissent le concours de l'union des idées qui se rencontrent entre les vrais patriotes, puisqu'elles sont en tout conformes à celles déjà développées par elle à celle des Amis de la liberté et de l'égalité, a arrêté à l'unanimité, et au milieu des applaudissemens les plus réitérés, que celui dont il venait de lui être donné communication, serait imprimé et affiché à ses frais. »

Séance du 2 mars (12 *ventose*). — « Il s'est principalement agi dans cette séance de l'arrestation du patriote Marchand, incarcéré par ordre du comité révolutionnaire de la section. Plusieurs membres ont établi que ce patriote n'a été poursuivi que pour s'être exprimé à la tribune des Cordeliers sur différens objets, avec la liberté d'un vrai républicain. — Chéniaux, secrétaire, développe à ce sujet les principes sacrés de la liberté outragée dans la personne de ce patriote. « Où en serions-nous, dit-il, si pour nous épancher à cette tribune, pour y montrer nos sentimens, pour y dénoncer les traîtres, et y dévoiler les factions, nous devions être mis en état d'arrestation? Marchand s'est conduit comme un républicain, en venant exprimer ici sa pensée. Il est révoltant de voir ainsi comprimer par la malveillance l'essor de l'opinion, l'élan de l'homme libre. Sa dénonciation subsiste tant qu'elle n'est point réfutée; et avant de prendre aucune mesure, il fallait lui démontrer qu'il était calomniateur, pour avoir droit de le punir. »

« Sur la proposition de Momoro, la société arrête qu'une députation sera envoyée au comité de sûreté générale pour demander sur-le-champ la liberté du patriote Marchand. »

Séance du 4 mars (14 ventose). — « Le président fait lecture du prospectus du journal *l'Ami du peuple*, faisant suite à celui de Marat. Il sera rédigé dans les principes de ce martyr de la liberté, contiendra les renseignemens et les dénonciations utiles contre les fonctionnaires publics, et particulièrement contre les mandataires infidèles du peuple. Il ne sera pas à la responsabilité de tel ou de tel rédacteur; mais sous la garantie des Cordeliers, et fait par la société elle-même, qui en répondra à ceux qui voudraient l'attaquer; le tableau des Droits de l'homme est de ce moment couvert d'un crêpe noir, et restera voilé jusqu'à ce que le peuple ait recouvré ses droits sacrés, par l'anéantissement de la faction. »

Un citoyen patriote et incarcéré par l'effet d'une manœuvre aristocratique, vient remercier les Cordeliers qui l'ont rendu à la liberté et à ses amis. »

Vincent. « Je vous dénonce une nouvelle faction qui s'élève au milieu de la République pour la déchirer. J'inculpe Lhuillier, Dufourny et plusieurs autres, qui paraissent s'être donné le mot pour établir un système destructeur de modérantisme.

» Dufourny veut finir la révolution comme il l'a commencée.

Il s'est opposé de tous ses poumons à la réunion du comtat d'Avignon à la France ; on l'a vu depuis, tapissant tous les murs de Paris, se déchaîner contre l'activité des comités révolutionnaires qui n'avaient encore incarcéré que les aristocrates. »

» Vincent rapprochant ensuite les différentes époques et les différentes expressions de différens orateurs, tels que Chabot, Bazire, Bourdon de l'Oise, Philippeaux et autres, il voit une conspiration profondément ourdie, plus à craindre que celle de Brissot, et qui renversera infailliblement la liberté, si on ne s'oppose aux projets des factieux, si on ne déploie toute la terreur que la guillotine inspire aux ennemis du peuple. »

Carrier. « Citoyens, depuis long-temps je suis absent du théâtre de la révolution ; je soupçonne, il est vrai, tout ce que vous avez dit dans votre société depuis quelque temps ; mais je n'ai rien de certain sur les individus qui voudraient établir un système de modération. J'ai été effrayé, à mon arrivée à la Convention, des nouveaux visages que j'ai aperçus à la Montagne, des propos qui se tiennent à l'oreille. On voudrait, je le vois, je le sens, faire rétrograder la révolution. On s'appitoie sur le sort de ceux que la justice nationale frappe du glaive de la loi. Si un homme est condamné pour des délits étrangers à la révolution, leur cœur nage dans la joie, ils le suivent au supplice ; mais si c'est un contre-révolutionnaire, leur cœur se serre, et la douleur les suffoque. Mais est-il un délit plus grave que celui de conspirer contre son pays, d'exposer des milliers d'hommes à une mort certaine ? Les monstres ! ils voudraient briser les échafauds ; mais, citoyens, ne l'oublions jamais, ceux-là ne veulent point de guillotine, qui sentent qu'ils sont dignes de la guillotine.

» Cordeliers ! vous voulez faire un journal maratiste, j'applaudis à votre idée et à votre entreprise ; mais cette digue contre les efforts de ceux qui veulent tuer la République, est de bien faible résistance ; l'insurrection, une sainte insurrection, voilà ce que vous devez opposer aux scélérats.

» Cordeliers ! société populaire ! vous dans le cœur desquels a toujours brûlé le feu sacré du patriotisme, soyez toujours les amis de la révolution, veillez, démasquez les monstres qui voudraient vous anéantir, et la République impérissable sortira victorieuse et rayonnante de gloire du milieu des combats que ses ennemis lui livrent de toutes parts. (Ce discours est vivement applaudi.)

Hébert. « Quoiqu'il ne soit guère possible d'ajouter à l'énergie du préopinant, je monte à cette tribune, pour y développer les principes : je vais raconter des faits qui porteront la conviction dans vos ames; je vais épancher mon cœur en vous disant la vérité toute entière; je vais arracher tous les masques. Vous frémirez quand vous connaîtrez le projet infernal de la faction : il tient à plus de branches, à plus d'individus que vous ne le croyez vous-mêmes.

» Cette faction est celle qui veut sauver les complices de Brissot, les *soixante et un* royalistes qui tous ont commis les mêmes crimes, qui par conséquent doivent de même monter à l'échafaud. Pourquoi veut-on les soustraire au supplice? c'est que des intrigans se sentent dans le cas de la même punition; c'est que d'autres intrigans veulent rallier autour d'eux ces royalistes, afin de régner sur eux-mêmes, et d'avoir autant de créatures.

» Voici l'un des prétextes que l'on a employés pour parvenir à cette fin criminelle. Le capucin Chabot, homme immoral, payé par Pitt et Cobourg, avait reçu de fortes sommes pour vendre son pays aux banquiers; la peur le prend au moment où il venait d'être chassé des Jacobins; il va au comité de sûreté générale, comme pour faire une révélation; il est reconnu pour un fripon, arrêté. Cette affaire était bien claire; pourquoi cependant n'en parle-t-on plus? pourquoi n'est-elle pas jugée, et dit-on qu'elle est accompagnée d'une telle complication qu'on n'a encore pu juger qu'il s'agissait d'un fripon? Pourquoi Fabre-d'Églantine, ce scélérat profond, n'a-t-il point encore reçu le châtiment dû à ses forfaits? Je vais vous dire le pourquoi : c'est que M. Amar est le grand faiseur, l'instrument qui prétend soustraire au glaive vengeur les soixante et un coupables. Il est bon de vous apprendre que M. Amar est un noble, trésorier du roi de

France et de Navarre ; oh ! pour celui-là, il est bien noble, car il avait acheté sa noblesse 200 mille livres en écus.

» Il est temps que le peuple apprenne aux fripons, aux voleurs, que leur règne ne durera pas long-temps. Les hommes qui, naguère dans des greniers, aujourd'hui dans de bons appartemens, dans de bons carrosses, boivent et mangent le sang du peuple, vont descendre et rendre hommage à la guillotine. Au reste, les voleurs font leur métier ; ils rendront tôt ou tard à la nation ce qu'ils lui ont volé ; et ce sont ses meilleurs économes, car tout se terminera par des restitutions.

Brochet, juré du tribunal révolutionnaire. « J'observe, par motion d'ordre, que les biens des aristocrates, condamnés à mort par le tribunal révolutionnaire, sont confisqués au profit de la nation. »

Hébert. « Les voleurs, comme je vous le disais, ne sont donc pas les plus à craindre ; mais les ambitieux, les ambitieux ! ces hommes qui mettent tous les autres en avant, qui se tiennent derrière la toile, qui, plus ils ont de pouvoirs, moins ils sont rassasiables, qui veulent régner ; mais les Cordeliers ne le souffriront pas. (*Plusieurs voix* : Non, non, non.) Ces hommes qui ont fermé la bouche aux patriotes dans les sociétés populaires, je vous les nommerai ; depuis deux mois je me retiens ; je me suis imposé la loi d'être circonspect ; mais mon cœur ne peut plus y tenir ; en vain voudraient-ils attenter à ma liberté ; je sais ce qu'ils ont tramé, mais je trouverai des défenseurs. » (*Toutes les voix* : Oui, oui.)

Boulanger. « Père Duchesne, parle, et ne crains rien : nous serons, nous, les pères Duchesnes qui frapperont. »

Momoro. « Je te ferai le reproche que tu t'es fait à toi-même, Hébert, c'est que depuis deux mois, tu crains de dire la vérité ; parle, nous te soutiendrons. »

Vincent. « J'avais apporté dans ma poche un numéro du *Père Duchesne*, écrit il y a quatre mois. En comparant le ton de vérité dont il est plein, à ceux d'aujourd'hui, j'aurais cru que le *Père Duchesne* était mort. »

Hébert. « Frères et amis, vous me reprochez avec raison la prudence que j'ai été forcé d'employer depuis trois mois. Mais avez-vous remarqué quel système d'oppression on avait dirigé contre moi ; vous vous rappelez comme dans une société très-connue, je me vis trois ou quatre fois refuser la parole, et comme on étouffa ma voix. Et pour vous montrer que ce Camille Desmoulins n'est pas seulement un être vendu à Pitt et à Cobourg, mais encore un instrument dans la main de ceux qui veulent le mouvoir uniquement pour s'en servir, rappelez-vous qu'il fut chassé, rayé par les patriotes, et qu'un homme, égaré sans doute....., autrement je ne saurais comment le qualifier, se trouva là fort à propos pour le faire réintégrer, malgré la volonté du peuple, qui s'était bien exprimée sur ce traître.

» Remarquez en même temps que tous les journaux sont vendus à la faction, ou par peur ou par argent ; il n'y en a pas un qui ose dire la vérité. Le ministre de la guerre avait pris par plusieurs arrêtés, douze mille de mes numéros ; on a cherché à faire regarder cela comme une affaire d'argent de ma part, moi qui me soucie d'argent comme de rien ; mais je suis jaloux de propager les bons principes : or, c'est un fait, que dans le temps des crises, de l'affaire d'Houchard et des Philippotins, mes journaux ont toujours été arrêtés, pendant que les autres circulaient promptement.

» Ah ! je dévoilerai tous les complots, car je ne vous ai rien dit encore. Comment est composé le ministère ? un Paré !

» *Vincent.* C'est un nouveau Roland.

» *Hébert.* Un Paré ! d'où vient-il ? comment est-il parvenu ministre de l'intérieur ? on ne sait par quelles intrigues.

» Un Deforgues ! qui tient la place du ministre des affaires étrangères, et que l'on appelle ainsi, et que moi j'appelle *ministre étranger aux affaires.* »

Vincent. « Un Destournelles ! insignifiant, instrument passif ! »

Hébert. « Tout cela ne suffit pas encore à la faction. Voici le complot qu'elle avait combiné. On doit nommer au ministère de la guerre un Carnot, ex-constituant feuillant, frère du Carnot du comité de salut public, imbécille ou malveillant, et général à l'armée du Nord ; un Westermann, ce monstre couvert d'opprobre : c'est ainsi qu'on veut ressusciter Beurnonville et Dumouriez, pour qu'après avoir vendu les places fortes qui restent au Nord, leurs créatures s'échappent dans la bagarre, semblables à des voleurs qui mettent le feu à une maison pour s'échapper à travers les flammes, en emportant les spoliations et le fruit de leurs rapines.

J'aurais, à tous ces faits, beaucoup d'autres à ajouter; mais ils suffisent bien pour vous éclairer sur la position affreuse dans laquelle on nous plonge.

Quand soixante et un coupables et leurs compagnons sont impunis et ne tombent pas sous le glaive, douteriez-vous encore qu'il existe une faction qui veut anéantir les droits du peuple ? Non, sans doute. Eh bien! puisqu'elle existe, puisque nous la voyons, quels sont les moyens de nous en délivrer ? l'insurrection : oui, l'insurrection ; et les Cordeliers ne seront point les derniers à donner le signal qui doit frapper à mort les oppresseurs. » (Vifs applaudissemens.)

Vincent. « J'observe que je viens de remarquer pendant et après le discours d'Hébert, des mines nouvelles, d'autres très-allongées; je demande que chacun mette sa carte à sa boutonnière, et je vais faire une ronde, accompagné de commissaires épurateurs, afin de démasquer les intrigans. »

« On fait une seconde lecture du prospectus du journal des Cordeliers. Vincent observe qu'il est bien essentiel d'appuyer sur ce que ce journal n'étant point d'un membre ou d'une commission, mais de la société entière des Cordeliers, ce n'est qu'à la société entière que ceux qui auront quelque chose à y répondre, pourront s'adresser. — Plusieurs députations sont admises. La séance est levée à dix heures. » (*Ces trois séances sont extraites du* MONITEUR *du* 7 *mars* — 17 *ventose.*)

Nous avons rapporté textuellement le seul compte rendu détaillé qui ait été conservé des trois séances importantes qui décidèrent du sort des hébertistes. Le calme avec lequel on apprit dans Paris ce qui s'était passé aux Cordeliers le 4 mars (14 ventose); que la statue de la liberté avait été couverte d'un crêpe noir ; que l'insurrection avait été prêchée ; l'indifférence, sinon l'hostilité de la population, à cet appel des hébertistes, leur montra sur-le-champ leur nullité et l'imminence de leur ruine. Ils avaient tout mis en œuvre. Avant de dire leur dernier mot, ils avaient préparé, par une conspiration dont on trouvera les détails dans leur procès, tous les moyens en leur pouvoir de soulever le peuple. Une seule section, la leur, celle de Marat, dite de Marseille, dite du Théâtre-Français, porta le surlendemain des menaces à l'Hôtel-de-Ville. Après avoir quitté leur costume de clubistes, les Cordeliers prirent celui de sectionnaires, et vinrent déclarer au conseil-général de la Commune « quils étaient debout jusqu'à ce que les assassins du peuple fussent exterminés, et qu'ils allaient voiler la Déclaration des droits de l'homme, jusqu'à ce que la punition des ennemis du peuple eût ramené la liberté, le calme et l'abondance. » (*Conseil-général de la Commune.* — *Séance du 6 mars* (*16 ventôse*).

Ils reçurent là un accueil plein d'hésitation, car on ne voyait remuer personne ; la conspiration paraissait manquée. Le même jour, aux Jacobins, Collot-d'Herbois monta le premier à la tribune pour qualifier l'échauffourée des hébertistes. Il parla longuement sur une prétendue agitation du peuple qui n'existait pas, prêcha l'union, et invita tous les patriotes à se serrer autour du comité de salut public. Il dit que Billaud-Varennes et Jean-Bon Saint-André étaient absens; que Robespierre et Couthon étaient malades ; c'était dire assez que lui seul portait en ce moment le poids de la discipline et de la police des clubs, car aucun des autres membres du comité de salut public ne venait au milieu de la foule. Que Collot-d'Herbois ait eu connaissance des intentions des hébertistes, qu'il les ait favorisés, et que, pouvant mesurer maintenant l'inanité de leurs projets, il n'ait fait aucun fond de ce côté, c'est ce que ne permettent pas de révoquer en doute, ses actes, depuis son retour de Lyon jusqu'au moment présent, ni sa conduite jusqu'à l'arrestation d'Hébert.

Il est remarquable combien l'occasion était bien choisie pour opérer un mouvement hébertiste, et combien Collot devait le désirer puisqu'il en eût été infailliblement le dictateur. L'affaire une fois avortée, d'excitateur qu'il avait été, il devint conciliateur; et ce rôle prouve encore sa complicité. Le sang des Lyonnais mitraillés criait trop haut dans sa conscience pour qu'il pût se croire à l'abri, si jamais le pouvoir de Robespierre était assez fermement assis pour attaquer les scélérats que protégeaient encore un nom révolutionnaire redoutable.

Personne ne croyait aux Jacobins, à « l'agitation parmi le peuple » que Collot-d'Herbois avait prise pour texte de sa harangue. On y trouvait la séance des Cordeliers aussi ridicule en elle-même, aussi impuissante sur l'esprit des masses, que la plus bouffonne « *des grandes colères du Père Duchesne.* Quant au discours de ce dernier, combien on devait s'amuser de cette phrase si naïve dans la bouche d'Hébert : « Les voleurs, comme je vous le disais, ne sont pas les plus à craindre, mais les ambitieux. »
— L'opinion du club fut assez bien exprimée par Renaudin.

Renaudin. « C'est aux sociétés populaires à faire justice des agens de nos ennemis qui s'y montrent avec tant d'insolence. Ils parlent d'insurrection! si ce n'étaient de vils atomes dans la révolution, ce serait contre eux qu'il faudrait en former une. Ils veulent des insurrections! eh bien! qu'ils se montrent, et nous verrons qui d'eux ou de nous triomphera. »

Là-dessus Carrier prit la parole et *expliqua* la séance des Cordeliers; il déclara qu'on avait mal compris, et qu'il ne s'était agi d'insurrection que d'une manière *conditionnelle.* Plusieurs membres appuyèrent Carrier, et soutinrent que les feuilles publiques avaient mal rendu les paroles des orateurs. La discussion en resta là. Le *Moniteur* fait ici une note que nous devons mentionner. Le rédacteur dit qu'il recueille des pièces pour l'histoire, et que, si le bulletin de la séance des Cordeliers qu'il a inséré dans les colonnes de son journal est inexact, il est prêt à insérer le procès-verbal de la société elle-même. Aucune rectification ne lui fut envoyée.

Collot et Carrier étaient obligés de se prononcer sans plus de retard, parce que la Convention venait de se prononcer elle-même. Le 6 mars au matin (16 ventose), Barrère avait fait un rapport sur les conspirations secrètes de l'étranger pour saper la liberté française, et sur ses intelligences dans l'intérieur : le comité de salut public surveillait tous les agens du gouvernement, tous les fonctionnaires, la représentation nationale elle-même dans les départemens; il avait des espions en Europe; on ne pouvait dire un mot important qu'il ne le sût. Quatre complots successifs avaient été découverts dans moins d'un mois, au Hâvre, à Lille, à Maubeuge, à Landrecies ; les coupables étaient arrêtés. A Paris, on trompait le peuple sur les subsistances; on échauffait les groupes ; on faisait des motions insidieuses, des affiches contre la Convention nationale, etc. Telle est la substance du rapport de Barrère. Il proposa de charger l'accusateur public du tribunal révolutionnaire, d'informer sans délai contre les auteurs et distributeurs de pamphlets manuscrits, répandus dans les halles et marchés ; de rechercher les auteurs et agens des conjurations formées contre la sûreté du peuple, et les auteurs de la méfiance inspirée à ceux qui apportaient des denrées à Paris. — Décrété. — Tallien, rappelé de Bordeaux depuis quelques jours, annonça que l'administration de police avait reçu des avis sur des lettres anonymes qu'on fesait circuler, dans lesquelles il était dit que c'était le moment de désarmer les bons citoyens, de tomber sur la Convention nationale, et de choisir un chef : il analysa des circonstances, qui prouvaient la part que prenaient les étrangers aux mouvemens qu'on voulait susciter au sujet des subsistances : « Le » jour de la vérité, dit-il, n'est pas éloigné. On connaîtra les » détails d'une séance tenue avant-hier, où on a voulu porter le » peuple à l'insurrection, qui ne peut être qu'en faveur du roya- » lisme. » Il demanda que les comités révolutionnaires recherchassent les auteurs de la conspiration du moment ; qu'ils s'occupassent à connaître les conspirateurs, et à distinguer ceux qui ne criaient si fort, que pour qu'on ne leur reprochât pas leurs crimes. — Décrété.

A la fin de leur précédente séance, les Jacobins avaient nommé une députation, que Collot-d'Herbois conduisit le lendemain 7 mars (17 ventose) au club des Cordeliers. Il y exposa lui-même la nécessité de l'union la plus intime entre les deux sociétés, pour combattre en masse ceux qui voulaient les diviser. — Hébert interpréta ce qu'on avait entendu par *insurrection;* le voile qui couvrait les Droits de l'homme fut déchiré et remis aux Jacobins, en signe d'union et de fraternité. Ronsin lut un discours écrit, qui était « le résultat de ses observations sur la faction qu'il craignait de voir dominer. » — Le club nomma une députation pour porter aux Jacobins les divers arrêtés pris depuis quelque temps, et leur jurer de nouveau une union indissoluble. La séance des Jacobins du 8 mars (18 ventose) se passa presque tout entière à entendre le compte-rendu de Collot-d'Herbois sur sa mission de la veille. Il se livra à toute la déclamation révolutionnaire, plaçant de temps en temps quelques mots de la langue qu'avaient parlé Robespierre et Saint-Just, dans leurs derniers rapports. Il termina ainsi : « Mettons de grandes mesures à l'ordre du jour ; délivrons-nous de ces serpens qui voudraient nous étouffer ; débarrassons la terre de la liberté de tous les animaux qui continuent à la souiller ; menaçons-les de la foudre, qui peut être un instant cachée sous un nuage, mais qui n'en frapera pas moins ; que la justice et la morale soient publiques ; que celui qui ne partage pas les peines du peuple, soit déclaré mauvais citoyen : c'est ainsi que nous terrasserons nos ennemis ; c'est ainsi que nous ne verrons plus que des frères, un peuple d'amis. Alors nous serons tous Cordeliers et Jacobins, ou plutôt le peuple ne sera plus composé que de Jacobins et de Cordeliers. »

Fouquier Thinville se présenta le 9 mars (19 ventose) à la barre de la Convention, pour y rendre compte des démarches qu'il avait faites en exécution du décret rendu le 6 (18) sur le rapport de Barrère. Les détails qu'il donna portèrent principalement sur les affiches placardées dans Paris depuis la séance des Cordeliers du 4 mars (14 ventose). Il en avait lui-même détaché une près du Pala-de-Justice. Il dit qu'il avait fait appeler le commissaire de la section (c'était celle des Marchés), qui lui avait répondu « que les citoyennes qui fréquentaient le marché, étaient loin de partager les sentimens de l'auteur du placard, et de se laisser séduire par de semblables affiches, qui, à ce qu'il lui avait assuré, se renouvelaient presque tous les jours. » Fouquier Thinville fut admis aux honneurs de la séance.

On voit d'après cet exposé combien la population était peu favorable au mouvement tenté par les Cordeliers. Aussi mettaient-ils tout en œuvre pour détourner de leur tête les risques de leur équipée. Le 9 mars (19 ventose) Hébert tonnna, aux Cordeliers contre « l'audace de certains écrivains qui avaient osé publier que la société voulait dissoudre la représentation nationale, élever un schisme entre elle et les Jacobins, et renverser ainsi les bases du gouvernement » : il demanda que la société désabusât le public et les Jacobins à cet égard. Malheureusement la circonspection du *Père Duchesne* fut mise en défaut par une sortie furieuse de Vincent. Il demanda « pourquoi tous les brissotins n'avaient pas été punis ; pourquoi on n'avait pas fait de rapport sur une conspiration annoncée depuis quatre mois ? Il conclut qu'il existait une faction dangereuse, qu'il était essentiel d'arrêter. » (*Moniteur.*)

Le 12 mars (22 ventose) une députation des Cordeliers vint renouveler aux Jacobins « l'assurance de la fraternité la plus intime, et annoncer encore une fois que le voile jeté sur la Déclaration des droits de l'homme avait été levé. Charles Duval, rédacteur du *Républicain, journal des hommes libres*, feuille semi-hébertiste, présidait alors la société. Il répondit à la députation que « les Jacobins voyaient avec le plus sensible plaisir les Cordeliers concourir avec eux, comme ils l'avaient toujours fait, à sauver la chose publique. Il donna à l'orateur l'accolade fraternelle. » — Dufourny dit que les protestations des Cordeliers ne suffisaient pas ; qu'il fallait leur demander ce qu'ils pensaient des sociétés sectionnaires, sur lesquelles ils n'avaient pas exprimé leur vœu : il proposa qu'ils fussent invités à discuter cette question ; ce qui fut adopté. — Là finit toute cette diplomatie que Saint-Just qualifia d'hypocrisie. Le pouvoir parla le lendemain, et les hébertistes furent arrêtés dans la nuit.

Rapport sur les factions de l'étranger et sur la conjuration ourdie par elles dans la république française pour détruire le gouvernement républicain par la corruption, et pour affamer Paris, fait par Saint-Just, au nom du comité de salut public. Du 13 mars (23 ventose).

« Citoyens représentans du peuple français, il est une convention naturelle entre les gouvernemens libres et les peuples libres par laquelle les gouvernemens s'engagent à se sacrifier à la patrie, et par laquelle les peuples, sans s'engager en rien, s'obligent seulement à être justes. L'insurrection est la garantie des peuples, qui ne peut être ni défendue ni modifiée : mais les gouvernemens doivent avoir aussi leur garantie ; elle est dans la justice et dans la vertu du peuple.

» Il résulte de ces idées, que le complot le plus funeste qui se puisse ourdir contre un gouvernement, est la corruption de l'esprit public pour le distraire de la justice et de la vertu, afin que, le gouvernement perdant sa garantie, on puisse tout oser pour le détruire.

» Je viens donc aujourd'hui vous payer, au nom du comité de salut public, le tribut sévère de l'amour de la patrie ; je viens dénoncer au peuple français un plan de perversité éversif de la garantie du gouvernement, une conjuration contre le peuple français et contre Paris.

» Je viens vous dire sans aucun ménagement des vérités âpres, voilées jusqu'aujourd'hui. La voix d'un paysan du Danube ne fut point méprisée dans un sénat corrompu : on peut donc oser tout vous dire, à vous les amis du peuple et les ennemis de la tyrannie! Où en serions-nous, citoyens, si c'était la vérité qui dût se taire et se cacher, et si c'était le vice qui pût tout oser avec impunité? Que l'audace des ennemis de la liberté soit permise à ses défenseurs ! Lorsqu'un gouvernement libre est établi, il doit se conserver par tous les moyens équitables ; il peut employer légitimement beaucoup d'énergie ; il doit briser tout ce qui s'oppose à la prospérité publique ; il doit dévoiler hardiment les complots. Nous avons le courage de vous annoncer, et d'annoncer au peuple qu'il est temps que tout le monde retourne à la morale, et l'aristocratie à la terreur ; qu'il est temps de faire la guerre à la corruption effrénée, de faire un devoir de l'économie, de la modestie, des vertus civiles, et de faire rentrer dans le néant les ennemis du peuple, qui flattent les vices et les passions des hommes corrompus pour créer des partis, armer les citoyens contre les citoyens, et au milieu des discordes civiles relever le trône et servir l'étranger.

» Quelque rude que soit ce langage, il ne peut déplaire qu'à ceux à qui la patrie n'est point chère, qui veulent ramener le peuple à l'esclavage et détruire le gouvernement libre. Il y a dans la République une conjuration ourdie par l'étranger, dont le but est d'empêcher par la corruption que la liberté ne s'établisse. Le but de l'étranger est de créer des conjurés de tous les hommes mécontens, et de nous avilir, s'il était possible, dans l'univers par le scandale des intrigues. On commet des atrocités pour en accuser le peuple et la révolution : c'est encore la tyrannie qui fait tous les maux que l'on voit, et c'est elle qui en accuse la liberté. L'étranger corrompt tout. Son but, depuis que la simplicité des habits est établie, est d'appliquer toute l'opulence à la voracité des repas, aux débauches, à la ruine du peuple, et de tenir tous les crimes à sa solde.

» Aussi, depuis les décrets qui privent de leurs biens les ennemis de la révolution, l'étranger a senti le coup qu'on lui portait, et a excité des troubles pour inquiéter et ralentir le gouvernement.

» Nous ne connaissons qu'un moyen d'arrêter le mal, c'est de mettre enfin la révolution dans l'état civil, et de faire la guerre à toute espèce de perversité, comme suscitée parmi nous à dessein d'énerver la République et de saper sa garantie; c'est d'abjurer contre ceux qui attaquent l'ordre présent des choses toute espèce d'indulgence, et d'immoler sans pitié sur la tombe profane du tyran tout ce qui regrette la tyrannie, tout ce qui est intéressé à la venger, et tout ce qui peut la faire revivre parmi nous. Le projet de l'étranger n'a pas été seulement de corrompre et d'abandonner la République à ses longues convulsions ; la suite de ce discours vous apprendra qu'un complot était préparé pour tout briser soudain, et substituer le gouvernement royal à celui-ci : aux effets de la corruption un coup audacieux, combiné par tous les gouvernemens, devait succéder, et renverser la démocratie.

» Nous ne trahirons point le peuple dans cette occasion, où nous lui répondons de son salut. Qui plus que vous est intéressé à le sauver et ne le point trahir ? Qui plus que vous est intéressé à son bonheur ? Votre cause est inséparable : vous ne pouvez être heureux sans lui ; vous ne pouvez survivre à la perte de la liberté, la cause populaire, et vous devez avoir ou le même char de triomphe, ou le même tombeau.

» C'est donc une politique insensée que celle qui par des intrigues ravit au peuple l'abondance pour vous en accuser vous-mêmes. Seriez-vous les amis des rois, ô vous qui les avez tous fait pâlir sur le trône, vous qui avez constitué la démocratie, vous qui avez vengé le meurtre du peuple par la mort du tyran, et qui avez pris l'initiative de la liberté du monde ?

» Quels amis avez-vous sur la terre, si ce n'est le peuple tant qu'il sera libre, et la cigue quand il aura cessé de l'être ?

» Je vous annonce donc qu'il y a dans la République une conjuration conduite par l'étranger, qui prépare au peuple la famine et de nouveaux fers. Un grand nombre de personnes paraissent servir la conjuration : là on a enterré des comestibles, intercepté les arrivages par l'inquiétude ; là on a aigri les citoyens par des discours séditieux. Il y a des hommes d'intelligence avec l'étranger ; il y en a d'autres abusés par différens prétextes. On a mis en courroux les vengeances des uns ; on a mis à profit l'ambition des autres ; on a profité du désespoir de ceux qui sont démasqués depuis long-temps pour les porter à tout risquer, afin d'échapper au supplice; on a irrité le dégoût pour la vertu des hommes tarés qui n'espèrent point de bonheur et de fortune si la République s'établit. C'est la ligue de tous les vices armés contre le peuple et contre le gouvernement. Nous sommes avertis que depuis long-temps ce noir complot se prépare ; il éclate, et nous éclatons avec lui, pour que le peuple, frappé, saisi de la vérité, confonde pour jamais ses ennemis. Le premier auteur du complot est le gouvernement anglais. Voici quelques paroles proférées dans le conseil d'état deux jours avant la rentrée du parlement :

» *Si nous faisons la guerre, le gouvernement convulsif de la France prendra de nouveaux moyens d'autorité de notre résistance; si nous faisons la paix, elle aura la guerre civile; corrompons cette République.* On ajoute même: *Que toutes nos séances s'ouvrent par ces mots* : *corrompons cette République !* Il fut dit *qu'il fallait préparer la guerre, mais retarder la campagne ; qu'on en recueillerait le double avantage, et de comprimer le peuple anglais, et de ne rien risquer contre nous.*

» Ainsi vous n'êtes plus surpris des nouveaux orages qu'on avait préparés. C'est par suite de ces maximes que les riches dans Paris dévorent le nécessaire du peuple, et qu'il s'y est fait des repas à cent écus par tête. Les conjurés ont des signes de reconnaissance dans les spectacles, dans les lieux où ils se rencontrent, dans ceux où ils mangent.

Le gouvernement anglais a pris ce double parti et de préparer vivement la guerre en apparence, et de mettre le feu aux passions de tous les hommes ambitieux, avides et corrompus.

» Chargés par vous du soin de veiller sur le bonheur de la patrie, nous avons tout mis en usage pour pénétrer les desseins de nos ennemis. Leur projet est donc, puisqu'ils n'ont pu nous empêcher de vaincre, de confondre toutes nos idées de droit public, de nous donner des mœurs lâches, de nous inspirer une cupidité effrénée , afin qu'engourdis par les vices , las des affaires et entraînés vers les jouissances, la nécessité d'un chef se fît sentir par la paresse universelle, et que, tout étant préparé, le chef fût porté en triomphe ; et cette idée d'un chef a saisi l'espoir ridicule de quelques personnages qui croient déjà se voir sur le pavois : la patrie est déjà partagée entre les conjurés, flattés tous par l'espoir d'une grande fortune. Ainsi l'étranger a su caresser et les folies, et les ridicules, et la corruption de chacun.

» Ce plan de conjuration, le plus atroce qui se puisse concevoir, puisqu'il immole la vertu et l'innocence pour l'intérêt du crime, ce plan s'exécute ainsi.

» Des Italiens, des banquiers, des Napolitains, des Anglais sont à Paris, qui se disent persécutés dans leur patrie. Ces nouveaux *Sinon* s'introduisent dans les assemblées du peuple ; ils y déclament d'abord contre les gouvernemens de leurs pays ; ils s'insinuent dans les antichambres des ministres ; ils épient tout ; ils se glissent dans les sociétés populaires ; bientôt on les voit liés avec des magistrats qui les protègent. Vous aviez rendu une loi contre les étrangers : le lendemain on vous propose une exception en faveur des artistes ; le lendemain tous vos ennemis sont artistes, même les médecins ; et si l'on poursuit ces fabricateurs de complots, on est tout étonné de les voir en crédit. Les hommes qu'ils ont corrompus les défendent, parce que leur cause est commune. Attaquez-les, vous les trouvez unis ; interlocuteurs apprêtés, ils s'interpelleront ; l'un joue Caton, l'autre Pompée. L'affaire de Chabot vous apprendra qu'après des scènes concertées avec les partisans de l'étranger on y riait de l'importance qu'ils avaient su se donner en public.

» Cette scène a été renouvelée plusieurs fois. Les nobles, les étrangers, les oisifs, les orateurs vendus, voilà les instrumens de l'étranger, voilà les conjurés contre la patrie, contre le peuple. Nous déclarons la guerre à ces tartufes en patriotisme ; nous les jugeons par leur désintéressement, par la simplicité de leurs discours, par la sagesse des conseils, et non par l'affectation.

» L'esprit imitatif est le cachet du crime. Les contre-révolutionnaires d'aujourd'hui, n'osant plus se montrer, ont pris plus d'une fois les formes du patriotisme. Un Marat était dans Nancy il y a quelque mois, qui pensa y allumer une autre Vendée : un Marat était à Strasbourg ; il s'appelait le Marat du Rhin ; il était prêtre et Autrichien, il y avait fait la contre-révolution. Il n'y eut qu'un Marat ; ses successeurs sont des hypocrites dont rougit son ombre. On n'imite point la vertu ; mais on est vertueux à sa manière, ou l'on est hypocrite. Si Pitt venait en France espionner le gouvernement, il prendrait les formes d'un honnête homme pour n'y être pas reconnu. Il en est de même de ceux qui ont la modestie d'usurper les noms des grands hommes de l'antiquité ; cette affectation cache un sournois dont la conscience est vendue.

» Un honnête homme qui s'avance au milieu du peuple avec l'audace et l'air tranquille de la probité n'a qu'un nom, comme il n'a qu'un cœur. Cette dépravation est le fruit de la conspiration de l'étranger : c'est sous ces noms qu'il faut chercher une partie des conjurés.

» Le simple bon sens, l'énergie de l'ame, la froideur de l'esprit, le feu d'un cœur ardent et pur, l'austérité, le désintéressement, voilà le caractère du patriote : au contraire, l'étranger a tout travesti. Un patriote de ce jour a rougi du nom de son père, et a pris le nom du héros qu'il n'imite en rien : le héros tua un tyran, et vécut modeste ; il défendit le peuple ; il sortit pauvre des emplois : son imitateur est un effronté qui tue la patrie, qui s'enrichit, dont la vie est dégoûtante d'indignités, qui cache son nom pour échapper à la mémoire de ses attentats. Que veut-il ? Faire parler de lui, acquérir du pouvoir, et se vendre demain plus cher.

» Il semble qu'on voudrait introduire parmi nous ce trafic de quelques membres du parlement anglais, qui se font insolens pour devenir ministres. Parmi nous une classe d'hommes prend un air hagard, une affectation d'emportement, ou pour que l'étranger l'achète, ou pour que le gouvernement le place.

» Quoi ! notre gouvernement sera humilié au point d'être la proie d'un scélérat qui a fait marchandise de sa plume et de sa conscience, et qui varie, selon l'espoir et le danger, ses couleurs, comme un reptile qui rampe au soleil ! Fripons, allez aux ateliers, allez sur les navires, allez labourer la terre! Mauvais citoyens, à qui la tâche imposée par l'étranger est de troubler la paix publique et de corrompre tous les cœurs, allez dans les combats; vils artisans des calamités, allez vous instruire à l'honneur parmi les défenseurs de la patrie!... Mais non, vous n'irez point; l'échafaud vous attend!

» Il est dans les desseins de l'étranger de diviser Paris contre lui-même, d'y répandre l'immoralité, d'y semer un fanatisme nouveau sans doute, celui des vices et de l'amour des jouissances insensées. Les Jacobins ont renversé le trône par la violence généreuse du patriotisme; on veut combattre le gouvernement libre par la violence de la corruption : aussi la conspiration devait-elle égorger les Jacobins. Les prétextes de cet abominable attentat étaient le bien public, comme cette affreux Anne Montmorenci, qui, priant Dieu, faisait égorger les citoyens pour la plus grande gloire du ciel! Ce funeste projet avait séduit le patriotisme trompé. Patriotes, réfléchissez-donc! Et que ne disiez-vous à ceux qui proposaient le crime : — Le peuple n'est pas un tyran; si vous voulez faire contre l'ordre présent des choses ce que le peuple a fait contre la tyrannie, vous êtes des méchans qu'il faut démasquer. C'est le peuple aujourd'hui qui règne; c'est lui que l'aristocratie veut détrôner. Voulez-vous des emplois, défendez les malheureux dans les tribunaux; voulez-vous des richesses, sachez vous passer du superflu : voyons vos tables, vos draperies. Vous voit-on parler au peuple des vertus civiques? Etes-vous des exemples de régidité? Vous voit-on lui enseigner à diriger le cœur et l'esprit des enfans? Où sont les opprimés dont vous avez essuyé les larmes? Malheur à vous qui savez les chemins qui conduisent à la fortune, et ne connaissez pas les chemins obscurs qui conduisent dans les asiles de la misère! Vous poursuivez avec acharnement le pouvoir qui est au-dessus de vous; vous méprisez le reste, et vous ne songez guère à ceux qui souffrent au-dessous de vous; et si la justice populaire vient à vous poursuivre, vous prenez la justice pour l'oppression.

» Voilà ce qu'il fallait répondre. Le caractère des conjurations est le déguisement ; on serait imprudent d'annoncer ses desseins et son crime : il ne faut donc point s'arrêter à la surface des discours, mais juger un homme par ce que la probité conseille aujourd'hui. La probité conseille maintenant de rester uni, et d'accorder au peuple les fruits pénibles de cinq ans de révolution ; la probité conseille la perte de tous les ennemis de la Révolution ; mais elle ne conseille pas d'attaquer ces ennemis de manière à frapper du même coup la patrie. Guillaume Tell, forcé d'enlever une pomme de la tête de son enfant avec une flèche meurtrière, est l'image du peuple armé contre lui-même. Soulevons le voile qui cache les complots ; épions les discours, les gestes, l'esprit de suite de chacun.

» Si quelqu'un courait dans Paris criant : *il faut un roi*, il serait arrêté et périrait sur l'heure ; si quelqu'un dans une société populaire osait dire : *rétablissons la tyrannie*, il serait immolé. Que doivent donc faire ceux qui n'osent point parler ainsi ? Ils doivent dissimuler. Ceux qui auraient dit sous les rois, dans les places publiques : *il ne faut point de roi, renversons le trône*, auraient été pendus. Que faisaient alors les ennemis de la tyrannie ? Ils dissimulaient. C'est une chose reconnue que quiconque conspire contre un régime établi doit dissimuler ; ne jugeons donc point toujours les hommes sur leur discours et leur extérieur : nous pouvons convaincre de dissimulation ceux qui font et disent aujourd'hui ce qu'ils ne faisaient pas et ne disaient pas hier. Il y a donc un parti opposé à la liberté, et ce parti est le parti qui dissimule. Ceux qui sont du parti du peuple n'ont plus à dissimuler aujourd'hui ; et cependant celui-là se déguise qui s'est déclaré le chef d'une opinion, et qui, quand ce parti a du dessous, déclame pour tromper ses juges et le peuple contre sa propre opinion. Je laisse ce miroir devant les coupables.

» Ainsi commença la révolte de Prescy dans Lyon. Il dissimula long-temps ; il biaisait, il interprétait ce qu'il avait dit la veille ; s'il n'avait point réussi, il s'accommodait à la liberté ; il était à toute heure, en toute circonstance, ce qu'il fallait paraître ; il temporisait ; l'accusait-on, il était patriote. Il éclata enfin ; il entraina les faibles, il dirigea ceux qui étaient plus forts, il se dépouilla de sa dissimulation, prit la cocarde blanche, et se battit.

» Ainsi finira tout parti. Tout parti veut le mal dans la République fondée. Il y a dans Paris un parti : des placards royalistes, l'insolence des étrangers et des nobles, qui se parlent sous la main et à l'oreille, tout l'annonce.

» Lorsqu'un parti s'annonce, il y a un piége nouveau, quelque couleur qu'il prenne. La vérité n'est pas artificieuse ; mais ils sont artificieux les comptables à la justice du peuple qui veulent lui échapper, les fonctionnaires qui se lèvent entre le peuple et la représentation nationale pour opprimer l'un et l'autre ; les complices de Chabot, qui veulent le sauver ; il est artificieux le parti de l'étranger, qui, sous prétexte d'une plus grande sévérité que vous contre les détenus, n'attend qu'un moment de tumulte pour leur ouvrir les prisons. Je vois les imitateurs de Prescy, qui mit Lyon en révolte contre la liberté ; les imitateurs de Charette, qui souleva la Vendée contre le peuple français.

» Les sociétés populaires étaient autrefois des temples de l'égalité ; les citoyens et les législateurs y venaient méditer la perte de la tyrannie, la chute des rois, les moyens de fonder la liberté ; dans les sociétés populaires on voyait le peuple, uni à ses représentans, les éclairer et les juger : mais depuis que les sociétés populaires se sont remplies d'êtres artificieux, qui viennent briguer à grands cris leur élévation à la législature, au ministère, au généralat ; depuis qu'il y a dans ces sociétés trop de fonctionnaires, trop peu de citoyens, le peuple y est nul. Ce n'est plus lui qui juge le gouvernement ; ce sont les fonctionnaires coalisés qui, réunissant leur influence, font taire le peuple, l'épouvantent, le séparent des législateurs, qui devraient en être inséparables, et corrompent l'opinion, dont ils s'emparent, et par laquelle ils font taire le gouvernement, et dénoncent la liberté même. Qui ne voit point tous les piéges que l'étranger a pu nous tendre par nos propres moyens ?

» La démocratie en France est perdue si les magistrats y ont plus d'influence que le peuple, et si cette influence est un moyen d'élévation. On n'a point osé dire encore ces vérités simples, par cette raison même que, la hiérarchie du gouvernement étant renversée, aucune idée, aucun principe n'est à sa place ; par la raison que le gouvernement même semble redouter l'influence usurpée par ses comptables; par la raison que la coalition de plusieurs membres des pouvoirs contre le peuple, contre la liberté, contre la représentation nationale, s'est déjà fortifiée.

» Il nous manque une déclaration des principes de notre droit public qui soit une loi sainte et redoutable, qui soit la loi suprême du salut du peuple. Il ne faut point que l'aristocratie puisse braver le gouvernement; il ne faut pas qu'un rebelle qui vend son pays puisse résister à la justice en disant qu'il résiste à l'oppression ; il ne faut point que des traîtres conspirent contre la vérité même qui les poursuit, et le pouvoir légitime qui les châtie.

» Voilà le fruit de cette patricide indulgence contre laquelle je me suis déclaré ces jours derniers. Avez-vous remarqué depuis ce temps, malgré l'opinion et le cri du patriotisme, quelle couleur a pris la faction de l'étranger? Un bruit sourd s'est répandu de l'ouverture des prisons ; des lettres répandues dans les halles demandaient un roi ; elle a tenté de s'emparer de l'impulsion que vous donnâtes à la justice contre elle-même ; elle a redouté les cœurs malheureux que ce décret bienfaisant conciliait à la liberté ; elle s'est crue perdue ; elle a éclaté plus tôt qu'elle ne l'avait résolu; elle a voulu reporter la mort contre les patriotes et le gouvernement, et a tourné contre la sûreté publique cette violence que nous implorâmes contre cette faction même : car tous les complots sont unis ; ce sont les vagues qui semblent se fuir, et qui se mêlent cependant. La faction des indulgens, qui veulent sauver les criminels, et la faction de l'étranger, qui se montre hurlante parce qu'elle ne peut faire autrement sans se démasquer, mais qui tourne la sévérité contre les défenseurs du peuple; toutes ces factions se retrouvent la nuit pour concerter leurs attentats du jour ; elles paraissent se combattre pour que l'opinion se partage entre elles; elles se rapprochent ensuite pour étouffer la liberté entre deux crimes.

» L'indulgence ne consiste pas seulement à ménager les criminels qui sont détenus; cette indulgence n'est pas moins coupable qui épargne les ennemis dissimulés du peuple.

» Que votre politique embrasse un vaste plan de régénération : osez tout ce que l'intérêt et l'affermissement d'un état libre commande. Où donc est la roche Tarpéienne? ou n'avez-vous point le courage d'en précipiter l'aristocratie, de quelque masque qu'elle couvre son front d'airain? Quoi! le lendemain que nous vous eûmes conseillé une sévérité inflexible contre les détenus ennemis de la Révolution, on tenta de tourner contre les patriotes l'essor que cette idée avait donné à l'opinion! Cela peut vous convaincre de l'adresse des ennemis de la patrie. Tandis que les bons citoyens se réjouissaient du nouveau triomphe de la liberté, il se fit une éruption soudaine, imprévue. Nous vous parlâmes du bonheur : l'égoïsme abusa de cette idée pour exaspérer les cris et la fureur de l'aristocratie ; on réveilla soudain les désirs de ce bonheur, qui consiste dans l'oubli des autres et dans la jouissance du superflu. Le bonheur! le bonheur! s'écria-t-on. Mais ce ne fut point le bonheur de Persépolis que nous vous offrîmes; ce bonheur est celui des corrupteurs de l'humanité : nous vous offrîmes le bonheur de Sparte et celui d'Athènes dans ses beaux jours; nous vous offrîmes le bonheur de la vertu, celui de l'aisance et de la médiocrité ; nous vous offrîmes le bonheur qui naît de la jouissance du nécessaire sans superfluité ; nous vous offrîmes pour bonheur la haine de la tyrannie, la volupté d'une cabane et d'un champ fertile cultivé par vos mains ; nous offrîmes au peuple le bonheur d'être libre et tranquille, et de jouir en paix des fruits et des mœurs de la Révolution ; celui de retourner à la nature, à la morale, et de fonder la République. C'est le peuple qui fait la République par la simplicité de ses mœurs : ce ne sont point les charlatans, qu'il faut chasser au préalable de notre société si vous voulez qu'on y soit heureux. Le bonheur que nous vous offrîmes n'est pas celui des peuples corrompus; ceux-là se sont trompés qui attendaient de la Révolution le privilége d'être à leur tour aussi méchans que la noblesse et que les riches de la monarchie : une charrue, un champ, une chaumière à l'abri du fisc, une famille à l'abri de la lubricité d'un brigand, voilà le bonheur.

» Que voulez-vous, vous qui ne voulez point de vertu pour être heureux ? Que voulez-vous, vous qui ne voulez point de terreur contre les méchans ? Que voulez-vous, ô vous qui, sans vertu, tournez la terreur contre la liberté ? Et cependant vous êtes ligués, car tous les crimes se tiennent, et forment dans ce moment une zone torride autour de la République.

» Que voulez-vous, vous qui courez les places publiques pour vous faire voir, et pour faire dire de vous: *vois-tu un tel qui parle? voilà un tel qui passe.* Vous voulez quitter le métier devotre père, qui fut peut-être un honnête artisan dont la médiocrité vous fit patriote, pour devenir un homme influent et insolent dans l'état.

» Vous périrez, vous qui courez à la fortune, et qui cherchez un bonheur à part de celui du peuple !

» Citoyens, je reviens à cette cruelle idée qu'après que nous vous eûmes parlé de bonheur, le parti de l'étranger s'efforça d'incliner l'idée du bonheur vers l'infamie, vers l'égoïsme, vers le mépris de l'humanité, vers la haine d'un gouvernement austère qui peut seul nous sauver. Que le peuple réclame sa liberté quand il est opprimé, qu'il suive le conseil de Minos, qu'il poursuive les magistrats ; mais quand la liberté triomphe, et quand la tyrannie expire, que l'on oublie le bien général pour tuer la patrie avec un mieux particulier, c'est une lâcheté, c'est une hypocrisie punissable ! C'est ainsi qu'on assiége la liberté ; toutes les idées se confondent. Dites au méchant : *nous avons remporté vingt batailles l'année dernière; nous avons douze cent mille combattans cette année.* — *Cela n'est rien*, répondra-t-il ; *j'ai un ennemi personnel dont il faut que je me délivre.* Ainsi sont conduites nos affaires ; tout est renversé : un fripon que le tribunal révolutionnaire va condamner dit qu'il veut résister à l'oppression, parce qu'il veut résister à l'échafaud.

» Je ne sais si quelqu'un oserait vous dire toutes ces choses s'il se sentait en rien coupable ou complice des maux de son pays :

je vous parle avec la franchise d'une probité déterminée à tout entreprendre, à tout dire pour le salut de la patrie. La probité est un pouvoir qui défietous les attentats.

» Si le peuple aime la vertu, la frugalité; si l'effronterie disparaît des visages; si la pudeur rentre dans la cité, les contre-révolutionnaires, les modérés et les fripons dans la poussière; si terrible envers les ennemis de la révolution, on est aimant et sensible envers un patriote; si les fonctionnaires s'ensevelissent dans leurs cabinets pour s'y assujettir à faire le bien sans courir à la renommée, n'ayant pour témoin que leur cœur; si vous donnez des terres à tous les malheureux, si vous les ôtez à tous les scélérats, je reconnais que vous avez fait une révolution. Mais s'il arrive le contraire, si l'étranger l'emporte, si les vices triomphent, si d'autres grands ont pris la place des premiers, si les supplices ne poursuivent point les conspirateurs cachés, fuyons dans le néant, ou dans le sein de la Divinité; il n'y a pas eu de révolution, il n'y a ni bonheur ni vertu à espérer sur la terre.

» Savez-vous quel est le dernier appui de la monarchie? C'est la classe qui ne fait rien, qui ne peut se passer de luxe, de folies; qui, ne pensant à rien, pense à mal; qui promène l'ennui, la fureur des jouissances et le dégoût de la vie commune; qui se demande *que dit-on?* qui suppose, qui prétend deviner le gouvernement, toujours prête à changer de parti par curiosité. C'est cette classe qu'il faut réprimer. Obligez tout le monde à faire quelque chose, à prendre une profession utile à la liberté. Tous ces oisifs n'ont point d'enfans: ils ont des valets qui ne se marient pas, qui sont toujours de leur avis, et qui se prostituent aux influences de l'étranger. N'avons-nous point des vaisseaux à construire, des manufactures à accroître, des terres à défricher? Quels droits ont dans la patrie ceux qui n'y font rien? Ce sont ceux-là qui ont du bonheur une idee affreuse, et qui sont les plus opposés à la République.

» Il y a une autre classe corruptrice: c'est le ménage des fonctionnaires. Le lendemain qu'un homme est dans un emploi lucratif, il met un palais en réquisition; il a des valets soumis; son épouse se plaint du temps ; elle ne peut se procurer l'hermine et les bijoux à juste prix ; elle se plaint qu'on a bien du mal à trouver des délices ; le mari est monté du parterre aux loges brillantes des spectacles ; et tandis que ces misérables se réjouissent, le peuple cultive la terre, fabrique les souliers des soldats, et les armes qui défendent ces poltrons indifférens. Ils vont le soir dans les lieux publics se plaindre du gouvernement : *si j'étais ministre*, dit celui-ci, *si j'étais le maître*, dit celui-là, *tout irait mieux*. Hier ils étaient dans l'opprobre et déshonorés. La compassion les a comblés de biens ; ils ne sont point assouvis ; il faut une révolte pour leur procurer les oiseaux du Phase.

» Considérez tous ceux qui se plaignent du temps : ils ne sont point les plus malheureux ; la médiocrité se plaint beaucoup moins. Dans les départemens de la Haute-Vienne et de la Corrèze on a toujours vécu de châtaignes ; dans le département du Puy-de-Dôme le peuple vit de pain et de légumes cuits dans l'huile : cet usage est antique dans ce pays heureux par ses mœurs ; toutes les campagnes ne vivent que de fruits ; et les bestiaux, qu'elles élèvent comme des ilotes, ne sont ni pour les nourrir ni pour les vêtir ; le commerce leur revend au poids de l'or la toison dont ils ont pris soin. Ce sont ceux qui ont le plus qui insultent le plus le peuple en vivant à ses dépens. Quel mérite avez-vous à être patriotes lorsque vous êtes comblés de biens, lorsqu'un pamphlet vous rapporte trente mille livres de rente ; que vous opprimez les citoyens et que vous êtes libres et puissans ?

» Comme l'amour de la fortune, l'amour des réputations aura fait beaucoup de martyrs : c'est encore un piège que l'étranger tend aux ames faibles ; c'est ainsi que s'est grossi le nombre des conjurés. Il est tel homme qui, comme Erostrate le fit à Delphes, brûlerait plutôt le temple de la Liberté que de ne point faire parler de lui : de là ces orages soudain formés. L'un est le meilleur et le plus utile des patriotes ; il prétend que la révolution est finie, qu'il faut donner une amnistie à tous les scélérats. Une proposition si officieuse est recueillie par toutes les personnes intéressées, et voilà un héros ! L'autre prétend que la révolution n'est point à sa hauteur : chaque folie a ses tréteaux. L'un porte le gouvernement à l'inertie, l'autre veut le porter à l'extravagance, et le dessein de tous les deux est de devenir chef d'opinion, et d'arriver à la renommée suprême.

» Voilà la vérité. S'occuper du peuple modestement est une chose trop obscure sans doute ! Mettez donc la justice dans tous les cœurs, et la justesse dans tous les esprits, afin que le gouvernement soit garanti.

» Tout le monde veut gouverner ; personne ne veut être citoyen. Où donc est la cité ? elle est presque usurpée par les fonctionnaires. Dans les assemblées ils disposent des suffrages et des emplois ; dans les sociétés populaires de l'opinion : tous se procurent l'indépendance et le pouvoir le plus absolu, sous prétexte d'agir révolutionnairement, comme si le pouvoir révolutionnaire résidait en eux. Tout pouvoir révolutionnaire qui s'isole est un nouveau fédéralisme, qui contribue sans doute à la disette. Le gouvernement est révolutionnaire, mais les autorités ne le sont pas intrinsèquement ; elles le sont parce qu'elles exécutent les mesures révolutionnaires qui leur sont dictées : si elles agissent révolutionnairement d'elles-mêmes, voilà la tyrannie, voilà la cause du malheur du peuple.

» Précisez donc aux autorités leurs bornes, car l'esprit humain a les siennes : le monde aussi a les siennes, au-delà desquelles est la mort et le néant. La sagesse même a les siennes : au-delà de la liberté est l'esclavage, comme au-delà de la nature est le chaos. Quoi ! veut-on que la nature nous abandonne ? Un œil hagard, un écrit sans naïveté, mais sombre et guindé, où, par un piège tendu peut-être depuis long-temps, la liberté est burlesque, est-ce donc là tout le mérite du patriotisme ? C'est l'étranger qui sème ces travers ; et lui aussi est révolutionnaire contre le peuple, contre la vertu républicaine ; il est révolutionnaire dans le sens du crime. Pour vous, vous devez l'être dans le sens de la probité et du législateur.

» Affermissez le gouvernement républicain ; c'est aujourd'hui l'intérêt le plus cher du peuple et de la liberté : soyez profonds dans vos desseins, comme l'est votre amour de l'humanité ; car vous n'avez rien fait en immolant le tyran si vous n'immolez la corruption, par laquelle le parti de l'étranger vous ramène à la royauté. L'immoralité est un fédéralisme dans l'état civil ; par elle chacun sacrifierait à soi tous ses semblables, et, ne cherchant que son bonheur particulier, s'occupe peu que son voisin soit heureux et libre ou non.

» J'ai parcouru notre situation générale, et développé les causes secrètes qui sans cesse altèrent la vigueur du corps social : nous avons parcouru par la pensée tous les chemins secrets par lesquels la conjuration a marché. Un pressentiment était dans l'opinion publique qu'un grand complot était ourdi ; les convulsions des coupables depuis quelques jours, qui semblent éperdus de la froideur et du maintien du gouvernement ; les nuages répandus sur les fronts suspects, tout présage l'exemple qui sera bientôt donné du supplice des criminels.

» Les rois d'Europe regardent à leur montre en ce moment où la chute de notre liberté et la perte de Paris leur étaient promises. Vous adhérerez aux mesures sévères qui vous seront proposées ; vous soutiendrez la dignité de la nation ; vous serez dignes de vous-mêmes dans cette circonstance, et par la sagesse et par la force que vous déploierez. Il est une vérité qu'il faut reconnaître, c'est que si nous nous contentons d'exposer des principes, comme nous ne l'avons fait que trop souvent, sans les appliquer, nous n'en tirerons aucune force contre les ennemis du peuple. Que peuvent des paroles contre des conjurés qui se déguisent jusqu'au moment où ils éclatent ?

» Une oraison véhémente éveille un moment tous les cœurs : les conjurés nous laissent dire ; ils sont de votre avis pendant les courts instans où l'opinion est frappée ; bientôt après ils se rendent d'autant plus audacieux qu'on les soupçonne moins.

» Il faut donc que j'achève de vous peindre la faction protée de l'étranger, qui tend à la destruction du gouvernement présent pour lui substituer un chef unique. Partout où l'étranger trouve un homme faible et corrompu, il le caresse, il lui promet tout ;

peu lui importe, pourvu que, sous l'appât d'un grand pouvoir dont il aura su flatter quelques imbécilles, cet empire tombe en lambeaux aux pieds de l'Europe asservie; peu importe à la tyrannie ce que nous serons, pourvu qu'elle soit vengée, et débarrassée de l'exemple que notre existence donne à la terre. Ceux-ci travaillent pour l'Angleterre; ceux-là pour les Bourbons, qui adhèrent à tout ce qu'on leur propose. Si la liberté était ici détruite, ceux mêmes qui auraient prêté leur main impie à l'exécution de ce complot seraient les premiers égorgés, comme les plus suspects et les plus dangereux par la puissance de perversité qu'ils auraient fait paraître. La réaction de la tyrannie contre une révolution qui aurait tout osé pour établir le bien serait de tout oser pour établir le mal, et le peuple viendrait un jour pleurer sur les tombeaux de ses amis, inutilement regrettés.

» Est-il donc un patriote qui puisse balancer aujourd'hui à soutenir l'ordre présent des choses contre ses ennemis, et qui ne conjure avec nous contre les conjurés ?

» Après avoir développé la marche criminelle et ténébreuse de la faction de l'étranger, après avoir montré les piéges tendus à la liberté par la destruction de tous les sentimens de la nature, de la justice, de la morale; après avoir caractérisé les divers genres de corruption, il faut expliquer ce problème, en apparence inconcevable, de la discordance des diverses factions.

» C'est l'étranger qui attise ces factions, qui les fait se déchirer par un jeu de sa politique, et pour tromper l'œil observateur de la justice populaire. Par là il s'établit une sorte de procès devant le tribunal de l'opinion : l'opinion bientôt se divise ; la République en est bouleversée. Ce moyen ôte à la représentation nationale et à ses décrets la suprême influence dans l'état, parce que les ravages de la corruption dont j'ai parlé rendent la curiosité plus sensible aux débats des partis, et détournent tous les cœurs et toutes les pensées de l'amour et de l'intérêt sacré de la patrie. Ces partis divers ressemblent à plusieurs orages dans le même horizon, qui se heurtent et qui mêlent leurs éclairs et leurs coups pour frapper le peuple. L'étranger créera donc le plus de factions qu'il pourra ; peu lui importe quelles elles soient, pourvu que nous ayons la guerre civile. L'étranger soufflera même, comme je l'ai dit, la discorde entre les partis qu'il aura fait naître, afin de les grossir et de laisser la révolution isolée. Tout parti est donc criminel, parce qu'il est un isolement du peuple et des sociétés populaires, et une indépendance du gouvernement ; toute faction est donc criminelle, parce qu'elle tend à diviser les citoyens ; toute faction est donc criminelle, parce qu'elle neutralise la puissance de la vertu publique.

» La solidité de notre République est dans la nature même des choses. La souveraineté du peuple veut qu'il soit uni : elle est donc opposée aux factions ; toute faction est donc un attentat à la souveraineté.

» Les factions étaient un bien pour isoler le despotisme et diminuer l'influence de la tyrannie : elles sont un crime aujourd'hui, parce qu'elles isolent la liberté et diminuent l'influence du peuple.

» Voilà l'esprit des factions. L'étranger a médité les causes du renversement de la tyrannie parmi nous, et veut les employer pour renverser la République.

» Citoyens de toute la France, si vous avez un cœur né pour le bien et pour sentir la vérité, vous concevrez maintenant les piéges de vos ennemis ; vous vous unirez en état de souverain pour résister à tous les partis.

» Il ne faut point de parti dans un état libre pour qu'il puisse se maintenir ; il faut que le peuple et le gouvernement les répriment, par la seule raison qu'ils sont favorables aux projets de l'étranger, comme je l'ai dit. Représentans du peuple, c'est à vous de saisir d'une main hardie le timon de l'état, de gouverner avec fermeté, et d'en imposer aux factions scélérates. Ceux qui font des révolutions ressemblent au premier navigateur, instruit par son audace. L'étranger ne sait pas jusqu'où nous sommes susceptibles de porter l'intrépidité ; il fera chaque jour, et aujourd'hui même après ce rapport, la triste expérience des vertus et du courage que sa férocité nous impose ; en vain il aura tenté de tout corrompre parmi nous ; il nous aura ôté nos vices à force de crimes et de supplices, et nous rendra plus puissans*, parce que nous serons devenus des hommes, et que l'Europe aura conservé son avarice : ces temps difficiles passeront. Voyez-vous la tombe de ceux qui conspiraient hier ? la voyez-vous déjà auprès de celle du dernier de nos tyrans ? L'Europe sera libre à son tour ; elle sentira le ridicule de ses rois : nous lui devrons quelques vertus ; elle en aura l'exemple ; elle honorera nos martyrs. Nous saurons nous accoutumer aux privations : mais si son commerce cesse un moment d'assouvir son avidité, que deviendra-t-elle ? Voyez-vous aussi les tombes des rois qui nous font la guerre ? Voyez l'Europe ébranlée les poursuivre ! Nous aurons avant elle une génération élevée dans la liberté, source éternelle de prépondérance, qui l'aidera à s'affranchir de ses rois sauvages ; et ne sont-ils point des sauvages ceux qui attaquent notre indépendance et qui ourdissent tant de crimes ?

» Les relations que nous nous sommes ménagées nous ont appris que les alliés n'ouvriraient point la campagne, pour ne point distraire le peuple par des événemens de la guerre des mouvemens qu'il prépare dans l'intérieur et dans Paris. C'est une campagne de crimes, une campagne de troubles, de corruption, de famine qu'on nous prépare. Pour voiler ce dessein, le colonel Mack doit faire des menaces continuelles, qui, sans danger pour les alliés, les feront redouter.

» Pendant ce temps il s'ourdissait une conjuration pour renverser le gouvernement actuel et la représentation, pour y substituer une régence qui aurait ménagé et avait promis le retour des Bourbons. On a remarqué de la joie parmi les émigrés répandus en Europe. L'étranger devait ensuite proposer la paix à la régence usurpatrice et aristocratique, et reconnaître son autorité. Il y a pour trois milliards d'assignats d'imprimés à Bruxelles et à Francfort, et affectés sur les biens des patriotes de France, avec lesquels on devait établir des bureaux d'échange des assignats républicains dans tous les districts. Les moyens d'exécution étaient la destruction de la représentation, d'abord par le scandale et le dégoût des hommes corrompus, ensuite par le fer. Les nobles et les étrangers sont dans le complot. Il y a dans Paris des émigrés : on en a arrêté au palais de l'Égalité ; on en arrête tous les jours : ils ont troublé Paris ces jours derniers, ils le troubleraient de nouveau si vous n'extirpiez le mal dans sa racine. Allez chercher ces scélérats chez les banquiers : ils sont en pantalons ; leurs propos sont révolutionnaires ; on n'est jamais à leur hauteur ; ils concluent toujours par un trait délicat dirigé avec douceur contre la patrie. Un patriote est celui qui soutient la République en masse ; quiconque la combat en détail est un traître.

» Des mesures sont déjà prises pour s'assurer des coupables ; ils sont cernés. Il reste à prendre des mesures pour arrêter le plan de corruption, plus pernicieux que les fureurs des conjurés mêmes ; ces mesures nous vous les proposerons dans une loi sévère, mais juste. Rendons grâce au génie du peuple français de ce que la liberté est sortie victorieuse de l'un des plus grands attentats que l'on ait médités contre elle ! Le développement de ce vaste complot, la terreur qu'il va répandre, et les mesures qui vous seront proposées, débarrasseront la République et la terre de tous les conjurés. Que tous les citoyens veillent sur la sûreté du peuple, en même temps que le gouvernement poursuivra les conspirateurs. La guerre sera continuée avec fureur. Plus de repos que les ennemis de la révolution et du peuple français ne soient exterminés ! Plus de pitié, plus de faiblesse pour les coupables qui osent attenter à la liberté de leur patrie !

» Nous vous rendrons un compte honorable des périls dont nos devoirs nous auront environnés : les conjurés bravent la vertu ; nous les bravons eux-mêmes. Agrandissons nos âmes pour embrasser toute l'étendue du bonheur que nous devons au peuple français : tout ce qui porte un cœur sensible sur la terre respectera notre courage. On a le droit d'être audacieux, inébranlable, inflexible, lorsqu'on veut le bien.

» Peuple, punis quiconque blessera la justice ; elle est la garantie du gouvernement libre : c'est la justice qui rend les hommes égaux. Les hommes corrompus sont esclaves les uns des autres ; c'est le droit du plus fort qui fait la loi entre les méchans. *Que la justice et la probité soient à l'ordre du jour dans la république française !*

Le gouvernement désormais ne pardonnera plus de crimes. Peuple, n'écoute plus les voix indulgentes, ni les voix insensées ; chéris la morale ; juge par toi-même ; soutiens tes défenseurs ; élève tes enfans dans la pudeur et dans l'amour de la patrie ; sois en paix avec toi-même, en guerre avec les rois : c'est pour te ralentir contre les rois qu'on veut te mettre en guerre avec toi-même. Quoi ! l'on a pu te destiner à languir sous une régence de tyrans qui t'auraient rendu les Bourbons ! Quoi ! tout le sang de tes enfans morts pour la liberté aurait été perdu ! Quoi ! tu n'aurais plus osé les pleurer ni prononcer leur nom ! La statue de la liberté aurait été détruite, et cette enceinte souillée par le reste impur des royalistes et des rebelles de la Vendée ! Les cendres de tes défenseurs auraient été jetées au vent ! Loin de toi ce tableau ! Ce n'est plus que le songe de la tyrannie ; la République est encore une fois sauvée. Prenez votre élan vers la gloire ; nous appelons à partager ce moment sublime tous les ennemis secrets de la tyrannie qui, dans l'Europe et dans le monde, portent le couteau de Brutus sous leur habit.

» Il vous sera fait dans quelques jours un rapport sur les personnages qui ont conjuré contre la patrie : les factions criminelles seront démasquées, nous les environnons. L'intérêt du peuple et de la justice ne permet pas qu'on vous en dise davantage, et ne permettait point qu'on vous en dît moins, parce que la loi que je vais vous proposer était instante, et devait être motivée. »

Saint-Just proposa le décret suivant, qui fut adopté sans discussion et à l'unanimité :

» La Convention nationale, après avoir entendu le rapport de son comité de salut public, décrète :

» Le tribunal révolutionnaire continuera d'informer contre les auteurs et complices de la conjuration ourdie contre le peuple français et sa liberté; il fera promptement arrêter les prévenus et les mettra en jugement.

» Sont déclarés traîtres à la patrie, et seront punis comme tels, ceux qui seront convaincus d'avoir, de quelque manière que ce soit, favorisé dans la République le plan de corruption des citoyens, de subversion des pouvoirs et de l'esprit public; d'avoir excité des inquiétudes à dessein d'empêcher l'arrivage des denrées à Paris; d'avoir donné asile aux émigrés; ceux qui auront tenté d'ouvrir les prisons; ceux qui auront introduit des armes dans Paris dans le dessein d'assassiner le peuple et la liberté; ceux qui auront tenté d'ébranler ou d'altérer la forme du gouvernement républicain.

» La convention nationale étant investie par le peuple français de l'autorité nationale, quiconque usurpe son pouvoir, quiconque attente à sa sûreté ou à sa dignité, directement ou indirectement, est ennemi du peuple, et sera puni de mort.

» La résistance au gouvernement révolutionnaire et républicain, dont la Convention nationale est le centre, est un attentat contre la liberté publique. Quiconque s'en sera rendu coupable, quiconque tentera, par quelque acte que ce soit, de l'avilir, de le détruire ou de l'entraver, sera puni de mort.

» Le comité de salut public destituera, conformément à la loi du 14 frimaire, tout fonctionnaire public qui manquera d'exécuter les décrets de la Convention nationale ou les arrêtés du comité, ou qui se sera rendu coupable de prévarication ou de négligence dans l'exercice de ses fonctions; il le fera poursuivre selon la rigueur des lois, et pourvoira provisoirement à son remplacement.

» Les autorités constituées ne pouvant déléguer leurs pouvoirs, elles ne pourront envoyer aucun commissaire au dedans ni au dehors de la République sans l'autorisation expresse du comité du salut public; les pouvoirs ou commissions qu'elles peuvent avoir donnés jusqu'à ce moment sont annulés dès à présent; ceux qui, après la promulgation du présent décret, oseraient en continuer l'exercice, seront punis de vingt ans de fers. Les agens de la commission des subsistances, des armes et poudres, continueront provisoirement leurs fonctions.

» Il sera nommé six commissions populaires pour juger promptement les ennemis de la révolution détenus dans les prisons. Les comités de sûreté générale et de salut public se concerteront pour les former et les organiser.

» Les prévenus de conspiration contre la République qui se seront soustraits à l'examen de la justice sont mis hors de la loi.

» Les comités de surveillance qui auront laissé en liberté les individus notés d'incivisme dans leur arrondissement seront destitués et remplacés.

» Tout citoyen est tenu de découvrir les conspirateurs et les individus mis hors de la loi lorsqu'il a connaissance du lieu où ils se trouvent.

» Quiconque les recélera chez lui ou ailleurs sera regardé et puni comme leur complice.

» Les individus arrêtés pour cause de conspiration contre la République ne pourront communiquer avec qui que ce soit, ni verbalement ni par écrit, sous la responsabilité capitale de ceux qui sont préposés à leur garde et à celle des prisons; quiconque aura participé ou aidé à ces communications sera puni comme leur complice.

» Le comité de salut public est chargé de veiller sévèrement à l'exécution du présent décret; et il en rendra compte à la Convention selon la loi. L'insertion au bulletin tiendra lieu de promulgation.

» La Convention ordonne que le rapport et le décret seront imprimés, distribués au nombre de six exemplaires à chacun de ses membres, insérés au bulletin, et envoyés dans tous les départemens, aux armées et aux sociétés populaires. »

En outre de l'impression de ce rapport réclamée de toutes parts, Legendre en demanda l'envoi aux municipalités, aux armées, aux sociétés populaires, et la lecture tous les décadis dans le temple de la Raison. — Ronsin, Vincent, Hébert, Momoro, Ducroquet, le général Laumur, furent arrêtés et mis à la Conciergerie dans la nuit. Les autres complices d'Hébert furent saisis les jours suivans.

Le 14 mars (24 ventose) le club des Cordeliers accueillit ainsi la nouvelle de l'arrestation de ses chefs. Chenaux annonça que Momoro, président, était dans les fers avec d'autres patriotes ; il fit observer que Gobert, vice-président, était absent. On exprima la crainte qu'il ne partageât le sort des opprimés, et l'on envoya chez lui pour le savoir. Chenaux fut élevé à la présidence : il invita la société au calme, dit que la Déclaration des droits était de nouveau violée, et en fit faire une seconde lecture. — Ancart déplora énergiquement le sort de ses amis, de ses collégues, et dénonça Prétot, pour avoir dit dans un groupe, peu auparavant, qu'Hébert était un scélérat. — Ce membre, interrogé, divaga et demanda à son tour s'il n'était pas vrai que l'insurrection avait été proclamée à cette tribune : *Oui! non!* s'écria-t-on. Prétot fut arraché de la tribune; on lui demanda sa carte; il fut chassé. La société témoigna ensuite son étonnement de ne point voir Bertrand et les orateurs ordinaires. Plusieurs propositions furent faites sur les moyens de secourir les frères détenus. On arrêta qu'une députation se transporterait chez l'accusateur public du tribunal révolutionnaire, pour l'engager à accélérer le jugement des Cordeliers incarcérés. — Ancart demanda que chaque Cordelier s'expliquât franchement sur le compte de Momoro, Hébert, Vincent et Ronsin. — Plusieurs membres dirent qu'ils les regardaient comme innocens ; mais que, s'ils étaient coupables, ils les conduiraient eux-mêmes à l'échafaud. — Il se présenta en ce moment une députation de la *Société de l'Ami du peuple* et de celle des *Hommes Libres*, pour savoir ce que faisaient les Cordeliers, et se décider d'après leur sagesse. — Brochet et Bouin, qui venaient des Jacobins, racontèrent que les Cordeliers emprisonnés étaient accusés d'une horrible conjuration, dont ils donnèrent les détails. — Plusieurs membres dirent que la chose était impossible, ou invraisemblable. — La société entière ne pouvait y croire, et persista dans son arrêté. — Un membre damanda qu'on fît lecture des listes des signataires des pétitions anti-civiques et des clubistes de la Sainte-Chapelle, « parce que, s'il fallait sonner le tocsin et frapper, il était bon de les connaître. » (Violens murmures.) Cette motion n'eut pas de suite. (*Moniteur.*)

Les événemens qui accompagnèrent l'arrestation et le procès des hébertistes se lient principalement à l'histoire du parti de Danton, et vont contribuer à hâter la chute de ce parti. A cause de cela, nous suivrons immédiatement Hébert et ses complices devant le tribunal révolutionnaire. Nous reprendrons ensuite les faits depuis le rapport de Saint-Just, afin que le sort des dantonistes soit éclairé dans les causes qui en hâtèrent le dénouement.

Le *Moniteur* ne renferme que l'acte d'accusation et le jugement des hébertistes. Nous empruntons le compte-rendu de leur procès au *Bulletin du tribunal révolutionnaire*, n[os] I, II, III, IV, V, VI et VII de la quatrième partie.

PROCÈS DES HÉBERTISTES.

« *Audience du premier germinal de l'an deuxième de la République française une et indivisible.*

» Les prévenus amenés à l'audience; interrogés de leurs noms, surnoms, âges, qualités, lieux de naissance et demeures,

» Ont répondu se nommer, savoir :

» *Le premier*, Charles-Philippe Ronsin, âgé de quarante-deux ans, né à Soissons, département de l'Aisne, demeurant à Paris, boulevart Montmartre, commandant de l'armée révolutionnaire;

» *Le second*, Jacques-René Hébert, âgé de trente-cinq ans, natif d'Alençon, département de l'Orne, agent national près la commune de Paris;

» *Le troisième*, François-Nicolas Vincent, âgé de vingt-sept ans, secrétaire-général du département de la guerre, natif de Paris, y demeurant, rue des Citoyennes, section de Mutius Scœvola;

» *Le quatrième*, Antoine-François Momoro, âgé de trente-huit ans, natif de Besançon, département du Doubs, demeurant à

Paris, rue de la Harpe, n° 171, imprimeur-libraire, et administrateur du département de Paris;

» *Le cinquième*, Frédéric-Pierre Ducroquet, âgé de trente-un ans, né à Ancenne, ci-devant perruquier-coiffeur, et commissaire aux accaparemens de la section de Marat, demeurant rue du Paon, n° 2;

» *Le sixième*, Jean-Conrad Kook, âgé de trente-huit ans, né à Hensden en Hollande, banquier, demeurant à Passy;

» *Le septième*, Michel Laumur, âgé de soixante-trois ans, né à Paris, ci-devant colonel d'infanterie, maintenant gouverneur de Pondichéry, demeurant rue Croix-des-Petits-Champs;

» *Le huitième*, Jean-Charles Bourgeois, âgé de vingt-six ans, demeurant à Paris, rue des Sans-Culottes, section de Mutius Scœvola;

» *Le neuvième*, Jean-Baptiste Mazuel, âgé de vingt-huit ans, né à Ville-Affranchie, chef d'escadron dans l'armée révolutionnaire; demeurant à Versailles, boulevart de l'Égalité;

» *Le dixième*, Jean-Baptiste Laboureau, âgé de quarante-un ans, natif d'Arnay-sur-Arçon, département de la Côte-d'Or, médecin et premier commis au conseil de santé, demeurant rue de la Harpe;

» *Le onzième*, Jean-Baptiste Ancar, âgé de cinquante-deux ans, employé au département, au bureau des recherches des émigrés; natif de Grenoble, demeurant à Paris, rue des Mauvais-Garcons;

» *Le douzième*, Armand-Hubert Leclerc, ci-devant chef de division au bureau de la guerre; demeurant à Paris, rue Grange-Batelière;

» *Le treizième*, Jocob Péreyra, âgé de de cinquante un ans, né à Bayonne, département des Basses-Pyrénées, manufacturier de tabac, demeurant à Paris, rue Saint-Denis, n° 55;

» *Le quatorzième*, Marie-Anne Latreille, femme Quétineau, âgée de trente-quatre ans, née à Montreuil-Bellay, près Saumur, département de Maine-et-Loire, ci-devant cultivateur, demeurant à Paris, rue de Rohan, chez la citoyenne Corbay, et depuis, rue et maison de Bussy;

» *Le quinzième*, Anarcharsis Clootz, âgé de trente-huit ans, né à Clèves dans la Belgique, demeurant à Paris, rue de Ménars, n° 563, section Lepelletier ; ci-devant député à la Convention nationale, homme de lettres ;

» *Le seizième*, François Desfieux, âgé de trente-neuf ans, né à Bordeaux ; demeurant à Paris, rue des Filles-Saint-Thomas, section Lepelletier, marchand de vins de Bordeaux ;

» *Le dix-septième*, Antoine Descombe, âgé de vingt-neuf ans, né à Besançon, département du Doubs ; demeurant à Paris, rue Sainte-Croix-de-la-Bretonnerie, section des Droits de l'Homme, secrétaire-greffier de ladite section ;

» *Le dix-huitième*, Jean-Antoine-Florent Armand, âgé de vingt-six ans, né à Chayla, département de l'Ardèche ; élève en chirurgie, demeurant à Paris, rue et maison de Bussy ;

» *Le dix-neuvième*, Pierre-Ulrick Dubuisson, âgé de quarante-huit ans, né à Laval, département de la Mayenne ; demeurant à Paris, rue Saint-Honoré, section de la Montagne, n° 1443, homme de lettres ;

» *Le vingtième*, Pierre-Jean Berthold Proly, âgé de quarante-deux ans, né à Bruxelles ; demeurant à Paris, rue Vivienne, n° 7, ci-devant négociant, actuellement sans état.

» *Fabricius, greffier, donne lecture de l'acte d'accusation, ainsi qu'il suit :*

» Antoine-Quentin Fouquier, accusateur public du tribunal révolutionnaire, établi à Paris, par la loi du 10 mars 1793 (vieux style), sans aucun recours au tribunal de cassation, en vertu du pouvoir à lui donné par l'article deux d'un autre décret de la Convention nationale du 5 avril suivant, portant que l'accusateur public dudit tribunal est autorisé à faire arrêter, poursuivre et juger sur la dénonciation des autorités constituées ou des citoyens ;

» Expose que, par décret de la Convention du 16 ventose, l'accusateur public est chargé d'informer sans délai contre les auteurs et distributeurs de pamphlets, manuscrits répandus dans les halles et marchés, et qui sont attentatoires à la liberté du peuple français et à la représentation nationale, et de rechercher en même temps les auteurs et agens des conjurations formées contre la sûreté du peuple et les auteurs de la méfiance inspirée à ceux qui apportent des denrées et des subsistances à Paris; qu'en exécution de ce décret, il a été procédé à des informations et auditions de témoins ; qu'en conséquence du résultat de ces dépositions et des pièces remises, l'accusateur public a décerné mandat d'arrêt, et traduit au tribunal révolutionnaire, les nommés Charles-Philippe Ronsin, Jacques-René Hébert, François-Nicolas Vincent, Antoine-François Momoro, Frédéric-Pierre Ducroquet, Jean-Conrad Kock, Michel Laumur, Jean-Charles Bourgeois, Jean-Baptiste Mazuel, Jean-Baptiste Laboureau, Jean-Baptiste Ancard, Amand-Hubert Leclerc, Jacob Péreyra, Marie-Anne Latreille, femme Quétineau; Anacharsis Clootz, François Desfieux, Antoine Descombe, Jean-Antoine-Florent Armand, Pierre-Ulrich Dubuisson, Pierre-Jean-Berthold Proly ; qu'examen fait, tant des interrogatoires subis par les prévenus, que des pièces et charges, il en résulte que jamais il n'a existé contre la souveraineté du peuple français et sa liberté de conjuration plus atroce dans son objet, plus vaste, plus immense dans ses rapports et ses détails, que celle ourdie par les prévenus, et que l'active vigilance de la Convention vient de faire échouer, en la dévoilant, et en livrant au tribunal ceux qui paraissent en avoir été les instrumens principaux.

» En effet, cette exécrable conspiration, dirigée par des individus qui avaient trompé la nation entière par les dehors les plus spécieux du patriotisme, avait pour objet principal d'anéantir à jamais la souveraineté du peuple, la liberté française, et de rétablir le despotisme et la tyrannie, en usant de tous les moyens, pour priver ce même peuple des subsistances, et en projetant de massacrer et faire massacrer les représentans du peuple les plus energiques et les plus zélés défenseurs de la liberté.

» Le tyran indiqué pour asservir le peuple français ne devait d'abord lui être présenté que sous le titre de grand juge, ainsi que la preuve en est établie dans les informations.

» La représentation nationale devait être anéantie, et disparaître avec les représentans du peuple qui auraient, en périssant sous les poignards des conjurés, expié le crime, impardonnable pour ces féroces agens de la tyrannie, d'avoir soutenu courageusement les droits du peuple.

» Le gouvernement anglais et les puissances coalisées contre la République sont les chefs de cette conjuration, dont les perfides agens, masqués d'une profonde hypocrisie, se repliaient en tous sens pour faire illusion, les uns étrangers, et les autres sortis du sein de quelques autorités, revêtus de la cenfiance du peuple qu'ils avaient usurpée, comblés de ses faveurs, élevés pour la plupart aux fonctions publiques.

» Les *Ronsin*, les *Hébert*, *Momoro*, *Vincent*, des corrupteurs par état, et des généraux, et des banquiers étrangers, étaient les intermédiaires entre ces chefs et les agens, qui ne voulaient de la révolution que des honneurs et des places, pour satisfaire leur ambition, et surtout des richesses, avec lesquelles, à l'instar des tyrans, ils parvinssent à entretenir leurs vices et à alimenter leurs débauches, en insultant aux généreux sacrifices du peuple pour la liberté.

» Cette conjuration, méditée, suivie depuis long-temps sous les dehors du patriotisme, touchait à son exécution au moment où elle a échoué; plusieurs sections, qui seront rapprochées dans le cours de l'instruction, usaient au même instant des mêmes moyens, excitaient les mêmes troubles, pour arriver les unes et les autres à la destruction du gouvernement républicain, de la représentation nationale, et à la ruine des meilleurs défenseurs du peuple.

» Il paraît que c'est chez le banquier hollandais Kock, à Passy, que se rendaient les principaux conjurés, Ronsin, Hébert, Vincent et Laumur; que là, après avoir médité dans l'ombre leur révolte criminelle, et les moyens d'y parvenir, ils se livraient, dans l'espoir d'un succès complet à des orgies poussées fort avant dans la nuit.

» Il paraît que ces conjurés s'étaient distribué chacun leur rôle : l'on voit Ronsin parcourant de son autorité privée toutes les maisons d'arrêt de Paris, avec l'un des sous-commandans, Mazuel; on les voit faire des listes, dans ces mêmes prisons, contenant les noms de ceux des détenus qu'ils croyaient propres à exécuter leurs infâmes complots : l'on voit Hébert et Vincent dénoncer, tantôt des mauvais citoyens, tantôt les courageux défenseurs du peuple, pour égarer l'opinion publique, et confondre dans une ruine commune la représentation nationale et tous les patriotes, comme auteur de la disette des subsistances, tandis qu'il est prouvé qu'eux seuls, de concert avec leurs complices, Ronsin et Mazuel, tenaient dans l'inaction la plus coupable une partie de l'armée révolutionnaire; l'on voit ces mêmes conjurés et leurs complices Mamoro, Ducroquet, Laboureau, Ancard et Bourgeois leur proposer de porter une main parricide sur ce qu'il y a de plus sacré sur les droits de l'homme, de les couvrir d'un voile funèbre; on les voit enfin, dans tous les lieux publics et particuliers, avilir la représentation nationale, en calomniant les patriotes les plus énergiques; oser même les qualifier *d'hommes usés*, proposition faite et suivie sous toutes les formes par l'aristocratie; on les voit enfin calomnier également, et avec un acharnement criminel sous tous les rapports, les membres des comités de salut public et de sûreté générale, et se permettre, en un mot, de demander le renouvellement de la représentation nationale : ne calculant que le désespoir où ils auraient conduit le peuple, et méconnaissant sa vertu supérieure à tous les dangers, ils formaient l'espoir sacrilége de lui faire demander l'esclavage. C'est à ce plan de conjuration qu'il faut attribuer les manœuvres employées par Ducroquet, ses agens et ses complices, pour empêcher, par tous les genres d'oppression, les approvisionnemens, soit en dépouillant les vendeurs, soit en arrachant des mains des acheteurs, soit en laissant corrompre partie des denrées qu'ils avaient indûement saisies, soit en s'appropriant les autres.

» Le système d'affamer Paris, en écartant les approvisionnemens de son enceinte, est suivi et exécuté par tous les complices dans le même temps, et des fonctionnaires publics font les défenses les plus sévères de laisser passer les provisions destinées pour Paris; des arrêtés pris par différentes communes, prononçant même des amendes contre quiconque apporterait des denrées à Paris, prouvent jusqu'à quel point les conjurés avaient porté l'excès des mesures qui pouvaient préparer et amener la crise effroyable qui devait reproduire le despotisme et la tyrannie.

» L'on voit aussi que le projet de Ronsin et de ses complices était moins de faire servir l'armée révolutionnaire pour l'intérêt général de la Repubblique, que de la réserver pour l'exécution de leurs affreux complots, si, comme le disait Ronsin lui-même, il parvenait à porter l'armée révolutionnaire à cent mille hommes, au lieux de six; ce plan d'une force armée aussi considérable de la part de Ronsin et de ses complices, qui manifestait hautement le désir d'être un Cromwel, ne fût-ce que pour vingt-quatre heures, démontre qu'il voulait, ainsi que tous les usurpateurs, fonder sa domination sur les armes et les crimes de tous les genres.

» Aussi s'est-on aperçu bientôt des progrès rapides que faisait chaque jour ce système de disette factice, imaginée par les conjurés, pour arriver plus tôt à l'exécution de leurs noirs complots.

Les conjurés, suivant avec la plus active perversité le cours de leurs trames, en tiraient le parti le plus utile à leurs projets; tandis qu'ils aigrissaient le peuple sur ses besoins journaliers, ils en attribuaient la cause à ses représentans, contre lesquels seuls ils dirigeaient leurs coups.

» Vincent n'a pas craint de déclarer qu'il se proposait d'habiller des mannequins en représentans du peuple, et qu'il les placerait dans les Tuileries, en appelant le peuple autour de lui, et en disant : *Voyez les beaux représentans que vous avez ; ils vous prêchent la simplicité, et voilà comme ils se harnachent ;* projet qui tient évidemment au système d'avilissement de la représentation nationale formé par Vincent et ses complices, selon les vues des despotes coalisés. D'autres conjurés, les Desfieux, les Péreyra, Proly, les Descombe, préparaient aussi de leur côté, par l'avilissement de la représentation nationale, sa dissolution, et ne craignaient pas de publier leurs projets assassins, en désignant les représentans du peuple qu'ils se proposaient de faire tomber sous leurs coups meurtriers.

» Ces conjurés commençaient par jeter les brandons de la discorde entre les membres des deux sociétés populaires réunies jusqu'à ce jour pour écraser les traîtres et les despotes ; et de là ils tentaient les mêmes manœuvres dans d'autres endroits, soit publics, soit particuliers.

» Dans le moment où ces conjurés formaient le projet de la révolte criminelle contre la souveraineté du peuple et le gouvernement révolutionnaire, leurs émissaires se répandaient de toutes parts, à Paris et dans les communes environnantes, pour exciter par des placards incendiaires la rébellion envers la représentation nationale et les autorités constituées.

» De tous côtés, des pamphlets, des écrits distribués dans les halles, marchés et autres endroits publics, provoquaient le peuple au retour de la tyrannie, dont le rétablissement était préparé par cette horde de conjurés, en demandant hautement l'ouverture des prisons, pour renforcer le nombre de leurs complices, arriver plus promptement et plus sûrement au massacre des représentans du peuple. Déjà même tout indique que de nouveaux instrumens de mort se préparaient.

» A cette fin, de fausses patrouilles devaient égorger les citoyens de garde aux maisons d'arrêt ; le trésor public et la maison de la monnaie devaient devenir la première proie des conjurés et de leurs complices.

» Il est à remarquer que le moment où cette conspiration a éclaté est celui où la Convention avait rendu un décret sévère contre les conspirateurs, et assurait leurs biens aux malheureux ; c'est ainsi que ces conspirateurs, dont les forfaits devaient surpasser ceux même des despotes coalisés contre le peuple français, se proposaient de rétablir la tyrannie et d'anéantir, s'il était jamais possible, la liberté, qu'ils n'avaient paru défendre que pour l'assassiner plus sûrement.

» D'après l'exposé ci-dessus, l'accusateur public a dressé la présente accusation contre Ronsin, Hébert, Momoro, Vincent, Laumur, Kock, Proly, Desfieux, Anacharsis Clootz, Péreyra, la femme Quétineau, Armand, Ancart, Ducroquet, Leclerc, Mazuel, Laboureau, Dubuisson et Bourgeois, pour avoir conspiré contre la liberté du peuple français et la représentation nationale; pour avoir tenté de renverser le gouvernement républicain, pour y substituer un pouvoir monarchique ; pour avoir ourdi le complot d'ouvrir les prisons, afin de livrer le peuple et la représentation nationale à la fureur des scélérats détenus; pour avoir coïncidé entre eux à la même époque, dans les moyens et le but de détruire la représentation nationale, d'anéantir le gouvernement, et de livrer la République aux horreurs de la guerre civile et de la servitude, par la diffamation, par la révolte, par la corruption des mœurs, par le renversement des principes sociaux, et par la famine qu'ils voulaient introduire dans Paris ; pour avoir suivi un système de perfidie qui tendait à tourner contre le peuple et le régime républicain les moyens par lesquels le peuple s'est affranchi de la tyrannie.

» En conséquence, l'accusateur public requiert qu'il lui soit donné acte de la présente accusation ; qu'il soit ordonné qu'à sa diligence, et par un huissier du tribunal porteur de l'ordonnance à intervenir, les nommés Ronsin, Hébert, Momoro, Vincent, Laumur, Kock, Proly, Desfieux, Anacharsis Clootz, Péreyra, la femme Quétineau, Armand, Ancart, Ducroquet, Leclerc,

Mazuel, Bourgeois, Laboureau, Dubisson et Descombe, actuellement détenus en la maison d'arrêt de la Conciergerie, seront écroués sur les registres d'icelle, pour y rester comme en maison de justice ; comme aussi que l'ordonnance à intervenir sera notifiée tant la municipalité de Paris qu'aux accusés.

» Fait au cabinet de l'accusateur public, le 30 ventose, l'an deuxième de la République française une et indivisible.

«*Signé*, A. Q. FOUQUIER.»

» Le tribunal, faisant droit sur le réquisitoire de l'accusateur public, lui donne acte de son accusation contre les nommés Ronsin, Hébert, Momoro, Vincent, Laumur, Kock, Proly, Desfieux, Anacharsis Clootz, Péreyra, la femme Quétinau, Armand, Ancar, Ducroquet, Leclerc, Mazuel, Bourgeois, Laboureau, Dubuisson et Descombe ;

» Ordonne qu'à sa diligence, et par l'huissier porteur de la présente ordonnance, les susnommés, actuellement détenus en la maison d'arrêt de la Conciergerie, seront écroués sur les registres d'icelle, pour y rester comme en maison de justice, et que la présente ordonnance sera notifiée tant à la municipalité de Paris qu'aux accusés.

» Fait et jugé au tribunal, le 30 ventose, l'an deuxième de la République française une et indivisible, par les citoyens HERMAND, *président ;* DUMAS, *vice-président ;* Scellier, Dobsen, Coffinhal, Foucault, Bravet, Deliége, Subleyras, Laune, Masson, Harny, Maire et Hardoin, *juges,* qui ont signé avec le greffier.

Le président aux accusés. Voilà ce dont on vous accuse ; vous allez entendre les charges qui seront portées contre vous.

» On procède à l'audition des témoins.

» Louis Legendre, député à la convention nationale, dépose que revenant d'une mission, et dans le moment où Vincent et Ronsin étaient encore en arrestation, il fut scandalisé des différens mouvemens qu'il remarquait au sujet de leur détention ; qu'il regardait les démarches de plusieurs factieux en leur faveur comme alarmantes pour la liberté ; qu'invité à dîner par Pache, avec lequel il est lié, il s'y rendit, y trouva Vincent qui venait d'être élargi ; que ce dernier, auquel il avait rendu quelques services, en le nourrissant et logeant pendant huit mois, l'embrassa en l'abordant et lui dit : Je t'embrasse pour le passé, et non pour le présent ; que lui en ayant demandé la raison, Vincent répondit : C'est que tu n'es plus ce même Legendre, et que tu es modéré ; à quoi lui témoin répondit : Quand un fou et un sage habitent en même maison, il faut un modéré, et en pareil cas je me ferais gloire de l'être; que lui témoin, regardant l'accusé Vincent plutôt comme une mauvaise tête que comme malintentionné, il avait engagé Ronsin à lui faire quelques mercuriales et quelques observations tendantes à ramener ledit Vincent aux bons principes ; mais que Ronsin ne s'en acquitta pas comme il le devait ; que l'accusé Vincent dit encore à lui témoin, que ses principes ne convenaient plus aux circonstances présentes ; qu'il lui demanda s'il avait porté son costume de député dans ses missions, et que lui ayant répondu qu'il ne s'en revêtait que lorsqu'il était en fonctions dans les armées, l'accusé Vincent dit que ce costume était imposant, et n'avait été inventé que pour éblouir ceux qui ne savaient pas l'apprécier; que Ronsin, étant convié chez le ministre Pache, dit à lui témoin : Si Vincent vous paraît extraordinaire, il me semble à moi convenable aux circonstances ; que Ronsin lui ajouta : Vous avez dans votre sein une faction, et si vous n'en chassez les membres vous en rendrez raison ; que lui témoin répondit que ceux que l'on voulait désigner comme des factieux étaient des bons patriotes, et que si on voulait parler de lui, il se ferait toujours un mérite, d'être bon montagnard ; que les accusés Vincent et Ronsin lui répondirent par un rire sardonique et en faisant une pirouette sur les talons ; que Vincent, au sujet du costume de représentant, lui dit qu'il habillerait, dans les Tuileries, des mannequins du même costume, et dirait au peuple : Voilà vos représentans ; que lui témoin répondit : Si de pareils mannequins m'étaient mis sous les yeux, je les embrasserais, et je demanderais à l'inventeur de ces mannequins lequel de lui ou de moi est le véritable patriote, et qui de nous deux aime le plus la liberté.

» *Le président à l'accusé Vincent.* Avez-vous dit au témoin, lors de votre rencontre avec lui chez Pache : *Je t'embrasse pour le passé et non pour le présent;* et sur l'explication à vous demandée de ces paroles et du sens que vous y attachiez, n'avez-vous pas répondu : Je veux dire que tu n'es plus le même Legendre, et que tu es devenu modéré, et que tes principes ne conviennent plus à l'état actuel des choses?

» R. Le témoin a dit vrai à certains égards; mais l'interprétation qu'il semble vouloir y donner est absolument opposée à la vérité et à mes intentions. Je croyais avoir remarqué de la part du témoin du refroidissement pour moi. Il m'avait obligé antérieurement; et le croyant changé à mon égard, je l'embrassai en signe de reconnaissance des services qu'il m'avait rendus, et voulais lui témoigner indirectement ma douleur de ne plus trouver en lui les mêmes dispositions; mais je n'entendais nullement parler de la révolution, et le peu de paroles que je lui ai adressées n'y avaient aucune application.

» *Le président.* Mais lorsque vous cherchiez à ridiculiser le costume des représentans du peuple, en disant que ce costume donnait un ton, et qu'il n'avait été inventé que pour en imposer au peuple, étiez-vous bien pénétré de la dignité des représentans, et du respect que leurs fonctions augustes doivent inspirer à tout bon citoyen ? Lorsque vous transformiez ces mêmes représentans en mannequins, et que vous vous proposiez de les montrer au peuple avec dérision, en disant : Voilà vos représentans, vous prétendrez-vous encore bien intentionné! Direz-vous que votre but n'était de les outrager en aucune manière, lorsqu'il est de toute évidence que vous les calomniez de la manière la plus perfide, en insinuant que nos représentans ne répondaient pas à la confiance dont ils étaient investis, et qu'ils suivaient toutes les impulsions qu'on voulait leur donner, sans s'occuper aucunement du bonheur de leurs commettans et de la prospérité publique, eux qui ne cessent de se livrer aux discussions les plus sérieuses et les plus pénibles, et de lutter journellement contre la malveillance des contre-révolutionnaires de toute espèce!

» R. Je ne me rappelle point avoir manifesté le dessein d'adapter à des mannequins le costume des représentans du peuple ; mais seulement avoir dit que ce costume de différentes couleurs pouvait étonner des yeux qui n'y étaient point accoutumés : c'est peut-être de ma part un propos inconséquent et irréfléchi ; mais au moins il n'y avait de ma part, j'ose en assurer le tribunal, aucune intention de ridiculiser les représentans du peuple, ni de calomnier leurs travaux en une façon quelconque.

» *Le président à l'accusé Ronsin.* Avez-vous dit, conjointement avec Vincent, au témoin Legendre, qu'il y avait dans le sein de la Convention des chefs de factions, et que si on ne chassait ces factieux, on en demanderait compte à la Convention nationale ; et sur la réponse faite avant, par Legendre, qu'il ne connaissait pas les factieux dont vous entendiez parler, et que si c'était lui que vous vouliez désigner, comme faisant cause commune avec les Montagnards, il se ferait toujours honneur de l'être, vous le quittâtes avec un rire sardonique, bien propre à faire connaître que vous rangiez le témoin au nombre des prétendus factieux dont vous disiez l'expulsion nécessaire ?

» R. Le témoin se trompe, lorsqu'il suppose que je lui ai parlé d'une faction existante dans la Convention nationale : j'ai pu lui dire que tous les membres de la Convention ne me paraissaient pas animés du même amour du bien public, et que le peuple demanderait à connaître ceux qui entravaient le mouvement révolutionnaire, et retardaient ainsi son bonheur et sa tranquillité ; mais je n'ai inculpé aucun membre de la Convention en particulier, parce que je n'en connais aucun dont les délits soient dans le cas d'exciter l'animadversion des citoyens ; et que si j'eusse connu des coupables bien prononcés, je n'aurais pas manqué de les dénoncer.

» On produit le second témoin.

» Louis-Pierre Dufourny, architecte et agent national du salpêtre, dépose que pendant un certain temps il a vu Vincent faire des motions patriotiques dans sa section, qu'il fut chargé en apparence d'aller faire une levée de 30,000 hommes dans un département, mais que dans la réalité, c'était pour propager les principes de la liberté dans le département où Vincent était envoyé; mais ce dernier, dit le témoin, loin de remplir le but véritable de sa mission, s'empressa de devancer de quatre heures les représentans du peuple investis de tous les pouvoirs nécessaires pour purifier le même département, de l'air corrompu dont il pouvait être infecté, n'en faire, s'il était possible, qu'une seule et même famille, pénétrée des mêmes principes de liberté et d'égalité. Vincent, continue le témoin, se permit de casser les autorités constituées, de son propre mouvement ; et on ne doit pas en être étonné, parce que l'accusé Vincent affichait publiquement sa haine pour toute autorité constituée depuis les journées des 31 mai, 1 et 2 juin, qu'il paraissait détester. Il cherchait à influencer les sociétés populaires, et à leur faire prendre le change sur le compte des patriotes, qu'il s'efforçait de rendre suspects, pour ensuite leur susciter plus facilement et plus adroitement des persécuteurs, sauf à se démasquer lui-même, et dévoiler son animosité contre les patriotes qu'il se proposait de livrer à la fureur des aristocrates. C'est principalement auprès de la société populaire de Mutius Scœvola que l'accusé Vincent s'est permis d'inculper, contre toute justice, un citoyen nommé Lavaux, et de provoquer son arrestation arbitraire, même son incarcération, tandis qu'il se déclarait le défenseur le plus ardent des fonctionnaires publics chargés d'accusations graves. Vincent, dans la prison, conspirait conjointement avec Ronsin, Proly, Péreyra et autres conjurés détenus, pour anéantir la représentation nationale ; mais ces conspirateurs n'étaient pas d'accord sur les moyens d'assassiner la patrie. Il paraît qu'en défiance l'un contre l'autre, ils craignaient de se livrer entièrement, et affichaient des dehors imposteurs de patriotisme, pour se tromper réciproquement. Vincent disait qu'il fallait ajourner le projet de détruire la Convention, parce que dans ce moment ce serait nuire à la chose publique ; qu'il valait bien mieux attendre que les patriotes fussent dépouillés de tout pouvoir, ne fussent plus rien ; qu'alors on les prendrait l'un après l'autre, on leur demanderait ce qu'ils avaient fait pour la révolution ; que rein ne serait plus aisé que d'établir leur culpabilité, parce que tous avaient mis la main dans le sac. C'est ainsi, dit le témoin, que l'on se flattait de se défaire de tous les patriotes, et de tenir la patrie dans un danger continuel.

» Ronsin voulait que l'on se ralliât à la Valette, pour conduire à la guillotine Bourdon de l'Oise, Fabre d'Eglantine, Dufourny, Robespierre. Il osait former le vœu, bien criminel sans doute, « d'être un Cromwel, pendant une seule journée, pour avoir plus » de facilité de destituer tous les représentans patriotes, et de » les faire assassiner, parce que, disait-il, dans toute cette Con- » vention il n'y a pas un honnête homme ; pas un n'a travaillé » pour le bonheur du peuple. Si ma tête tombe, ajoutait Ronsin, » c'est que je l'aurai bien mérité ; il ne faut pas attendre la paix » pour se venger de ses ennemis ; c'est en temps de guerre que » l'on fait de bonnes affaires. »

» Dufourny fait ensuite lecture de plusieurs notes relatives à Desfieux, et voici quel est à peu près le résultat de ces notes :

» On se demande d'abord quel est le dénonciateur de Desfieux, et l'on répond : c'est Robespierre ; suivant ces mêmes notes, Biron traduit au tribunal, a dit, en y allant, qu'il avait des pièces essentielles contre Ronsin, et que s'il les communiquait elles étaient dans le cas de perdre ledit accusé Ronsin. Il résulte aussi de ces notes que Desfieux, Péreyra, Vincent, Ronsin et autres avaient ensemble de fréquentes conversations pour se concerter sur les moyens d'opérer une contre-révolution ; il paraît, par une note du 18 nivose, qu'ils attendaient un grand mouvement des prisons pour le duodi, ou le nonodi ventôse ; Ronsin voulait gager que sous quinze jours il ne serait plus à Sainte-Pélagie ; selon lui, si le parti d'Hébert venait à triompher, ce dernier ne devait pas faire de grace à Camille Desmoulins, à Danton et autres ; quant au parti de Ronsin, sa réussite n'était pas révoquée en doute, il devait avoir le succès le plus complet, les patriotes égorgés l'un après l'autre, et la patrie dans des alarmes continuelles.

» Le rédacteur de ces notes semblait faire des vœux pour que tous ces projets ne fussent que de la jactance, et ne fussent suivis d'aucune réalité.

» Ces notes apprenaient encore qu'il devait être présenté à la Convention plusieurs pétitions en faveur de Ronsin, Vincent et autres, pour, dans le cas où elles seraient mal accueillies, soulever le peuple contre la Convention, et profiter de l'insurrection populaire pour ouvrir les portes aux prisonniers ; le co-accusé Mazuel était désigné dans les mêmes notes comme coupable de vols dans les armemens, et sa mise en liberté faisait espérer l'élargissement d'autres coupables.

» Le témoin a aussi parlé du rapport de Choudieux, et du soin particulier que l'on prenait de détruire les patriotes dans les prisons ; du projet cromwéliste de Ronsin, comme consigné dans les notes, et d'une lettre où l'on se demandait ce qu'avaient fait les députés, quels services ils avaient rendus à la chose publique.

» Le témoin a ensuite opposé à Desfieux des écrits qu'il ne pouvait désavouer, tels que son mémoire justificatif imprimé avec variantes, et où il s'exprimait ainsi : « Il est bien étonnant » que nous soyons persécutés, parce que nous avons connu Proly, » Hérault, Péreyra, et Dubuisson ; on ne comprend rien à tout » cela : comment se fait-il que des hommes qui sont à la tête de » la révolution n'aient pas le courage de dire la vérité, dût-il » leur en coûter la tête. Je connais Proly, continue Desfieux, je » l'ai toujours vu dans les bons principes ; Hérault disait que » l'emprisonnement de Proly et de ses adhérens ne venait que » d'une intrigue, d'une faction qu'il fallait détruire dans sa nais- » sance : que veut dire l'inaction de tous ces gens persécutés ? » qu'attendent-ils, de quel stimulant ont-ils besoin pour agir ?

» Proly n'est qu'un intrigant, dit le témoin, c'est l'agent, le chef du ministre de l'empereur ; il ne s'est couvert du manteau du patriotisme, que pour mieux voiler ses trames et ses perfidies : c'est un homme fort adroit, fort astucieux, rôdant sans cesse autour des comités de la Convention, s'y introduisant sous mille prétextes, et rédigeant même quelquefois pour Hérault et Barère qui avaient beaucoup de confiance en lui. J'ai cru devoir fixer l'opinion publique sur le compte de cet intrigant dans le cas où il parviendrait à se faire élargir ; depuis quelque temps, j'avais des indices sur la conspiration qui occupe en ce moment le tribunal.

» Desfieux m'avait sollicité plusieurs fois de parler en faveur de Ronsin, au moment de son élargissement, de le faire admettre ; il m'avait sollicité plusieurs fois de faire admettre Vincent aux Jacobins ; mais j'ai toujours su apprécier l'homme proposé et le proposant ; je me suis constamment refusé à parler en faveur de cette admission. Desfieux a voulu me faire un crime d'avoir relevé les abus qui se glissaient dans les sociétés sectionnaires ; il m'a été suspect à plusieurs égards, notamment pour avoir des liaisons particulières avec la fille de Sartines, qui tient au palais de l'Égalité des jeux de hasard, et avec des beaux-frères de Chabot qui soutiennent ces maisons de jeux et en partagent les bénéfices.

» Desfieux, au sein même de la société des Amis de la liberté, entretenait des intelligences criminelles avec le traître Lebrun, il livrait à ses agens les dépêches de la société, ou leur en substituait de fausses; des courriers largement stipendiés se prêtaient à toutes ces manœuvres : et c'est ainsi que les dépêches des Jacobins étaient interceptées et cessaient de circuler dans les départements ; c'est ainsi que les progrès de l'esprit public étaient ralentis, et que la société était compromise par de pareilles menées.

» *Le président aux accusés.* Desfieux, reconnaissez-vous les notes qui vous sont représentées comme émanées de vous ?

»R. Je ne reconnais point ces notes ; je les désavoue pour être de moi, mais je reconnais la lettre et le mémoire dont le témoin a parlé : j'ai rédigé l'un et l'autre pendant ma détention à Sainte-Pélagie.

» Vincent, lors de votre mission à Versailles, n'avez-vous pas devancé de quatre heures les représentans du peuple, et à votre arrivée, ne vous êtes-vous pas permis de destituer les autorités constituées, sans aucun examen préalable, et sans prendre avis de qui que ce soit ?

» R. Le fait est faux, et le témoin, auquel je suis bien éloigné de prêter aucune mauvaise intention, est tombé dans une grande erreur.

» *Le témoin.* Mon dessein n'est nullement de nuire, mais bien de rendre hommage à la vérité. Je l'ai dite, et je persiste dans ma déclaration.

» Ronsin, avez-vous dit qu'il fallait se rallier à la Valette pour conduire à la guillotine certains individus par vous désignés?

» R. Jamais il ne m'est arrivé de former des projets aussi sanguinaires, même contre mes plus dangereux ennemis, et je soutiens le fait de toute fausseté.

» N'avez-vous pas eu avec Biron des correspondances signées Gasparin, tendantes à le faire supplicier ?

» R. Je n'en ai entretenu aucunes, et je n'en redoute pas la représentation.

» Desfieux, avez-vous annoncé des mouvemens extraordinaires pour le duodi ou tridi ? N'avez-vous pas dit que le moment approchait où vos fers et ceux de bien d'autres, allaient se briser ? N'avez-vous pas manifesté des projets de vengeance contre vos calomniateurs ?

» R. J'ai dit que mon innocence ne tarderait pas à être reconnue, mes calomniateurs confondus ; mais je ne leur ai voué aucune haine, aucun ressentiment, et la déclaration de mon innocence sera toujours pour mon cœur la satisfaction la plus douce, la plus consolante, la seule vengeance que je veuille tirer de mes ennemis ; mais je n'ai annoncé aucun mouvement prochain des prisons, et j'étais bien loin des machinations que l'on me suppose.

» Avez-vous eu le dessein de faire afficher des pétitions tendantes à opérer votre élargissement, et celui de vos amis ? Avez-vous entretenu des intelligences tendantes à vous faire un parti chez les Liégeois?

» R. Ces faits ne sont pas plus fondés en vérité que les précédens.

» A-t-il dit qu'il ne voulait pas dénoncer Mazuel, quoiqu'il eût volé dans l'armement militaire ?

» R. Je l'aurais dénoncé si je l'eusse connu pour un fournisseur infidèle ; mais les infidélités de Mazuel, s'il s'en est rendu coupable, me sont absolument inconnues.

» Proly, avez-vous fait des soustractions dans les bureaux des comités de la Convention, comme vous en êtes accusé ?

» R. Je n'ai rien à me reprocher à cet égard, et les soustractions dont on me charge n'ont jamais été mon ouvrage : aucun membre des comités de la Convention ne peut m'adresser un semblable reproche.

» Ronsin, avez-vous dit qu'il ne fallait pas attendre la paix pour se venger de ses ennemis, et que c'était au temps de guerre que l'on faisait de bonnes affaires ?

» R. Ces propos ne sont jamais sortis de ma bouche, et ils n'ont pu m'être attribués que par des ennemis.

» Desfieux, avez-vous concouru à l'envoi d'un courrier à Bordeaux, par ordre de Lebrun, et n'avez-vous pas inséré dans les paquets du courrier des écrits de nature à compromettre la société des Jacobins ?

» R. Je n'ai eu rien de commun avec Lebrun ; je n'ai fait insérer dans les paquets aucun écrit nuisible à la société; j'ai seulement appris, mais quelques jours après le départ du courrier, que mon tonnelier avait inséré dans le paquet quelques signes qui annonçaient que les Girondins, les Brissotins, triomphaient, mais que leur triomphe ne serait pas de longue durée ; c'est le seul renseignement que j'aie sur le fait qui m'est opposé.

» Le témoin Dufourni demande à rendre compte au tribunal d'un fait personnel au co-accusé Clootz, et qu'il ne s'était pas d'abord rappelé

Dufourny. « Une femme émigrée, nommée Chemineau, disait avoir fait un voyage en Angleterre, pour y contracter, disait-elle, une alliance ; et à raison de ce mariage faux ou vrai, ladite

Chemineau avait fait une assez longue absence de France : elle paraissait craindre d'être portée sur la liste des émigrés; elle semblait avoir quelque intérêt d'établir sa résidence en France, dans le mode prescrit par la loi, et n'aurait pas été fâchée de pouvoir remplir quelques lacunes existantes dans les certificats et attestations qu'elle s'était efforcée de rassembler ; enfin on voulait, disait-on, savoir simplement si cette femme était ou non émigrée, et si quelques autorités constituées, dans les listes relatives à l'émigration, n'avaient pas classé ladite femme au nombre des ennemis déserteurs du territoire français ; tel était au moins le prétexte imaginé par Hérault de Séchelles et le co-accusé Clootz, qui se déclaraient les solliciteurs et les protecteurs de ladite femme.

» Mais les petites intrigues pratiquées par Hérault et Clootz, auprès du procureur général syndic du département et de moi, les petits airs mystérieux avec lesquels on affectait de nous aborder, les petits billets à nous adressés, les rendez-vous, les entretiens secrets qui nous étaient demandés, tout cela me persuada, à moi, que ce qui nous était demandé, n'était pas de simples renseignemens sur l'émigration ou non émigration présumée de la femme Chemineau, mais bien des moyens, des déclarations propres à faciliter à cette femme la preuve complète de sa résidence en France, et à lui fournir une justification qu'elle paraissait fort embarrassée de faire.

» En effet, l'accusé Clootz vient au département, me fait plusieurs signes que je feins de ne pas comprendre, et qui m'indiquaient assez que l'on voulait parler mystérieusement, soit à moi, soit au procureur-général-syndic du département ; enfin on se décide à m'adresser un billet de rendez-vous, tant pour moi que pour le citoyen Lullier : nous arrivons au lieu convenu, nous y trouvons un dîner splendide, le dessert y correspond, et c'est le moment où la conversation s'engage pour la femme Chemineau ; et à ce sujet, on nous prie de passer dans un petit cabinet où nous pourrons causer plus à notre aise ; mais moi qui pressentais le but de ces colloques particuliers, et qui en étais intérieurement révolté, je n'ai pu m'empêcher de manifester mon indignation telle que je la ressentais. J'ai déclaré bien formellement que mon intention était de ne prêter l'oreille à aucune proposition tant que je ne serais pas rendu au département, et que c'était là le seul endroit où j'entendais parler d'affaires; on insista cependant, on nous dit qu'il n'était question que d'être favorable à la femme Chemineau; qu'elle ne demandait qu'à connaître si elle pouvait ou non se regarder comme n'ayant quitté le territoire français que momentanément, et pour voyage indispensable, avec l'espoir du retour qu'elle s'était empressée d'effectuer.

Le président à l'accusé Clootz. » Avez-vous pratiqué des manœuvres tendantes à séduire et corrompre le témoin et le procureur-général-syndic du département, pour leur extorquer un certificat de non-émigration en faveur d'une émigrée nommée Chemineau?

» R. J'ai dit au témoin que je m'intéressais à la femme Chemineau, qui avait été forcée de faire un voyage en Angleterre pour y contracter une alliance avantageuse; qu'elle m'avait assuré n'être restée en Angleterre que le temps suffisant pour y terminer son mariage, que je ne la considérais pas comme émigrée, mais que, dans tous les cas, je l'invitais à examiner promptement cette affaire, et à me donner la certitude si cette femme était ou non portée sur la liste des émigrés; mais je ne lui ai demandé aucune déclaration tendante à légitimer l'émigration de la femme Chemineau; dans le cas où elle eût été réelle, rien de contraire à la loi, et qui pût en la moindre chose compromettre les intérêts de la république.

» On entend un autre témoin.

» Jacques Moine, agent comptable d'un atelier d'armes, dépose que vers la fin de 1792, il a connu le co-accusé Proly, avec lequel il eut occasion de converser plusieurs fois; que les patriotes se rassemblant alors volontiers, à cause des circonstances sérieuses où l'on se trouvait, il a vu Proly s'introduire fréquemment dans les groupes; que dans ces groupes où il énonçait son opinion sur notre position, il se déclarait le partisan outré de

Dumourier, vantait ses talens militaires et toute la confiance que lui accordaient les troupes ; qu'il blâmait le décret du 15 décembre 1792, relatif à la réunion des Belges à la France, et disait qu'il fallait laisser aux Belges leurs nobles et leurs prêtres ; qu'il fréquentait Lebrun, était intimement lié avec lui ; que s'étant introduit au département des affaires étrangères, et en ayant examiné les feuilles, il s'était permis d'en improuver les plans et combinaisons.

» Vers la fin de décembre 1792, époque à laquelle, par la trahison et l'infidélité des administrateurs d'équipemens militaires, nos armées manquaient de tout, continue le témoin, Proly et Dubuisson paraissaient avoir arrangé un dîner à dessein avec Bonne-Carère, homme suspect à tous égards ; la conversation fut amenée sur les événemens de la révolution ; alors Proly ne cessa d'exhaler sa bile et sa rage contre tous les patriotes, de les calomnier en tout sens, ainsi que toutes les mesures prises pour résister à la coalition des tyrans, et déjouer la malveillance de sen-nemis intérieurs ; Proly, d'intelligence avec Dubuisson, Péreyra, Desfieux et Bonne-Carère, tous réunis en ce moment, dirent au témoin qu'ils étaient connus des puissances étrangères, qu'ils étaient dans le cas d'entamer des négociations avec ces puissances, et de leur donner le dénouement le plus heureux ; par suite de cette conversation, on lui proposa de se rendre à un conciliabule qui se tenait chez Desfieux ; conciliabule qui, disait-on, avait pour objet de vivifier l'esprit public dans les départemens, et lui donner la tendance qu'il devait avoir pour le bien commun de la république ; il s'agissait de trouver des hommes intelligens, probes, et bien intentionnés, pour remplir cette mission dans les départemens, parce qu'on leur confierait des sommes considérables ; si tu te détermines à partager cette mission, lui ajoutèrent les susnommés, sois certain que l'argent ne sera pas épargné, et qu'il ne te manquera pas. Je refusai la mission qui m'était proposée, et que je savais apprécier, continue le témoin ; on revint à la charge, on me pressa de nouveau, on s'efforça de m'entraîner par des offres séduisantes pour tout homme qui ne mesure ses actions que sur son intérêt personnel ; on me trouva toujours le même, c'est-à-dire inflexible. Je me repens en quelque façon de n'avoir pas prêté une oreille docile aux propositions qui m'étaient faites, dit le témoin, de n'avoir pas feint d'approuver le projet de nouveau gouvernement dont Proly et ses adhérens s'occupaient de poser les bases ; j'aurais peut-être mieux servi la chose publique, j'aurais pénétré tous les secrets des machinateurs, je les aurais dévoilés, et aurais peut-être eu le bonheur de prévenir la conjuration qui a pensé perdre la patrie. Mais je reviens aux faits dont j'ai à rendre compte au tribunal, et je dis que les co-accusés ne trouvant pas en moi l'homme qu'ils désiraient, et craignant de s'être mis trop à découvert, voulurent jouer les patriotes ; la conversation fut donc dirigée sur les banquiers : on dit qu'ils avaient beaucoup nui à la chose publique, en faisant passer des fonds aux ennemis extérieurs et aux émigrés ; qu'ils s'étaient enrichis de ce commerce illicite, et avaient doublé leur fortune des calamités publiques.

» A l'égard de Péreyra, je dirai que j'ai remarqué ses intrigues au comité de correspondance des Jacobins ; que ses liaisons avec un banqueroutier infâme, m'ont donné dudit Péreyra l'opinion la plus mauvaise ; que ce Péreyra était le prôneur indécent de l'immoral Beaumarchais, qui avait fait une fourniture infidèle ; que Proly se vantait d'être le faiseur, c'est-à-dire la plume de Hérault de Séchelles, et d'avoir des rapports avec les Belges, et plus d'une fois je l'ai soupçonné de divulguer les secrets de la République, et de trahir ses intérêts par des pratiques sourdes qu'il entretenait aux différens comités de la Convention.

» Je me rappelle qu'un nommé Collet, adjudant-général, ayant eu l'indécence de proposer une insurrection à jour marqué dans le sein de la société, la proposition fut consignée sur les registres ; qu'un membre observa que la proposition était insidieuse, et qu'il voulait connaître les causes et le but de cette insurrection, avant de partir, afin de savoir si la cause était légitime, et s'il serait plus utile à Paris qu'ailleurs ; et qu'il lui fut répondu de persister dans les principes qu'il avait pu puiser dans la séance de ce jour, et qu'avec de tels principes il pourrait être utile partout aux membres de ladite société.

Le président aux accusés :

» Proly, avez-vous blâmé le décret du 15 décembre 1792, qui prononçait la réunion de la Belgique à la France? avez-vous dit qu'il fallait laisser aux Belges leurs nobles et leurs prêtres?

» R. Le témoin a confondu la réunion d'une partie de la Belgique avec la réunion entière ; j'ai seulement dit que les Belges n'étaient pas encore mûrs pour la Révolution française, et qu'ils ne pouvaient encore se passer de leurs nobles et de leurs prêtres.

» N'avez-vous pas dit qu'il ne fallait pas piller leurs églises, voler leur argenterie, comme on l'avait fait en France?

» R. Je n'ai rien dit de relatif à leurs églises, et encore moins à leurs richesses.

» Ne vous êtes-vous pas montré le partisan déclaré de Dumourier, n'en avez-vous pas fait un éloge affecté, au moment où il était déjà plus que suspect. N'aviez-vous pas des liaisons intimes avec Lebrun? N'avez-vous pas censuré quelques feuilles du département des affaires étrangères? Au moment où les despotes semblaient nous menacer de leur approche, n'avez-vous pas arrangé un dîner de concert avec Dubuisson et Bonne-Carère? n'avez-vous pas amené la conversation sur les événemens du jour? n'avez-vous pas affecté de calomnier les patriotes de toutes les manières, et tout ce qui se faisait alors? Ne vous êtes-vous pas annoncé comme propre à entamer des négociations avec les puissances étrangères que vous disiez connaître, ainsi que vos co-accusés Dubuisson, Péreyra, Desfieux, et Bonne-Carère? N'avez-vous pas proposé au témoin d'assister à un conciliabule qui se tenait chez Desfieux, et qui avait pour objet, selon vous, de former un plan de nouveau gouvernement à communiquer à tous les départemens, mission pour laquelle il vous fallait des hommes intelligens et probes, parce qu'il y aurait de l'argent à manier?

» Proly a-t-il dit qu'il serait nécessaire que la société des Jacobins s'occupât de la question de savoir s'il ne conviendrait pas de faire la paix avec les puissances étrangères ? A-t-il dit qu'il connaissait des agens de ces puissances qui entameraient cette négociation ?

» Desfieux a-t-il dit que le comité de salut public devrait prendre des mesures contre les banquiers qui avaient fait un commerce ruineux pour la République ?

» R. Sur les éloges prodigués à la conduite de Dumourier, au moment où il commençait à perdre dans l'opinion publique, je ne le dissimule pas, je m'étais fait de Dumourier, la plus haute idée ; ses succès avaient entretenu mon erreur, et j'avais une espèce de vénération pour ses talens militaires, et mon illusion n'avait encore pu être détruite par aucun fait répréhensible de ce Dumourier au moment où j'en parlais comme d'un homme utile et même précieux à la nation française.

» Sur le fait relatif à mes prétendues liaisons avec Lebrun, je réponds que je n'en ai eu aucunes particulières, que je n'ai vu Lebrun que passagèrement et sans aucune intimité.

» J'ai quelquefois été admis dans le département des affaires étrangères ; on m'a quelque fois consulté sur les correspondances, mais jamais je ne me suis permis aucune censure à ce sujet.

» Dans aucun cas je n'ai calomnié les patriotes, et je ne me suis jamais flatté d'avoir des rapports avec les puissances étrangères, et encore moins d'entamer des négocations avec elles et de les conduire au but désirable pour la République.

» Desfieux répond, relativement au conciliabule tenu chez lui, que ce n'était autre chose qu'un rassemblement de patriotes bien connus, qui s'occupaient des moyens de propager et alimenter l'esprit public ; mais qu'il n'y était question d'aucune innovation dans le gouvernement, et encore moins de mission dans les départemens et d'argent à y distribuer.

» Proly répond, sur la prétendue proposition faite aux Jacobins d'agiter la question de savoir s'il ne serait pas avantageux de faire la paix avec les puissances étrangères et de négocier avec elles, que le fait est de toute fausseté, ainsi que les intelligences qu'on lui a supposées gratuitement avec lesdites puissances.

» Desfieux répond, sur les prétendues mesures par lui annoncées devoir être prises par le comité de salut public, contre les banquiers, qui par leur commerce illicite avaient favorisé les émigrés, que ces faits ne sont pas moins faux que les prétendues négociations avec l'empereur, et qu'il n'y doit aucune créance.

» Péreyra répond, sur l'éloge, qui lui est reproché, de Beaumarchais, qu'il s'est contenté de dire que le susnommé ne pouvait être puni pour sa fourniture, en la supposant même infidèle; et qu'il ne pouvait s'empêcher de déclarer les obligations essentielles qu'il lui avait, quoique Beaumarchais ne fût pas de la plus exacte délicatesse, et que cette déclaration, de la part de lui Péreyra, a plutôt été dictée par le caractère plaisant et facétieux qu'on lui connaît, que par un attachement particulier pour Beaumarchais.

» Dubuisson nie les intelligences qu'on lui suppose dans les comités de la Convention, et parle des manuscrits du représentant Bazire; il prétend qu'il n'assistait que rarement au conciliabule tenu chez Desfieux, et n'avait aucune intimité avec ce dernier, ni avec Péreyra. »

On entend un autre témoin.

« Jean-Baptiste Sanbale, peintre de portraits, et juré au tribunal, dépose contre les co-accusés Péreyra, Proly, Vincent, Dubuisson, Hébert et Desfieux, et s'explique en ces termes, sur chacun d'eux en particulier; et d'abord sur le compte de Proly, dont il avait entendu parler avantageusement, et que par cette raison il chercha à connaître : je vis Proly de près, dit-il, je ne tardai pas à remarquer que cet homme n'était pas doué d'une grande morale, et ce fut une raison pour moi de peu parler, mais de beaucoup observer.

» Dans le temps où nos armées étaient aux prises avec l'ennemi, Proly paraissait parfaitement instruit de tout.

» Relativement à une espèce de maladie pestilentielle qui s'était introduite dans les armées prussiennes, et dont je parlais à Proly, comme étant facile à guérir, ce dernier me déclara « qu'il regar-
» derait comme fort heureux pour les Français que les Prus-

» siens se retirassent ; que ce serait le cas de favoriser leur re-
» traite, plutôt que de la contrarier par une poursuite impru-
» dente ; par suite, ajoutait Proly, on ménagerait un arrangement
» avec les Prussiens ; je le crois fort utile, et c'est selon moi un
» moyen de faire sortir le roi de Prusse de la coalition. »

» Proly était journellement le panégyriste de Dumourier.

» Je ne sais comment nous nous trouvâmes, un certain jour, réunis à dîner chez Girardin, traiteur aux Jacobins ; je fus surpris de voir Bonne-Carère du nombre des convives, et je n'en devins que plus silencieux, plus sévère observateur de ce qui se passerait. Au dessert la conversation s'échauffa beaucoup au sujet de la Belgique. (Les patriotes, en entrant à table, avaient eu soin de se placer les uns auprès des autres, et le parti contraire avait fait de même.) Proly causant beaucoup à ce dîner, s'avisa, dans le courant de la conversation, de se tourner avec affectation vers nous, et de nous adresser les paroles suivantes : « Vous
» devriez, vous autres, proposer la paix aux Jacobins, car il
» est de toute impossibilité de faire la guerre sans subsistances ;
» et les armées sont dans le plus grand dénuement. »

« Cette proposition me remplit d'indignation pour celui qui en était l'auteur ; mais elle a cessé de me surprendre, moi et tous les patriotes, lorsque nous avons appris qu'à la mort de l'ex-général Dampierre, il avait été trouvé dans sa poche une lettre de Proly, qui traitait de négociations de paix.

» J'avais souvent entendu Proly blâmer le décret du 15 décembre 1792, sur la réunion de la Belgique à la France ; je savais qu'il était lié d'amitié avec le traître Lebrun ; qu'il disait qu'il fallait laisser aux Belges leurs nobles et leurs prêtres.

» Apprenant donc que Proly était nommé pour une mission secrète dans la Belgique, j'en conçus les plus vives alarmes ; je craignais que les intérêts de la République ne fussent trahis.

» Quelque temps après voyant ledit Proly de retour, et accompagné de Dubuisson et de Péreyra, je sus qu'il devait se faire le lendemain un rapport intéressant selon eux, sur la mission de la Belgique ; et je me proposai bien de me rendre à la séance des

Jacobins, pour connaître les résultats de ce rapport annoncé avec tant d'importance; mais il ne se fit que le lendemain du jour indiqué, ne donna aucun renseignement sérieux, et ne fut pas jugé par la société aussi intéressant que Proly l'avait annoncé.

» On y remarqua seulement l'annonce affectée de la marche de Dumourier contre la Convention.

» Les ennemis de la chose publique s'efforçaient d'accréditer ces bruits, afin d'épouvanter les patriotes, et de semer l'alarme partout.

» Proly et Dubuisson étaient du nombre de ces malintentionnés, car causant avec eux, et m'exprimant comme je le devais, sur les Brissotins et les Girondins, Proly et Dubuisson me dirent qu'il fallait proscrire ces dénominations infâmes, et s'unir. Indigné de ce propos, je répondis : il ne peut y avoir de paix avec les méchans, et mon union se fera le couteau à la main.

» Proly et Dubuisson, sans aucun égard pour le sentiment d'indignation que je leur avais manifesté, me répétèrent avec affectation : oui, il faut s'unir, parce que Dumourier marche contre la Convention.

» Je niai ce fait avec une espèce de fureur, et ajoutai que, dans tous les cas, on saurait faire tête à Dumourier, et à tous les scélérats qui pouvaient lui ressembler. Ma réponse énergique déconcerta Proly; je le fixai, et j'aperçus la rage peinte dans ses yeux; je voulus continuer de lui adresser quelques mots, mais il détournait ses regards de dessus moi, pour les porter sur Dubuisson, feignant de ne pas m'entendre, pour me témoigner que c'était à Dubuisson que je devais parler.

» J'eus occasion, sans le vouloir, de rencontrer Proly et Dubuisson, qui me firent des politesses affectées, et m'adressèrent des complimens sur mes talens pour la peinture; mais toute la perversité des co-accusés m'était connue, je m'éloignai d'eux, et dis même à Desfieux, qui paraissait en être surpris : je me retire d'avec vous, parce que vous voyez des hommes suspects.

» Je dirai, à l'égard de Desfieux, que lorsque je lui peignais

Lebrun comme un traître, Desfieux répondit : « Si jamais il est
» dénoncé, je monterai à la tribune pour le défendre. » Une accusation grave fut dirigée, peu de temps après cette conversation, contre Lebrun ; mais Desfieux, au lieu de défendre, comme il l'avait promis, ce ministre perfide, trouva bien plus commode de soustraire la connaissance de cette accusation à la société des Jacobins, et de la séquestrer dans des cartons où elle est encore renfermée.

» Lebrun avait donné des sommes immenses pour faire intercepter les dépêches des Jacobins, qui ne cessaient de circuler dans les départemens.

» J'ai singulièrement connaissance d'une somme de 4,000 liv., versée par Lebrun dans le comité de correspondance des Jacobins, pour faire expédier les dépêches de cette société. Desfieux a été forcé d'en convenir, et sur le reproche que je lui faisais de se prêter à cette manœuvre, il me répondit : « Il faut prendre
» l'argent des intrigans, et se moquer d'eux, en leur refusant
» toute espèce de satisfaction. »

» Desfieux a calomnié Marat au sujet d'une adresse énergique des Jacobins, que l'on a voulu faire servir de fondement au décret d'accusation lancé contre le martyr de la liberté. Il se vantait publiquement d'être l'ami de Lebrun, et m'a lu plusieurs fois, avec emphase, les écrits de Proly.

Hébert, dans une affiche, a fait des sorties indécentes contre Danton ; il a essayé de le vilipender par cette affiche. Il y a eu des intrigues de la part de Momoro et Delcloche, concertées avec Vincent, pour faire recevoir ce dernier aux Jacobins, déjà repoussé du sein de la société, et cela pour fixer l'opinion publique sur Vincent et l'expliquer en sa faveur. Desfieux proposait sans cesse des missions, et m'en proposa une notamment pour Marseille, en me disant que si je voulais l'accepter, l'argent ne serait pas épargné, et que l'on irait jusqu'à 200,000 liv.

» Desfieux a reçu une dénonciation grave contre Lebrun, et au lieu de la rendre publique, il l'ensevelit dans le plus grand silence, en disant qu'elle venait d'un intrigant et qu'on ne devait y avoir aucun égard. Desfieux, dans le dessein criminel de dégarnir Marseille de patriotes, leur offrait à tous des places, soit dans le Levant et auprès de la Porte, comme consuls, soit chez le ministre des affaires étrangères, comme employés.

» *Le président.* Proly, avez-vous dit au témoin que vous regarderiez comme fort heureux pour les Français, que les Prussiens se retirassent; qu'il fallait favoriser leur retraite au lieu de s'y opposer, et ménager ensuite un arrangement avec le tyran de la Prusse?

» R. Le témoin se trompe; je ne lui ai jamais tenu de semblables propos.

» N'étiez-vous pas le flagorneur de Dumourier, que vous encensiez journellement comme votre idole?

» R. J'ai déjà répondu à cette inculpation, et je n'ai rien à ajouter.

» Dans un dîner, chez Girardin, traiteur aux Jacobins, n'avez-vous pas dit au témoin, vous tournant vers lui et ceux qui l'avoisinaient : « Vous devriez vous autres proposer la paix aux » Jacobins, car il est de toute impossibilité de faire la guerre sans » subsistances, et les armées sont dans le plus grand dénue- » ment? »

» R. Le fait est vrai, à quelques différences près, c'est-à-dire que j'ai parlé du défaut de subsistances et de la détresse des armées, mais nullement de propositions de paix.

» Comment accorderez-vous votre réponse avec une lettre de vous à Dampierre : lettre trouvée dans la poche de ce dernier, et qui traitait de négociation de paix avec les ennemis?

» R. J'accorderai facilement le tout, et je ne dirai que la vérité. Lorsque l'armée du Nord se trouvait réduite dans une certaine stupeur, par quelques échecs précédens de trahisons ou de toute autre cause, quelques membres du comité de salut public m'engagèrent à écrire à Dampierre, pour l'inviter à insinuer adroitement aux puissances coalisées, de reconnaître la République française et de se retirer.

» Avez-vous quelque chose à ajouter sur le second reproche

qui vous est fait d'avoir blâmé le décret du 15 décembre 1792, relatif à la Belgique ? Étiez-vous l'ami de Lebrun ?

» R. Je n'ai rien à ajouter sur le fait relatif à la réunion des Belges, et je n'ai jamais eu aucune intimité avec l'ex-ministre Lebrun.

» Dans le rapport fait par vous aux Jacobins, sur votre mission dans la Belgique, n'avez-vous pas annoncé la marche de Dumourier contre les Jacobins ?

» R. Je n'ai fait, en parlant de la marche de Dumourier contre la Convention, que rapporter ce qui m'avait été assuré, et préparer le peuple de Paris à la résistance, dans le cas où cette marche se réaliserait. On ne peut me supposer aucune mauvaise intention.

» Proly et Dubuisson, avez-vous dit qu'il fallait proscrire les dénominations infâmes de Brissotins et de Girondins, parce que Dumourier marchait contre la Convention? Avez-vous répété avec affectation : oui, il faut s'unir à raison de la marche de Dumourier ; et vous, Proly, sur le mouvement d'indignation du témoin, provoquée par votre proposition indécente, ne lui avez-vous pas lancé des regards étincelans, et cessé toute conversation avec lui ?

» Proly et Dubuisson répondent sur le premier fait, relatif aux Brissotins et Girondins, qu'ils n'ont aucunement parlé de cette faction ; ils ont dit seulement, qu'au moment où des généraux traîtres conspiraient contre leur patrie, et la menaçaient de ravager son sol, c'était le cas de se réunir tous contre l'ennemi commun ; et sur le second fait, que l'union n'a pas été demandée avec affectation, et que lui, Proly, n'a témoigné aucun ressentiment au témoin.

» Desfieux, lorsque le témoin vous retraçait toutes les scélératesses de l'ex-ministre Lebrun, avez-vous dit : si jamais il est dénoncé, je monterai à la tribune pour le défendre ?

» Desfieux répond : je ne me rappelle pas ce propos, je ne crois pas l'avoir tenu ; et jamais il ne m'est arrivé de défendre Lebrun.

» Persuadé que cette défense n'était pas soutenable, et que vous n'auriez fait que vous démasquer vous-même, n'avez-vous pas imaginé, pour le mieux servir, de dérober à la connaissance de la société des Jacobins une dénonciation grave contre ce Lebrun, en disant qu'elle venait d'un intrigant?

» R. Je réponds que le fait est faux, que la société a connu cette dénonciation, et que je l'ai mise dans le cas d'en examiner le bien ou mal fondé.

» Desfieux, n'avez-vous pas reçu de Lebrun des sommes considérables, pour faire expédier les dépêches des Jacobins dans les départemens, singulièrement une somme de 4,000 livres? n'aviez-vous pas coutume de vous offrir pour faire partir ces dépêches, en prétendant que vous aviez à votre disposition des moyens propres à accélérer l'envoi de ces dépêches? n'étiez-vous pas d'intelligence avec Lebrun, pour faire intercepter ces dépêches, comme elles l'ont été à Bordeaux, et n'avez-vous pas dit, au sujet de l'argent que vous receviez de Lebrun : Il faut recevoir l'argent des intrigans, et se moquer d'eux, en leur refusant toute espèce de satisfaction?

» R. Il y eut une époque où la société des Jacobins eut des dépêches à faire passer dans les départemens, et elle manquait de fonds pour cet envoi ; le ministre Lebrun proposa des fonds pour faciliter cette expédition. Quatre mille liv. furent comptées et acceptées, et les dépêches remises au courrier ordinaire ; j'ignore si ces dépêches ont été interceptées, mais je n'ai eu aucune part à cette interception. Il n'y a eu aucune collusion entre Lebrun et moi à ce sujet. J'ai dit : Il faut recevoir l'argent des intrigans et s'en moquer ; je ne vois rien de criminel dans ce propos.

» Il résulte de la déposition du citoyen Lavaux, sous-chef au département de la guerre, que Vincent, secrétaire-général audit département, y exerçait le despotisme le plus révoltant, envers les employés qui lui étaient subordonnés ; qu'une fausse accusation de vol, portée contre ledit Vincent, et dont le témoin avait prévenu l'accusé, fut une raison pour ce dernier de provoquer plusieurs incarcérations contre le témoin.

» La même déposition prouve que le co-accusé Hébert faisait aux Jacobins et aux Cordeliers les motions les plus insidieuses, et tendantes à favoriser les intrigues des puissances coalisées ; semait de fausses nouvelles, propres à égarer le peuple et à le soulever, et qu'après en avoir garanti l'authenticité sur quelques lettres à lui adressées, il finissait par désavouer les faits par lui annoncés.

» Je savais, ajoute le témoin, que le parlement d'Angleterre publiait que les Jacobins étaient des athées ; c'est pour leur donner le démenti que j'avais fait insérer dans un journal, dont je suis le rédacteur, ma profession de foi sur l'existence d'un être suprême. Que fait Hébert, qui toujours motionne dans le sens des tyrans coalisés, avec lesquels il est d'accord ? Il se présente aux Jacobins et y provoque une censure contre moi, parce que j'ai reconnu publiquement l'existence d'un être suprême ; il demande à la société une déclaration contraire à la mienne, c'est-à-dire, une déclaration de laquelle il résulte que cette société n'admet pas l'existence d'un premier auteur de toutes choses ; et c'était sans doute pour prouver au parlement d'Angleterre que les Jacobins n'étaient pas un composé d'athées, comme on les en accusait.

» La déposition du sixième témoin fournit la preuve que Péreyra et Desfieux calomnioient habituellement la Convention et les autorités constituées.

» Péreyra se disait l'auteur de la journée du 31 mai ; ajoutait qu'elle n'avait pas eu le dénoûment qu'on devait en attendre ; qu'il fallait un second trente-un mai, mais bien autrement dirigé que le premier ; il annonçait que les choses allaient prendre une face bien différente, et que cela ne serait pas long. Il disait encore qu'il comptait les minutes de sa détention, pour faire tomber autant de têtes, lors de son élargissement.

» Ronsin accusait Robespierre d'avoir donné tête baissée dans différens complots, et de régner en souverain ; mais que ce règne ne serait pas de longue durée ; il n'avait été emprisonné, selon lui, que parce qu'on craignait qu'il ne devînt trop puissant ; bientôt, disait-il, les prisons seront ouvertes, mais ce ne sera pas pour tous les prisonniers ; les uns seront élargis, les autres sacrifiés.

» Le co-accusé Clootz annonçait que l'on allait arranger et choisir, de manière à soustraire les coupables au glaive de la loi; et que tant que le tribunal révolutionnaire existerait, ils étaient fort tranquilles.

» Dubuisson, en parlant de la guillotine, disait que nobles et prêtres, étaient la même chose.

» La déposition de Jobert, septième témoin, apprend que Ronsin ne cessait de calomnier la Convention, les autorités constituées, les comités de surveillance et de sûreté générale; il ne reconnaissait dans la Convention que deux cents membres estimables; selon lui, elle avait dans son sein une faction liberticide qui opprimait les patriotes : il soutenait qu'on ne parviendrait à obtenir aucune justice, tant que le comité de sûreté générale ne serait pas renouvelé; il désignait comme traîtres, Robespierre, Bourdon (de l'Oise), Phélippeaux, et autres; que ce Robespierre, qui faisait tant le patriote, traitait, avant la révolution, la France de républicomane; qu'il en existait des preuves écrites, suffisantes pour le faire guillotiner.

Ronsin, suivant le même témoin, lisait souvent les révolutions d'Angleterre, singulièrement l'histoire de Cromwel, et faisait des vœux pour ressembler à ce Cromwel qu'il traitait de grand homme, et dont il désirait de jouer le rôle.

» Au milieu de l'oppression populaire où l'on gémissait, disait Ronsin, il n'y avait qu'un seul moyen de s'en tirer, c'était de se lever en masse, de se mettre en insurrection; Ronsin ne voulait pas que les prisonniers y jouassent un rôle immobile, puisque son projet était d'introduire clandestinement dans les prisons des pistolets et des sabres, et de massacrer tout ce qui s'opposerait à son passage.

» On agitait, dans la prison, la question de savoir s'il fallait renouveler la Convention et convoquer les assemblées primaires; quelqu'un observait que ce n'était pas le moment; mais Ronsin soutenait que c'était plus que jamais, l'instant de demander à la Convention, ce qu'elle avait fait pour le peuple, et d'en expulser tous les membres qui ne pourraient prouver leurs services rendus à la chose publique.

» Les huitième et neuvième dépositions n'ont donné aucun renseignement important.

» Le dixième témoin, Victoire Guingré, femme Dubois, imprimeur, a déposé à la charge d'Hébert. Elle a dit qu'en 1790 elle avait en pension un nommé Boisset, médecin, ami d'Hébert; que ce dernier étant dans la plus grande détresse, manquant de tout, même de logement, vint trouver son ami, chez elle déposante, exposa ses besoins, et reçut des secours ; qu'il se mit ensuite à écrire pour la Révolution, à la sollicitation du même ami qui l'avait obligé ; que peu de temps après, Hébert disparut pendant deux ou trois jours, emportant matelas, chemises, cols et autres effets au même homme qui l'avait recueilli dans son indigence.

» Le onzième témoin ne dépose d'aucun fait relatif à l'accusation.

» Le douzième, Raymond Germinal, ministre de la République en Suède, rend compte d'un fait relatif à Laumur : il dit que s'étant entretenu avec l'accusé, de la séance des Cordeliers, et lui ayant demandé la raison pour laquelle on avait voilé les droits de l'homme, Laumur répondit : Ils veulent établir un grand juge, et c'est Pache qu'ils désignent : il s'agirait d'abattre cinq ou six têtes, et tout serait tranquille.

» François-Joseph Westermann, général de brigade des armées de la République, dépose avoir appris d'un nommé Henrion, employé à l'administration des charrois, qu'il venait nuitamment à Paris des détachemens de l'armée révolutionnaire, lesquels devaient être dirigés contre la Convention et le comité de sûreté générale; qu'il lui a été dit qu'il devait y avoir un grand juge, et que l'on nommait Pache à cette place : les conjurés se gardant bien de présenter un dictateur au peuple, parce que cette espèce de gouvernement lui était trop connue.

» A l'égard de Proly, le même témoin a dit avoir appris que ce Proly était l'espion de l'empereur, et que Chabot avoir reçu cent mille livres pour l'expédition de la Belgique, et devait recevoir encore de plus fortes sommes.

» Westermann a encore déclaré que la guerre de la Vendée n'était qu'une guerre d'intrigue ; et que si elle durait encore, c'est que les généraux n'avaient pas voulu la finir ; que les intrigans qui ont retardé la fin de cette guerre sont Ronsin et Rossignol, qui avaient des ordres en poche pour renvoyer tous ceux qui paraîtraient contrarier leurs menées ; qu'enfin la mission de Ronsin à la Vendée était celle de général-ministre.

» Claudine Capoue, femme Loucher, dépose, à la charge de Leclerc, que ce dernier lui a dit que Cambon allait être guillotiné ; que c'était un gueux qui avait payé pour cent mille écus de dettes avec les biens de la nation ; que bien d'autres députés, tels que Thuriot, renvoyé des Jacobins, Barrère, Danton, accompagneraient Cambon à la guillotine.

» Sur l'observation faite à Leclerc, par le témoin : Qu'allons-nous devenir, si tous les représentans nous trahissent et sont reconnus coupables? Leclerc répondit : Quand il n'en resterait qu'un pour faire les affaires, cela suffirait.

» Plusieurs témoins ont déposé de ces faits, à la charge de Leclerc.

« Adrien Brochet a rapporté plusieurs faits contre les co-accusés Ducrocquet, Momoro, Vincent, Ronsin, Hébert, Ancar, tous faits relatifs au despotisme exercé par ces derniers dans le club des Cordeliers, et au voile dont les droits de l'homme ont été couverts sur les différentes motions de ces accusés.

» Il y avait un fait particulier à Ducrocquet, c'est le pillage d'une voiture, qu'il s'est permis, en y prenant trente-six œufs, un lapin et autres comestibles.

» Loyer, juré au tribunal, a déposé du même fait contre Ducrocquet.

» Contre Ancar, il a dit que ce dernier, parlant de Robespierre, publiait que le patriotisme de ce représentant était bien usé.

» Il a déclaré que dans le club des Cordeliers il y avait trois meneurs, savoir : Vincent, Momoro et Hébert, et que le reste était mené; l'intention dans les meneurs était d'expulser de la société tous les Jacobins.

» Ducrocquet, par suite de la motion tendante à voiler les droits de l'homme, proposa l'arrêté qui avait pour objet de se transporter à la Commune, en masse, pour lui communiquer des inquiétudes sur les subsistances, et Momoro était de cet avis.

» Fabre Lubin, juge du tribunal du premier arrondissement, et président de la Commune, certifie la vérité des griefs portés contre les accusés.

» Un autre témoin dépose des arrestations arbitraires provoquées par Ducrocquet, et qu'Ancar disait dans un café, rue de Thionville, qu'avant trois semaines il y aurait plus de quatre-vingt mille têtes à bas; le même témoin parle d'un pot-de-vin de 40,000 liv. reçu par Vincent pour marché de fournitures à la République : et d'avoir entendu dire à des particuliers montés dans une voiture arrêtée près les Jacobins : il est bien étonnant que la société ne s'occupe pas de faire élargir Vincent, Ronsin et Momoro. Si dans trois jours ils ne sont pas libres, nous avons un sûr moyen de leur procurer sortie.

» Un autre témoin parle des visites fréquentes de Ronsin dans les prisons, comme ayant mission d'examiner la conduite des patriotes, et de les faire sortir, s'il les trouvait innocens.

» Encore une nouvelle déposition vient attester la vérité des faits imputés à Leclerc sur la diffamation de la représentation nationale, et des autorités constituées.

» Plusieurs témoins déposent des conciliabules nocturnes, tenus chez le banquier Kock, de ses repas splendides donnés à Hébert, Vincent, Ronsin et autres, ses complices; de la dépense somptueuse qu'il affichait, et par laquelle il semblait insulter aux misères publiques; de ses intelligences perfides avec Dumourier, conjointement avec le comité batave, lors de sa mission dans la Belgique : perfidies qui firent échouer des plans combinés, qui auraient pu être de la plus grande utilité à la France; il était prouvé que l'accusé Kock avait mangé toute sa fortune avant d'arriver en France, qu'il n'y était venu que comme un espion stipendié des puissances étrangères, qui entretenaient son luxe scandaleux et sa sensualité méprisable.

» Un autre témoin dépose des provocations à l'insurrection, faites à différentes fois par Ronsin, Vincent, Hébert et Momoro, tantôt aux Jacobins, tantôt aux Cordeliers; qu'il a remarqué que depuis près de cinq mois, Hébert ne paraissait plus aux Jacobins et assistait régulièrement aux séances des Cordeliers; qu'il en était le meneur, et exerçait dans ce club le despotisme le plus tyrannique, avec ses conjurés.

» La déclaration d'une foule de témoins confirme la conduite astucieuse et oppressive de Hébert, Momoro, Vincent et Ronsin, qui tous étaient dans la plus parfaite intelligence.

» Un autre témoin dépose contre Descombe, qu'il lui a dit qu'il n'y avait pas de patriotes dans la section, parce que, s'il y en eût eu, lui accusé serait libre; mais qu'il n'attendait pas cette liberté du comité révolutionnaire de sa section, mais bien d'une autre manière; et que s'il y avait cinq ou six patriotes comme lui dans les prisons, ils seraient bientôt libres, et qu'avant six jours on verrait bien du changement.

» Un autre témoin accuse Desfieux d'avoir discrédité les assignats, à Vannes, et de sa correspondance journalière avec l'adjudant-général Dumourier.

» Claude Payan, juré au tribunal, dépose qu'il a toujours regardé comme des hommes dangereux, Chaumette et Hébert, qui dénonçaient huit personnes le matin, et les innocentaient le soir; qu'Hébert, rencontrant Barrère dans les rues, lui dit : Bonjour, mon ami; tu me dénigres, mais soyons amis, agissons conformément aux principes de Vergniaud, qui disait qu'il fallait enchaîner au char de la Révolution tous ceux qui pouvaient lui être utiles.

» On vient à la discussion des journaux d'Hébert, et on lui cite plusieurs passages qui décèlent ses principes contre-révolutionnaires, et ses intentions perfides.

» Hébert s'exprimait ainsi dans son journal : Les bougres qui nous gouvernent sont des dévorateurs de la substance publique;

dans une République, tout gouverne, et la masse des gouvernés est bien plus pure que celle de ses gouverneurs.

» *Hébert.* Je réponds que rien n'est plus aisé que de perdre un homme, en décomposant ses phrases, et en perdant de vue les circonstances où ont été rédigés les écrits qui lui sont opposés.

» *Le président.* Vos journaux n'ont été examinés qu'après, et depuis les journées des 31 mai, 1er, et 2 juin; et on n'en reconnaît pas moins que votre projet était [de désorganiser toutes les autorités constituées, et de mettre tout en combustion : dénoncé comme tel au département, c'est par des sorties encore plus indécentes et beaucoup plus répréhensibles que les premières, que vous prétendez vous justifier. Est-ce votre désintéressement qui vous a fait recevoir cent mille livres de la trésorerie nationale, pour remplir une mission dont les patriotes se sont acquittés pour rien? Une foule de preuves écrites s'élevaient contre Hébert; en vain il a essayé de se défendre, accablé par les pièces multipliées de conviction, il a été réduit au silence.

» On allait entendre d'autres témoins, lorsque le jury a déclaré que sa religion était suffisamment instruite; l'instruction de cette affaire s'était faite de la manière la plus lumineuse pour tous les auditeurs.

» En conséquence, le président, après un discours fort énergique contre les conspirateurs, sans entrer dans le mérite d'aucuns faits relatifs à l'accusation, a prononcé la clôture des débats, posé les questions suivantes, sur lesquelles, d'après la déclaration unanime du jury, est intervenu le jugement suivant :

» Le tribunal, d'après la déclaration unanime du jury,

» Portant : 1° Qu'il est constant qu'il a existé une conspiration contre la liberté, la sûreté du peuple français, tendante à allumer la guerre civile, en armant les citoyens les uns contre les autres, et contre l'exercice de l'autorité légitime, par suite de laquelle, dans le courant de ventose, les conjurés devaient dissoudre la Convention nationale, assassiner ses membres et s'emparer de la souveraineté du peuple, détruire le gouvernement républicain pour y substituer un pouvoir tyrannique.

» 2° Que Ronsin, Hébert, Momoro, Vincent, Laumur, Kock, Proly, Desfieux, Anacharsis Clootz, Péreyra, la femme Quetineau, Armand, Ancar, Ducrocquet, Leclerc, Mazuel, Bougeois, Dubuisson et Descombe, sont convaincus d'être les auteurs ou complices de cette conspiration.

» 3° Que Laboureau n'est point convaincu d'être auteur ou complice de ladite conspiration.

» Condamne les susnommés, à l'exception de Laboureau, à la peine de mort, conformément à l'article II du titre II de la seconde partie du Code pénal, dont il a été fait lecture, et qui est ainsi conçu :

» Toutes conspirations et complots tendant à troubler l'état par une guerre civile, en armant les citoyens les uns contre les autres, ou contre l'exercice de l'autorité légitime, seront punis de mort. »

» Déclare leurs biens acquits à la République, conformément à la loi du 18 mars.

» L'exécution a eu lieu le 4 germinal, à quatre heures après-midi.

Comme ce qu'il nous reste d'espace pour achever le volume trente et un ne suffirait pas à l'histoire du procès des dantonistes, et afin de ne pas scinder cette affaire, nous réunissons ici quelques pièces de la plus haute importance. Nous nous sommes contentés de les mentionner en leur temps dans notre récit, annonçant que nous en donnerions le texte lorsque nous en trouverions l'occasion. Ces pièces sont : la Constitution de 1793, le rapport de Fabre d'Églantine sur le calendrier, l'instruction sur l'ère de la République et sur la division de l'année, présentée par Romme, et le rapport de Cambon pour la formation du grand-livre.

CONSTITUTION DE 1793

MISE EN DISCUSSION LE 11 JUIN 1773 ; — ACHEVÉE LE 24 DU
MÊME MOIS.

Déclaration des Droits de l'Homme et du Citoyen.

Le peuple Français, convaincu que l'oubli, le mépris des droits naturels de l'homme, sont les seules causes des malheurs du monde, a résolu d'exposer dans une déclaration solennelle ces droits sacrés et inaliénables, afin que tous les citoyens, pouvant comparer sans cesse les actes du gouvernement avec le but de toute institution sociale, ne se laissent jamais opprimer et avilir par la tyrannie; afin que le peuple ait toujours devant les yeux les bases de sa liberté et de son bonheur; le magistrat, la règle de ses devoirs; le législateur, l'objet de sa mission.

En conséquence, il proclame, en présence de l'Être Suprême, la déclaration suivante des droits de l'homme et du citoyen.

Art. 1er. Le but de la société est le bonheur commun.

Le gouvernement est institué pour garantir à l'homme la jouissance de ses droits naturels et imprescriptibles.

2. Ces droits sont l'égalité, la liberté, la sûreté, la propriété.

3. Tous les hommes sont égaux par la nature et devant la loi.

4. La loi est l'expression libre et solennelle de la volonté générale ; elle est la même pour tous, soit qu'elle protége, soit qu'elle punisse ; elle ne peut ordonner que ce qui est juste et utile à la société : elle ne peut défendre que ce qui lui est nuisible.

5. Tous les citoyens sont également admissibles aux emplois publics. Les peuples libres ne connaissent d'autres motifs de préférence dans leurs élections, que les vertus et les talens.

6. La liberté est le pouvoir qui appartient à l'homme de faire tout ce qui ne nuit pas aux droits d'autrui : elle a pour principe

la nature ; pour règle la justice ; pour sauvegarde, la loi : sa limite morale est dans cette maxime :

Ne fais pas à un autre ce que tu ne veux pas qu'il te soit fait.

7. Le droit de manifester sa pensée et ses opinions, soit par la voie de la presse, soit de toute autre manière, le droit de s'assembler paisiblement, le libre exercice des cultes ne peuvent être interdits.

La nécessité d'énoncer ces droits suppose ou la présence ou le souvenir récent du despotisme.

8. La sûreté consiste dans la protection accordée par la société à chacun de ses membres pour la conservation de sa personne, de ses droits et de ses propriétés.

9. La loi doit protéger la liberté publique et individuelle contre l'oppression de ceux qui gouvernent.

10. Nul ne doit être accusé, arrêté ni détenu que dans les cas déterminés par la loi et selon les formes qu'elle a prescrites ; tout citoyen appelé ou saisi par l'autorité de la loi doit obéir à l'instant ; il se rend coupable par la résistance.

11. Tout acte exercé contre un homme hors des cas et sans les formes que la loi détermine est arbitraire et tyrannique ; celui contre lequel on voudrait l'exécuter par la violence a le droit de le repousser par la force.

12. Ceux qui solliciteraient, expédieraient, signeraient, exécuteraient ou feraient exécuter des actes arbitraires sont coupables et doivent être punis.

13. Tout homme étant présumé innocent jusqu'à ce qu'il ait été déclaré coupable, s'il est jugé indispensable de l'arrêter, toute rigueur qui ne serait pas nécessaire pour s'assurer de sa personne doit être sévèrement réprimée par la loi.

14. Nul ne doit être jugé et puni qu'après avoir être entendu ou légalement appelé et qu'en vertu d'une loi promulguée antérieurement au délit ; la loi qui punirait des délits commis avant qu'elle existât serait une tyrannie ; l'effet rétroactif donné à la loi serait un crime.

15. La loi ne doit décerner que des peines strictement et évi-

demment nécessaires ; les peines doivent être proportionnées au délit et utiles à la société.

16. Le droit de propriété est celui qui appartient à tout citoyen de jouir et de disposer à son gré de ses biens, de ses revenus, du fruit de son travail et de son industrie.

17. Nul genre de travail, de culture, de commerce, ne peut être interdit à l'industrie des citoyens.

18. Tout homme peut engager ses services, son temps, mais il ne peut se vendre ni être vendu. Sa personne n'est pas une propriété aliénable. La loi ne reconnaît point de domesticité ; il ne peut exister qu'un engagement de soins et de reconnaissance entre l'homme qui travaille et celui qui l'emploie.

19. Nul ne peut être privé de la moindre portion de sa propriété sans son consentement, si ce n'est lorsque la nécessité publique légalement constatée l'exige, et sous la condition d'une juste et préalable indemnité.

20. Nulle contribution ne peut être établie que pour l'utilité générale. Tous les citoyens ont droit de concourir à l'établissement des contributions, d'en surveiller l'emploi et de s'en faire rendre compte.

21. Les secours publics sont une dette sacrée. La société doit la subsistance aux citoyens malheureux, soit en leur procurant du travail, soit en assurant les moyens d'exister à ceux qui sont hors d'état de travailler

22. L'instruction est le besoin de tous. La société doit favoriser de tout son pouvoir les progrès de la raison publique, et mettre l'instruction à la portée de tous les citoyens.

23. La garantie sociale consiste dans l'action de tous pour assurer à chacun la jouissance et la conservation de ses droits ; cette garantie repose sur la souveraineté nationale.

24. Elle ne peut exister si les limites des fonctions publiques ne sont pas clairement déterminées par la loi, et si la responsabilité de tous les fonctionnaires n'est pas assurée.

25. La souveraineté réside dans le peuple. Elle est une et indivisible, imprescriptible et inaliénable.

26. Aucune portion du peuple ne peut exercer la puissance du peuple entier; mais chaque section du souverain assemblée doit jouir du droit d'exprimer sa volonté avec une entière liberté.

27. Que tout individu qui usurperait la souveraineté soit à l'instant mis à mort par les hommes libres.

28. Un peuple a toujours le droit de revoir, de réformer et de changer sa constitution. Une génération ne peut assujettir à ses lois les générations futures.

29. Chaque citoyen a un droit égal de concourir à la formation de la loi et à la nomination de ses mandataires ou de ses agens.

30. Les fonctions publiques sont essentiellement temporaires; elles ne peuvent être considérées comme des distinctions ni comme des récompenses, mais comme des devoirs.

31. Les délits des mandataires du peuple et de ses agens ne doivent jamais être impunis. Nul n'a le droit de se prétendre plus inviolable que les autres citoyens.

32. Le droit de présenter des pétitions aux dépositaires de l'autorité publique ne peut en aucun cas être interdit, suspendu ni limité.

33. La résistance à l'oppression est la conséquence des autres droits de l'homme.

34. Il y a oppression contre le corps social, lorsqu'un seul de ses membres est opprimé. Il y a oppression contre chaque membre, lorsque le corps social est opprimé.

35. Quand le gouvernement viole les droits du peuple, l'insurrection est pour le peuple et pour chaque portion du peuple le plus sacré des droits et le plus indispensable des devoirs.

ACTE CONSTITUTIONNEL.

De la République.

Art. 1er. La République française est une et indivisible.

De la distribution du peuple.

2. Le peuple français est distribué, pour l'exercice de sa souneraineté, en assemblées primaires de cantons.

3. Il est distribué, pour l'administration et pour la justice, en départemens, districts, municipalités.

De l'état des citoyens.

4. Tout homme né et domicilié en France, âgé de vingt-un ans accomplis;

Tout étranger âgé de vingt-un ans accomplis, qui, domicilié en France depuis une année,

Y vit de son travail;

Ou acquiert une propriété;

Ou épouse une Française;

Ou adopte un enfant;

Ou nourrit un vieillard;

Tout étranger, enfin, qui sera jugé par le corps législatif avoir bien mérité de l'humanité,

Est admis à l'exercice des droits de citoyen français.

5. L'exercice des droits de citoyens se perd,

Par la naturalisation en pays étranger,

Par l'acceptation de fonctions ou faveurs émanées d'un gouvernement non populaire;

Par la condamnation à des peines infamantes ou afflictives, jusqu'à réhabilitation.

6. L'exercice des droits de citoyen est suspendu,

Par l'état d'accusation :

Par un jugement de contumace, tant que le jugement n'est pas anéanti.

De la souveraineté du peuple.

7. Le peuple souverain est l'universalité des citoyens français

8. Il nomme immédiatement ses députés.

9. Il délègue à des électeurs le choix des administrateurs, des arbitres publics, des juges criminels et de cassation.

10. Il délibère sur les lois.

Des assemblées primaires.

11. Les assemblées primaires se composent des citoyens domiciliés depuis six mois dans chaque canton.

12. Elles sont composées de 200 citoyens au moins, de 600 au plus, appelés à voter.

13. Elles sont constituées par la nomination d'un président, de secrétaires, de scrutateurs.

14. Leur police leur appartient.

15. Nul n'y peut paraître en armes.

16. Les élections se font au scrutin ou à haute voix, au choix de chaque votant.

17. Une assemblée primaire ne peut, en aucun cas, prescrire un mode uniforme de voter.

18. Les scrutateurs constatent le vote des citoyens qui, ne sachant point écrire, préfèrent de voter au scrutin.

19. Les suffrages sur les lois sont donnés par *oui* et par *non.*

20. Le vœu de l'assemblée primaire est proclamé ainsi : *Les citoyens réunis en assemblée primaire de... au nombre de... votans, votent pour* ou *votent contre, à la majorité de....*

De la représentation nationale.

21. La population est la seule base de la représentation nationale.

22. Il y a un député en raison de 40 mille individus.

23. Chaque réunion d'assemblées primaires, résultant d'une population de 39,000 à 41,000 ames, nomme immédiatement un député.

24. La nomination se fait à la majorité absolue des suffrages.

25. Chaque assemblée fait le dépouillement des suffrages, et

envoie un commissaire pour le recensement général, au lieu désigné comme le plus central.

26. Si le premier recensement ne donne point de majorité absolue, il est procédé à un second appel, et on vote entre les deux citoyens qui ont réuni le plus de voix.

27. En cas d'égalité de voix, le plus âgé a la préférence, soit pour être ballotté, soit pour être élu. En cas d'égalité d'âge, le sort décide.

28. Tout Français exerçant les droits de citoyen est éligible dans l'étendue de la République.

29. Chaque député appartient à la nation entière.

30. En cas de non acceptation, démission, déchéance, ou mort d'un député il est pourvu à son remplacement par les assemblées primaires qui l'ont nommé.

31. Un député qui a donné sa démission ne peut quitter son poste qu'après l'admission de son successeur.

32. Le peuple français s'assemble tous les ans, le 1er mai, pour les élections.

33. Il y procède, quel que soit le nombre des citoyens ayant droit d'y voter.

34. Les assemblées primaires se forment extraordinairement, sur la demande du cinquième des citoyens qui ont droit d'y voter.

35. La convocation se fait, en ce cas, par la municipalité du lieu ordinaire du rassemblement.

36. Ces assemblées extraordinaires ne délibèrent qu'autant que la moitié plus un des citoyens qui ont droit d'y voter sont présents.

Des assemblées électorales.

37. Les citoyens réunis en assemblées primaires nomment un électeur à raison de 200 citoyens, présens ou non; deux depuis 201 jusqu'à 400; trois depuis 401 jusqu'à 600.

38. La tenue des assemblées électorales et le mode des élections sont les mêmes que dans les assemblées primaires.

Du corps législatif.

39. Le corps législatif est un, indivisible et permanent.
40. Sa session est d'un an.
41. Il se réunit le 1ᵉʳ juillet.
42. L'Assemblée nationale ne peut se constituer si elle n'est composée au moins de la moitié des députés, plus un.
43. Les députés ne peuvent être recherchés, accusés ni jugés en aucun temps, pour les opinions qu'ils ont énoncées dans le sein du corps législatif.
44. Ils peuvent, pour fait criminel, être saisis en flagrant délit; mais le mandat d'arrêt ni le mandat d'amener ne peuvent être décernés contre eux qu'avec l'autorisation du corps législatif.

Tenue des séances du corps législatif.

45. Les séances de l'assemblée nationale sont publiques.
46. Les procès-verbaux de ses séances sont imprimés.
47. Elle ne peut délibérer si elle n'est composée de 200 membres, au moins.
48. Elle ne peut refuser la parole à ses membres, dans l'ordre où ils l'ont réclamée.
49. Elle délibère à la majorité des présens.
50. Cinquante membres ont le droit d'exiger l'appel nominal.
51. Elle a le droit de censure sur la conduite de ses membres dans son sein.
52. La police lui appartient dans le lieu de ses séances, et dans l'enceinte extérieure qu'elle a déterminée.

Des fonctions du corps législatif.

53. Le corps législatif propose des lois, et rend des décrets.
54. Sont compris sous le nom général de *lois*, les actes du corps législatif concernant :
La législation civile et criminelle.

L'administration générale des revenus et des dépenses ordinaires de la République ;

Les domaines nationaux ;

Le titre, le poids, l'empreinte et la dénomination des monnaies ;

La nature, le montant et la perception des contributions ;

La déclaration de guerre ;

Toute nouvelle distribution générale du territoire français ;

L'instruction publique ;

Les honneurs publics à la mémoire des grands hommes.

55. Sont désignés sous le nom particulier de *décrets*, les actes du corps législatif concernant :

L'établissement annuel des forces de terre et de mer ;

La permission ou la défense du passage des troupes étrangères sur le territoire français.

L'introduction des forces navales étrangères dans les ports de la République ;

Les mesures de sûreté et de tranquillité générale ;

La distribution annuelle et momentanée des secours et travaux publics ;

Les ordres pour la fabrication des monnaies de toute espèce ;

Les dépenses imprévues et extraordinaires ;

Les mesures locales et particulières à une administration, à une commune, à un genre de travaux publics ;

La défense du territoire ;

La ratification des traités ;

La nomination et la destitution des commandans en-chef des armées ;

La poursuite de la responsabilité des membres du conseil, des fonctionnaires publics ;

L'accusation des prévenus de complots contre la sûreté générale de la République ;

Tout changement dans la distribution partielle du territoire français ;

Les récompenses nationales.

De la formation de la loi.

56. Les projets de loi sont précédés d'un rapport.

57. La discussion ne peut s'ouvrir, et la loi ne peut être provisoirement arrêtée que quinze jours après le rapport.

48. Le projet est imprimé et envoyé à toutes les communes de la République, sous ce titre : *Loi proposée.*

59. Quarante jours après l'envoi de la loi proposée, si dans la moitié des départemens, plus un, le dixième des assemblées primaires de chacun d'eux, régulièrement formées, n'a pas réclamé, le projet est accepté et devient loi.

60. S'il y a réclamation, le corps législatif convoque les assemblées primaires.

De l'intitulé des lois et des décrets.

51. Les lois, les décrets, les jugemens et tous les actes publics sont intitulés : *Au nom du peuple français, l'an.... de la République française.*

Du conseil exécutif.

62. Il y a un conseil exécutif composé de vingt-quatre membres.

63. L'assemblée électorale de chaque département nomme un candidat. Le corps législatif choisit sur la liste générale les membres du conseil.

64. Il est renouvelé par moitié à chaque législature, dans les derniers mois de la session.

65. Le conseil est chargé de la direction et de la surveillance de l'administration générale. Il ne peut agir qu'en exécution des lois et des décrets du corps législatif.

66. Il nomme, hors de son sein, les agens en chef de l'administration générale de la République.

67. Le corps législatif détermine le nombre et les fonctions de ces agens.

68. Ces agens ne forment point un conseil. Ils sont séparés, sans rapports immédiats entre eux; ils n'exercent aucune autorité personnelle.

69. Le conseil nomme, hors de son sein, les agens extérieurs de la République.

70. Il négocie les traités.

71. Les membres du conseil, en cas de prévarication, sont accusés par le corps législatif.

72. Le conseil est responsable de l'inexécution des lois et des décrets, et des abus qu'il ne dénonce pas.

73. Il révoque et remplace les agens à sa nomination.

74. Il est tenu de les dénoncer, s'il y a lieu, devant les autorités judiciaires.

Des relations du conseil exécutif avec le corps législatif.

75. Le conseil exécutif réside auprès du corps législatif. Il a l'entrée et une place séparée dans le lieu de ses séances.

76. Il est entendu toutes les fois qu'il a un compte à rendre.

77. Le corps législatif l'appelle dans son sein, en tout ou en partie, lorsqu'il le juge convenable.

Des corps administratifs et municipaux.

78. Il y a dans chaque commune de la République une administration municipale;

Dans chaque district une administration intermédiaire.

Dans chaque département, une administration centrale.

79. Les officiers municipaux sont élus par les assemblées de Commune.

80. Les administrateurs sont nommés par les assemblées électorales de département et de district.

81. Les municipalités et les administrations sont renouvelées tous les ans par moitié.

82. Les administrateurs et officiers municipaux n'ont aucun caractère de représentation.

Ils ne peuvent, en aucun cas, modifier les actes du corps législatif, ni en suspendre l'exécution.

83. Le corps législatif détermine les fonctions des officiers municipaux et des administrateurs, les règles de leur subordination, et les peines qu'ils pourront encourir.

84. Les séances des municipalités et des administrations sont publiques.

De la justice civile.

85. Le code des lois civiles et criminelles est uniforme pour toute la République.

86. Il ne peut être porté aucune atteinte au droit qu'ont les citoyens de faire prononcer sur leurs différents par des arbitres de leur choix.

87. La décision de ces arbitres est définitive, si les citoyens ne se sont pas réservé le droit de réclamer.

88. Il y a des juges de paix élus par les citoyens des arrondissemens déterminés par la loi.

89. Ils concilient et jugent sans frais.

90. Leur nombre et leur compétence sont réglés par le corps législatif.

91. Il y a des arbitres publics élus par les assemblées électorales.

92. Leur nombre et leurs arrondissemens sont fixés par le corps législatif.

93. Ils connaissent des contestations qui n'ont pas été terminées définitivement par les arbitres privés ou par les juges de paix.

94. Ils délibèrent en public.

Ils opinent à haute voix.

Ils statuent en dernier ressort, sur défenses verbales, ou sur simple mémoire, sans procédures et sans frais.

Ils motivent leurs décisions.

95. Les juges de paix et les arbitres publics sont élus tous les ans.

De la justice criminelle.

96. En matière criminelle, nul citoyen ne peut être jugé que

sur une accusation reçue par les jurés ou décrétée par le corps législatif.

Les accusés ont des conseils choisis par eux, ou nommés d'office.

L'instruction est publique.

Le fait et l'intention sont déclarés par un juré de jugement.

La peine est appliquée par un tribunal criminel.

97. Les juges criminels sont élus tous les ans par les assemblées électorales.

Du tribunal de cassation.

98. Il y a pour toute la République un tribunal de cassation.

99. Ce tribunal ne connaît point du fond des affaires.

Il prononce sur la violation des formes, et sur les contraventions expresses à la loi.

100. Les membres de ce tribunal sont nommés tous les ans par les assemblées électorales.

Des contributions publiques.

101. Nul citoyen n'est dispensé de l'honorable obligation de contribuer aux charges publiques.

De la trésorerie nationale.

102. La trésorerie nationale est le point central des recettes et dépenses de la République.

103. Elle est administrée par des agens comptables nommés par le conseil exécutif,

104. Ces agens sont surveillés par des commissaires nommés par le corps législatif, pris hors de son sein, et responsables des abus qu'ils ne dénoncent pas.

De la comptabilité.

105. Les comptes des agens de la trésorerie nationale et des

administrateurs des deniers publics sont rendus annuellement à des commissaires responsables nommés par le conseil exécutif.

106. Ces vérificateurs sont surveillés par des commissaires à la nomination du corps législatif, pris hors de son sein et responsables des abus et des erreurs qu'ils ne dénoncent pas.

Le corps législatif arrête les comptes.

Des forces de la République.

107. La force générale de la République est composée du peuple entier.

108. La République entretient à sa solde, même en temps de paix, une force armée de terre et de mer.

109. Tous les Français sont soldats; ils sont tous exercés au maniement des armes.

110. Il n'y a point de généralissime.

111. La différence des grades, leurs marques distinctives et la subordination ne subsistent que relativement au service et pendant sa durée.

112. La force publique employée pour maintenir l'ordre et la paix dans l'intérieur n'agit que sur la réquisition par écrit des autorités constituées.

113. La force publique employée contre les ennemis du dehors agit sous les ordres du conseil exécutif.

114. Nul corps armé ne peut délibérer.

Des Conventions nationales.

115. Si dans la moitié des départemens plus un, le dixième des assemblées primaires de chacun d'eux, régulièrement formées, demandent la révision de l'acte constitutionnel, ou le changement de quelques-uns de ses articles, le corps législatif est tenu de convoquer toutes les assemblées primaires de la République, pour savoir s'il y a lieu à une Convention nationale.

116. La Convention nationale est formée de la même manière que les législatures, et en réunit les pouvoirs.

117. Elle ne s'occupe, relativement à la Constitution, que des objets qui ont motivé sa convocation.

Des rapports de la république française avec les nations étrangères.

118. Le peuple français est l'ami et l'allié naturel des peuples libres.

119. Il ne s'immisce point dans le gouvernement des autres nations. Il ne souffre pas que les autres nations s'immiscent dans le sien.

120. Il donne asile aux étrangers bannis de leur patrie pour la cause de la liberté.

Il le refuse aux tyrans.

121. Il ne fait point la paix avec un ennemi qui occupe son territoire.

De la garantie des droits.

122. La Constitution garantit à tous les Français l'égalité, la liberté, la sûreté, la propriété, la dette publique, le libre exercice des cultes, une instruction commune, des secours publics, la liberté indéfinie de la presse, le droit de pétition, le droit de se réunir en sociétés populaires, la jouissance de tous les droits de l'homme.

123. La république française honore la loyauté, le courage, la vieillesse, la piété filiale, le malheur. Elle remet le dépôt de la Constitution sous la garde de toutes les vertus.

124. La déclaration des droits et l'acte constitutionnel sont gravés sur des tables, au sein du corps législatif, et dans les places publiques.

Signé, COLLOT D'HERBOIS *président*; DURAND - MAILLANE, DUCOS, MÉAULLE, CH. DELACROIX, GOSSUIN, P. A. LALOY, *secrétaires.*

RAPPORT *fait dans la séance du 6 octobre 1793 (3 du second mois de la seconde année de la république française), au nom de la Commission chargée de la confection du Calendrier; par Fabre d'Églantine.*

« La régénération du peuple français, l'établissement de la République, ont entraîné nécessairement la réforme de l'ère vulgaire. Nous ne pouvions plus compter les années où les rois nous opprimèrent, comme un temps où nous avons vécu; les préjugés du trône et de l'église, les mensonges de l'un et de l'autre souillaient chaque page du calendrier dont nous nous servions. Vous avez réformé ce calendrier; vous lui en avez substitué un autre, où le temps est mesuré par des calculs plus exacts et plus symétriques : ce n'est pas assez. Une longue habitude du calendrier grégorien a rempli la mémoire du peuple d'un nombre considérable d'images qu'il a long-temps révérées, et qui sont encore aujourd'hui la source de ses erreurs religieuses; il est donc nécessaire de substituer à ces visions de l'ignorance les réalités de la raison, et au prestige sacerdotal la vérité de la nature. Nous ne concevons rien que par des images; dans l'analyse la plus abstraite, dans la combinaison la plus métaphysique, notre entendement ne se rend compte que par des images; notre mémoire ne s'appuie et ne se repose que sur des images : vous devez donc en appliquer à votre calendrier si vous voulez que la méthode et l'ensemble de ce calendrier pénètrent avec facilité dans l'entendement du peuple, et se gravent avec rapidité dans son souvenir.

» Ce n'est pas seulement à ce but que vous devez tendre; vous ne devez, autant qu'il est en vous, laisser rien pénétrer dans l'entendement du peuple, en matière d'institution, qui ne porte un grand caractère d'utilité publique. Ce vous doit être une heureuse occasion à saisir que de ramener par le calendrier, livre le plus usuel de tous, le peuple français à l'agriculture : l'agriculture est l'élément politique d'un peuple tel que nous, que la terre, le ciel et la nature regàrdent avec tant d'amour et de prédilection.

» Lorsqu'à chaque instant de l'année, du mois, de la décade et du jour, les regards et la pensée du citoyen se porteront sur une image agricole, sur un bienfait de la nature, sur un objet d'économie rurale, vous ne devez pas douter que ce ne soit pour la nation un grand acheminement vers le système agricole, et que chaque citoyen ne conçoive de l'amour pour les présens réels et effectifs de la nature, qu'il savoure, puisque pendant des siècles le peuple en a conçu pour des objets fantastiques, pour de prétendus saints qu'il ne voyait pas, et qu'il connaissait encore moins. Je dis plus ; les prêtres n'étaient parvenus à donner de la consistance à leurs idoles qu'on attribuant à chacune quelque influence directe sur les objets qui intéressent réellement le peuple : c'est ainsi que saint Jean était le distributeur des moissons, et saint Marc le protecteur de la vigne.

» Si pour appuyer la nécessité de l'empire des images sur l'intelligence humaine, les argumens m'étaient nécessaires, sans entrer dans les analyses métaphysiques, la théorie, la doctrine et l'expérience des prêtres me présenteraient des faits suffisans.

» Par exemple, les prêtres, dont le but universel et définitif est et sera toujours de se subjuguer l'espèce humaine et de l'enchaîner sous leur empire, les prêtres instituaient-ils la commémoration des morts, c'était pour nous inspirer du dégoût pour les richesses terrestres et mondaines afin d'en jouir plus abondamment eux-mêmes; c'était pour nous mettre sous leur dépendance par la fable et les images du purgatoire. Mais voyez ici leur adresse à se saisir de l'imagination des hommes, et à la gouverner à leur gré! Ce n'est point sur un théâtre riant de fraîcheur et de gaîté, qui nous eût fait chérir la vie et ses délices, qu'ils jouaient cette farce; c'est le second de novembre qu'ils nous amenaient sur les tombeaux de nos pères; c'est lorsque le départ des beaux jours, un ciel triste et grisâtre, la décoloration de la terre et la chute des feuilles remplissaient notre ame de mélancolie et de tristesse ; c'est à cette. époque que, profitant des adieux de la nature, ils s'emparaient de nous pour nous promener, à travers l'*avent* et leurs prétendues fêtes multipliées, sur tout ce que leur impudence avait imaginé de mystique pour les prédestinés, c'est-à-dire les imbéciles, et de terrible pour le pécheur, c'est-à-dire le clairvoyant.

» Les prêtres, ces hommes en apparence ennemis si cruels des passions humaines et des sentimens les plus doux, voulaient-ils les tourner à leur profit ; voulaient-ils que l'indocilité domestique des jeunes amans, la coquetterie de l'un et de l'autre sexe, l'amour de la parure, la vanité, l'ostentation et tant d'autres affections du bel âge, ramenassent la jeunesse à l'esclavage religieux, ce n'est point dans l'hiver qu'ils l'attiraient à se produire en spectacle ; c'est dans les jours les plus beaux, les plus longs et les plus effervescens de l'année qu'ils avaient placé avec profusion des cérémonies triomphales et publiques, sous le nom de *Fête-Dieu ;* cérémonies où leur habileté avait introduit tout ce que la mondanité, le luxe et la parure ont de plus séduisant, bien sûrs qu'ils étaient de la dévotion des filles, qui dans ce jour seraient moins surveillées ; bien sûrs qu'ils étaient que les sexes, plus à même de se mêler, de se montrer l'un à l'autre; que les coquettes, les vaniteuses, plus à même de se produire et de jouir de l'étalage nécessaire à leur passions, avaleraient avec plaisir le poison de la superstition.

» Les prêtres enfin, toujours pour le bénéfice de leur domination, voulaient-ils subjuguer complètement la masse des cultivateurs, c'est-à-dire presque tout le peuple, c'est la passion de l'intérêt qu'ils mettaient en jeu en frappant la crédulité des hommes par les images les plus grandes. Ce n'est point sous un soleil brûlant et insupportable qu'ils appelaient le peuple dans les campagnes : les moissons alors sont serrées, l'espoir du laboureur est rempli ; la séduction n'eût été qu'imparfaite : c'est dans le joli mois de mai, c'est au moment où le soleil naissant n'a point encore absorbé la rosée et la fraîcheur de l'aurore, que les prêtres, environnés de superstition et de recueillement, trainaient les peuplades entières et crédules au milieu des campagnes; c'est là que, sous le nom de *Rogations*, leur ministère s'interposait entre le ciel et nous; c'est là qu'après avoir à nos yeux déployé la nature dans sa plus grande beauté, qu'après nous avoir étalé la terre dans toute sa parure, ils semblaient nous dire, et nous disaient effectivement : — C'est nous, prêtres, qui avons reverdi ces campagnes; c'est nous qui fécondons ces champs d'une si belle espérance; c'est par nous que vos greniers se rempliront : croyez-nous, respectez-nous, obéissez-nous, enrichissez-nous; sinon la grêle et le tonnerre, dont nous disposons, vous puniront de votre incrédulité, de votre indocilité, de votre désobéissance. — Alors le cultivateur, frappé par la beauté du spectacle et la richesse des images, croyait, se taisait, obéissait et facilement attribuait à l'imposture des prêtres les miracles de la nature.

» Telle fut parmi nous l'habileté sacerdotale : telle est l'influence des images.

» La commission que vous avez nommée pour rendre le nouveau calendrier plus sensible à la pensée et plus accessible à la mémoire a donc cru qu'elle remplirait son but si elle parvenait à frapper l'imagination par les dénominations, et à instruire par la nature et la série des images.

» L'idée première qui nous a servi de base est de consacrer par le calendrier le système agricole, et d'y ramener la nation en marquant les époques et les fractions de l'année par des signes intelligibles ou visibles pris dans l'agriculture et l'économie rurale.

» Plus il est présenté de stations et de points d'appui à la mémoire, plus elle opère avec facilité; en conséquence, nous avons imaginé de donner à chacun des mois de l'année un nom caractéristique, qui exprimât la température qui lui est propre, le genre de productions actuelles de la terre, et qui tout à la fois fît sentir le genre de saison où il se trouve dans les quatre dont se compose l'année.

» Ce dernier effet est produit par quatre désinences affectées chacune à trois mois consécutifs, et produisant quatre sons, dont chacun indique à l'oreille la saison à laquelle il est appliqué.

» Nous avons cherché même à mettre à profit l'harmonie imitative de la langue dans la composition et la prosodie de ces mots, et dans le mécanisme de leurs désinences ; de telle manière que les noms des mois qui composent l'automne ont un son grave et une mesure moyenne, ceux de l'hiver un son lourd et une mesure longue ; ceux du printemps un son gai et une mesure brève, et ceux de l'été un son sonore et une mesure large.

» Ainsi les trois premiers mois de l'année, qui composent l'automne, prennent leur étymologie, le premier des vendanges, qui ont lieu de septembre en octobre ; ce mois se nomme *vendémiaire* ; le second, des brouillards et des brumes basses, qui sont, si je puis m'exprimer ainsi, la transsudation de la nature d'octobre en novembre ; ce mois se nomme *brumaire* ; le troisième, du froid, tantôt sec, tantôt humide, qui se fait sentir de novembre en décembre ; ce mois se nomme *frimaire*.

» Les trois mois d'hiver prennent leur étymologie, le premier de la neige, qui blanchit la terre de décembre en janvier ; ce mois se nomme *nivose* ; le second, des pluies, qui tombent généralement avec plus d'abondance de janvier en février ; ce mois se nomme *pluviose* ; le troisième, des giboulées qui ont lieu et du vent qui vient sécher la terre de février en mars ; ce mois se nomme *ventose*.

» Les trois mois du printemps prennent leur étymologie, le premier de la fermentation et du développement de la sève, de mars en avril ; ce mois se nomme *germinal* ; le second, de l'épanouissement des fleurs, d'avril en mai ; ce mois se nomme *floréal* ; le troisième, de la fécondité riante et de la récolte des prairies, de mai en juin ; ce mois se nomme *prairial*.

» Les trois mois de l'été enfin prennent leur étymologie, le premier de l'aspect des pays ondoyans et des moissons dorées qui couvrent les champs de juin en juillet ; ce mois se nomme *messidor* ; le second, de la chaleur tout à la fois solaire et terrestre qui embrase l'air de juillet en août : ce mois se nomme *thermidor* ; le troisième, des fruits que le soleil dore et mûrit d'août en septembre; ce mois se nomme *fructidor*. Ainsi donc les noms de mois sont :

» AUTOMNE. *Vendémiaire, brumaire, frimaire.*

» HIVER. *Nivose, pluviose, ventose.*

» PRINTEMPS. *Germinal, floréal, prairial.*

» ÉTÉ. *Messidor, thermidor, fructidor.*

» Il résulte de ces dénominations, ainsi que je l'ai dit, que, par la seule prononciation du nom du mois, chacun sentira parfaitement trois choses, et tous leurs rapports, le genre de saison où il se trouve, la température et l'état de la végétation. C'est ainsi que dès le premier de *germinal* il se peindra sans effort à l'imagination, par la terminaison du mot, que le printemps commence; par la construction et l'image que présente le mot, que les agens élémentaires travaillent; par la signification du mot, que les germes se développent.

» Après la dénomination des mois, nous nous sommes occupés des fractions du mois. Nous avons vu que les fractions des mois étant périodiques, et revenant trois fois par mois et trente-six fois par an, étaient déjà fort bien nommées *décades*, ou révolution de dix jours ; que ce mot générique convenait à une chose qui trente-six fois répétée, ne pourrait être représentée à l'oreille par des images locales sans entraîner de la confusion ; que d'ailleurs des décades, n'étant que des fractions numériques ne doivent avoir qu'une dénomination commune et numérique dans tout le cours de l'année, et qu'il suffit du nom du mois pour donner à chaque période de trois décades la couleur des images et des accidens des mois qui les renferment.

» Quant aux jours, nous avons observé qu'ils avaient quatre mouvemens complexes, qui devaient être empreints bien distinctement dans notre mémoire, et présens à la pensée de quatre manières différentes. Ces quatre mouvemens sont le mouvement diurne, ou le passage d'un jour à l'autre; le mouvement décadaire, ou le passage d'une décade à l'autre; le mouvement mensiaire, ou le passage d'un mois à l'autre, et le mouvement annuel, ou la période solaire.

» Le défaut du calendrier tel que vous l'avez décrété est de ne signaler les jours, les décades, les mois et l'année que par une même dénomination, par les nombres ordinaux ; de sorte que le chiffre 1, qui n'offre qu'une quantité abstraite et point d'image, s'applique également à l'année, au mois, à la semaine et au jour : si bien qu'il a fallu dire *le premier jour de la première décade du premier mois de la première année* ; locution abstraite, sèche, vide d'idées, pénible par sa prolixité, et confuse dans l'usage civil, surtout après l'habitude du calendrier grégorien.

» Nous avons pensé qu'à l'instar du calendrier grégorien, dont les sept jours de la semaine portent l'empreinte de l'astrologie judiciaire, préjugé ridicule qu'il faut rejeter, nous devions créer des noms pour chacun des jours de la décade ; nous avons pensé encore que puisque ces noms se répétaient chacun trente-six fois, par an, il fallait les priver d'images qui, locales pour leur essence, demeuraient sans rapport avec les trente-six stations de chacun de ces noms ; enfin nous nous sommes aperçus que ce serait un grand appui pour la mémoire si nous venions à bout, en distinguant les noms des jours de la décade des nombres ordinaux, de conserver néanmoins la signification de ces nombres dans un mot composé, de sorte que nous pussions profiter tout à la fois dans le même mot et des nombres et d'un nom différent des nombres.

» Ainsi nous disons pour exprimer les dix jours de la décade : » *Primidi* (1), *duodi*, *tridi*, *quartidi*, *quintidi*, *sextidi*, *septidi*, *octidi*, *nonidi*, *décadi*.

» De cette manière la différence de *primidi* à *duodi* exprime le passage du premier au second jour de la décade : voilà le premier mouvement des jours. Les nombres ordinaux depuis 1 jusqu'à 50 expriment le troisième mouvement, le mouvement mensiaire ; la combinaison de ces nombres ordinaux avec les noms *primidi*, *duodi*, etc., exprime le second mouvement, le mouve-

---

(1) Fabre d'Églantine a écrit *primidi* ; les rédacteurs des procès-verbaux ont préféré *primedi* ; l'usage a voulu et a conservé *primidi*.

ment décadaire. Ainsi 11 du mois et *primidi* présenteront l'idée du premier jour de la seconde décade, ainsi de suite.

» L'avantage bien sensible qu'on va retirer de la conservation des nombres ordinaux dans les composés *primidi*, *duodi*, *tridi*, etc., est que le quantième du mois sera toujours présent à la mémoire, sans qu'il soit besoin de recourir au calendrier matériel.

» Par exemple, il suffit de savoir que le jour actuel est *tridi* pour être certain que c'est aussi le 3, ou le 13, ou le 23 du mois; comme avec *quartidi*, le 4, ou le 14, ou le 24 du mois, ainsi de suite.

» On sait toujours à peu près si le mois est à son commencement, à son milieu ou à sa fin; ainsi l'on dira : *tridi* est le 3 au commencement du mois, le 13 au milieu, le 23 à la fin.

» Or ce calcul très-simple ne pourrait s'effectuer si les nombres ordinaux, qui sont ici les dénominateurs du quantième, n'entraient point dans la composition du nom des jours de la décade.

» Il nous reste à exprimer le quatrième mouvement, qui est le mouvement annuel. C'est ici que nous allons rentrer dans notre idée fondamentale, et puiser dans l'agriculture de quoi reposer la mémoire, et répandre l'instruction rurale dans la supputation et le cours de l'année.

» Il faut d'abord remarquer qu'il est deux manières de frapper l'entendement dans la composition d'un calendrier. On le rappe mémorialement et par la parole; alors il faut que les divisions et les dénominations soient de nature à être retenues, comme on dit, par cœur, et c'est à quoi nous pensons avoir pourvu dans la dénomination des saisons, des mois et des jours de la décade. On frappe encore l'entendement par la lecture, et ici la mémoire n'a plus à opérer. Le calendrier étant une chose à laquelle on a si souvent recours, il faut profiter de la fréquence de cet usage pour glisser parmi le peuple les notions rurales élémentaires, pour lui montrer les richesses de la nature, pour lui faire aimer les champs, et lui désigner avec méthode l'ordre des influences du ciel et des productions de la terre.

» Les prêtres avaient assigné à chaque jour de l'année la commémoration d'un prétendu saint : ce catalogue ne présentait ni utilité ni méthode ; il était le répertoire du mensonge, de la duperie ou du charlatanisme.

» Nous avons pensé que la nation, après avoir chassé cette foule de canonisés de son calendrier, devait y retrouver en place tous les objets qui composent la véritable richesse nationale, les dignes objets, sinon de son culte, au moins de sa culture ; les utiles productions de la terre, les instrumens dont nous nous servons pour la cultiver, et les animaux domestiques, nos fidèles serviteurs dans ces travaux ; animaux bien plus précieux sans doute aux yeux de la raison que les squelettes béatifiés tirés des catacombes de Rome.

» En conséquence, nous avons rangé par ordre dans la colonne de chaque mois les noms des vrais trésors de l'économie rurale : les grains, les pâturages, les arbres, les racines, les fleurs, les fruits, les plantes sont disposés dans le calendrier de manière que la place et le quantième que chaque production occupe est précisément le temps et le jour où la nature nous en fait présent.

» A chaque *quintidi*, c'est-à-dire à chaque demi-décade, les 5, 15 et 25 de chaque mois, est inscrit un animal domestique, avec rapport précis entre la date de cette inscription et l'utilité réelle de l'animal inscrit.

» Chaque *décadi* est marqué par le nom d'un instrument aratoire, le même dont l'agriculteur se sert au temps précis où il est placé ; de sorte que, par opposition, le laboureur dans le jour de repos retrouvera consacré dans le calendrier l'instrument qu'il doit reprendre le lendemain, idée, ce me semble, touchante, qui ne peut qu'attendrir nos nourriciers, et leur montrer enfin qu'avec la République est venu le temps où un laboureur est plus estimé que tous les rois de la terre ensemble, et l'agriculture comptée comme le premier des arts de la société civile.

» Il est aisé de voir qu'au moyen de cette méthode il n'y aura pas de citoyen en France qui dès sa plus tendre jeunesse n'ait fait insensiblement, et sans s'en apercevoir, une étude élémentaire de l'économie rurale ; il n'est pas même aujourd'hui de citadin homme fait qui ne puisse en peu de jours apprendre dans ce calendrier ce qu'à la honte de nos mœurs il a ignoré jusqu'à cette heure ; apprendre, dis-je, en quel temps la terre nous donne telle production, et en quel temps telle autre. J'ose dire ici que c'est ce que n'ont jamais su bien des gens très-instruits dans plus d'une science urbaine, fastueuse ou frivole.

» Je dois observer qu'il est un mois dans l'année où la terre est scellée, et communément couverte de neige ; c'est le mois de *nivôse :* c'est le temps du repos de la terre. Ne pouvant trouver sur sa surface de production végétale et agricole pour figurer dans ce mois, nous y avons substitué les productions, les substances du règne animal et minéral immédiatement utiles à l'agriculture : nous avons cru que rien de ce qui est précieux à l'économie rurale ne devait échapper aux hommages et aux méditations de tout homme qui veut être utile à sa patrie.

» Il reste à vous parler des jours d'abord nommés *épagomènes*, ensuite *complémentaires.* Ce mot n'était que didactique, par conséquent sec, muet pour l'imagination ; il ne présentait au peuple qu'une idée froide, qu'il rend vulgairement lui-même par la périphrase de *solde de compte,* ou par le barbarisme de *finition.* Nous avons pensé qu'il fallait pour ces cinq jours une dénomination collective, qui portât un caractère national capable d'exprimer la joie et l'esprit du peuple français dans les cinq jours de fête qu'il célébrera au terme de chaque année.

» Il nous a paru possible, et surtout juste, de consacrer par un mot nouveau l'expression de *sans-culottes,* qui en serait l'étymologie. D'ailleurs une recherche aussi intéressante que curieuse nous apprend que les aristocrates, en prétendant nous avilir par l'expression de *sans-culottes,* n'ont pas eu même le mérite de l'invention.

» Dès la plus haute antiquité, les Gaulois, nos aïeux, s'étaient fait honneur de cette dénomination. L'histoire nous apprend qu'une partie de la Gaule dite ensuite *Lyonnaise* (la patrie des Lyonnais) était appelée la Gaule culottée, *Gallia braccata* : par conséquent le reste des Gaules jusqu'aux bords du Rhin était la Gaule non-culottée ; nos pères dès lors étaient donc des sans-culottes. Quoi qu'il en soit de l'origine de cette dénomination antique ou moderne, illustrée par la liberté, elle doit nous être chère ; c'en est assez pour la consacrer solennellement.

» Nous appellerons donc les cinq jours, collectivement pris les SANCULOTTIDES!

» Les cinq jours des *sanculottides*, composant une demi-décade, seront dénommés *primidi*, *duodi*, *tridi quartidi*, *quintidi*, et dans l'année bissextile le sixième jour *sextidi* : le lendemain, l'année recommencera par *primidi*, premier de *vendémiaire*.

» Nous terminerons ce rapport par l'idée que nous avons conçue relativement aux cinq fêtes consécutives des *sanculottides* ; nous ne vous en développerons que la nature. Nous vous proposerons seulement d'en décréter le principe et le nom, et d'en renvoyer la disposition et le mode à votre comité d'instruction.

» Le *primidi*, premier des *sanculottides*, sera consacré à l'attribut le plus précieux et le plus relevé de l'espèce humaine, à l'*intelligence*, qui nous distingue du reste de la création. Les conceptions les plus grandes, les plus utiles à la patrie, sous quelque rapport que ce puisse être, soit dans les arts, les sciences, les métiers, soit en matière de législation, de philosophie ou de morale, en un mot tout ce qui tient à l'invention et aux opérations créatrices de l'esprit humain, sera préconisé publiquement, et avec une pompe nationale, ce jour, *primidi*, premier des *sanculottides*.

» Cette fête s'appellera *la fête du Génie*.

» Le *duodi*, deuxième des *sanculottides*, sera consacré à l'*industrie* et à l'activité laborieuse. Les actes de constance dans le labeur, de longanimité dans la confection des choses utiles à la patrie, enfin tout ce qui aura été fait de bon, de beau et de grand dans les opérations manuelles ou mécaniques, et dont la société peut retirer de l'avantage, sera préconisé publiquement, et avec une pompe nationale, ce jour, *duodi*, deuxième des *sanculottides*.

» Cette fête s'appellera *la fête du Travail*.

» Le *tridi*, troisième des *sanculottides*, sera consacré aux grandes, aux belles, aux bonnes actions individuelles. Elles seront préconisées publiquement et avec une pompe nationale.

» Cette fête s'appellera *la fête des Actions*.

» Le *quartidi*, quatrième des *sanculottides*, sera consacré à la cérémonie du témoignage public et de la gratitude nationale envers ceux qui, dans les trois jours précédens, auront été préconisés, et auront mérité les bienfaits de la nation ; la distribution en sera faite publiquement et avec une pompe nationale, sans autre distinction entre les préconisés que celle de la chose même, et du prix plus ou moins grand qu'elle aura mérité.

» Cette fête s'appellera *la fête des Récompenses*.

» Le *quintidi*, cinquième et dernier des *sanculottides*, se nommera *la fête de l'Opinion*.

» Ici s'élève un tribunal d'une espèce nouvelle, et tout à la fois gai et terrible.

» Tant que l'année a duré, les fonctionnaires publics, dépositaires de la loi et de la confiance nationale, ont du prétendre et ont obtenu le respect du peuple et sa soumission aux ordres qu'ils ont donnés au nom de la loi ; ils ont dû se rendre dignes, non seulement de ce respect, mais encore de l'estime et de l'amour de tous les citoyens : s'ils y ont manqué, qu'ils prennent garde à la fête de l'Opinion ; malheur à eux ! Ils seront frappés non dans leur fortune, non dans leur personne, non même dans le plus petit de leurs droits de citoyen, mais dans l'opinion. Dans le jour unique et solennel de la fête de l'opinion, la loi ouvre la bouche à tous les citoyens sur le moral, le personnel et les actions des fonctionnaires publics ; la loi donne carrière à l'imagination plaisante et gaie des Français ; permis à l'opinion dans ce jour de se manifester sur ce chapitre de toutes les manières. Les chansons, les allusions, les caricatures, les pasquinades, le sel de l'ironie, les sarcasmes de la folie, seront dans ce jour le salaire de celui des élus du peuple qui l'aura trompé ou qui s'en sera fait mésestimer ou haï : l'animosité particulière, les vengeances privées ne sont point à redouter ; l'opinion elle-même ferait justice du téméraire détracteur d'un magistrat estimé.

» C'est ainsi que, par son caractère même, par sa gaité naturelle, le peuple français conservera ses droits et sa souveraineté : on corrompt les tribunaux, on ne corrompt pas l'opinion. Nous osons le dire, ce seul jour de fête contiendra mieux les magistrats dans leur devoir pendant le cours de l'année que ne le feraient les lois mêmes de Dracon et tous les tribunaux de France. La plus terrible et la plus profonde des armes françaises contre les Français c'est le ridicule ; le plus politique des tribunaux, c'est celui de l'opinion ; et si l'on veut approfondir cette idée et en combiner l'esprit avec le caractère national, on trouvera que cette fête de l'Opinion seule est le bouclier le plus efficace contre les abus et les usurpations de toute espèce.

» Telle est la nature des cinq fêtes des *sanculottides*.

» Tous les quatre ans, au terme de l'année bissextile, le *sextili*, ou sixième jour des *sanculottides*, des jeux nationaux seront célébrés. Cette époque d'un jour sera par excellence nommée LA SANCULOTTIDE, et c'est assurément le nom le plus analogue au rassemblement des diverses portions du peuple français qui viendront de toutes les parties de la République célébrer à cette époque la liberté, l'égalité, cimenter dans leurs embrassemens la fraternité française, et jurer au nom de tous, sur l'autel de la patrie, de vivre et de mourir libres et en braves *sansculottes*. »

Le projet présenté par Fabre-d'Eglantine fut immédiatement adopté : le procès-verbal du lendemain, 25 octobre, porte la date du 4 *frimaire de l'an* 2 *de la République française*.

De ce décret et de celui du 5 octobre, fondus en un seul et rectifiés dans quelques dispositions, résulta enfin l'établissement du calendrier républicain.

Décret *du 4 frimaire an 2 de la République*
(24 novembre 1793).

« Art. 1ᵉʳ. L'ère des Français compte de la fondation de la République, qui a eu lieu le 22 septembre 1792 de l'ère vulgaire, jour où le soleil est arrivé à l'équinoxe vrai d'automne, en entrant dans le signe de la Balance à 9 heures 18 minutes 30 secondes du matin pour l'Observatoire de Paris.

» 2. L'ère vulgaire est abolie pour les usages civils.

» 3. Chaque année commence à minuit avec le jour où tombe l'équinoxe vrai d'automne pour l'Observatoire de Paris.

» 4. La première année de la République française a commencé à minuit le 22 septembre 1792, et a fini à minuit séparant le 21 du 22 septembre 1793.

» 5. La seconde année a commencé le 22 septembre 1793 à minuit, l'équinoxe vrai d'automne étant arrivé ce jour-là, pour l'Observatoire de Paris, à 3 heures 11 minutes 38 secondes du soir.

» 6. Le décret qui fixait le commencement de la seconde année au 1ᵉʳ janvier 1793 est rapporté; tous les actes datés *l'an second de la République*, passés dans le courant du 1ᵉʳ janvier au 21 septembre inclusivement, sont regardés comme appartenant à la première année de la République.

» 7. L'année est divisée en douze mois égaux, de trente jours chacun. Après les douze mois suivent cinq jours pour compléter l'année ordinaire; ces cinq jours n'appartiennent à aucun mois.

» 8. Chaque mois est divisé en trois parties égales de dix jours chacune, qui sont appelées *décades*.

» 9. Les noms des jours de la décade sont: *primidi, duodi, tridi, quartidi, quintidi, sextidi, septidi, octidi, nonidi, decadi*.

» Les noms des mois sont: pour l'automne, *vendémiaire, brumaire, frimaire*; pour l'hiver, *nivose, pluviose, ventose*; pour le printemps, *germinal, floréal, prairial*; pour l'été, *messidor, thermidor, fructidor*.

» Les cinq derniers jours s'appellent *les sanculottides*.

» 10. L'année ordinaire reçoit un jour de plus selon que la position de l'équinoxe le comporte, afin de maintenir la coïncidence de l'année civile avec les mouvemens célestes; ce jour, appelé *jour de la Révolution*, est placé à la fin de l'année, et forme le sixième des *sanculottides*.

» La période de quatre ans, au bout de laquelle cette addition d'un jour est ordinairement nécessaire, est appelée *la franciade*, en mémoire de la Révolution, qui, après quatre ans d'efforts, a conduit la France au gouvernement républicain. La quatrième année de la franciade est appelé *sextile*.

» 11. Le jour, de minuit à minuit, est divisé en dix parties ou heures; chaque partie en dix autres, ainsi de suite jusqu'à la plus petite portion commensurable de la durée. La cinquième partie de l'heure est appelée *minute décimale*; le centième partie de l'heure est appelée *seconde décimale*. Cet article ne sera de rigueur pour les actes publics qu'à compter du 1er vendémiaire an 3 de la République.

» 12. Le comité d'instruction publique est chargé de faire imprimer en différens formats le nouveau calendrier, avec une instruction simple pour en expliquer les principes et l'usage.

» 13. Le calendrier ainsi que l'instruction seront envoyés aux corps administratifs, aux municipalités, aux tribunaux, aux juges de paix et à tous les officiers publics, aux armées, aux sociétés populaires, et à tous les colléges et écoles. Le conseil exécutif provisoire le fera passer aux ministres, consuls et autres agens de France dans les pays étrangers.

» 14. Tous les actes publics seront datés suivant la nouvelle organisation de l'année.

» 15. Les professeurs, les instituteurs et institutrices, les pères et mères de famille, et tous ceux qui dirigent l'éducation des enfans, s'empresseront à leur expliquer le nouveau calendrier conformément à l'instruction qui y est annexée.

« 16. Tous les quatre ans, ou toutes les franciades, au jour de la Révolution, il sera célébré des jeux républicains en mémoire de la révolution française. »

INSTRUCTION *sur l'ère de la République et sur la division de l'année, décrétée par la Convention nationale pour être mise à la suite du décret du 4 frimaire.* (Rédigée par Romme.)

PREMIÈRE PARTIE. *Des motifs qui ont déterminé le décret.*

« La nation française, opprimée, avilie pendant un grand nombre de siècles par le despotisme le plus insolent, s'est enfin élevée au sentiment de ses droits et de la puissance à laquelle ses destinées l'appellent. Chaque jour, depuis cinq ans d'une révolution dont les fastes du monde n'offrent point d'exemple, elle s'épure de tout ce qui la souille ou l'entrave dans sa marche, qui doit être aussi majestueuse que rapide; elle veut que sa régénération soit complète, afin que ses années de liberté et de gloire marquent encore plus par leur durée dans l'histoire des peuples que ses années d'esclavage et d'humiliation dans l'histoire des rois.

» Bientôt les arts vont être appelés à de nouveaux progrès par l'uniformité des poids et mesures, dont le type unique et invariable, pris dans la mesure même de la terre, fera disparaître la diversité, l'incohérence, l'inexactitude qui ont existé jusqu'à présent dans cette partie de l'industrie nationale.

» Les arts et l'histoire, pour qui le temps est un élément nécessaire, demandaient aussi une nouvelle mesure de la durée, dégagée de toutes les erreurs que la crédulité et une routine superstitieuse ont transmises des siècles d'ignorance jusqu'à nous.

» C'est cette nouvelle mesure que la Convention nationale présente aujourd'hui au peuple français; elle doit porter à la fois et l'empreinte des lumières de la nation, et le caractère de notre révolution, par son exactitude, sa simplicité, et par son dégagement de toute opinion qui ne serait point avouée par la raison et la philosophie.

§ Ier. De l'ère de la République.

» L'ère vulgaire, dont la France s'est servie jusqu'à présent, prit naissance au milieu des troubles précurseurs de la chute prochaine de l'empire romain, et à une époque où la vertu fit quelques efforts pour triompher des faiblesses humaines ; mais pendant dix-huit siècles elle n'a presque servi qu'à fixer dans la durée les progrès du fanatisme, l'avilissement des nations, le triomphe scandaleux de l'orgueil, du vice, de la sottise, et les persécutions, les dégoûts qu'essuyèrent la vertu, le talent, la philosophie sous des despotes cruels, ou qui souffraient qu'on le fût en leur nom.

» La postérité verrait-elle sur les mêmes tables, gravés tantôt par une main avilie et perfide, tantôt par une main fidèle et libre, les crimes honorés des rois, et l'exécration à laquelle ils sont voués aujourd'hui, les fourberies, l'imposture, long-temps révérées de quelques hypocrites, et l'opprobre qui poursuit enfin ces infâmes et astucieux confidens de la corruption et du brigandage des cours ? Non ; l'ère vulgaire fut l'ère de cruauté, du mensonge, de la perfidie et de l'esclavage ; elle a fini avec la royauté, source de tous nos maux.

» La révolution a retrempé l'âme des Français ; chaque jour elle les forme aux vertus républicaines ; le temps ouvre un nouveau livre à l'histoire, et dans sa marche nouvelle, majestueuse et simple comme l'égalité, il doit graver d'un burin neuf et pur les annales de la France régénérée.

» Tous les peuples qui ont occupé l'histoire ont choisi dans leurs propres annales l'événement le plus saillant pour y rapporter tous les autres comme à une époque fixe.

» Les Tyriens dataient du recouvrement de leur liberté.
» Les Romains de la fondation de Rome.
» Les Français datent de la fondation de la liberté et de l'égalité.
» La révolution française, féconde, énergique dans ses moyens, vaste, sublime dans ses résultats, formera pour l'historien,

pour le philosophe, une de ces grandes époques qui sont placées comme autant de fanaux sur la route éternelle des siècles.

§ II. *Du commencement de l'ère et de l'année.*

» Le commencement de l'année a parcouru successivement toutes les saisons tant que sa longueur n'a pas été déterminée sur la connaissance exacte du mouvement de la terre autour du soleil.

» Quelques peuples ont fixé le premier jour de leur année aux solstices, d'autres aux équinoxes; plusieurs, au lieu de le fixer sur une époque de saison, ont préféré de prendre dans leurs fastes une époque historique.

» La France, jusqu'en 1564, a commencé l'année à Pâques : un roi imbécille et féroce, le même qui ordonna le massacre de la Saint-Barthélemi, Charles IX, fixa le commencement de l'année au 1er janvier, sans autres motifs que de suivre l'exemple qui lui était donné. Cette époque ne s'accorde ni avec les saisons, ni avec les signes, ni avec l'histoire du temps.

» Le cours des événemens nombreux de la révolution française présente une époque frappante, et peut-être unique dans l'histoire, par son accord parfait avec les mouvemens célestes, les saisons et les traditions anciennes.

» Le 21 septembre 1792 les représentans du peuple, réunis en Convention nationale, ont ouvert leur session, et ont prononcé l'abolition de la royauté. Ce jour fut le dernier de la monarchie, il doit être le dernier de l'ère vulgaire et de l'année.

» Le 22 septembre ce décret fut proclamé dans Paris; ce jour fut décrété le premier de la République, et ce même jour, à neuf heures dix-huit minutes trente secondes du matin, le soleil arriva à l'équinoxe vrai d'automne en entrant dans le signe de la Balance.

» Ainsi l'égalité des jours aux nuits était marquée dans le ciel au moment même où l'égalité civile et morale était proclamée par les représentans du peuple français comme le fondement sacré de son nouveau gouvernement.

» Ainsi le soleil a éclairé à la fois les deux pôles et successivement le globe entier le même jour où, pour la première fois, a brillé dans toute sa pureté sur la nation française le flambeau de la liberté, qui doit un jour éclairer tout le genre humain.

» Ainsi le soleil a passé d'un hémisphère à l'autre le même jour où le peuple, triomphant de l'oppression des rois, a passé du gouvernement monarchique au gouvernement républicain.

» C'est après quatre ans d'efforts que la Révolution est arrivée à sa maturité en nous conduisant à la République, précisément dans la saison de la maturité des fruits, dans cette saison heureuse où la terre, fécondée par le travail et les influences du ciel, prodigue ses dons, et paie avec magnificence à l'homme laborieux, ses soins, ses fatigues et son industrie.

» Les traditions sacrées de l'Égypte, qui devinrent celles de tout l'Orient, faisaient sortir la terre du chaos sous le même signe que notre République, et y fixaient l'origine des choses et du temps.

» Ce concours de tant de circonstances imprime un caractère religieux et sacré à cette époque, une des plus distinguées dans nos fastes révolutionnaires, et qui doit être une des plus célébrées dans les fêtes des générations futures.

» La Convention nationale vient de décréter que l'ère des Français et la première année de leur régénération ont commencé le jour de l'équinoxe vrai d'automne, qui fut celui de la fondation de la République, et elle a aboli l'ère vulgaire pour les usages civils.

» L'ère de Séleucus commença aussi à l'équinoxe d'automne, trois cent douze ans avant l'ère vulgaire. Elle fut suivie par les peuples d'Orient de toutes les croyances, les adorateurs du feu comme les descendans d'Abraham, les chrétiens comme les mahométans : les Juifs ne l'ont abandonnée qu'à l'époque de leur dispersion dans l'Occident, en 1040. L'année ecclésiastique des Russes et l'année des Grecs modernes commencent encore au mois de septembre.

» La première table donne le jour et l'heure de l'équinoxe d'automne pour plusieurs années.

§ III. *De la longueur de l'année.*

» La longueur de l'année a suivi chez les différens peuples les progrès de leurs lumières : long-temps on l'a faite de douze mois lunaires, c'est-à-dire 354 jours, tandis que la révolution de la terre autour du soleil, qui seule règle les saisons et le rapport des jours aux nuits, est de 365 jours 5 heures 48 minutes 49 secondes.

» Ce n'est qu'en intercalant tantôt des jours, tantôt des mois à des intervalles irréguliers qu'on ramenait pour quelque temps la coïncidence de l'année civile avec les mouvemens célestes et les saisons. Toutes ces intercalations, faites sans règles fixes, réparaient momentanément les effets d'une computation vicieuse, et en laissaient subsister la première cause.

» Les Égyptiens quinze cents ans, et les Babyloniens sept cent quarante-six ans avant l'ère vulgaire, se rapprochèrent des vrais principes en faisant leur année de trois cent soixante-cinq jours.

» Jules César, en sa qualité de dictateur et de pontife, appela auprès de lui, deux ans après la bataille de Pharsale, Sosigènes, astronome célèbre d'Alexandrie, et entreprit avec lui la réforme de l'année. Il proscrivit l'année lunaire, introduite par Romulus, et mal corrigée par Numa. L'erreur cumulée qu'il attaquait avait produit après plusieurs siècles un tel dérangement dans les mois que ceux d'hiver répondaient à l'automne, et que les mois consacrés aux cérémonies religieuses du printemps répondaient à l'hiver.

» Cette discordance fut détruite par Jules César, qui intercala quatre-vingt-dix jours entre novembre et décembre. Cette année, qui fut en conséquence de quatre cent quarante-cinq jours, fut appelée *l'année de la confusion*. Il ordonna de plus que tous les quatre ans on intercalerait un jour après le sixième des calendes de mars: ce jour fut appelé le *second sixième*, ou *bissextus* ; de là le nom de bissextile, donné à l'année qui reçoit ce jour intercalaire. Ce nom ne convient plus depuis qu'on ne se sert plus des calendes (1).

» Cette réforme supposait l'année solaire de trois cent soixante-cinq jours et six heures, c'est-à-dire de onze minutes onze secondes plus longue qu'elle n'est réellement.

» En 1582 cette erreur avait produit par sa cumulation un nouveau dérangement dans l'année. Grégoire XIII, alors pontife, entreprit avec des astronomes une nouvelle réforme : il ôta dix jours au mois d'octobre de cette année, et ordonna que sur quatre années séculaires une seule serait bissextile. L'erreur de la computation julienne avait réellement produit un dérangement de plus de douze jours ; mais les astronomes qui dirigèrent cette réforme supposaient l'année plus longue de vingt-trois secondes qu'elle n'est réellement (2).

» Cette réforme de Grégoire a été cependant adoptée successivement par toute l'Europe, excepté la Russie et la Turquie. Les Grisons ne voulaient que cinq jours de correction ; ils craignaient de compromettre l'honneur du protestantisme en condescendant à adopter la correction tout entière proposée par la cour de Rome.

» Aujourd'hui, beaucoup plus éclairé, on sent l'inutilité de ces réformes, préparées à l'avance pour plusieurs siècles, et qui ont fait le désespoir des chronologistes, des historiens et des astronomes.

» En suivant le cours naturel des choses, et cherchant un point fixe dans les mouvemens célestes, bien connus aujourd'hui, il sera toujours facile de faire coïncider l'année civile avec

---

(1) Le mot *calendrier*, qui vient de *calendes*, serait aussi très-impropre si un très-long usage ne l'avait consacré au point de faire oublier son origine. Les mots *almanach* ou *annuaire* seraient plus exacts. »

(2) « Il faut une période de 86,400 ans pour que la différence exacte de l'année solaire à l'année civile ordinaire fasse un nombre de jours sans fraction ; ce nombre est de 20929 : c'est celui des jours intercalaires ou des années bissextiles qui doivent réellement avoir lieu pendant cette longue période. Or la réforme julienne donne 22350 bissextiles, et la réforme grégorienne en donne 21679 : toutes les deux s'écartent de la vérité ; la première de 1421 jours, la seconde de 750. »

l'année solaire par des corrections qui se feront successivement aussitôt que les petites différences cumulées auront produit un jour. C'est dans cet esprit qu'a été rédigé l'article 10 du décret.

§ IV. *De la franciade.*

» C'est après quatre ans de révolution, et dans l'année bissextile, que la nation, renversant le trône qui l'opprimait, s'est établie en République. La première année de l'ère nouvelle commencerait une nouvelle période de quatre ans si Jules César et Grégoire XIII, en plaçant la bissextile, avaient moins consulté leur orgueil que la rigueur de la concordance astronomique, et si jusqu'à présent nous n'avions été les serviles imitateurs des Romains (1). La raison veut que nous suivions la nature, plutôt que de nous traîner servilement sur les traces erronées de nos prédécesseurs : nous devons donc fixer invariablement notre jour intercalaire dans l'année que la position de l'équinoxe d'automne comportera. Après une première disposition que la concordance avec les observations astronomiques rend nécessaire, la période sera de quatre ans : ce n'est qu'après cent vingt-neuf ans environ qu'on devra retrancher le jour intercalaire à l'une de ces périodes.

» En mémoire de la révolution, la période de quatre ans est appelée *la Franciade*, et le jour intercalaire qui la termine *jour de la Révolution* : c'est le sixième des sanculottides ; de là le nom de *sextile* donné à l'année qui le reçoit. Le décret consacre ce jour à des fêtes républicaines qui rappelleront les principaux événemens de la révolution ; les belles actions y seront proclamées et récompensées d'une manière digne de la patrie, qu'elles honorent.

» La seconde table fait connaître l'ordre des Franciades ; on

---

(1) « La deuxième table fait connaître la discordance qui règne entre les années bissextiles et les mouvemens célestes.

» Cette discordance est corrigée dans la nouvelle computation décrétée, comme on le voit, dans la même table. »

y voit que nous sommes à la troisième année de la première Franciade.

§ V. *De la division et de la sous-division de l'année.*

» *Du mois.* La succession de la nuit et du jour, les phases de la lune et les saisons présentent à l'homme des divisions naturelles du temps. Le retour d'une même phase de la lune marque une lunaison ou un mois lunaire; le retour d'une même saison marque l'année naturelle.

» La route de la terre autour du soleil est divisée par les deux équinoxes et les deux solstices en quatre parties, qu'elle ne parcourt pas dans des temps égaux; de même les quatre saisons que cette division détermine n'ont pas une durée égale.

» De l'équinoxe d'automne au solstice d'hiver on compte 90 jours. . . . . 90 jours.
» Du solstice d'hiver à l'équinoxe du printemps. . 89
» De l'équinoxe du printemps au solstice d'été. . . 93
» De là à l'équinoxe d'automne. 93

» Les quatre saisons, considérées comme divisions de l'année, présenteraient trop d'inconvéniens pour les usages domestiques et civils, à raison de leur inégalité et de leur longueur; l'esprit, pour s'élever de la petite unité du jour à la grande unité de l'année, a besoin de plusieurs unités intermédiaires et croissantes qui lui servent à la fois d'échelle et de repos.

» La lune se meut autour de la terre, et dans ses différentes positions elle reçoit et réfléchit la lumière du soleil; c'est ce qui détermine ses phases. Le retour de la même phase se répète douze fois dans l'année, et forme douze lunaisons; chacune est à peu près de vingt-neuf jours douze heures et demie, ou en compte rond trente jours.

» Les douze lunaisons font trois cent cinquante-quatre jours, c'est-à-dire onze jours de moins que l'année ordinaire. La lune ne nous offre donc par ses mouvemens une division exacte de l'année; mais elle est trop utile aux marins, dont elle dirige souvent la marche, au voyageur, à l'homme laborieux des champs, et surtout à l'habitant du nord, pour qui elle supplée au jour dans les longues nuits d'hiver, pour ne pas appeler toute leur attention sur ses mouvemens.

» Le mois est donc une division utile ; aussi tous les peuples connus l'ont-ils adoptée. Mais pour être commode elle doit être toujours la même, et se rapprocher d'une lunaison autant que le permet l'unité du jour, qui est la plus petite qu'on puisse employer ; or vingt-neuf jours douze heures et demie est plus près de trente que de vingt-neuf, et le nombre décimal trente promet beaucoup plus de facilité dans les calculs.

» Jusqu'à présent nos mois ont été inégaux entre eux, et discordans avec les mouvemens de la lune ; l'esprit se fatigue à chercher si un mois est de trente ou de trente-un jours. Cette inégalité a pris naissance chez les peuples qui, faisant leur année trop courte, et ne trouvant pas dans la ressource des intercalations un moyen suffisant de correction, ajoutèrent un jour ou deux à quelques-uns de leur mois.

» Les Égyptiens, les plus éclairés des peuples de la haute antiquité, faisaient leurs mois égaux chacun de trente jours, et complétaient l'année en la terminant par cinq jours épagomènes (1), qui n'appartenaient à aucun mois. Cette division est simple : c'est celle que la Convention a décrétée pour l'annuaire des Français.

» *De la décade.* Les quatre phases de la lune présentent une division naturelle de la lunaison en quatre parties ; mais comme on ne pouvait diviser ni trente ni vingt-neuf par quatre sans fraction, on a divisé vingt-huit, et le nombre sept, qui en est résulté, a été pris pour la sous-division du mois ; on en a fait la semaine, à laquelle les astrologues et les mages de l'Égypte ont attaché toutes les erreurs, toutes les combinaisons cabalastiques dont elle était susceptible.

» La superstition a transmis jusqu'à nous, au grand scandale des siècles éclairés, cette fausse division du temps, qui ne me

---

(1) Ou *surajoutés.*

sure exactement ni les lunaisons, ni les mois, ni les saisons, ni l'année, et qui n'a pas peu servi dans tous les temps les vues ambitieuses de toutes les sectes. La fête du septième jour avait lieu chez les païens comme chez les juifs ; c'était un jour de prosélytisme et d'initiation.

» L'annuaire d'un peuple qui reconnaît la liberté des cultes doit être indépendant de toute opinion, de toute pratique religieuse, et doit présenter ce caractère de simplicité qui n'appartient qu'aux productions d'une raison éclairée.

» La numération décimale, adoptée pour les poids et mesures, ainsi que pour les monnaies de la République, à raison de ses grands avantages pour le commerce et les arts, vient s'appliquer naturellement à la division du mois. Les trente jours qui le composent, divisés en trois parties égales, forment trois divisions de dix jours, que nous appelons pour cette raison *décades*.

» Ainsi l'année ordinaire est de trois cent soixante-cinq jours, ou de douze mois et de cinq jours, ou de trente-six décades et demie, ou de soixante-treize demi-décades.

» Dans les usages familiers les cinq doigts de la main peuvent être affectés à désigner ordinairement les cinq jours de la demi-décade.

» *Du jour.* Les limites du jour et de la nuit, et le milieu de l'un et de l'autre, divisent naturellement le jour en quatre. Le chant du coq a servi long-temps aux Perses, et sert encore à quelques peuples des bords de la mer Glaciale et de la mer Blanche, à diviser le jour. Les Romains le partageaient, du lever au coucher, en quatre parties de trois heures chacune, qu'ils nommaient prime, tierce, sexte et none. Quelques peuples de l'Orient divisaient le jour et la nuit séparément chacun en douze parties qui croissaient et décroissaient suivant l'état du jour et de la nuit; de sorte que les parties du jour n'étaient égales à celles de la nuit qu'aux équinoxes. On abandonna cet usage, et l'on fit toutes les heures égales. La division du jour en douze heures a aussi eu lieu ; mais celle en vingt-quatre a prévalu : les uns les comptent de suite depuis un jusqu'à vingt-quatre ; les autres comptent deux fois douze heures : c'est ce que font les Français.

» On n'a pas toujours été d'accord sur la position du commencement du jour. Dans l'orient on le plaçait au lever du soleil ; les astronomes le placent à midi ; les Juifs et les Athéniens le plaçaient au coucher du soleil ; les Italiens commencent demi-heure après le coucher ; la plupart des peuples de l'Europe comptent le jour de minuit à minuit ; à Bâle on commence le jour une heure plus tôt qu'ailleurs, en mémoire du service que rendit à cette ville celui qui rompit un complot de ses ennemis en faisant sonner à l'horloge minuit pour onze heures.

» La division de l'heure en soixantes minutes, et de la minute en soixante secondes, est incommode dans les calculs, et ne correspond plus à la nouvelle division des instrumens d'astronomie, si utiles pour la marine et la géographie ; division décimale qui donne au travail plus de célérité, plus de facilité et de précision.

» La Convention, pour rendre complet le système de numération décimale, a décrété en conséquence que le jour serait divisé en dix parties, chaque partie en dix autres, et ainsi de suite jusqu'à la plus petite portion commensurable de la durée.

» Cependant, comme les changemens que cette division demande dans l'horlogerie ne peuvent se faire que successivement, elle ne sera obligatoire qu'à compter du premier jour du premier mois de la troisième année de la République.

SECONDE PARTIE. *Exécution et usage de l'annuaire des Français, ou du calendrier républicain.*

§ 1er.

» La rigueur des principes développés dans la première partie demande que le calendrier de la République soit dégagé de tout ce qui n'appartient pas strictement à la division de l'année, ou à la position des astres, qui par leur lumière intéressent le plus les premiers besoins de l'homme, soit en secondant son travail, soit en réglant les époques.

» On voit à la suite de cette instruction l'annuaire dans toute sa simplicité ; les douze mois de l'année, à compter du 22 septembre 1793, les jours qui les composent depuis 1 jusqu'à 30 (1).

» Toutes les indications relatives aux mouvemens célestes qui peuvent le plus nous intéresser sont marquées en divisions décimales du temps, ou en parties décimales du cercle (2). Une table servira à faire la concordance entre les heures décimales et les anciennes.

§ II. *De l'usage du nouveau calendrier.*

» Lorsqu'on a une date à exprimer on n'a pas plus besoin de parler de décade que dans l'ancienne computation on parlait de semaine. Quelquefois à la date on ajoutait le nom du jour de la semaine. Dans cette nouvelle division le quantième seul du mois indique en même temps et le rang de la décade dans le mois, et le rang du jour dans la décade.

» Si une date est exprimée par un seul chiffre, comme 7 vendémiaire, il est évident qu'on indique aussi le 7e jour de la première décade.

» Mais si le quantième du mois est exprimé par deux chiffres, comme 13, 25, il est aussi évident que le chiffre du rang des dizaines apprend dans le premier nombre 13 que la première décade est écoulée, et qu'on indique le troisième jour de la seconde décade ; et dans le second nombre 25, les dizaines 2 apprennent que les deux premières décades sont écoulées, et qu'on indique le cinquième de la troisième décade.

» La manière la plus simple et la plus courte d'écrire une date est celle-ci : 21 vendémiaire, l'an 2 de la République.

» La date pour les sanculottides est encore plus simple, puisqu'ils n'appartiennent à aucun mois : 4e des sanculottides, 2e année de la République.

» Au lieu de ces expressions, *dans deux semaines, trois semai-*

---

(1) « Les noms des jours et des mois, les fêtes des sanculottides y sont placés. »
(1) « Le quart de cercle est divisé en cent degrés, chaque degré en cent minutes, chaque minute en cent secondes. »

ues, où dans quinze jours, vingt jours, on dira : dans une décade et demie, dans deux décades (1), etc.

§ III. De l'épacte.

» Au commencement de l'année, c'est-à-dire au 22 septembre dernier, vieux style, l'épacte, ou l'âge de la lune, était 17.

» Veut-on savoir l'âge de la lune pour le 23 du 9° mois de la 2° année?

» A l'épacte. 17
» Ajoutez le quantième. 23
» Et autant de demi-jours qu'il s'est écoulé de mois,
ce qui fait. 4
» Vous aurez. 44
» Retranchez-en pour une lunaison. 29
» Il restera pour l'âge de la lune. 14

» Quel sera l'âge de la lune au 3° des sanculottides?
» Epacte. . . . . 17 jours.
» Date. 3
» Pour douze mois. 6
» Réponse. 26

Cette méthode est facile, et suffisante pour les usages domestiques.

§ IV. De la concordance de la nouvelle computation avec l'ancienne.

» Pour faciliter la transition de l'ancienne computation à la nouvelle on a annexé à cette instruction une table de concordance à l'aide de laquelle on pourra sans peine traduire une ancienne date dans la nouvelle, et réciproquement. On peut aussi trouver cette correspondance en sachant à quel jour d'un mois ancien répond

(1) Les noms des jours fournissent une nouvelle manière d'exprimer une date qui peut avoir son explication : *tous les tridis, tous les décadis du mois; le 1er octidi de brumaire*, ou *le 8 du mois; le 2e tridi* ou *le 13; le 3e septidi*, ou *le 27*, etc., etc. »

CALENDRIER RÉPUBLICAIN. 443

le premier de chaque mois nouveau. C'est ce qu'on voit dans le calendrier à la tête de chaque mois.

» Si l'on n'a pas sous les yeux la table dont on vient de parler, on peut par des simples additions résoudre toutes les difficultés qui se présenteront.

» *Premier exemple.* On veut savoir à quoi répond le 17 décembre 1793 dans le nouveau calendrier.

» Septembre donne au premier mois	9 jours.
» Du 1ᵉʳ octobre au 1ᵉʳ décembre . . . . . 2 mois de 30 et	1 jours.
» Décembre donne	17 jours.
Total . . .	3 mois 27 jours.

» La date donnée répond donc au 27 du troisième mois.

» *Second exemple.* A quoi répond la date du 14 juin 1794?

» Du 1ᵉʳ octobre au 31 mai. . . . . 8 mois dont cinq de 31 jours et un de 28 ; faisant tous les mois de 30, il reste après la compensation.	3 jours.
» Septembre fournit	9 jours.
» Juin	14 jours.
Total . . .	8 mois 26 jours.

» La date donnée répond donc au 26ᵉ du 9ᵉ mois.

» *Troisième exemple.* Traduire en nouveau style la date du 12 décembre 1794.

» Du 22 septembre au 1ᵉʳ décembre 1793	2 mois 10 jours.
» Du 1ᵉʳ décembre 1793 au 1ᵉʳ décembre 1794	1 an
» Décembre 1794.	12 jours.
Total . . .	1 an 2 mois 22 jours.

» La date donnée répond donc au 22 du troisième mois de la troisième année.

» *Quatrième exemple.* A quelle date répond dans l'ancien calendrier cette date nouvelle, 19 du 7ᵉ mois de la 3ᵉ année?

» La 3ᵉ année de la République commence au 22 septembre 1794; c'est à partir de là qu'on doit compter 6 mois 19 jours, ce qui conduit au 10 avril 1795.

§ V. *Des nouvelles montres et horloges.*

» Perfectionner l'horlogerie, et rendre les productions de cet art, utiles et accessibles pour le prix au plus grand nombre des citoyens, c'est ce qui doit résulter de la nouvelle division du jour.

» Le problème consiste à diviser le jour de minuit à minuit en 10, en 100, en 1,000, en 10,000, en 100,000 parties, selon les besoin.

» C'est au génie des artistes à s'exercer pour obtenir ce résultat par les moyens les plus simples, les plus expéditifs, les plus exacts et les plus économiques.

» Pour les usages les plus ordinaires on pourrait se contenter d'une montre à une seule aiguille. Pour ceux qui voudront des dix millièmes ou des cent millièmes de jour, suivant la nature des opérations dont ils chercheront à mesurer la durée, on pourra faire des montres à plusieurs aiguilles.

» Jusqu'à présent on n'a pas assez tiré parti des ressources qu'offriraient 1° un bon système de division du cadran; 2° la forme de l'aiguille, qui, au lieu d'indiquer par son extrémité, pourrait indiquer à la fois sur plusieurs cercles concentriques par son côté aligné au centre du cadran; 3° le nombre des tours qu'une aiguille qui serait solitaire pourrait faire dans le jour entier, ce qui fournirait un moyen de subdiviser sans multiplier les cadrans.

» Il importe surtout que les horlogers cherchent le moyen de faire servir à la nouvelle division décimale les anciens mouvemens de montre ou de pendule, en y faisant le moins de changement possible.

» Pour faciliter le passage de la division en vingt-quatre heures à la division nouvelle, on pourrait partager le cadran en deux parties, dont l'une porterait la division en douze heures, et l'autre la division en cinq heures; une même aiguille à deux branches diamétralement opposées indiquerait à la fois les deux divisions.

» Les tables 3 et 4 présentent une concordance des divisions du jour.

» Dans les grandes pendules et dans les horloges on peut supprimer la minuterie, agrandir le cadran, en laissant subsister l'ancienne division, et sur l'enture présenter la division nouvelle en cinq heures décimales, pour correspondre aux douze heures anciennes. Chaque heure décimale serait divisée en cent minutes : l'aiguille des heures, étant droite et posée sur sa tranche, marquerait à la fois l'heure ancienne et l'heure nouvelle.

» C'est aux grandes communes à donner l'exemple, et l'on doit attendre de leur patriotisme qu'elles s'empresseront à faire construire des horloges décimales.

» Un seul cadran, divisé en cent parties marquées de dix en dix, peut servir à donner : 1° la décade dans le tour entier, le jour dans le dixième du jour, l'heure dans le centième du tour par la même aiguille ; 2° une seconde aiguille indiquerait la minute, et une troisième indiquerait la seconde décimale sur le même cadran.

§ VI. *De la décade.*

» La loi laisse à chaque individu à distribuer lui-même ses jours de travail et de repos, à raison de ses besoins, de ses formes, et selon la nature de l'objet qui l'occupe ; mais comme il importe que les fonctionnaires, les agens publics, qui sont comme autant de sentinelles placées pour veiller aux intérêts du peuple, ne quittent leur poste que le moins possible, la loi ne tolère de vacances pour eux qu'au dernier jour de chaque décade.

» Les caisses publiques, les postes et messageries, les établissemens publics d'enseignement, les spectacles, les rendez-vous de commerce, comme bourses, foires, marchés ; les contrats et conventions ; tous les genres d'agence publique qui prenaient leurs époques dans la semaine, ou dans quelques usages qui ne concorderaient pas avec le nouveau calendrier, doivent désormais se régler sur la décade, sur le mois, ou sur les sanculottides.

» Le conseil exécutif, les corps administratifs, les municipalités doivent s'empresser à prendre toutes les mesures que peut leur suggérer l'amour de l'ordre et du bien public pour accélérer les changemens que demande la nouvelle division de l'année dans leurs fonctions respectives.

» C'est aux bons citoyens, aux sociétés populaires, aux soldats de la patrie, qui se montrent les ennemis implacables de tous les préjugés, à donner l'exemple dans leur correspondance publique ou privée, et à répandre l'instruction, qui peut faire sentir les avantages de cette loi salutaire.

» C'est au peuple français tout entier à se montrer digne de lui-même en comptant désormais ses travaux, ses plaisirs, ses fêtes civiques sur une division du temps créé pour la liberté et et l'égalité, créé par la révolution même, qui doit honorer la France dans tous les siècles. » (*Suivaient des tableaux, contenant le calendrier, la concordance, les rapports astronomiques, etc.*)

RAPPORT *sur la formation d'un grand-livre pour inscrire et consolider la dette publique,* fait par Cambon *dans la séance du 15 août 1793.*

« Citoyens, le premier travail de votre commission des cinq, chargée d'examiner la situation des finances de la République, a été de connaître l'état et le montant de la dette.

» Nous avons eu recours aux divers rapports des assemblées constituante et législative et aux comptes-rendus par les commissaires de la trésorerie nationale; car, malgré les calomnies sans cesse répétées et les craintes qu'on voudrait inspirer, les Français, au milieu des orages inévitables de la plus belle révolution, n'ont rien négligé pour constater et acquitter la dette contractée par le despotisme.

» Le corps constituant ne nous a laissé, il est vrai, que des calculs hypothétiques; mais il faut convenir qu'étant environné des destructions nécessaires à l'établissement de la liberté, il lui était impossible de se procurer des connaissances exactes sur le montant des obligations contractées depuis tant de siècles, sous mille formes, et par un nombre infini d'établissemens ou d'administrations qui, gérant en particulier leurs affaires, n'avaient aucun point central de correspondance ni de réunion.

» Le corps législatif nous a laissé des bases plus certaines ; il exigea que les commissaires de la trésorerie dressassent en janvier 1792 un état détaillé de la dette publique, et le comité des finances du corps législatif, dans son rapport des 17, 18 et 19 avril 1792, présenta un état très-détaillé sur la situation des finances à la date du 1er avril 1792.

» Enfin les commissaires de la trésorerie nationale ont remis, d'après votre décret du 19 janvier dernier, au comité des finances, un compte-rendu sur la situation des finances à la date du 1er janvier dernier.

» C'est d'après ces rapports ou comptes-rendus que votre commission s'est procuré les résultats que je suis chargé de vous présenter.

» La dette publique non viagère se divise en quatre classes : *dette constituée, dette exigible à terme fixe, dette exigible provenant de la liquidation, dette provenant des diverses créations d'assignats.*

» La *dette constituée* se subdivise en deux parties ; la première, dont le montant est parfaitement connu, provient des anciennes dettes constituées et payées par les payeurs de l'Hôtel-de-Ville de Paris ; elle repose sur des anciens contrats souscrits au nom des rois. Elle se montait au 1er avril 1792, suivant le rapport du comité des finances du corps législatif, à 65,424,546 liv. de rente annuelle ; elle a été réduite par les titres qui se sont trouvés dans l'actif des divers ordres militaires ou religieux supprimés, et qui sont devenus propriétés nationales ; de sorte que son montant à l'époque du 1er janvier 1793 était de 62,717,164 livres de rente annuelle.

» Ces rentes sont payées à Paris par les payeurs, par semestre, dans le cours de six mois, par ordre alphabétique ; chaque rentier, lorsqu'on est à sa lettre, porte sa quittance signée dans la boîte du payeur, qui la garde entre ses mains huit à dix jours pour la coter sur ses registres et feuilles de paiement.

» Cette quittance, qui est ainsi confiée au payeur, ne peut point légitimer le paiement : aussi se fait-il dans un lieu public, en présence d'un contrôleur, qui atteste qu'il a été réellement fait au titulaire du contrat ou au porteur de sa procuration ; c'est cette attestation qui peut seule opérer la décharge du payeur vis-à-vis du rentier.

» Vous êtes sans doute étonnés de cette forme bizarre de paiement, qui ne sert qu'à entretenir les anciennes injustices, les anciens abus, à multiplier à l'infini les formalités qu'entraînent tous les enregistremens et visas de quittances, et à embarrasser la comptabilité.

» La longue nomenclature des diverses natures de rentes n'est pas moins étonnante, et n'a aussi d'autre utilité que de rappeler d'une manière honteuse les abus de l'ancien régime.

» La diversité des titres est telle que c'est une science de les connaître à l'inspection, et de pouvoir les classer ; ce qui augmente encore les embarras, c'est qu'une même nature de rente, un même emprunt est partagé pour le paiement en vingt ou trente payeurs, et que si l'on a besoin d'un renseignement il faut s'adresser aux quarante payeurs, réunir et comparer les divers relevés qu'ils fournissent pour en former un tout.

» Il résulte de cet ordre que le paiement dans les districts est impossible à exécuter, et qu'un créancier de deux mille livres de rentes est forcé quelquefois de s'adresser aux quarante payeurs ; il est obligé pour lors de se procurer quarante fois les pièces nécessaires pour recevoir son paiement ; il éprouve souvent des difficultés contradictoires ; enfin ce mode ne sert qu'à multiplier les parties prenantes, qui s'élèvent à douze cent mille, à cacher toutes les fortunes, à discréditer les contrats nationaux, et à multiplier les pièces de comptabilité à un point qu'il est impossible de rendre et juger un compte après huit ou dix années.

» Cet ordre de choses ne peut pas subsister sous le régime républicain, nous ne devons pas laisser la dette nationale reposer sur des titres consentis au nom des rois, et continuer à affecter des rentes sur le produit des aides et gabelles, tabacs et autres droits indirects qui ont été supprimés.

» Il est difficile de comprendre par quelle prédilection un pareil établissement a pu résister aux réformes de la Révolution : il est temps de républicaniser la dette. La nation, qui s'est chargée de l'acquitter, doit réunir tous les titres sous une même dénomination ; il est d'ailleurs convenable de faire disparaître des capitaux fictifs au denier cent, au denier quarante ; des rentes soumises à un droit du dixième, du quinzième, de dix sous pour livres, qui n'ont d'autre utilité que de rappeler d'anciennes injustices, puisque la nation ne s'est obligée à payer les rentes que sur le pied de leur produit à l'époque où elle s'en est chargée.

» La seconde partie de la dette constituée se compose des dettes des anciens pays d'état, des dettes passives de toutes les compagnies de judicature, des rentes dues par les communautés religieuses et corps particuliers du clergé, des dettes des communautés d'arts et métiers.

» La nation s'est chargée d'acquitter toutes ces rentes, et de retirer l'actif de ces diverses corporations ; de sorte que la première partie de la dette constituée doit diminuer du montant des titres dus par la nation qui se trouveront dans cet actif.

» On n'a aucune connaissance positive du montant de cette seconde partie de la dette constituée : le corps législatif, d'après le rapport qui lui fut fait dans le mois d'avril 1792, l'avait évalué, déduction faite du produit de l'actif, à 11,420,403 liv. de rente annuelle ; les commissaires de la trésorerie, dans leur compte au 1er janvier 1793, l'ont réduit à 10,450,207 livres de rente annuelle.

» Cette partie de la dette publique est soumise à la liquidation générale ; les propriétaires, en remettant leurs anciens titres, reçoivent un titre nouveau, ce qui multiplie et subdivise à l'infini les titres de propriété, ainsi que les pièces et les embarras de la comptabilité.

» D'ailleurs, cette nouvelle liquidation impose une nouvelle gêne aux créanciers possesseurs de ces titres, qui étaient payés dans les provinces, et qui sont obligés de venir recevoir leur paiement à Paris.

» Le corps législatif avait porté pour mémoire, dans cette seconde partie de la dette constituée, les rentes dues aux fabriques pour l'intérêt à quatre pour cent des immeubles qui leur appartenaient, dont elle ordonna la vente : les commissaires de la trésorerie, dans leur compte rendu sur la situation des finances au 1er janvier 1793, d'après l'estimation qui a été faite des immeubles, portent cette partie de la dette à 8,078,364 livres de rente annuelle.

» Le corps législatif avait aussi porté dans le chapitre de cette seconde partie de la dette constituée les dettes des villes et communes. Il est essentiel de vous donner des éclaircissemens sur les bases de l'estimation qu'il fit de ces dettes.

» L'Assemblée constituante décréta, le 5 août 1791, que les villes et communes paieraient leurs dettes, et pour leur en procurer les moyens elle y affecta le seizième du bénéfice qui leur est accordé sur la vente des biens nationaux, le produit de leurs propriétés dont elle ordonna la vente; et en cas d'insuffisance, elle les autorisa à imposer un sou additionnel sur les contributions foncière et mobilière, pour être employé, savoir, dix deniers au paiement du capital, qui doit être éteint dans trente années, la nation se chargeant d'acquitter le surplus des dettes s'il en existe.

» En vain avait-on rendu plusieurs décrets pour ordonner aux villes et communes de fournir l'état de leurs actif et passif, pour connaître la partie de leur dette qui serait à la charge de la nation; en vain avait-on décrété la déchéance des maires et officiers municipaux qui ne les auraient pas fournis : le corps législatif n'avait reçu aucun des états demandés; ce qui l'obligea d'estimer, d'après le rapport du mois d'avril 1792, sans base certaine, cette partie de la dette publique à 150 millions de capital, ou 6,000,000 de rente annuelle. Les commissaires de la trésorerie ont conservé cette évaluation.

» Depuis le mois d'avril 1792 les villes et communes ne se sont pas mises en règle ; à peine connaissons-nous quelques états de situation ; nous n'avons entendu parler des dettes des villes et communes que par les réclamations pressantes et multipliées des créanciers, et par les demandes en secours de plusieurs villes, qui ont profité de tous les événemens pour épuiser le trésor national : il est d'ailleurs connu que plusieurs villes et communes ont aliéné leurs propriétés, et en ont affecté le montant à des dépenses imprévues et extraordinaires. Il est temps de rétablir l'ordre dans cette partie, et de tranquilliser une foule de créanciers qui ne savent à qui s'adresser pour réclamer le paiement des rentes qui leur sont dues, et qui sont très-arriérées.

» Le corps législatif, d'après le rapport du mois d'avril 1792, avait porté dans le chapitre de la dette exigible à terme la dette constituée du clergé, pour 72,431,469 livres de capital, qui, d'après les lois qui existaient alors, devaient être remboursés à raison de 10 millions par an.

» Mais d'après le décret qui suspendit le remboursement des reconnaissances de liquidation au dessus de 10,000 livres, le remboursement de la dette constituée du clergé fut suspendu, et les commissaires de la trésorerie nationale l'ont portée dans le chapitre de la dette constituée, pour 2,642,600 livres de rente annuelle.

» Il résulte du compte rendu par les commissaires de la trésorerie, que la dette constituée montait, au premier janvier 1793, à 89,888,535 livres de rente annuelle. Cette somme n'a éprouvé depuis lors aucune variation.

» *La dette exigible à terme* provient des divers emprunts remboursables, contractés sous le gouvernement de Louis XVI ; la majeure partie de cette dette est constatée par des annuités, quittances de finance ou effets au porteur : c'est cette dette qui a donné naissance à cet agiotage que vous voulez détruire; c'est elle qui l'alimente tous les jours par la facilité des négociations, et par l'espoir de participer aux chances promises.

» Le produit de cette dette a été employé en grande partie aux dépenses de la guerre d'Amérique : on évita pour lors de créer des impôts extraordinaires; mais on eut recours à des emprunts à un intérêt, qu'on peut calculer à raison de six à huit pour cent par an; on annonçait devoir les rembourser au moyen des économies sans cesse projetées, et jamais exécutées.

» C'est peut-être à l'existence de ces emprunts que nous devons le commencement de la révolution : le gouvernement, embarrassé pour acquitter les engagemens qu'il avait contractés, convoqua les états généraux pour y pourvoir. Les portefeuilles regorgeaient d'effets royaux; les propriétaires de ces effets, craignant de perdre leurs capitaux, prirent le masque révolutionnaire, et se réunirent aux amis de la République : dès lors le Palais-Royal fut le lieu de rassemblement des patriotes, et c'est de ce foyer que partit le feu sacré qui enflamma les âmes le 14 juillet et les 5 et 6 octobre 1789.

» La nation a acquitté exactement cette partie de la dette à l'époque de son échéance; elle a acquitté aussi exactement les primes et chances promises, quoiqu'elles fussent le produit d'un intérêt usuraire : c'est peut-être l'exactitude de ces paiemens qui a produit le changement dans l'opinion des agioteurs, qui, après avoir reçu les fonds que la nation leur devait, les ont employés à accaparer les denrées et marchandises, ou le papier sur l'étranger; dès lors, leur intérêt demandant l'avilissement des assignats, afin que les marchandises, denrées et papier qu'ils avaient accaparés augmentassent de valeur pour augmenter leur fortune, ils n'ont rien négligé et ne négligent rien pour obtenir ce discrédit, et donner à la révolution un mouvement rétrograde, qu'ils espèrent devoir leur assurer d'une manière stable les bénéfices énormes qu'ils se sont procurés; aussi sont-ils désespérés lorsqu'ils apprennent un événement avantageux à la révolution.

» Le plus sûr moyen de faire cesser l'agiotage serait de retirer de la circulation tous les effets au porteur et les annuités, de les assimiler à toutes les autres créances sur la République, de faire cesser l'intérêt usuraire qui leur est attribué, et de les convertir en un titre uniforme, qui détruirait les calculs des spéculateurs, accoutumés à s'enrichir du discrédit public.

» On peut diviser la dette exigible à terme en deux parties : la première comprend les objets remboursables à Paris ; la seconde, les emprunts faits en pays étrangers, dont le remboursement est stipulé payable en monnaie étrangère.

» La première partie de cette dette montait, au 1er avril 1792, d'après le rapport du comité des finances du corps législatif, à 456,044,089 livres ; elle était réduite, au 1er janvier 1793, d'après le compte rendu par les commissaires de la trésorerie nationale, à 433,956,847 livres, sur laquelle somme il a été remboursé, depuis le 1er janvier jusqu'au 1er août dernier, 18,011,535 livres ; de sorte que le montant de cette partie de la dette publique était, le 1er août dernier, de 415,945,312 livres.

» La seconde partie n'était pas comprise dans le rapport du corps législatif; elle montait, au 1er janvier 1793, d'après le compte rendu par les commissaires de la trésorerie nationale, à 11,994,860 livres ; il en a été remboursé, depuis cette époque jusqu'au 1er août dernier, par la trésorerie nationale, 38,857 livres ; son montant, au 1er août, était donc réduit à 11,956,005 livres.

» Cette dette provient des emprunts faits en Hollande pour compte des Américains, et à Gênes pour divers objets. Nous devons regarder comme sacrés les titres sur lesquels elle est fondée ; ils doivent être remboursés en espèces, et non en assignats. Les Américains nous donnent à cet égard un grand exemple de loyauté, puisqu'ils nous remboursent en numéraire ce qu'ils pourraient nous rembourser en assignats, malgré le bénéfice qu'ils pourraient y trouver.

» La *dette exigible provenant de la liquidation* n'est devenue remboursable que par les effets de la révolution. L'ancien régime n'avait rien négligé pour se procurer de l'argent ; il avait mis en vente le droit de rendre la justice, le droit de noblesse, celui de vexer le peuple par des impôts indirects; enfin, le droit de mettre à profit ses talens et son industrie. La révolution a détruit tous ces priviléges et vexations ; mais elle a respecté les propriétés; la nation s'est engagée à rembourser les offices de judicature, de finances, jurandes, maîtrises et autres : c'est cet engagement qui forme la troisième partie de la dette publique. Il importe à la révolution de faire disparaître cette masse d'anciens titres, en hâtant leur liquidation, qui fera oublier l'ancienne vénalité des charges, et qui portera la consolation dans l'âme d'une multitude de citoyens honnêtes.

» Cette partie de la dette, n'étant pas parfaitement connue, tous les titres n'étant pas encore remis à la liquidation, avait été estimée sans base certaine, au 1er avril 1792, d'après le rapport au corps législatif, à 1,050,741,469 livres ; mais on y avait compris la dette constituée du clergé pour 72,431,439 livres, qui font aujourd'hui partie de la dette constituée, de sorte que cette évaluation ne montait réellement qu'à 978,310,000 livres.

Aujourd'hui tous les titres sont connus ; il est certain qu'elle avait été forcée d'environ 310,000,000 de livres (1) : les commissaires de la trésorerie nationale ne l'ont portée au 1er janvier 1793, dans leur compte rendu, que pour 640,377,621 livres, sur lesquels il a été remboursé, depuis le 1er janvier jusqu'au 1er août dernier, 14,671,312 livres. Son montant, au 1er août dernier, était de 625,706,309 livres.

» Le corps législatif avait décrété que le remboursement de cette partie de la dette serait fait en assignats pour les sommes au-dessous de 10,000 livres, et il suspendit le paiement des créances de 10,000 livres et au-dessus. Depuis cette époque la dette provenant de la liquidation a été divisée en deux parties.

» Vous avez changé, par la loi du 17 juillet dernier, les mesures adoptées par le corps législatif; mais vous avez toujours conservé la division en deux parties, puisque vous avez décrété

(1) « Les offices avaient été estimés 800,000,000 ; ils ne montent qu'à 492,000,000. »

que les créances de 3,000 livres et au-dessous seraient remboursées en assignats, et que celles au-dessus de 3,000 livres seraient remboursées en une reconnaissance de liquidation, ne portant aucun intérêt, à compter du 1er août dernier, admissible en paiement de domaines nationaux à vendre, à condition que l'acquéreur fournirait en même temps en assignats un tiers de la valeur acquise.

» Peut-être traitez-vous un peu trop sévèrement les créanciers de cette dernière classe, tandis que ceux de la dette à terme sont favorisés. Il est temps de ne faire qu'un titre de toutes les créances sur la nation, et s'il y a une exception à faire, elle ne peut être qu'en faveur de ces citoyens qui, ayant perdu leur état par la Révolution, se trouvent créanciers d'une somme de 3,000 livres et au-dessous.

» La quatrième partie de la dette publique a été créée par la révolution. Elle fait le service de monnaie, l'objet de toutes les spéculations; elle est la cause de tous les agiotages et accaparemens; enfin, après avoir rendu des services à la Révolution, elle pourrait servir les projets des contre-révolutionnaires. Elle provient des diverses *créations d'assignats*.

» Le corps constituant, le corps législatif et la Convention ont décrété successivement la création de 5,100,000,040 livres assignats. Il en restait, le 1er août dernier, en caisse ou en fabrication, 484,153,987 livres; le montant de ceux qui avaient été mis en circulation à cette époque était de 4,615,846,053 liv., sur lesquels il en était rentré ou brûlé 840,000,000, provenant des paiemens faits sur la vente des domaines nationaux. Les assignats qui étaient en circulation le 1er août dernier montaient donc à 3,775,846,053 livres.

» Il importe essentiellement à la cause de la liberté de diminuer la masse des assignats en circulation, puisque leur trop grande quantité ne sert qu'à augmenter la valeur de toutes les matières et denrées : c'est dans cette vue que vous avez rendu le décret qui démonétise les assignats à face royale au-dessus de 100 livres.

» Ce décret a retiré de la circulation comme monnaie une somme de 558,624,000 livres, puisque, sur la création des assignats démonétisés, qui montait à 1,440,000,000, il en avait été brûlé 881,376,000 livres, qui provenaient des échanges ou des paiemens.

» Le décret qui a réduit la masse des assignats ayant cours de monnaie a déjà produit d'heureux effets, puisqu'il a fait diminuer de moitié le prix du papier sur l'étranger, et que le même effet doit se faire ressentir sur le prix de toutes les matières et denrées.

» Les assignats démonétisés étaient accaparés, n'en doutez pas; la preuve en résulte d'une manière convaincante du rapprochement que je vais vous présenter. Le jour même du décret qui démonétisait les assignats à face royale, je me rendis à la trésorerie pour m'assurer de ceux qui étaient dans les caisses, et pour prévenir les échanges. Il ne s'y en trouva que pour environ 2,500,000 livres; ceux dans la caisse à trois clefs, provenant des biens des émigrés, exceptés; et la caisse d'escompte, qui n'avait qu'un fonds de 29,000,000 en caisse, n'avait presque que des assignats à face royale.

» Il n'est pas étonnant que d'après cet exemple il s'élève des plaintes contre ce décret; mais rassûrez-vous, elles ne sont dictées que par l'intérêt particulier. Vous avez concilié le besoin des circonstances avec le respect des propriétés, puisqu'en enlevant aux assignats démonétisés le cours ordinaire de monnaie, vous leur avez conservé plusieurs moyens d'écoulement rapide, en les admettant 1° en paiement de ce qui est dû sur la vente des domaines nationaux, qui monte de 12 à 1500 millions; 2° des contributions, qui montent de 6 à 700 millions; vous les admettez en outre dans l'acquisition des annuités provenant de la vente des biens nationaux, qui rapportent 5 pour cent d'intérêt. Oui, vous n'avez rien négligé pour retirer les assignats de la circulation; vous avez accordé une prime de 3 pour cent à ceux qui, acquéreurs des domaines nationaux, se libéreront avant l'échéance du terme que vous leur avez accordé; vous ne cessez de vous occuper du respect que vous devez à toutes les obligations contractées; vous faites toujours des sacrifices; et ces égoïstes possesseurs des assignats sont toujours sourds à la voix de la patrie, ils attendent sans doute des moyens de rigueur pour les y forcer. Ah! vous qui vous plaignez du décret qui démonétise les assignats à face royale, empressez-vous de solder vos contributions qui sont arriérées; venez acquitter les domaines nationaux que vous avez achetés; on vous allouera trois pour cent de prime; si vous n'avez pas acheté des domaines nationaux, achetez les annuités de ceux qui les ont acquis, et votre assignat, qui ne vous produit rien, vous produira cinq pour cent d'intérêt ; défaites-vous de cet assignat, que vous conservez sans doute en attendant l'arrivée des Autrichiens ou des Prussiens, où le succès des royalistes, et montrez-vous une fois amis de vos concitoyens ! Voilà les sacrifices qu'on exige de vous pour obtenir la liberté ; ils ne sont pas grands, puisqu'en faisant le bien général vous y trouvez encore votre avantage.

» Citoyens, malgré les clameurs des égoïstes, vous maintiendrez votre décret (*applaudissemens*), et l'approbation que je reçois de vous sera peut-être un avertissement salutaire pour ces hommes qui réclament sans cesse les lois, mais qui ne veulent exécuter que celles qui favorisent leur opinion.

» Nous pouvons donc diviser la dette en assignats en deux parties, qui montaient, le 1er août dernier, en assignats démonétisés, à 558,624,000 livres.

» En assignats ayant cours de monnaie, à 3,217,222,055 liv.

» Il résulte des détails que je vous ai présentés, que la dette publique non viagère se montait, à la date du 1er août dernier, savoir :

» La dette constituée, à 89,888,535 livres de rente ;

» La dette exigible à terme fixe, payable en France, 415,945,312 livres capital ;

» Celle payable en pays et monnaie étrangères, 11,956,003 livres capital ;

» La dette exigible, provenant de la liquidation, 625,706,309 livres capital.

» La dette en assignats démonétisés, 558,624,000 livres capital.

» Celle en assignats ayant cours de monnaie, 3,217,222,053 livres capital.

» Votre commission n'a pas cru devoir comprendre dans la dette publique non viagère les débets arriérés, puisque ce sont des dettes courantes qu'on peut regarder comme dépenses annuelles; ni le seizième dû aux municipalités, ni les frais de vente, estimation et contribution des domaines nationaux, ces objets devant être considérés comme des dettes fictives.

» Après vous avoir soumis les détails et le montant de la dette publique non viagère, au 1ᵉʳ août dernier, je vais vous présenter les vues que votre commission a cru devoir vous proposer pour hâter la liquidation de cette dette, retirer et annuler les anciens titres de créance, ne former qu'un titre unique pour toutes les créances sur la République, régler le mode annuel de paiement dans les districts, dégager la comptabilité de toutes les pièces et des embarras actuels, admettre la dette publique en paiement des domaines nationaux à vendre, afin d'en hâter et favoriser la vente; enfin pour retirer de la circulation des assignats ayant cours de monnaie. Toutes ces opérations exigent un grand ensemble. Nous nous estimerons heureux si dans notre plan nous avons obtenu quelques-uns des résultats que nous nous sommes proposés.

» La principale base du projet de votre commission pour annuler promptement tous les anciens titres de créance, pour simplifier les mutations, les oppositions et la comptabilité, et pour faciliter le paiement annuel dans les chefs-lieux de district, consiste à former un livre qu'on appellera GRAND-LIVRE DE LA DETTE PUBLIQUE. Il sera composé d'un ou plusieurs volumes ; on y inscrira toute la dette non viagère; chaque créancier y sera crédité en un seul et même article, et sous un même numéro, du produit net, sans déduction de la contribution foncière, des rentes provenant de la dette constituée, et des intérêts annuels qui sont dus, ou lorsqu'ils ne seront pas déterminés à raison de cinq pour cent, sans retenue de la contribution foncière, des capitaux provenant de la dette exigible à terme, ou de la dette exigible soumise à la liquidation.

» Ainsi un propriétaire d'un contrat pour un capital de 5,000 livres, dont la rente au denier cent, sans déduction de la contribution foncière, est d'un produit net de 50 livres, sera crédité sur le *grand-livre* pour cette dernière somme ; s'il est créancier en même temps d'un effet au porteur de 2,000 livres de capital, dont le produit net est 80 livres, il sera crédité de 80 livres sur son même compte ; si sa créance de 2,000 livres n'a aucun intérêt déterminé, on le créditera sur le *grand-livre* à raison du denier vingt de son capital; enfin, s'il est propriétaire d'une créance soumise à la liquidation, d'un capital de 4,000 livres, portant cinq pour cent d'intérêt avec la retenue de la contribution foncière, il sera crédité sur le *grand-livre* à son même compte, pour une somme de 200 livres.

» Par cette opération simple et facile toute la dette publique non viagère reposera sur un titre unique ; on verra disparaître de suite tous les parchemins et paperasses de l'ancien régime ; toute la science des financiers pour connaître la dette publique consistera dans une addition du *grand-livre*.

» Cette idée n'est pas nouvelle ; elle a été employée utilement en Angleterre, lorsque l'on consolida les trois et quatre pour cent, ou qu'on créa l'*omnium*. Cette opération est très-politique, j'ose même dire nécessaire à la révolution, puisque dans ce moment, où il peut exister des opinions de monarchie ou de contre-révolution, les personnes qui espèrent le retour de l'ancien régime, lorsqu'ils ont un placement à faire, donnent la préférence aux titres consentis au nom des rois, comme ils agiotaient sur les assignats à face royale ; c'est à cette seule cause qu'on doit attribuer l'avantage de quatre pour cent qu'on accorde aux anciens emprunts sur l'emprunt national, quoique sanctionné par le roi, que ces hommes paraissent regretter.

» Plusieurs créanciers en contrat provenant de l'ancien régime ou des corps et compagnies supprimés les gardent soigneusement, au lieu de retirer les titres nouvels ; le corps constituant avait même permis aux créanciers du ci-devant clergé d'employer leurs créances en paiement des domaines nationaux; mais toutes ces opérations, tendant à dénaturer les anciens titres, n'ont eu presque'aucun succès. Ceux qui espèrent ou favorisent la contre-révolution disent : gardons nos titres de Louis XIII, XIV, XV et XVI, des ci-devant états provinciaux, du défunt clergé, des parlemens, des cours des aides et de toutes les autres corporations supprimées, parce que tous ces établissemens, si chers à nos cœurs, peuvent ressusciter, et nous espérons qu'ils ressusciteront; alors, en nous présentant à nos seigneurs, nous leur dirons : — Pendant vos longues souffrances, pendant votre absence et pendant l'interrègne des lois et le triomphe de l'anarchie, quand tout le monde vous abandonnait nous vous étions unis de cœur et d'opinion; si nous avons consenti à recevoir les rentes et intérêts que vous nous deviez, c'était pour éviter que les fonds ne fussent employés contre vous; mais nous avons conservé soigneusement les anciens titres que vous aviez souscrits; nous n'avons eu confiance qu'en vous, et nous n'avons voulu reconnaître pour nos débiteurs que le clergé, ou la noblesse, ou le roi. Vous devez donc nous favoriser. Ruinez tous ceux qui, ayant cru à la République, ont obéi à ses prétendues lois; la dette sera diminuée d'autant, et notre créance sera plus assurée. —

» C'est de ces idées chimériques que s'alimente la superstition monarchique. Détruisons donc tout ce qui peut lui servir d'aliment; que l'inscription sur le *grand-livre* soit le tombeau des anciens contrats, et le titre unique et fondamental de tous les créanciers; que la dette contractée par le despotisme ne puisse plus être distinguée de celle qui a été contractée depuis la révolution ; et je défie à monseigneur le despotisme, s'il ressuscite, de reconnaître son ancienne dette lorsqu'elle sera confondue avec la nouvelle.

» Cette opération faite, vous verrez le capitaliste qui désire un roi, parce qu'il a un roi pour débiteur, et qu'il craint de perdre sa créance si son débiteur n'est pas rétabli, désirer la République, qui sera devenue sa débitrice, parce qu'il craindra de perdre son capital en la perdant.

» C'est au moment où l'acceptation d'un gouvernement républicain vient d'être déposée dans cette arche sacrée, au moment où vous venez de lier le faisceau départemental pour prouver l'unité et l'indivisibilité de la République, que vous devez consolider la dette publique et l'inscrire sur le *grand-livre* ; vous prouverez par là que la République, voulant respecter les dettes contractées par le despotisme, s'empresse de les déclarer dettes républicaines en fournissant un titre républicain. Si l'ancien régime eût pu revenir, certes il n'eût pas été aussi loyal !

» Nous avons cru que l'inscription sur le *grand-livre* ne devait pas rappeler les capitaux, et qu'on ne devait y porter que le net produit des rentes ou des intérêts ; afin de faire disparaître ces capitaux fictifs au denier cent, au denier quarante, etc., ces retenues des vingtièmes, quinzièmes, dixièmes, cinquièmes, dix sous pour livre, etc., qui rappellent d'anciennes injustices sans aucune utilité, puisque lors des transmissions de ces propriétés elles ne sont calculées dans les partages, ventes, etc., que pour un capital à raison de leur produit net : d'ailleurs lorsque la nation s'est chargée de l'ancienne dette, elle ne s'est obligée de la payer que sur le pied de son produit à l'époque où elle s'en est chargée.

» En ne faisant pas mention du capital, la nation aura toujours dans sa main le taux du crédit public ; un débiteur en rente perpétuelle ayant toujours le droit de se libérer, si une inscription de cinquante livres ne se vendait sur la place que huit cents livres, la nation pourrait offrir le remboursement de cinquante livres d'inscription sur le *grand-livre*, sur le pied du denier dix-huit, ou moyennant neuf cents livres. Dès ce moment le crédit public monterait au-dessus de ce cours, ou la nation gagnerait, sans injustice, en se libérant, un dixième de capital, puisque le créancier serait le maître de garder sa rente ou de recevoir son remboursement ; au lieu que si on inscrivait le capital, cette opération serait impossible, ou aurait l'air d'une banqueroute partielle.

» Nous n'avons pas pensé qu'il fût juste de déduire avant l'inscription le montant de la contribution foncière, à laquelle certaines rentes ou intérêts sont assujettis, cette contribution ayant été établie depuis que la nation s'est chargée d'acquitter la dette; d'ailleurs, nous vous proposons de décréter que toute la dette publique inscrite sur le *grand-livre* sera taxée au principal de la contribution foncière; ce qui serait pour lors une double imposition, et serait une injustice.

» Il ne pourra être fait aucune inscription au-dessous de cinquante livres, afin de ne pas multiplier le nombre des créanciers. Si cette disposition est adoptée vous serez obligés de décréter que toutes les créances au-dessous de mille livres de capital, et tous les contrats au-dessous de cinquante livres net de rente, seront remboursés en assignats.

» Vous devez faire aussi une exception en faveur des créanciers de la nation, de 3,000 livres de capital et au-dessous, provenant de la liquidation, et continuer de les rembourser en assignats. Déjà par votre décret du 17 juillet dernier vous avez consacré cette disposition; vous avez pensé qu'un citoyen auquel il n'était dû que ce capital, après avoir perdu son état par les diverses suppressions nécessitées par la révolution, pouvait avoir besoin de ses fonds pour se procurer une nouvelle profession, et pour mettre à profit son industrie.

» Ces motifs méritent d'être pris en considération par une Assemblée qui a adopté les principes démocratiques, puisqu'ils tendent à favoriser les citoyens les moins fortunés; mais en décrétant cette exception, vous éviterez qu'elle ne tourne au profit de ces agioteurs qui ne négligent aucun moyen pour s'enrichir aux dépens du pauvre ou de la nation. Déjà ils se sont empressés d'accaparer à vil prix les créances au-dessous de 3,000 livres; déjà ils en sont possesseurs pour des sommes très-considérables. Le moyen le plus sûr pour déjouer leur opération sera de réunir lors de la liquidation toutes les sommes dues à un même citoyen, et si par leur réunion la somme capitale excède 3,000 livres, elle sera inscrite sur le *grand-livre* comme les créances au-dessus de cette somme.

» Pour obtenir la connaissance de tous les titres d'un même propriétaire chaque créancier sera tenu de fournir une déclaration signée, contenant l'énonciation des diverses créances ou réclamations sur la nation, qui lui appartiennent soit directement, ou par cession et transport; et en cas de fausse déclaration il sera déchu de ses droits envers la République.

» Vous excepterez aussi les emprunts faits et stipulés pour être remboursés en pays étrangers, lesquels doivent être payés d'après les conditions des contrats. Vous prouverez par là le respect que vous avez pour toutes les obligations que la nation s'est imposées; il serait d'ailleurs injuste d'offrir à des étrangers, qui se sont réservé leur remboursement en monnaie de leur pays, des assignats qui n'ont aucun cours chez eux : cet objet de peu d'importance a été payé jusqu'à présent ainsi que nous vous le proposons.

» En remboursant les créances exigibles provenant de la liquidation, au moyen de l'inscription sur le *grand-livre*, vous devez procurer à ceux qui les recevront, et qui auront des créanciers ayant une hypothèque certaine et spéciale sur ces propriétés, le droit de s'acquitter en divisant leur inscription, et la cédant sans frais pour la première fois seulement.

» Il ne sera porté sur le *grand-livre* aucune fraction en sous ou deniers, afin de faciliter les calculs ou paiemens; mais comme la nation ne veut pas diminuer le droit des propriétaires, nous vous proposons de supprimer les fractions au-dessous de dix sous, et d'ajouter ce qui sera nécessaire aux fractions de dix sous et au-dessus pour compléter la livre; ce qui sera une compensation des pertes avec les bénéfices que le hasard peut procurer.

» On ouvrira un compte de la nation sur le *grand-livre*, au crédit duquel on portera toutes les extinctions, afin de reconnaître et constater dans tous les temps le montant des diminutions que la dette publique aura éprouvées.

» Le *grand-livre* une fois terminé, le montant de la dette consolidée sera constaté par un procès-verbal signé par des commissaires de la Convention ou du Corps législatif, par les commissaires de la trésorerie nationale, et par le payeur principal de la dette publique; il sera ensuite déposé aux Archives nationales.

» Mais comme le *grand-livre* sera le titre unique de tous les créanciers, pour leur sûreté, il en sera fait deux copies ; une sera déposée aux archives de la trésorerie, l'autre restera entre les mains du payeur principal de la dette publique.

» Toutes ces précautions doivent rassurer les créanciers, qu'on cherchera peut-être à intimider en dénaturant nos intentions, et en publiant des craintes chimériques sur le sort du *grand-livre* et des deux copies; aussi avons-nous voulu prévenir jusqu'aux méfiances qu'on tâchera d'inspirer.

» C'est dans cette vue seulement que nous vous proposons de décréter qu'il sera délivré à chaque créancier un extrait de son inscription sur le *grand-livre*, certifié par le payeur principal de la dette publique. Nous pensons que cette précaution est inutile ; elle gênera peut-être la simplicité que nous désirons établir ; mais elle est nécessitée par les circonstances.

» Aucun extrait d'inscription ne pourra être délivré qu'autant qu'on rapportera les anciens titres de créance ; ainsi nous remplacerons tous les parchemins de l'ancien régime par un titre républicain, auquel on pourra avoir recours en cas d'événement.

» D'après ces dispositions nous devrions espérer que tous les anciens titres seront bientôt rapportés et annulés ; mais dans un temps de révolution, à une époque où l'esprit de parti fait les derniers efforts pour conserver la monarchie et empêcher l'établissement de la République, on doit craindre que la malveillance n'oppose une résistance d'inertie : aussi avons-nous pensé que vous deviez décréter que ceux qui résident en France, et qui n'auront pas remis leurs titres de créance d'ici au 1er janvier prochain, seront déchus de leurs intérêts jusqu'au 1er juillet prochain, que et ceux qui ne les auront pas remis le 1er juillet

juillet prochain, dernier délai, ne seront plus créanciers de la République.

» Nous n'avons pas cru devoir étendre cette rigueur sur les créanciers qui habitent hors du territoire de la République, dans un moment où toutes les puissances coalisées empêchent la circulation des décrets, de crainte de commettre une injustice envers des personnes qui n'auraient pas pu exécuter ce qu'il leur serait impossible de connaître.

» Un plus long délai pour les citoyens résidant en France serait dangereux, parce que tous les malveillans qui auront désiré ou favorisé la contre-révolution, après avoir retardé l'exécution des lois, trouveraient encore à la paix les moyens de conserver leurs capitaux. Il est temps d'assurer la punition de ceux qui s'opposent par la force d'inertie à l'établissement de la République.

» Tous les titres qui seront rapportés seront annulés et détruits après leur vérification définitive ; mais comme la malveillance pourrait encore conserver des renseignemens qui entretiendraient son espérance, il faut exiger qu'après le dépôt du *grand-livre* aux archives nationales tous les titres ou indications qui sont chez les notaires et autres officiers publics soient rapportés pour être annulés et détruits ; il faut aussi prévenir que les créanciers, en se procurant d'ici à cette époque des extraits ou copies collationnées, ne remplacent les titres originaux : nous vous proposons d'en défendre la délivrance sous peine de dix années de fers.

» Toutes ces mesures peuvent paraître minutieuses ou trop rigides ; mais lorsqu'une nation se régénère il faut renouveler tout ce qui existe, afin de détruire les fausses opinions que de vieux contrats pourraient conserver. Républicanisez la dette, nous le répétons, et tous les créanciers de la nation seront républicains.

» Il importe au crédit public de simplifier et faciliter la vente et cession des incriptions sur le *grand-livre;* c'est dans cette vue que nous vous proposons de décréter qu'à l'avenir on pourra en disposer comme de créances mobilières, sauf les actions, emplois ou recours, comme par le passé, contre les propriétaires actuels ou leur succession, afin de ne pas préjudicier aux intérêts des créanciers et même des familles qui, dans certains endroits de la République où la dette constituée était considérée comme un effet immobilier, avaient établi leurs droits sur ces propriétés.

» Les mutations de propriété se feront sur la copie du *grand-livre*, qui sera entre les mains du payeur principal, au moyen d'un transfert du compte du vendeur sur celui de l'acheteur, en indiquant les numéros et folios nécessaires pour remonter depuis le propriétaire jouissant jusqu'au propriétaire primitif.

» Le transfert ne pourra être fait que sur la présentation de l'acte de vente passé devant un juge de paix ou un notaire, ou des autres titres translatifs de propriété, au liquidateur de la trésorerie, qui, après les avoir examinés, délivrera un certificat d'après lequel le payeur principal opérera.

» Chaque mois on transcrira les transferts sur la copie du *grand-livre*, déposée aux archives de la trésorerie nationale; chaque année, dans les mois d'octobre, novembre et décembre, on les transcrira sur le *grand-livre* déposé aux archives nationales. Pendant cette époque il ne pourra être fait aucun transfert.

» Le liquidateur de la trésorerie sera responsable de toutes les mutations qu'il aura vérifiées et certifiés; il en tiendra un registre particulier; il y portera le précis des pièces qui lui seront fournies; il en comptera chaque année au bureau de comptabilité; il répondra aux propriétaires de la validité des transferts. La société doit surveiller ce fonctionnaire public, qui devient le vérificateur de toutes les propriétés inscrites sur le *grand-livre*; mais vous devez séparer la comptabilité des pièces, qui dans ce moment est confiée au payeur principal, et qui retarde la reddition de tous les comptes de celle de deniers, qui ne doit souffrir aucun retard. Ces deux comptabilités n'ont d'ailleurs aucun rapport entre elles.

» Il sera payé à chaque transfert un droit des deux cinquièmes de l'inscription, ce qui équivaut à deux pour cent du capital, puisqu'on ne portera sur le *grand-livre* que le revenu annuel. Ce droit procurera une augmentatation de recette au trésor national, et le propriétaire y trouvera encore une économie, puisque la voie de reconstitution, qui était la moins onéreuse, coûtait : 1° un et un quart pour cent d'enregistrement pour la quittance de remboursement et le timbre de la minute, et deux expéditions ; 2° un droit d'hypothèque relatif au capital ; 3° six à douze livres pour droit de mutation ; 4° trois livres pour droit de rejet ; 5° un pour cent d'enregistrement pour le contrat de reconstitution et le timbre des minutes, grosses et ampliation ; 6° le droit de nouvelles immatricules.

» La formation du *grand-livre* facilitera le paiement annuel dans les chefs-lieux de district. Cette mesure est réclamée depuis long-temps, et vous en avez décrété le principe.

» Pour l'exécuter on formera chaque année, dans les mois d'octobre, novembre et décembre, une feuille générale de la dette publique, on y portera, article par article, toutes les inscriptions du *grand-livre ;* chaque créancier pourra se présenter à sa municipalité pour indiquer le chef-lieu de district où il veut être payé ; il enverra sa déclaration, dans les mois de juillet, août et septembre, aux commissaires de la trésorerie, qui feront dresser autant d'états particuliers qu'il y aura de chefs-lieux indiqués ; ces états, arrêtés et signés par ces commissaires, qui vérifieront si leur montant réuni est égal à la feuille générale, seront envoyés avec les fonds nécessaires aux receveurs de district, qui paieront par semestre, à bureau ouvert, les 1er janvier et 1er juillet de chaque année.

» On n'aura plus besoin de suivre pour le paiement l'ordre alphabétique des noms ; on ne spéculera plus sur ceux d'Aaron ou d'Antoine ; le nom d'aucun saint ne sera privilégié. Le crédit public doit s'améliorer par l'exactitude des paiemens ; la facilité de recevoir dans les districts doit nécessairement procurer un plus grand nombre d'acquéreurs ; d'ailleurs cet ordre simplifiera les formalités, qui dans ce moment sont une vraie science, et rendent nécessaire l'intermédiaire des grippe-sous, dont le bénéfice est onéreux, ou à la nation, ou au propriétaire.

» Lorsqu'un créancier sera porté sur les feuilles de paiement, le payeur n'aura rien à vérifier ; il lui suffira de s'assurer que celui qui se présente est le vrai créancier ; aussi n'y aura-t-il d'autre formalité à remplir pour recevoir le montant de l'inscription que de fournir au payeur un pouvoir, ou, si c'est le propriétaire, une attestation du juge de paix, ou de l'agent de la République en pays étranger, qui certifie que le porteur est réellement un tel, et à signer l'émargement de la feuille en présentant l'extrait de l'inscription.

» Nous n'avons pas perdu de vue les intérêts du pauvre ; c'est pour le faciliter que nous vous proposons de décréter que celui qui ne saura pas signer, en en faisant la déclaration devant le juge de paix ou à l'agent de la République en pays étranger, lorsqu'il tirera son certificat d'individualité, pourra donner pouvoir à celui qui l'accompagnera d'émarger pour lui la feuille de paiement ; ce certificat, fourni sans frais, lui évitera ceux d'une procuration.

» L'ordre de la comptabilité deviendra extrêmement simple. A la fin de chaque année les payeurs des chefs-lieux de district enverront les feuilles de paiement émargées ; s'il y a des débets arriérés, ils enverront le montant de la somme non payée ; le payeur principal, après avoir vérifié les feuilles émargées, renverra aux payeurs de district les récépissés qu'ils auraient fournis: au moyen de cet échange ils seront valablement libérés ; la République n'aura aucun intérêt de leur faire rendre compte, puisque le payeur principal, seul responsable, surveillera ceux qui lui sont subordonnés.

» Le compte du payeur principal sera fort simple ; il réunira toutes les feuilles de paiement émargées ; il fera un état général des débets arriérés, et il prouvera au bureau de comptabilité que le montant des feuilles de paiement est égal à celui des inscriptions sur le *grand livre*, qu'il en a été payé telle somme d'après les émargemens, ce qui est aussi égal aux sommes qu'il a reçues, et qu'il en est dû *telle somme* en débets arriérés, dont il a été fait un état particulier.

» Ainsi, sans aucune écriture, sans aucune autre pièce que les feuilles émargées, le compte du payeur principal pourra être rendu, jugé et apuré trois mois après les deux semestres qui formeront son année de paiement.

» La feuille des débets arriérés sera ensuite divisée en autant de feuilles particulières qu'il y aura de districts où il y aura eu de l'arriéré, pour le paiement y être fait dans l'année suivante ; mais si le créancier néglige encore cette année d'en recevoir le montant, il ne sera pour lors payé qu'à la trésorerie nationale ; enfin il sera déchu de ses débets s'il néglige de les réclamer pendant cinq années ; ce sera une punition qu'il ne pourra éviter.

» Tout créancier qui n'aura pas fait et envoyé avant le 30 septembre sa déclaration pour indiquer le chef-lieu de district où il veut recevoir le montant de son inscription sera payé à la trésorerie nationale ; celui qui aura été payé dans un chef-lieu de district, et qui par une nouvelle déclaration n'aura pas changé son domicile, le sera dans le chef-lieu qu'il aura précédemment indiqué. Sans ces précautions, qui ne punissent que les négligens, on n'obtiendrait jamais aucun ordre, et il faudrait exiger chaque année de nouvelles déclarations de tous les créanciers, ce qui multiplierait trop les écritures et la correspondance, et gênerait les propriétaires.

» Il y aura deux sortes d'opposition : les unes sur le remboursement ou l'aliénation de la propriété ; les autres sur le paiement annuel. Celles sur le remboursement ou l'aliénation de la propriété ne pourront être faites qu'à la trésorerie, seul lieu où les transferts doivent être exécutés ; celles sur le paiement annuel seront faites entre les mains du payeur chargé d'en acquitter le montant.

» Nous avons conservé les formalités prescrites par la loi du 19 février 1792 pour les oppositions, parce qu'elles nous ont paru concilier les droits du particulier avec ceux de la nation, et qu'elles sont dégagées des entraves de l'ancienne jurisprudence.

» Le *grand-livre* de la dette publique sera d'une grande utilité pour établir les contributions, toutes les fortunes en créances sur la nation y seront parfaitement connues.

» Ce sera un cadastre d'après lequel on pourra répartir l'impôt avec plus d'égalité que sur les fonds territoriaux : aussi n'avons-nous pas hésité un seul instant de vous proposer d'assujettir l'inscription sur le *grand-livre* au principal de la contribution foncière, qui sera fixé chaque année par le corps législatif ; le paiement en sera fait par retenue sur la feuille annuelle.

» Nous n'ignorons pas que cette proposition fut rejetée par le corps constituant après une discussion solennelle ; nous savons que l'Angleterre l'a toujours rejetée ; mais tous ces exemples n'ont pu nous entraîner. Dans un gouvernement libre, qui a pour base l'égalité, toutes les fortunes doivent contribuer aux dépenses publiques ; toutes les propriétés, étant garanties par la société, doivent payer le prix de cette protection ; les créanciers de la République sont trop justes pour ne pas apprécier les sacrifices que la nation ne cesse de faire pour acquitter exactement les rentes promises par le despotisme ; d'ailleurs, en payant à bureau ouvert, sans aucune formalité, et dans les districts, nous anticipons les paiemens d'environ trois ou quatre mois ; nous les délivrons d'une multitude de faux frais nécessités par les procurations, droits de visa, d'enregistrement, de commissions aux grippe-sous. Le montant de cette contribution sera d'ailleurs déduit de la contribution mobilière payée actuellement par les rentiers, de sorte qu'on peut la considérer comme une compensation des avantages du nouvel ordre.

» Nous avons pensé qu'il était juste de ne pas assujettir la dette publique aux sous additionnels de la contribution foncière, parce que cette propriété n'éprouve ni des améliorations ni des augmentations, comme les fonds territoriaux ; d'ailleurs le paiement en sera fait sans frais.

» Après avoir développé nos vues pour la dette publique, nous avons cru qu'il convenait de vous présenter des moyens d'exécution prompts et faciles, afin que cette opération importante, si vous l'adoptez, n'éprouve aucun retard ; nous espérons qu'avant le premier janvier prochain elle sera bien avancée.

» En 1764, l'ancien gouvernement voulut connaître tous les titres des créances, et les rendre uniformes. Il créa un grand établissement de liquidation ; il obligea tous les créanciers à rapporter leurs titres, sous peine de déchéance, et à recevoir en échange un titre nouvel. Que résulta-t-il de ce beau projet? Une dépense ou une perte de 20,000,000, une alarme générale, et des réclamations de tous les créanciers : aussi l'opération ne fut faite qu'à moitié ; quelques particuliers firent fortune, et il se trouva un titre nouvel en circulation sans que le gouvernement eût établi aucun ordre, ni acquis les connaissances qu'il désirait.

» De pareils exemples sont peu propres à donner de la confiance au projet de rendre uniformes les titres de créance ; mais vous devez avoir remarqué que nous n'exceptons aucune partie de la dette non viagère : ainsi l'opération sera générale ; nous n'échangeons plus titre pour titre, nous réunissons toutes les créances du même propriétaire, de quelque nature qu'elles soient, en un seul et même article ; ce qui diminuera considérablement le nombre apparent des créanciers de la République.

» Quant à la dépense, rassurez-vous : au lieu de 20,000,000, elle sera tout au plus de 440,000 livres, et c'est cette somme que nous vous proposons d'y affecter.

» Il n'est pas nécessaire de former de nouveaux établissemens pour liquider et vérifier les anciens titres; nous n'aurons pas même besoin du concours de plusieurs créanciers pour commencer l'opération. Les payeurs des rentes ci-devant dits de l'Hôtel-de-Ville de Paris fourniront dans un mois aux commissaires de la trésorerie nationale un état par ordre alphabétique, contenant les noms de famille et prénoms de tous les propriétaires de rentes perpétuelles, tailles, intérêts d'office, droits manuels, et généralement de toute la dette constituée dont ils acquittent les rentes ou intérêts. Ils porteront aussi sur ces états le produit net desdites rentes, sans déduction de la contribution foncière pour celles qui y sont assujetties ; ils y donneront tous les renseignemens nécessaires pour conserver les droits des tiers et la continuation des paiemens.

» Ces états seront faciles à dresser ; les payeurs connaissent presque toutes leurs parties ; ils ont d'ailleurs leurs feuilles d'appel ; et en cas de quelque doute ils pourront avoir recours à leur registre ou sommier.

» Ainsi nous devons espérer que dans le mois de septembre tous les états seront fournis, et que la dette constituée connue pourra s'inscrire sur le *grand-livre*.

» Quant à la dette exigible ou constituée soumise à la liquidation, le directeur général continuera à la liquider, et au lieu d'expédier des titres nouvels ou des reconnaissances de liquidation, il dressera des états comme ceux des payeurs, qu'il enverra comme eux à la trésorerie nationale.

» Tous les propriétaires de la dette exigible à terme présenteront leurs titres au liquidateur qui se trouve déjà à la trésorerie, lequel les liquidera d'après les bases que vous décréterez, et dressera des états conformes à ceux des payeurs des rentes et du directeur général de la liquidation.

» Par ce moyen, le payeur principal de la dette publique, qui sera chargé de l'inscription sur le *grand-livre*, ne verra aucun créancier ni aucun titre ancien ; il opérera d'après les états qui lui seront fournis.

» Les payeurs des rentes, le directeur général de la liquidation et le liquidateur de la trésorerie seront tenus de remettre au bureau de comptabilité un double des états qu'ils auront fournis, et d'y joindre à l'appui les pièces justificatives de propriété qui leur auront été remises : ces états vérifiés, le corps législatif prononcera la décharge des liquidateurs, après avoir entendu le rapport des commissaires surveillans du bureau de comptabilité.

» La nation aura donc pour garans de l'opération les liquidateurs qui auront fourni les états, les vérificateurs qui les auront vérifiés, les commissaires surveillans, et enfin le corps législatif, qui a la grande surveillance sur toutes les opérations ; ainsi

FORMATION DU GRAND-LIVRE. 473

il ne peut y avoir aucune crainte sur les abus de l'exécution.

» Le payeur principal de la dette publique justifiera aux commissaires de la trésorerie nationale que le montant de la dette publique inscrite sur le *grand livre* est égal aux intérêts des sommes portées sur les divers états qui lui auront été fournis par les liquidateurs ; les commissaires de la trésorerie seront tenus de le vérifier, et d'en faire le rapport au corps législatif, qui déchargera le payeur de sa responsabilité.

» La dette constituée n'offrira aucune difficulté pour sa liquidation, qui est déterminée par le produit net des rentes ou intérêts ; il suffira de régler le mode d'inscription des diverses parties.

» Les rentes et intérêts appartenant à des femmes mariées seront portés au crédit de leur compte, quoique les maris en reçoivent le montant.

» L'usufruitier ou délégataire, devant être considéré comme propriétaire momentané du paiement annuel de l'inscription, sera crédité sous son nom et sur son compte, en y indiquant le propriétaire, qui seul pourra vendre ou aliéner la propriété, lequel sera crédité sur son compte par la voie du transfert lorsqu'il justifiera que l'usufruit ou délégation sont terminés.

» Les rentes ou intérêts appartenant en commun à divers particuliers seront employés en un seul et même article sous le nom de l'un d'eux, avec indication des co-propriétaires, qui pourront se faire créditer, au moyen d'un transfert, de la portion leur appartenant, pourvu que la division ne réduise aucune partie de l'inscription au-dessous de 50 livres.

» Vous vous occuperez bientôt des secours publics ; vous placerez sans doute les dépenses qu'ils nécessiteront dans la classe de celles dont le fonds est fourni par le trésor national. Toutes les propriétés qui sont affectées à ce service seront sans doute mises en vente, afin que les administrations n'aient plus à s'occuper de l'entretien, réparation et régie des immeubles qui peuvent être dilapidés ou abandonnés, et qui s'amélioreront entre les mains des particuliers.

» Mais en attendant cette réforme si utile, vous conserverez à tous ces établissemens l'administration provisoire de leurs biens et la perception de leurs rentes ou revenus : vous préviendrez par ce moyen les calomnies de la malveillance, qui publierait de suite que vous enlevez sans remplacement les revenus des pauvres et des hôpitaux.

» Nous vous proposons de décréter que les pauvres, hôpitaux, et autres établissemens de cette nature, conserveront l'administration provisoire de leurs biens et revenus, et que les rentes qui leur sont dues par la nation seront inscrites sur le *grand-livre*, à la lettre et sous le nom de la ville où sont situés les établissemens, mais en autant d'articles qu'il y aura d'établissemens différens.

» Cette disposition ne doit pas avoir lieu pour les rentes dues aux fabriques : le corps législatif, en ordonnant la vente de leurs immeubles, leur conservera les intérêts à quatre pour cent du produit de cette vente. Il est temps de faire disparaître cette dette, qui entretient une inégalité dans les dépenses, puisqu'elle met plusieurs paroisses en état d'étaler un luxe et des richesses, tandis que d'autres sont réduites au simple nécessaire. Il faut que la nation, qui s'est chargée des frais du culte, les paie comme toutes les autres dépenses : nous vous proposons de supprimer, à compter du 1er janvier prochain, les rentes dues aux fabriques, à la charge de pourvoir à cette époque aux frais du culte, comme pour toutes les dépenses ordinaires.

» La dette exigible à terme est composée : 1° de quittances de finances et effets au porteur dont le capital et les intérêts sont déterminés : les porteurs de ces titres seront inscrits sur le *grand-livre* pour le net produit des intérêts dont ils jouissent, qui en général sont fixés sur le pied de quatre à cinq pour cent; 2° d'effets au porteur, qui, outre le capital et les intérêts annuels, doivent participer par voie de loterie à des lots, primes ou chances; 3° de bulletins qui, n'ayant aucun capital déterminé, doivent concourir aussi par voie de loterie à divers lots ou primes; 4° d'annuités, auxquelles on a réuni le capital et les intérêts. Tous ces titres doivent être rapportés d'ici au 1er janvier prochain au liquidateur de la trésorerie, sous peine de perdre jusqu'au 1er juillet 1794, et au 1er juillet 1794 sous peine d'être déchus du capital et des intérêts. Je vais mettre sous vos yeux les diverses conditions de ces emprunts, afin que vous puissiez régler les bases de leur liquidation.

» L'emprunt du mois de décembre 1784 était originairement de 125,000,000; l'intérêt en fut fixé à raison de cinq pour cent sans retenue, indépendamment d'un accroissement progressif qui montait pour l'entier emprunt à 10,000,000; de sorte que l'intérêt annuel devait coûter, année commune, six et trois quarts pour cent. Il devait être remboursé au moyen d'un tirage annuel qui se fait dans le mois de janvier, à raison de cinq mille billets de mille livres chacun, plus l'accroissement progressif des capitaux : il reste encore dix-sept tirages à faire.

» L'assemblée constituante avait projeté de rembourser cet emprunt en assignats, en joignant au capital primitif l'accroissement progressif; par ce moyen, les prêteurs auraient réalisé de suite le capital et l'accroissement d'un et trois quarts pour cent qui avait été promis, et qui à cette époque n'était payable que successivement dans dix-neuf années.

» Aujourd'hui vous devez traiter les porteurs des effets provenant de cet emprunt comme les autres créanciers de la République : ils doivent être crédités sur le *grand-livre* des intérêts qui leur sont dus : il faut donc fixer le montant du capital qui doit servir de base à cette inscription.

» On a proposé dans votre commission de calculer les intérêts de cet emprunt depuis sa création jusqu'à ce jour, à raison de six et trois quarts par an, prix commun, promis par l'ancien gouvernement; d'en déduire les intérêts et accroissemens qui ont été payés, et de joindre aux 1,000 livres du capital primitif les sommes en provenant qui n'ont pas été payées; ce qui ferait une augmentation de 137 livres 10 sous pour chaque billet de 1,000 livres.

» Votre commission n'a pas cru devoir adopter cette proposition; elle a pensé que le tirage du mois de janvier 1794 devait être fait à l'ordinaire, afin de ne pas donner un effet rétroactif à la loi qui réduira les intérêts, mais que vous deviez supprimer tous les tirages à venir comme étant le produit d'un intérêt usuraire qui ne doit pas survivre à une régénération de la dette, et que les lots qui sont sortis et ceux qui sortiront par le tirage, non joints aux 1,000 livres du capital primitif, serviront de base aux intérêts, qui doivent être inscrits sur le *grand-livre*; quant aux billets non sortis, ils seront inscrits à raison du denier vingt du capital primitif (1).

» L'emprunt du mois de décembre 1785 était originairement de 80,000,000 ; il devait être remboursé en dix ans par tirage, à raison d'un dixième chaque année.

» On remit aux prêteurs des quittances de finances au porteur de 1,000 livres, produisant cinq pour cent d'intérêt sans retenue. Les porteurs de ces quittances seront inscrits sur le *grand-livre* pour le montant de ces intérêts.

» Mais lors de l'emprunt on joignit à chaque quittance un bulletin que les actionnaires originaires ont pu vendre et ont vendu séparément ; de sorte que ces bulletins sont aujourd'hui une propriété de ceux qui les ont achetés séparément, d'après les lois existantes.

» Il y a encore vingt-quatre mille de ces bulletins en circulation, qui doivent participer en 1794, 1795 et 1796, à raison d'un tiers chaque année, à des lots qui montent à 800,000 livres par an, ou 2,400,000 livres.

» Votre commission vous aurait proposé de supprimer les lots affectés à ces bulletins, comme étant le produit d'un intérêt usuraire, s'ils étaient entre les mains des porteurs des quittances de finances ; mais elle les a considérés comme des propriétés appartenant aux porteurs actuels, qui n'ont pas profité du bénéfice résultant de cet intérêt ; d'ailleurs ils représentent partie d'un capital de petite valeur, puisqu'ils ne se vendaient que 70 livres le mois de mai dernier : ils sont en grande partie entre les mains

(1) La Convention a rejeté la proposition du tirage de janvier 1791.

des citoyens peu aisés, qui espèrent que la fortune pourra les favoriser ; si vous les supprimez, vous les priverez de leur espoir et de leur capital.

» Votre commission a pensé que vous deviez décréter qu'il sera fait dans le mois de septembre prochain un tirage général de vingt-quatre mille bulletins qui n'ont encore été admis à aucun tirage, pour l'exécution duquel les vingt-quatre mille numéros desdits bulletins seront mis dans une roue, et, à mesure qu'ils sortiront il sera mis dans une autre roue les huit cents lots ou primes du tirage de 1794, et successivement ceux des années 1795 et 1796 ; les propriétaires auxquels il sera échu des lots ou primes de 1,000 livres et au-dessus seront inscrits sur le *grand-livre* du montant des intérêts à cinq pour cent, sous la déduction sur le capital d'un et un quart pour ceux de 1794, à raison de l'avance du paiement, qui ne devait être fait que le 1er avril ; de six et un quart pour ceux de 1795, et de onze et un quart pour ceux de 1796.

» L'emprunt fait à la caisse d'escompte en 1790 était de 70,000,000 : on lui fournit vingt annuités de 5,600,000 livres remboursables dans vingt années, une chaque année ; ce qui faisait le produit du capital et des intérêts à cinq pour cent réunis. Trois de ces annuités sont remboursées ; les autres, quoiqu'au porteur, sont jusqu'à présent entre les mains de la caisse d'escompte, qui ne les a pas mises en circulation.

» Votre commission vous propose de liquider dans les trois annuités payées la portion du capital remboursé, en calculant les intérêts à cinq pour cent sur le capital, jusqu'à l'époque du remboursement effectué, et de faire inscrire sur le grand-livre, au crédit des intéressés à la caisse d'escompte, le montant des intérêts à cinq pour cent des 63,579,750 livres qui leur seront dues d'après cette liquidation ; et, pour leur éviter des frais de mutation, nous vous proposons de les autoriser à former un état de ce qui reviendra à chacun des co-associés, d'après lequel ils seront inscrits sur leur compte particulier, pourvu toutefois que l'inscription ne soit pas au-dessous de 50 livres.

» Les notaires de Paris ont prêté à l'ancien gouvernement une somme de 7,000,000, pour lesquels on leur avait fourni aussi trente,-sept annuités de 420,00 livres, remboursables dans trente-sept ans, une chaque année, pour le paiement du capital et des intérêts à cinq pour cent réunis. Cinq de ces annuités ont été ou seront remboursées le mois de septembre prochain ; il faudra faire la même opération et les mêmes calculs que pour celles de la caisse d'escompte ; et comme les notaires de Paris ont emprunté cette somme, il faut les autoriser à fournir un état de leurs créanciers, qui seront inscrits sur le *grand-livre* pour les intérêts qui leur seront dus.

» L'ancien gouvernement, en établissant les divers emprunts qui composent la dette à terme, délivra aux prêteurs des quittances de finance ou effets au porteur, auxquels il joignit des coupons pour l'intérêt annuel jusqu'à leur remboursement. Ces coupons peuvent avoir été distraits de la quittance de finance ou effet au porteur ; il faut donc, pour que les intérêts de la nation ne soient pas lésés, que les porteurs soient tenus de rapporter ceux qui étaient joints à leurs titres, qui n'étaient payables qu'après le 1ᵉʳ janvier 1794, et que, faute de les représenter, ils en comptent le montant : sans cette précaution, tous les effets au porteur de 1000 livres de capital seraient présentés sans les coupons qui leur étaient affectés ; on offrirait la déduction de leur montant sur le capital primitif, ce qui réduirait l'effet au porteur à une somme au-dessous de 1000 liv., et nécessiterait le remboursement en assignats, puisqu'il ne doit être fait aucune inscription au-dessous de 50 livres.

» Quant à la dette provenant de la liquidation, il ne sera plus expédié de reconnaissances pour les sommes au-dessus de 3000 livres ; celles qui sont en circulation seront rapportées, sous peine de déchéance, d'ici au 1ᵉʳ janvier prochain, au liquidateur de la trésorerie. Les créanciers seront inscrits sur le *grand-livre* pour les intérêts déterminés par les décrets de liquidation.

» Mais d'après la loi du 17 juillet dernier, les intérêts des reconnaissances de liquidation doivent cesser à compter du

1er août dernier, et ceux qui sont dus jusqu'à cette époque doivent être joints au capital : aujourd'hui, toutes les dettes de la nation devant être inscrites sur le *grand-livre* à compter du 1er janvier 1794, vous devez rapporter les dispositions de cette loi relatives aux intérêts, et distinguer ceux qui doivent être joints au capital de ceux qui doivent être payés en assignats.

» Les intérêts qui sont dus jusqu'à l'époque de la liquidation ayant toujours été joints au capital, nous ne changerons rien à l'ordre qui a été constamment suivi ; mais nous avons pensé que les intérêts qui sont dus depuis l'époque du visa de la reconnaissance à la trésorerie ou à la caisse de l'extraordinaire jusqu'au 1er janvier 1794, et ceux qui seront dus à compter du jour des liquidations jusqu'à la même époque, devaient être considérés comme des rentes annuelles, et comme tels être payés en assignats : sans cette mesure, vous forceriez un citoyen qui n'a d'autre revenu que le produit de ces rentes courantes de faire un placement qui l'obligerait à emprunter pour fournir à des besoins urgens et indispensables.

» Votre commission a pensé que vous deviez décréter que toutes les créances exigibles soumises à l'examen préparatoire des corps administratifs qui n'excéderont pas 800 livres, continueront d'être acquittées sur les lieux, afin de faciliter leur remboursement et d'en favoriser les propriétaires, qui en général sont peu fortunés.

» Mais il a pensé aussi que pour les créances de pareille nature au-dessus de 800 livres sur lesquelles il aura été ordonné des paiemens à compte de moitié, excédant 1500 livres, le solde sera considéré comme créance au dessus de 3000 livres, et le propriétaire sera crédité sur le *grand-livre* pour le montant des intérêts qui seront dus.

» Nous avons déjà donné des détails sur les dettes des communes, que le corps constituant a déclaré faire partie de la dette nationale ; vous avez remarqué que les villes et communes sont obligées de se libérer ; que pour y parvenir elles doivent vendre les propriétés qui ne sont pas nécessaires pour le service public ;

qu'elles doivent y employer le seizième du bénéfice qui leur a été accordé sur la vente des biens nationaux, et qu'en cas d'insuffisance elles doivent imposer un sou pour livre additionnel aux contributions foncière ou mobilière pour achever leur libération dans trente années, la nation se chargeant d'acquitter le surplus des dettes s'il en existe.

» Nous vous avons déjà mis sous les yeux l'inexécution de cette loi et les réclamations qui en sont résultées de la part des créanciers de plusieurs communes, qui ne savent à qui s'adresser pour le paiement des intérêts qui leur sont dus depuis si longtemps.

» Il est temps de porter votre attention sur cette partie, et de réformer une législation qui sert de prétexte pour faire sortir des sommes considérables du trésor national. Vous favoriserez ainsi la vente de plusieurs propriétés, et vous assurerez l'emploi des fonds en provenant, et du produit seizième de bénéfice qui a été accordé sur la vente des domaines nationaux, destiné à acquitter les dettes, qui est affecté journellement à des dépenses extraordinaires, souvent inutiles, qui n'auraient pas eu lieu s'il eût fallu y pourvoir par des contributions extraordinaires.

» Il a paru plus convenable à votre commission que toutes les dettes des communes contractées en vertu d'une délibération légalement autorisée, ou dont le fonds en provenant aura été employé pour l'établissement de la liberté jusques et compris le 10 août 1793, fussent déclarées dettes nationales.

» Cette époque à jamais mémorable, qui a réuni tous les Français pour jurer l'unité, l'indivisibilité de la République, la liberté, l'égalité et la fraternité, doit faire disparaître la différence et les rivalités qui existent entre diverses communes; il faut venir au secours de celles qui, n'ayant rien négligé pour soutenir la révolution, ont contracté des dettes pour lever des hommes, pour les habiller et équiper, ou pour venir au secours des citoyens indigens en faisant des sacrifices sur les denrées, etc.; toutes ces dettes doivent être à la charge de la nation, puisqu'elles ont été contractées pour la liberté commune.

» Les dettes contractées avant le décret du corps constituant sont aussi *dettes nationales* si la nation s'empare des propriétés et des créances qui étaient affectées à leur paiement : cette mesure portera la consolation dans l'ame des créanciers, qui ne seront plus renvoyés d'une administration municipale à votre barre ou à un comité, qui les renvoie à son tour aux administrateurs qui n'ont pas fourni les états de situation que la loi ordonne.

» Déclarez *dettes nationales* les dettes des communes, en déclarant *propriétés nationales* tout leur actif, excepté les biens communaux dont le partage est décrété, et les meubles et immeubles destinés aux établissemens publics : vous n'aurez plus d'administrations municipales qui, avec des fonds particuliers, pourraient avoir l'idée de se séparer de la grande commune ; vous enlèverez aux partisans de l'ancien régime les moyens de placer leurs fonds sur des anciens titres qui survivraient à une régénération de la dette. Formez un ensemble de toute la dette publique, de quelque part qu'elle provienne ; qu'elle soit une, comme le gouvernement qui vient d'être adopté.

» Les propriétés des communes seront administrées, vendues et payées comme les autres biens nationaux ; vous éviterez des frais et une comptabilité effrayante, surtout pour tenir les écritures qu'entraîne le bénéfice accordé sur la vente des domaines nationaux.

» En adoptant cette mesure vous ne faites d'autre sacrifice que le sou additionnel qui devait être imposé pendant trente années sur les contributions foncières et mobilières, imposition mal payée, dont le produit, au lieu d'être employé au paiement des dettes, a servi et servirait peut-être à acquitter des dépenses inutiles, et qui conserverait une inégalité dans la répartition des contributions.

» En déclarant dettes nationales les dettes des communes, vous obligerez leurs créanciers de fournir leurs titres au directeur général de la liquidation dans le délai prescrit pour les autres créanciers de la République, sous les mêmes peines qui leur sont infligées (1).

» Dans les momens de révolution, lorsqu'il a fallu abattre le trône, lorsqu'il a fallu faire des efforts contre les puissances coalisées, contre les fédéralistes et contre les royalistes, certains départemens et districts ont ouvert des emprunts forcés ou volontaires ; ils ont emprunté au trésor public ou à des particuliers les fonds qui leur étaient nécessaires pour la levée, l'armement, l'équipement et solde des défenseurs de la liberté, ou pour fournir le pain aux citoyens peu fortunés à un prix au-dessous du cours. Toutes ces dettes, qui ont été contractées pour la révolution jusqu'au 10 août dernier, doivent être considérées comme dettes nationales, et les créanciers doivent être inscrits sur le *grand-livre* comme les autres créanciers de la République.

» Le 10 août sera le jubilé de toutes les opérations révolutionnaires en finances ; ce sera l'époque de laquelle on datera pour l'établissement de l'ordre dans la dette publique.

» Dans ce jubilé ne seront point comprises les dettes qui ont été contractées par des communes, districts ou départemens, pour fournir à des dépenses qui ont eu pour but de marcher contre Paris ou contre la Convention, ou de s'opposer à la révolution, ces dépenses devant être à la charge de ceux qui les auront ordonnées.

» Vous excepterez aussi les dettes contractées par les communes, départemens ou districts, pour dépenses locales, ordinaires, administratives ou municipales, n'étant pas juste que la nation paie des dettes qui n'auraient pas eu lieu si les contributions n'étaient pas arriérées, et qui seront acquittées avec les fonds provenant de cet arriéré.

(1) « La Convention a adopté la proposition relative aux dettes ; mais elle n'a déclaré *propriétés nationales* que celles qui appartiennent aux communes pour le compte desquelles elle acquittera les dettes, et jusqu'à concurrence de leur montant ; elle a déclaré que tous les objets dus par la nation aux communes, de quelque nature qu'ils soient, ne seront plus portés sur le livre et état de la dette publique : ainsi le seizième des bénéfices sur la vente des domaines nationaux est supprimé. »

» Nous nous sommes occupés des dettes et créances des émigrés, objet très-intéressant pour la fortune publique, et qui exige la plus grande surveillance.

» Pour connaître les parties de la dette publique qui appartiennent aux émigrés, les directoires de département et l'administrateur des domaines nationaux adresseront, d'ici au premier janvier prochain, aux commissaires de la trésorerie nationale, l'état nominatif et les prénoms des personnes émigrées ; les commissaires de la trésorerie feront vérifier sur le *grand-livre* les sommes qui leur sont dues ; ils en fourniront un état à l'administrateur des domaines nationaux, et le montant des inscriptions leur appartenant sera porté par un transfert au crédit de l'union de chaque émigré, pour le produit être réparti au sou la livre, et d'après l'ordre de collocation, aux créanciers, jusqu'à leur parfait paiement, après lequel l'inscription sera portée au crédit du compte de la nation comme dette éteinte à son profit.

» Nous avons pensé qu'il convenait d'autoriser les créanciers des émigrés qui auront obtenu un certificat de collocation utile de se faire inscrire sur le *grand-livre* pour les intérêts à cinq pour cent du montant de leur certificat ; cette faculté sera un véritable emprunt qui évitera le paiement en assignats d'un capital qui sera déposé au trésor national.

» L'opération que nous vous proposons sera bien avancée au premier janvier 1794, mais elle ne peut être terminée que le premier juillet de la même année ; il faut déterminer les formes qu'il faudra suivre pendant ce temps intermédiaire entre le régime actuel et celui qui va s'établir.

» Les rentes qui seront dues pour les deux semestres de 1793 et années antérieures seront acquittées d'ici au 1er novembre 1794 par les payeurs et comptables qui en ont été chargés jusqu'à ce jour.

» Toutes les rentes provenant des corps et compagnies supprimés, des dettes particulières du clergé, des dettes des départemens, districts et communes, qui sont assujettis à la liquidation, seront acquittées par les payeurs des rentes de Paris, sur les certificats du commissaire liquidateur, qui ont été ou seront délivrés pour les années 1792 et 1793 aux créanciers qui n'ont pas obtenu de titres nouvels.

» Les payeurs et comptables dresseront dans le mois de novembre 1794 un état général des débets arriérés; ils le remettront avec les fonds qui resteront en leurs mains à la trésorerie nationale, qui, après le mois de novembre 1794, sera chargée de les acquitter.

» Les rentes du premier semestre de l'année 1794, de quelque part qu'elles proviennent, seront acquittées le premier juillet à la trésorerie nationale, sur une feuille particulière dressée pour ces six mois : le nouveau régime pour le paiement des rentes commencera au semestre des six derniers mois de 1794.

» Les mutations qui auront lieu d'ici au 1er juin 1794 seront notifiées, pour la partie de la dette constituée, aux payeurs des rentes, et pour les autres parties au liquidateur de la trésorerie nationale; ils en dresseront des états qu'ils remettront avant le 3 juin 1794 au payeur principal, pour les transferts être terminés dans le mois de juin 1794.

» Les oppositions sur la propriété seront faites, à compter de la publication du décret, à la trésorerie nationale, dans les formes prescrites par la loi du 19 février 1792 : tous les citoyens qui ont des hypothèques sur la dette publique seront obligés de les renouveler d'ici au 1er juillet 1794 à la trésorerie nationale.

» Les oppositions sur le paiement des rentes de l'année 1794 et antérieures, qui auront lieu d'ici au 1er novembre 1794, seront faites aux payeurs chargés de leur paiement ; toutes les oppositions faites ou à faire seront renouvelées pour le premier semestre 1794, à la trésorerie nationale, et pour celles postérieures à ce semestre, au préposé des districts où le paiement annuel doit être fait.

Jusqu'à présent tout notre projet ne tend qu'à établir l'ordre dans la dette publique, à simplifier la comptabilité, à la débarrasser de toutes les anciennes formes, à réduire les anciens titres de créance en un titre unique et républicain, et à faciliter le paiement annuel dans les districts. Il nous reste à vous développer nos vues pour retirer des assignats de la circulation : cette mesure, impérieusement réclamée par les circonstances, mérite toute notre attention, puisqu'elle doit amener la diminution du prix des denrées et marchandises, et déjouer les mesures de nos ennemis, qui nous font une guerre cruelle en finance, en discréditant la monnaie révolutionnaire, qui nous a mis à même de combattre la coalition royale.

» L'emprunt forcé, contre lequel on a tant crié, et qui a servi de prétexte aux malintentionnés pour publier que nous voulions violer les propriétés, est la base de notre projet; il est peut-être nécessaire de revenir sur les principes qui vous ont déterminés à le décréter, afin de détruire d'une manière victorieuse les calomnies qu'on a répandues avec tant de complaisance, et prouver qu'au contraire il respecte, conserve et assure les propriétés.

» Tout le monde conviendra avec nous que lorsque la société fait des dépenses extraordinaires pour l'avantage général et l'utilité commune, elle a le droit d'exiger de tous les citoyens des contributions proportionnées aux besoins : les amis de la liberté conviendront que la guerre que nous soutenons contre les tyrans coalisés n'a d'autre but que d'établir le règne de la liberté et de l'égalité; que par conséquent les dépenses qu'elle entraîne sont pour l'avantage général et pour l'utilité commune.

» Il est évident que les Français n'auraient pas pu soutenir une guerre qui a exigé et nécessité les plus grands efforts sans l'établissement d'aucune contribution nouvelle, si, pour acquitter les dépenses extraordinaires, ils n'avaient successivement eu recours à des créations et émissions d'assignats qui ont pour gage les biens nationaux provenant des biens ecclésiastiques, domaniaux et des émigrés. Aujourd'hui il importe d'en réduire la masse en circulation, pour obtenir une diminution sur le prix des denrées et marchandises qui est réclamée de toute part.

» Vous auriez pu sans doute établir une taxe de guerre sur les personnes qui par leur fortune sont en état de la payer, et par ce moyen retirer une masse très-considérable des assignats qui sont en circulation : le riche et le pauvre en auraient de suite éprouvé les heureux effets, puisque celui qui dépensait 10,000 livres par année est obligé aujourd'hui d'en dépenser 20,000, à cause de l'augmentation des denrées et marchandises. Si par cette contribution les denrées diminuaient, celui qui aurait contribué pour 10,000 livres les aurait épargnées dans ses dépenses ordinaires; donc elle aurait été avantageuse au pauvre, qui n'aurait rien payé, et au riche, qui en la payant l'aurait économisée sur ses dépenses ordinaires.

» Au lieu d'adopter cette mesure, dont la justice vient d'être prouvée, vous vous contentez d'établir un emprunt forcé pour annuler et brûler les assignats : vous espérez que cette mesure procurera des économies dans les dépenses extraordinaires, et vous préférez l'économie à l'impôt. Ceux qui crient sans cesse contre les assignats qui sont en circulation, qui en prennent le prétexte pour fomenter des troubles, réclament déjà contre cette opération. Ces plaintes ne peuvent partir que des malintentionnés, qui s'aperçoivent que cet emprunt va hâter la vente des biens des émigrés ou des agioteurs, qui, ayant accaparé des marchandises et denrées, craignent toutes les opérations qui, étant avantageuses au crédit public, nuisent à leurs odieuses spéculations.

» Le gage des assignats qui sont en circulation repose sur la valeur des domaines nationaux; la contre-révolution arrivant, les anciens possesseurs rentrent de vive force dans leurs propriétés, et le gage disparaît.

» Égoïstes, qui vous plaignez de ce qu'on vous demande des assignats par un emprunt forcé, voyez combien la cupidité vous aveugle sur votre véritable intérêt! Nous pourrions établir une taxe de guerre, et nous nous contentons d'échanger votre assignat contre un titre qui repose sur le même gage. Si vous ne croyez pas à la révolution, l'assignat que vous regrettez n'a plus de valeur ; si vous y croyez, hâtez-vous de l'échanger contre un titre qui vous procurera comme lui la propriété qui faisait son gage. Ah! croyez-nous, si vous voulez assurer votre fortune, vos propriétés, et diminuer vos dépenses, travaillez avez nous à retirer les assignats de la circulation ; ne créez plus des embarras en vous coalisant contre la République ; unissez-vous aux défenseurs de la patrie ; cessez d'être capitalistes toujours odieux, pour devenir propriétaires utiles d'un domaine national dont vous jouirez paisiblement.

» Votre commission n'a pas perdu de vue que l'emprunt forcé remplaçait une contribution extraordinaire ; aussi les bases qu'elle a arrêté de vous proposer pourront paraître rigides à ceux qui se sont récriés d'avance contre cette opération.

» L'emprunt forcé ne sera remboursable qu'en domaines nationaux à vendre ; par ce moyen, ceux qui y seront compris auront intérêt de terminer la révolution pour devenir propriétaires : il ne sera admis en paiement des domaines nationaux que deux ans après la paix, afin que ceux qui y seront taxés abandonnent leur résistance d'inertie ou les troubles intérieurs qu'ils nous suscitent, qui font l'espoir des despotes et de leurs partisans : il ne portera aucun intérêt ; ce qui sera l'équivalent d'un impôt extraordinaire pendant la durée de la guerre, que tout le monde aura pour lors intérêt de voir finir : les titres qui seront fournis ne seront point transmissibles, pour ôter aux malintentionnés la source que leur offrirait l'agiotage pour les négocier ; enfin, si les sommes demandées ne sont pas acquittées dans le délai prescrit, l'emprunt sera converti en un impôt, et ne sera plus remboursable.

» Votre commission, en vous proposant toutes ces mesures, a cru que vous deviez procurer aux bons citoyens les moyens de s'en exempter en prêtant volontairement les assignats qu'il est instant de retirer de la circulation. Elle vous propose en conséquence de décréter que tous les assignats ayant cours de monnaie pourront être convertis en une inscription sur le *grand-livre*, à raison de cinq pour cent du capital. Les personnes qui voudront profiter de cette faveur pourront les verser dans les caisses de district ou à la trésorerie ; il ne pourra être fait aucun prêt au-dessous de mille livres. Les personnes qui ne seront pas dans le cas d'être imposées pour cette somme à l'emprunt forcé pourront se réunir pour la compléter.

» Le paiement de ces inscriptions sera fait à compter du semestre des six derniers mois de 1794, comme celui de toute la dette publique consolidée ; la trésorerie acquittera le 1ᵉʳ juillet prochain le décompte des intérêts qui seront dus à cette époque depuis celle du versement.

» Cette mesure nécessitera un paiement annuel de 50,000,000, sur lequel il faut déduire 10,000,000 pour le produit de la contribution foncière, à laquelle il sera assujetti; mais ce sacrifice sera moindre que celui que vous avez fait en mettant en rente les annuités qui sont dues pour les domaines nationaux, qui produisent cinq pour cent net d'intérêt ; il sera moindre que celui que vous avez fait en accordant une prime de trois pour cent à ceux qui accéléreront le paiement des domaines nationaux ; il ne sera qu'apparent, car si nous parvenons à faire rentrer un milliard en assignats, le prix des denrées et marchandises doit éprouver une diminution considérable, et dès lors les dépenses publiques doivent diminuer proportionnellement.

» Dans ce moment d'inquiétude, où chacun paraît avoir des craintes sur le crédit public, la nation ayant encore à soutenir des attaques considérables, nous douterions du succès de cette mesure, malgré l'intérêt que nous vous proposons d'allouer ; aussi l'avons-nous combinée de manière que sa réussite sera assurée par la crainte de l'emprunt forcé : nous vous proposons de décréter dans la loi relative à cet emprunt que ceux qui, d'ici au 1ᵉʳ décembre prochain, convertiront leurs assignats en une inscription sur le *grand-livre* seront admis à faire déduire de leur taxe la somme qu'ils auront portée volontairement, en conservant tous les avantages qui y sont attachés.

» Vous devez donc espérer que le milliard rentrera d'ici à cette époque: car voici le raisonnement que doit faire l'égoïste.

» L'assignat à face royale étant démonétisé, je suis obligé de le porter au trésor national en paiement des domaines nationaux ou des contributions, puisqu'il ne me produit aucun intérêt, et qu'il ne peut pas m'être utile dans les transactions journalières. Les assignats qui ont cours de monnaie sont ou seront bientôt un titre républicain ; ils ne produisent aucun intérêt ; on demande que je les échange contre une inscription sur le *grand-livre,* qui sera le même titre républicain sur lequel reposera toute la dette publique : ainsi, quelle que soit l'issue de la révolution, on ne pourra pas me distinguer des autres créanciers ; je ne craindrai aucune opération particulière ; cette inscription me produira net quatre pour cent, qui me seront payés chaque année par moitié, les 1er janvier et 1er juillet, à bureau ouvert, dans le chef-lieu de district que je choisirai. Si j'ai besoin de mes fonds, je pourrai aliéner le titre qu'on m'aura fourni ; si je veux, je pourrai l'employer de suite en acquisition d'un domaine national ou des meubles vendus pour le compte de la nation ; enfin je serai exempt de l'emprunt forcé.

» Au lieu que, si je me refuse à porter volontairement mes assignats, j'y serai obligé par une taxe dans l'emprunt forcé ; on me donnera en échange un titre républicain qui ne produira aucun intérêt, qui ne sera remboursable que deux ans après la paix, qui ne sera reçu à cette époque que dans une acquisition d'un domaine national que je ne pourrai faire qu'à cette époque ; enfin je ne pourrai pas le négocier à volonté.

» Le prêt volontaire doit être fait d'ici au 1er décembre prochain ; le prêt forcé devra être payé par tiers en décembre, janvier et février : après cette époque, si je n'ai pas payé j'y serai contraint, et je n'aurai plus de droit à un remboursement.

» Je vais donc porter les assignats à l'emprunt volontaire, qui m'offre tant d'avantages ; je profiterai dans mes dépenses journalières de la diminution qui doit avoir lieu sur le prix des denrées et marchandises.

» Ceux qui seront sourds à leur intérêt personnel et aux besoins de la patrie doivent être considérés comme de mauvais citoyens ; ils ne méritent aucun ménagement pour leurs propriétés, et la République doit surveiller leurs personnes comme étant suspectes.

« Votre commission est persuadée que l'emprunt volontaire fera rentrer d'ici au 1er décembre un milliard en assignats, de sorte que les 3,217,222,052 livres ayant cours de monnaie, qui étaient en circulation le 1er août dernier, seront réduits à 2,217,222,053 livres.

» La dette publique consolidée, qui sera inscrite sur le *grand-livre*, montera, lorsque toutes les opérations que nous vous proposons seront terminées, savoir :

» En inscription de la dette constituée connue.	62,717,164 liv.
» En inscriptions de la dette constituée soumise à la liquidation.	10,450,207
» Rentes dues aux fabriques supprimées.	»
» En inscription de la dette constituée du ci-devant clergé.	2,642,600
» En inscription des dettes des communes, départemens et districts, estimée sous base certaine.	25,000,000

» *Nota.* Cet objet n'avait été estimé que 6,000,000 ; l'actif de la nation augmentera de la valeur des propriétés des communes, qui sont déclarées propriétés nationales.

» En inscription de la dette exigible à terme, pour les intérêts de 415,945,312 liv. à cinq pour cent.	20,797,265
» En inscription de la dette exigible soumise à la liquidation, pour les intérêts de 625,706,309 livres à cinq pour cent.	31,285,315
» En inscription des assignats pour les intérêts de 1,000,000,000 à cinq pour cent.	50,000,000
» Total.	202,892,551 liv.

Total rapporté. . . . . . . 202,892,551 liv.

» Sur lequel il faut déduire les créances provenant de la liquidation au-dessous de 3,000 livres, les effets au porteur au-dessous de 1,000 livres, et les contrats au-dessous de 50 livres de rente net qui doivent être remboursés, et que nous avons estimé monter au capital de 57,851,020 livres, ou une inscription de. . . . 2,892,551

» Total de la dette consolidés qui sera inscrite sur le *grand-livre*. . . . . 200,000,000 liv.

» Cette dette sera imposée au principal de la contribution foncière, qu'on suppose devoir être d'un produit de 40,000,000 ; elle nécessitera un paiement annuel de 160,000,000 ; elle mérite donc toute l'attention des représentans du peuple.

Nous n'aurions pas terminé notre travail sur la dette publique si nous ne vous présentions pas les moyens d'en opérer le remboursement et de tranquilliser les créanciers ; nous l'avons combiné de manière qu'il nous procurera la rentrée de partie des assignats qui resteront en circulation après celle du 1,000,000,000 que nous présumons devoir provenir de l'emprunt volontaire ou forcé, et qu'il favorisera et hâtera la vente des biens nationaux.

» Votre commission a pensé que vous deviez admettre d'ici à la fin de l'année 1794 toute la dette publique enregistrée en paiement des domaines nationaux, qui seront adjugés après la publication du décret, à la charge par ceux qui voudront jouir de cette faculté de fournir en même temps pareille somme en assignats ; et pour accélérer cette vente et ce paiement nous avons cru devoir assurer à celui qui achetera et paiera promptement un avantage sur celui qui attendrait l'issue de la révolution pour se libérer. Nous vous proposons de recevoir l'inscription sur le *grand-livre*, calculée sur le pied du denier vingt, pour ceux qui paieront d'ici au 1er janvier 1794; sur le pied du denier dix-huit pour ceux qui paieront d'ici du 1er janvier au 1er juillet 1794 ; enfin sur le pied du denier seize par ceux qui paieront du 1ᵉʳ juillet au 31 décembre 1794.

» Nous exemptons de l'obligation de fournir des assignats ceux qui acheteront les maisons, bâtimens et usines restant à vendre; ils n'auront à fournir que leur inscription sur le *grand-livre*, d'après les mêmes calculs.

» C'est particulièrement pour hâter la rentrée des assignats que nous avons cru devoir n'accorder que jusqu'à la fin de 1794 la faculté d'admettre en paiement des domaines nationaux la dette publique; c'est dans la même vue que nous vous proposons de graduer la valeur de l'inscription, afin que celui qui portera promptement les assignats jouisse de l'avantage que son empressement procurera à la République en faisant diminuer le prix des denrées et marchandises. Examinons si nous avons rempli l'objet que nous nous sommes proposé.

» Tout le monde conviendra qu'en admettant toute la dette en paiement des domaines nationaux nous devons augmenter la concurrence dans les achats; car si tous les créanciers de la République voulaient employer ce qui leur est dû en acquisition des domaines nationaux d'ici au 1ᵉʳ janvier prochain, les ventes se monteraient à 8,000,000,000, puisque les 200,000,000 de la dette consolidée, calculée au denier vingt, produiraient 4,000,000,000, et qu'il faudrait fournir pareille somme en assignats pour profiter de cet avantage.

» Il ne peut exister aucun doute que sur le nombre des créanciers de la République il s'en trouvera qui achèteront un bien-fonds pour y employer leur inscription sur le *grand-livre*; la vente des domaines nationaux doit donc être accélérée par l'empressement qu'une partie des créanciers aura d'être remboursée.

» Ne perdons pas de vue, citoyens, que nous aurons républicanisé la dette, et que l'inscription sur le *grand-livre*, la valeur des assignats ou le domaine national dépendront également du succès de la révolution.

» Nous exemptons les acquéreurs des maisons, bâtimens et usines restant à vendre de l'obligation de fournir des assignats, parce que la République possède un grand nombre de ci-devant hôtels à Paris, des églises supprimées, des cloîtres et des châteaux forts dont il est essentiel de presser la vente, afin d'éviter des frais énormes de réparations, de garde et contributions, qui absorberaient tout leur produit s'ils ne l'excédaient.

» Cette mesure est très-politique, surtout pour Paris, où il importe de remplacer les émigrés qui ont abandonné leurs superbes habitations des faubourgs Saint-Germain et Saint-Honoré; il faut nous occuper du sort de cette ville, qui, ayant fait des pertes considérables par la révolution, en soutient avec courage les vrais principes, ce qui la met sans cesse en butte à toutes les attaques des ennemis de la liberté.

» L'avantage des créanciers n'est pas moins certain. Avant la révolution leurs créances reposaient sur les dilapidations de la cour, et avec ce gage la banqueroute était inévitable; aujourd'hui ils pourront obtenir leur remboursement en un bien-fonds, ou conserver leur inscription sur le *grand-livre*.

» Quel reproche les hommes de bonne foi pourront-ils nous faire? Le despotisme nous a laissé des dettes et point d'argent; la révolution nous a procuré des biens-fonds; nous nous empressons de les offrir en paiement, malgré les dépenses que nous sommes obligés de faire.

» Un propriétaire d'une créance constituée pour une rente d'un produit net de 200 livres, qui était mal payée et dont le capital n'aurait jamais été remboursé; le créancier d'un objet soumis à la liquidation, ou pour un effet au porteur de 4,000 livres capital, pourra acheter une maison nationale, d'ici au 1er janvier 1794, d'une valeur de 4,000 livres, et la payer avec son inscription sur le *grand-livre*; s'il préfère un bien-fonds ou des meubles qui seront vendus pour le compte de la nation, il sera obligé de joindre à son inscription 4,000 livres assignats pour une acquisition de 8,000 livres : à la vérité, s'il n'achète et ne paie qu'après le premier janvier, et jusqu'au 1er juillet 1794, son inscription ne sera reçue que pour 3,600 livres; enfin, s'il attend après le premier juillet jusqu'au 31 décembre 1794, son inscription ne sera reçue que pour 3,200 livres. Après cette époque l'inscription ne sera plus admise en paiement des domaines nationaux.

» Ainsi les créanciers auront intérêt de presser leurs acquisitions ; ils seront les maîtres de fixer la valeur de leur inscription, de s'en faire rembourser en tout ou en partie, ou de la conserver pour en recevoir le paiement chaque année à bureau ouvert, les 1er janvier et 1er juillet, dans les chefs-lieux qu'ils indiqueront.

» Celui qui a 4,000 livres en assignats dans son portefeuille, et qui voudra acquérir une maison nationale, en les portant d'ici au 1er décembre dans les caisses de district ou à la trésorerie nationale, recevra une inscription sur le *grand-livre*, avec laquelle il paiera son acquisition ; il pourra aussi l'employer en paiement d'un bien-fonds ou de meubles vendus pour compte de la nation, en portant pareille somme en assignats ; dans l'un et l'autre cas il sera exempt d'une taxe de 4,000 liv. dans l'emprunt forcé. Ainsi cet emprunt, qu'on avait annoncé attentatoire à la propriété, rendra propriétaires les possesseurs d'assignats, qui n'auront d'autres sacrifices à faire que de les échanger, et de faciliter par cet échange la diminution des denrées et des marchandises.

» Notre seul but dans toute cette opération est, nous le répétons, de retirer des assignats de la circulation, de rembourser la dette, et d'accélérer la vente des domaines nationaux.

» Nous espérons que notre calcul pour retirer les assignats de la circulation ne sera pas illusoire ; car si tous les créanciers de la République voulaient employer leurs titres d'ici au 1er janvier 1794 en bien-fonds, le capital des 200,000,000 de la dette consolidée, calculé au denier vingt, monterait à 4,000,000,000, ce qui nécessiterait la rentrée de 4,000,000,000 assignats : si les inscriptions n'étaient employées que depuis le 1er janvier jusqu'au 1er juillet 1794, le capital ne monterait qu'à 3,600,000,000, et il rentrerait pareille somme en assignats ; mais la nation économiserait 400,000,000 sur le remboursement de la dette ; enfin, si elles n'étaient employées que depuis le 1ᵉʳ juillet jusqu'au 31 décembre 1794, le capital ne monterait qu'à 3,200,000,000, et on retirerait de la circulation pareille somme en assignats ; la nation aurait pour lors un bénéfice de 800,000,000 sur le remboursement de la dette ; par ce calcul gradué elle serait dédommagée des dépenses extraordinaires que le retard de la rentrée des assignats lui occasionnerait.

» Votre commission n'a pas pensé qu'aucun de ces calculs reçoive son entière exécution, mais elle a estimé que la moitié des créanciers de la République voudrait convertir l'inscription en un domaine national ; elle a pensé que les acquisitions s'exécuteront dans les trois époques déterminées pour l'année 1794, en adoptant les bases de votre commission ; il en résultera que les 34,000,000 des inscriptions employées d'ici au 1ᵉʳ janvier 1794, calculés au denier vingt, produiront un capital de 680,000,000

» 33,000,000 employés du 1ᵉʳ janvier au 1ᵉʳ juillet 1794, au denier dix-huit, produiront. 594,000,000

» 33,000,000 employés du 1ᵉʳ juillet au 31 décembre 1794, au denier seize, produiront 528,000,000

1,802,000,000

» Supposons que 200,000,000 de ce capital soient employés en acquisitions des maisons, bâtimens et usines. 200,000,000

» Total du capital des inscriptions employées en acquisitions des biens-fonds. . . 1,692,000,000

» Il faudra donc que les acquéreurs fournissent en 1794 pareille somme en assignats. Les 3,217,222,053 livres qui étaient en circulation le 1ᵉʳ août dernier seront réduits : 1° de 1,000,000,000 par l'emprunt forcé ou volontaire ; 2° de 1,602,000,000 suivant les calculs précédens : il n'en resterait donc, à la fin de 1794 que 615,220,053 livres, auxquels il faudra joindre les nouvelles créations que les circonstances pourront rendre nécessaires.

» La dette publique serait portée, au lieu 89,888,335 livres, montant actuel de la dette constituée, à 100,000,000 livres de paiement annuel. Sur ces 100,000,000 il faudra déduire 20,000,000 de la contribution foncière ; la nation n'aurait donc à payer annuellement que 80,000,000, ce qui serait 9,888,335 livres de moins que la dette constituée ; et la dette exigible à terme, ou provenant de la liquidation, sera entièrement acquittée.

» Nous ne parlerons plus des 558,000,000 d'assignats démonétisés, puisqu'ils doivent rentrer d'ici au 1er janvier prochain en paiement des contributions ou des domaines nationaux.

» Nous devons faire tous nos efforts pour obtenir ces résultats. Ne vous étonnez donc pas de la rigueur de l'emprunt forcé, puisque ceux qui désirent le rétablissement de la paix pourront s'en exempter en convertissant volontairement leurs assignats en une inscription sur le *grand-livre*. Détruisez en même temps tout ce qui sert à l'agiotage : que le capitaliste qui voudra placer des fonds à l'intérêt soit obligé de les convertir en une inscription sur le *grand-livre*, ou de les prêter à ceux qui voudront se procurer cette inscription.

» On pourrait peut-être craindre que le gage des assignats qui seront en circulation ne fût altéré par cette opération. Rassurez-vous : il est dû à la nation 1,200 à 1,500,000,000 provenant de la vente des biens nationaux, et 600 à 700,000,000 de contributions ; il n'y a en circulation que 558,000,000 d'assignats démonétisés, qui seront employés à leur paiement ; il restera donc un excédant de gage d'environ 1,400 à 1,600,000,000 ; car la dette publique n'est admise qu'en paiement des biens nationaux à vendre. Ainsi chaque objet aura son gage séparé.

» L'opération que nous vous proposons ne peut qu'augmenter la valeur des biens qui sont en vente par la concurrence des acheteurs qu'elle appelle : elle n'augmente pas cependant le montant des objets qui doivent être remboursés par le produit des domaines nationaux.

» La dette exigible à terme, qui est remboursée en assignats, monte à . . . . 415,945,312 l.

» La dette exigible provenant de la liquidation, qui est admissible en paiement des domaines nationaux, monte à 625,706,309

» Les assignats qui rentreront par l'emprunt forcé ou volontaire sont estimés 1,000,000,000

» Total de la dette actuelle, qui, d'après les lois, doit être admise directement ou indirectement en paiement des domaines nationaux. 2,041,651,621

» Elle sera réduite, d'après la supposition que nous avons faite, à 1,802,000,000

» De sorte que sans compter la plus-value sur la valeur des domaines nationaux qui doit résulter de la concurrence résultant de l'admission de la dette publique, nous aurons affecté de moins sur les domaines nationaux. . . 239,651,621

» Si aucun créancier ne veut convertir son inscription en domaines nationaux, le gage libre des assignats serait augmenté de 2,000,000,000, et nous aurions à nous occuper des moyens qu'il faudrait employer pour vendre ces domaines et retirer les assignats de la circulation. Ainsi dans tous les cas l'opération ne peut qu'être utile à la révolution, et doit prouver à nos ennemis quelles sont nos ressources pour continuer la guerre.

» En admettant toutes les créances sur la République en paiement des domaines nationaux à vendre, nous avons dû nous occuper du sort des citoyens qui, ayant des comptes à faire juger, ne peuvent point obtenir leur liquidation par les lenteurs du bureau de comptabilité, qui ne peuvent leur être imputées.

» Les offices comptables, ceux des payeurs et contrôleurs des rentes, les fonds d'avances et cautionnemens des compagnies de finance et de leurs employés actuels, seront de suite liquidés, d'après notre projet, sans avoir égard au terme de leur comptabilité. Le directeur-général de la liquidation joindra aux états qu'il doit fournir à la trésorerie la déclaration si les comptables ont ou non rempli toutes les obligations qui leur sont imposées, et s'ils sont quittes envers la nation.

» Les commissaires de la trésorerie feront de suite opposition, au nom de la nation, sur l'aliénation ou remboursement de sa propriété, ainsi que sur le paiement annuel de l'inscription qui sera faite au profit des comptables, etc., qui seront en retard.

» Leur liquidation ne sera plus retardée; les droits de la nation seront conservés, et les propriétaires pourront jouir de la faculté qui est accordée aux autres créanciers d'acquérir des domaines nationaux, à la charge de transporter l'opposition faite sur leur inscription sur le domaine qui sera acquis. Cette opération ne peut qu'assurer le gage de la nation, puisque le propriétaire sera obligé de fournir en paiement une somme en assignats équivalente au montant de son inscription, ce qui doublera la valeur du gage hypothéqué.

» Il existe des créanciers directs de la nation qui, ayant acquis des domaines nationaux avant le 1er octobre 1792, époque à laquelle a cessé le remboursement de leur liquidation, espéraient pouvoir s'acquitter avec le montant de leur créance : il a paru juste à votre commission de leur permettre de donner en paiement de ces acquisitions l'inscription sur le *grand-livre* qui proviendra de leur créance directe, en la calculant sur le pied du denier vingt. Cette faveur doit être accordée aux personnes qui, acquéreurs aussi des domaines nationaux avant le 1er octobre 1792, auront été forcés par la loi de recevoir de leurs débiteurs l'inscription sur le *grand-livre* en paiement de ce qui leur était dû.

» Nous avons pensé que la République devait admettre en paiement de ce qui lui est dû par des citoyens qui sont à leur tour ses créanciers directs, ou par cession forcée, l'inscription qui leur est fournie, en la calculant à raison du denier vingt, en exceptant les receveurs ou dépositaires des deniers publics, qui sont obligés de se libérer avec les mêmes valeurs qu'ils avaient reçues, la compensation leur étant prohibée par vos précédens décrets.

» Le succès de l'opération que nous vous proposons dépend essentiellement de l'activité de son exécution ; il faut donc que le directeur-général de la liquidation accélère les opérations qui lui sont confiées : nous vous proposons de l'autoriser à liquider, sous sa responsabilité et sans le rapport préalable du comité de liquidation, tous les titres de la dette constituée, à quelque somme qu'ils se montent, ainsi que les créances exigibles de 3,000 livres et au-dessous, et toutes les maîtrises, jurandes et offices de perruquier.

» Vous éviterez les retards considérables qu'éprouvent les rapporteurs du comité de liquidation pour obtenir la parole, ce qui occasionne des réclamations fondées de la part des citoyens qui ont perdu leur état par la révolution.

» Le directeur-général de la liquidation rendra compte de ses opérations au bureau de comptabilité, où elles seront revues par les vérificateurs, qui sont surveillés par des commissaires, et seront ensuite soumises à la vérification du corps législatif. La nation aura une garantie plus certaine, puisque la vérification sera faite par des agens responsables, au lieu que dans ce moment le directeur-général de la liquidation rend compte de ses opérations au comité de liquidation : ces rapports étant surchargés de pièces qui absorbent tout le temps du rapporteur qui les vérifie, le comité et l'assemblée se reposent sur sa loyauté par l'impossibilité qu'il y a de tout vérifier.

» D'ailleurs le directeur-général de la liquidation est déjà chargé de liquider, sous sa responsabilité, la dette constituée du clergé et des ex-états provinciaux ; il n'est soumis au rapport préalable du comité de liquidation que pour la dette constituée des corps et compagnies supprimés ; ainsi ce n'est qu'une augmentation d'attribution que nous lui déléguons.

» Enfin nous vous proposons de mettre à la disposition du directeur-général de la liquidation les fonds et le local nécessaire pour augmenter ses bureaux, et nous le chargeons de rendre compte à la Convention, à l'époque du 1er janvier prochain, de l'état de ses travaux, des objets qu'il aura entièrement liquidés, de ceux restant à liquider, du nombre des employés qu'il aura pour lors à supprimer. Nous espérons qu'en lui fournissant tous les moyens qu'il a demandés, il ne négligera rien pour qu'à cette époque la nation puisse entrevoir la fin de l'opération qui lui est confiée ; dans tous les cas, le corps législatif jugera sa conduite.

» Voici le projet de décret que je suis chargé de vous présenter; lundi prochain le citoyen Ramel vous présentera le projet de loi relatif à l'emprunt forcé. Votre commission vous observe que cette loi, faisant le complément de notre projet, ne peut éprouver aucun retard ; nous espérons pouvoir vous soumettre dans quinzaine un travail complet sur les rentes viagères et les pensions, pour lesquelles il faudra aussi établir un ordre de comptabilité qui soit simple et clair. »

Le projet de loi présenté par Cambon à la suite de ce rapport fut adopté dans les séances des 15, 16, 17 et 24 août 1793.

FIN DU TRENTE ET UNIÈME VOLUME.

TABLE DES MATIÈRES

DU TRENTE ET UNIÈME VOLUME.

PRÉFACE. — Réflexions sur un discours de Robespierre.
HISTOIRE PARLEMENTAIRE. — Opérations militaires en novembre et décembre 1793, p. 1-16. — Instruction sur le génie des lois révolutionnaires, p. 16. — Projet de Chaumette sur la définition des suspects, p. 20. — La même définition par Barrère, p. 21. — Discussions dans la Convention à cette occasion, p. 22. — Trahison de Billaud-Varennes, p. 24. — La société populaire d'Amiens demande la fermeture des églises, ordre du jour, p. 24-25. — Réclamations de Chabot, p. 25.— Honneurs décernés à Barra, p. 25.— Historique de la mission de Saint-Just et Lebas en Alsace, p. 27. — Situation de Strasbourg, p. 28. — Arrestation de Schneider, p. 29. — Arrestation des administrateurs du Bas-Rhin, p. 30-52. — Divers arrêtés de Saint-Just et Lebas pendant leur mission en Alsace, p. 54-40. — Histoire de la disgrace du général Hoche, p. 41. — Discours de Robespierre aux Jacobins, p. 45. — Opérations de la commune de Paris relatives aux subsistances, p. 46. — Le culte de la Raison adopté à Nevers, p. 47. — Explications de Chaumette sur sa fortune, p. 47. — Fête pour la reprise de Toulon, p. 50. — Notice sur les diverses prisons de

Paris et sur la situation des prisonniers, extraite de divers mémoires sur ce sujet, p. 52-77. — Notice sur le nombre des exécutions à mort faites à Paris en novembre et décembre 1793, et sur les principaux condamnés, p. 77-142. — Dernière nuit des Girondins, p. 78. — Procès du duc d'Orléans, p. 84. — Analyse du procès de madame Roland, p. 95.—Notice sur les Mémoires de madame Roland, p. 99. — Procès de Bailly, p. 100.—Éclaircissements sur l'affaire du Champ-de-Mars, p. 109-110. — Histoire de la mort de Bailly, p. 130. — Procès de Houchard, p. 136. — Mort de Roland, p. 142.

ANNÉE 1794. — Introduction, p. 142. — Continuation de l'hébertisme, p. 145. — Continuation de l'opposition dantoniste, p. 148.— Discussion aux Jacobins sur les accusations portées par Desmoulins, Philippeaux, Bourdon (de l'Oise), p. 150. — Nouvelles attaques de Bourdon (de l'Oise) contre le pouvoir exécutif, p. 155. — Danton les appuie, p. 156. — Dénonciation de Philippeaux sur la guerre de la Vendée, p. 158-163. — Séance des Jacobins, épurations, p. 165. — Discours de Robespierre, p. 167. — Camille Desmoulins à la tribune, p. 170. — Observations adressées par Robespierre et Danton à celui-ci, p. 171. — Lecture du n° 4 du *Vieux Cordelier*, p. 175-181. — Lecture du n° 5 du même journal, p. 182-196. — Discours de Robespierre à l'occasion de ces lectures, p. 196-200. — Fabre-d'Églantine à la tribune, p. 201. — Défense de Camille Desmoulins dans le *Vieux Cordelier*, p. 202. — Montant des sommes données à Hébert pour la publication du *Père Duchesne*, p. 232. — Réponse d'Hébert, p. 233. — Observations de M. Bouchotte, ministre de la guerre, sur les dénonciations de Camille Desmoulins, p. 234. — Robespierre défend Camille Desmoulins aux Jacobins et fait revenir sur son exclusion, p. 238-242. — Séance du club des Cordeliers, p. 243. — Anniversaire du 21 janvier, p. 245. — Arrestation de Fabre-d'Églantine et autres pour crime de faux, p. 249-250. — Discours de Robespierre sur le gouvernement anglais, p. 254. — Décret sur l'instruction primaire, p. 257. — Décret sur l'embrigadement des troupes, p. 261. — Décret pour la confection de livres élémentaires, p. 262; pour la formation d'une bibliothèque par district, p. 263; sur la fabrication des armes et des poudres, p. 265. — Abolition de l'esclavage, p. 266. — Rapport de Robespierre sur les principes de morale politique, p. 268. — Effets de ce discours, dénonciation des excès commis à Lyon, p. 290. — Proposition violente aux Jacobins, résistance de Robespierre,

p. 295-295. — Rapport de Saint-Just sur les suspects, p. 298. — Mouvement des hébertistes, p. 514. — Arrivée de Carrier à Paris, p. 514. — Dénonciations faites à Robespierre sur la conduite de cet homme à Nantes; lettres de Jullien, p. 515-520. — Intrigues hébertistes, p. 521. — Maladie de Robespierre, p. 525. — Les hébertistes se préparent à une insurrection, p. 524. — Séance des Cordeliers, p. 524. Discours de Carrier aux Cordeliers, p. 526. — Discours provocateur d'Hébert, p. 527. — La section des Cordeliers se déclare en insurrection, p. 551. — Suites de cette démarche, 551-556. — Arrestation des hébertistes, rapport de Saint-Just, p. 556. — Procès des hébertistes, p. 560; leur condamnation, p. 598.

DOCUMENS COMPLÉMENTAIRES. — Constitution de 1793, p. 400. — Rapport sur le nouveau calendrier, p. 415. — Instruction sur l'ère de la république et la division de l'année, p. 450. — Rapport sur la formation du grand-livre de la dette publique, p. 416.

www.ingramcontent.com/pod-product-compliance
Lightning Source LLC
Chambersburg PA
CBHW051127230426
43670CB00007B/714